정치적 모랄리아 2:
슈미트와 벤야민 사이, 아감벤

Political Moralia 2:
Giorgio Agamben, between Carl Schmitt and Walter Benjamin

정치적 모랄리아 2:
슈미트와 벤야민 사이, 아감벤

서규환

서문

조르조 아감벤(Giorgio Agamben)의 사상은 형식상으로 보면 수 없이 많은 단장들로 구성된 성좌를 구성하고 있다. 그것은 벤야민의 『파사주-작품』의 형식과 유사하다. 하지만 우리는 내용의 맥락에서 벤야민과 아감벤의 차이를 읽을 수 있다. 특히 유토피아의 헌정과 사회변동의 주체에 대한 성찰에서 그러하다. 아감벤은 정치적인 것에 대해 깊게 묻고 답했던 칼 슈미트의 정치철학과 그 문제제기의 중요성을 깨닫고 있다.

리버럴리즘은 실패했다는 주장을 전개하는 데에 슈미트는 몰두했다. 그 실패란 다름 아니라, 리버럴리즘은 정치적인 것을 부정했다는 것이다. 하지만 레오 스트라우스가 지적하듯이 리버럴리즘은 정치적인 것을 대지의 얼굴에서 제거한 것이 아니라 단지 감추어 왔다; 리버럴리즘은 논술의 반(反)정치적 양식을 공적인 광장에 노출시키고 전시하면서 사실은 정치적인 것의 양식에 개입하고 있다. 리버럴리즘은 정치적인 것을 죽인 것이 아니었고, 죽일 수도 없으며, 오히려 정치적인 것을 진지하게 고려하여 감추면서 정치적인 것의 존재양식에 대한 다른 정치적 입장의 이해만을 죽이려 한다. 비정치적인, 신이 부여한 인권의, 사적인 영역이 있다는 것은 오직 정치적 결단과 더불어 유지될 수 있다.

슈미트는 적(Feind)과 친구(Freund)를 구별하면서 정치적인 것의 개념을 구성하는데, 실체적으로는 적을 우선한다. 그것도 국가의 적이다. 즉, 슈미트가 우애(Freundschaft)에 대해 이론적으로 논술을 적극적으로 개진하지 않는 이유는 그것보다 적 개념이 그의 사유에서 본질적이기 때문이다. 그는 『파르티잔』에서, 무기가 적의 급진화로 이어진다고 피력한다.

> “기술적, 공업적 발전은 인간의 무기를 순수한 절멸의 수단으로 고양시켰다. 그것으로 보호와 복종 사이에는 사람을 격분시키는 부조화가 생겨나게 되었다. 그 부조화란 인류의 절반이 핵이라는 파괴 수단으로 무장한 다른 절반의 권력자를 위한 인질이 된다는 것이다. 그러한 절대적인 파괴 수단은 그것이 절대적으로 비인간적이어서는 안 되는 경우에 절대적인 적을 요구한다. 실로 파괴 수단이 절멸을 초래하는 것이 아니라, 인간이 이러한 수단을 이용하여 다른 인간을 절멸시키는 것이다. 영국의 철학자 토머스 홉스는 이미 17세기에(*De Homine* IX, 3) 이러한 과정의 핵심을 파악하였으며, 당시에는(1659년) 아직 무기가 비교적 위협적이지 않았음에도 불구하고, 아주 정확하게 그것을 표현하였다. 홉스는 ‘인간은 모든 동물들보다 더 위험한 존재이다. 그것은 마치 인간의 무기가 이른바 자연이 동물에게 준 무기, 예컨대 이빨, 앞발, 뿔 또는 독과 같은 것보다 훨씬 위험한 것과 마찬가지이다’라고 말했다. 그리고 독일의 철학자 헤겔은 그에 덧붙여 ‘무기는 투쟁자 자체의 본질이다’라고 말했다. 구체적으로 말하면, 그것은 초재래적인 무기는 초재래적인 인간을 상정한다는 것을 의미한다. 초재래적인 무기는 초재래적인 인간을 아득한 미래의 한 요청으로서 어떤 것만을 전제로 하지 않는다. 오히려 초재래적인 무기는 초재래적인 인간을 이미 존재하는 현실로서 간주한다. 따라서 궁극적인 위험은 파괴 수단이 있다는 점에 있는 것도 아니며, 미리 깊이 생각하는 인간의 음흉함에 있는 것도 아니다. (……) 그러한 파괴 수단을 다른 인간에 대해 사용하는 인간은, 그의 희생물이 되고, 그의 목표가 되는 이들 다른 인간들을 도덕적으로도 절멸시켜

야 한다는 강제를 받고 있다고 생각한다. 그들은 상대방 인간들을 전체로서 범죄적이며 비인간적인 것으로, 즉 전체가 무가치하다고 선언하지 않으면 안 된다. 그렇게 하지 않으면 바로 그 자체가 범죄자요 비인간인 것이다. 가치와 무가치의 논리는 그 완전히 절멸적인 귀결을 전개시키며, 언제나 더 새롭고 언제나 더 깊은 차별화, 범죄화, 가치 저하를 강제하여 모든 생존할 가치가 없는 생명을 절멸시키기에 이른다."[1)]

슈미트는 국가와 사회의 자유주의적 분리를 비판하고, 정치적인 것은 총체적으로 작동할 수 있다는 사실을 주장하고 개진한다.

"정치적인 것의 특색은 바로 인간의 활동으로 생각되는 모든 영역이 완전히 정치적이며, 특히 정치적 분쟁이나 문제가 이러한 인간의 활동의 영역에서 생기한 경우에는 그 행위는, 곧 정치적으로 된다는 데에 있다. 정치적인 것은 모든 소재와 결부되며"[2)] 심화되고 있다. 슈미트는 자신의 총체적국가론에서 정치신학의 르네상스를 촉발시켰고, 발터 벤야민 역시 슈미트와 대결하면서 정치신학적 문제 틀에 대해 깊게 성찰하고 역사철학에 대한 비판적 연구를 수행했던 난해한 수고들을 남겼다. 아감벤은 슈미트 등의 법학에 정통한 학자이면서도 이탈리아어본 벤야민 전집을 간행하는 과정에 책임편집위원으로 깊게 관여한 바 있고, 벤야민 전문연구가에 속한다.

아감벤은 이곳저곳에서 문헌학적 연구의 화려한 이미지를 펼쳐 보인

1) 칼 슈미트, 『파르티잔』, 김효전 역, 문학과지성사, 1998, pp.152-153.
2) 칼 슈미트, 「국가의 국내정치적 중립성의 문제」, 슈미트, 『로마가톨릭주의와 정치형태, 홉스 국가론에서의 리바이아턴』, 김효전 역, 교육과학사, pp.201-229, 여기에서는 pp.226-227.

다. 독신화 명제에 대한 그의 논의에서도 그는 어원학적 탐색을 전시한다. 단장들로 구성된 사상 전람회에서 어원론은 단어의 계보를 추적한다. 독신화(profanation) 단어에 대한 탐색도 그러한 예이다.

> "문헌학 장르는 라틴어 동사 profanare가 갖고 있는 듯한 이중적이고 모순적인 뜻에 늘 놀라곤 했다. 이 동사는 한편으로는 '세속적으로 만들다'를 뜻하며, 다른 한편으로는 (아주 보기 드문 사례에서만 그럴 뿐인데), '희생시키다[희생제의를 벌이다]'sacrificare를 뜻한다. 이것은 '성스러운 것'이라는 어휘에 고유하게 존재하는 듯한 애매함이다. 형용사 sacer는 '위엄 있는, 신들에게 봉헌된'을 뜻하는 동시에, (지그문트 프로이트가 지적했듯이) '저주받은, 공동체로부터 배제된'을 뜻하기도 한다. 여기서 문제가 되는 애매함이 불명확함에서만 비롯된 것은 아니다. 이 애매함은 세속적인(아니 거꾸로, 봉헌적인) 작업의 구성요소이기도 하다. 독신적인 것에서 성스러운 것으로, 성스러운 것에서 독신적인 것으로 나아가야만 하는 어떤 단일한 대상을 가리키는 한, 이런 작업은 봉헌된 모든 사물에 존재하는 독신성의 잔여물(residuo), 그리고 독신화된 모든 대상에 존재하는 성스러움의 잔여(resto)와 매번 같은 것으로 여겨져야만 한다."[3]

"호모 사케르"(homo sacer)는, 그의 학문적 명성을 널리 유포하게 만든 핵심언어에 속한다. 서양의 고대사회에서 정치공동체 혹은 국가의 경계, 한계 밖으로 추방하여 방기하게 하는데 그는 회귀한다. 아감벤은 주권성과 그 권위를 헌정하는 핵심이 이 호모 사케르의 법적 의례와 그 속에 숨어 있는 심층적 무의식 형성에 있다고 논술한다. 프로이트의 정신분

3) 조르조 아감벤, 『세속화 예찬. 정치미학을 위한 10개의 노트』, 김상운 역, 난장, 2010[원문은 2005]. pp.113-114.

석학적 오이디푸스 모델, 지라르의 희생양 사상 등과의 유사성을 생각해 볼 수 있다.

낱말의 어원을 확인하여 마치 최종적인 의미를 확고히 하려는 생각은, 모리스 블랑쇼가 지적하고 있듯이, 또 하나의 단순화이자, 순수성이 있음을 고집하는 사유와 결합되어 있다.

> "왜 계통이라는 것이 우리에게 강한 인상을 주는가? 한 언어나 다른 언어들에서 한 단어의 가장 오래된 의미는, 현재의 언어가 써 온 그대로 또는 써 왔기 때문에 부여하는 의미를 복원시키거나 되살아나게 하는 것처럼 보인다. 거기에는 가장 오래된 것이 순수한 진리에 보다 가깝거나 상실된 것을 다시 기억으로 돌려놓는다는 생각이 배경에 깔려 있다. 그것은 풍요로운 결과를 가져오는 것이든 아니든 어쨌든 환상이다. 장 폴랑(Jean Paulhan)은 어원학이 증명할 능력이 없음을 보여주었다. 방브니스트(Benveniste)와 마찬가지로, 또한 그와 함께 폴랑은, 우리가 어원학에 의거해서 보다 구체적으로 명확한 의미로, 나아가 보다 '시적인' 의미로 필연적으로 거슬러 올라가는 것이 아님을 보여주었는데, 왜냐하면 많은 예들이 '추상적인 것'이 먼저 필연적으로 주어지며, 그에 따라 파생된 것으로부터 파생되지 않는 것으로 넘어갈 수 없다는 점을 증명해 주거나 증명해 줄 것이기 때문이다."[4)]

그리고, 언어의 의미론은 단어에서도 문장에서도 결정되는 것은 아니라고, 대화하는 사람들 사이에서 공유하는 문장들 사이의 텍스트적 서사에서 언어 의미론이 구성된다고 나는 판단한다. 그리고 의미론 밖으로 단

4) 모리스 블랑쇼, 『카오스의 글쓰기』, 박준상 역, 그린비, 2012, p.164.

어가 도주하여 이른바 무(無)의미, 혹은 비(非)의미로 남아 있으려 할지라도 그것은 의미론 세계에 있으며, 의미론적으로 해석될 수 있다고 나는 생각한다.

폴 발레리는 "문학의 언어적 조건을 망각하는 생각 일체를" "문학적 미신"이라 불렀다.[5)]

미학적 판단이 구조적으로 변동해 왔다. 미학적 판단을 급진적으로 해체시키는 탈현대의 사유가 확산되고 있으면서도 여성의 몸을 미학적으로 판단하는 사유는 닫힌 총체성의 미학을 더욱 공고화하는 경향이 있고, 단지 이런 여성의 이미지를 장식하는 탈현대의 이미지들이 그것에 붙어 있다. 정형화되는 여성 신체의 이미지의 확산 현상에는 여성의 상품화라는 코드가 깊게 자리잡고 있다. 그리고 인간의 신체를 조작할 수 있는 테크놀로지의 발전도 있다. 페티시즘은 궁극적으로 총체성을 망각하거나 파편성을 총체성으로 실착하는 무의식적 사유와 친화성이 있다. 페티시즘적인 취향의 확산과 더불어 여성의 각 신체 부위 별로 자본주의적 상품미학은 침투하고 있다. 남성 역시 상품미학의 전략 앞에서 자유롭지 못하다. 총체적 이미지가 아니라 파편적 이미지들을 각기 별도로 미적 판단의 기준에 끼워 맞추고 있다. 내가 내 자신의 주어진 자연적 조건들에 불만을 품고 있다면, 그 때의 나는 어떠한 자인가? 생애 전체가 아니라 특정한 젊은 나이의 그것을 정상적 표준으로 정하고, 그것을 나의 자율성을 위해 하면서 밖에서 주입된 이데올로기를 우리는 비판해야 한다. 자본주의 사회에서 물화(Verdinglichung)는 그 이전보다 오히려 강화되고 있다. 사

5) Hans Blumenberg, *Wirklichkeiten in denen wir leben*, Philipp Reclam jun., Stuttgart, 1981, p.137.

물에 묶여 있는 사유는 자유롭지 못하다.

총체성을 주제로 삼는 이유는 무엇인가? 신학자 판넨베르크가 말한 바와 같이, "비판적인 자의식의 진리는 자기 자신의 의미경험의 조건과 자신의 언어 사용의 조건들을 숙고하기를 요구하기 때문이다. 이것은 불가피하게 총체성이라는 지평으로 이르게 된다."[6] 총체성 물음은 존재라는 말을 사용하게 될 때 이미 내포되어 있다. 그리고 내포는 우리에게 이해될 수 있어야 한다. 그렇지 않다면, 인간들 사이의 정치적인 것이 이해될 수 없게 된다. 그런데 오늘날 우리가 직면하고 있는 시대의 정신적 상황은 최종적인 궁극적인 하나의 진리가 확정적으로 존재하고 있다는 믿음을 더 이상 철학적으로 논증할 수 없다는 데 있다. 전통적인 진리존재론에 대한 깊은 회의론이 확산되고 있다. 아감벤은 이 확산의 물결에 합류하고 있고, 그의 대안은 존재론과는 다른 시이다.

> "만일 존재론이 언어활동과 세계의 잘 어울리는 관계라고 한다면, 곁-존재론으로서의 패러디는 언어가 사물에 도달할 수 없고, 사물이 자신의 이름을 찾아내는 것이 불가능함을 표현한다. 그러므로 패러디의 공간(이것이 문학이다)은, 필연적이고도 신학적으로 애도에 의해, 그리고 찡그린 얼굴 표정에 의해 표시된다(논리학의 공간이 침묵에 의해 표시되듯이 말이다). 그렇지만 이런 방식으로 패러디는 언어활동의 유일하게 가능한 진리처럼 보이는 것을 증명한다."[7]

아감벤은 환영, 중세 유령의 시학과 그 계보를, 그 현대적 변형태들을

---

6) 판넨베르크의 말인데, 최성수 편저, 『신학은 어떤 의미에서 학문인가. 판넨베르크와 자우터의 학문이론 논쟁』, 한국학술정보, 2010, p.155에서 인용.

7) 아감벤 2010: 75.

추적하여 독자들에게 자신의 해박한 독서력을 펼쳐 보여준다. 도발적인 그의 단장들은, 그의 핵심주장을 받아들이든 부정하든, 읽어보는 독서의 쾌가 있는 듯하다.

『행간』에 대한 "후기"(1993년)[8] 에서 작품활동에 대해서 이렇게 말한다: "창조 행위는 사실 오늘날의 자극적인 표현방식들이 보여주는 것처럼 잠재력에서 행동으로 옮겨지고 행동 속에서 소모되는 과정이 아니라, 일종의 반창조적 행위, 이를 통해 '일어난' 일과 '일어나지 않은 일'이 신의 정신 속에서 하나로 묶여 있던 원래의 상태로 되돌려지고, '일어날 수 있었지만 일어난 일'이 '일어날 수 있었지만 일어나지 않은 일' 속에서 베일에 가려지는 반창조적 행위를 중심에 가지고 있는 과정이다. 이 반창조적 행위가 정확히 의미하는 것이 바로 작품의 삶이다. 그것이 바로 독서와 번역과 비평을 가능케 하고 매번 이들을 통해 반복된다. 어쨌든 바로 그런 이유에서 이 반창조적인 행위는, 매번 주어지는 아이러니한 깨달음에도 불구하고, 항상 저자의 손아귀를 빠져나가며 바로 그런 방식을 통해서만 저자에게 계속해서 글을 쓸 수 있도록 허락해준다."[9]

창조적 행위는, (창조적 행위가 일어나기 전까지는,) 결코 "일어날 수 없었던" 것이라 받아들여지고 있었는데, (창조적 행위가 일어나자,) "일어난 일"로 말하고 있으며 또 그렇게 말할 수 있겠지만 사실로서 이제는 일어난 일이라면 사실은 그동안 "일어날 수 있었지만 일어나지 않은 일"에 불과하고, 그런 한에서 그것은 창조적 행위가 아닌 것으로 판단될 수 있다고 아감벤은 말한다. 그것은 창조적 행위가 창조적 행위가 아니었다

---

8) 조르조 아감벤, 『행간』, 윤병언 역, 자음과모음, 2015a, pp.319-322.

9) 아감벤 2015a: 321.

는 것을 말하고 있는 셈이다. 그것은 반창조적 행위로 해석되고 판단되어 버린다. 만약 반창조적 행위가 아니라면 그것은 그 작품은 이해될 수 없는 종류의 것이리라. 정말 아이러니하게도 하나의 닫힌 총체성의 환원주의를 비판해온 아감벤이 이 과정에는 "신의 정신 속에서 하나로 묶여 있던 원래의 상태로 되돌려진다"는 점을 말하고 있다는 것이다.

어느 하나로 묶을 수 없는 대화적 주체들 사이의 소통에서, 저자의 작품활동과 그 창조적 행위는 독자의 독해활동에 의해서 반창조적 행위로 해석되고 판단되는 것이 아니라 오히려 또 다른 창조적 행위를 잉태하게 하는 생명, 삶이다. 그것들 사이는 상호 배타적인 모순적 관계가 아니다. "정신"은 인간들 사이에 있다. 서문은 본문 다음의 또 다른 후기이지만 그것은 본문의 창조적 행위를 위해하는 반창조적 행위는 아니다.

원고를 읽고 교정해준 나의 제자 박상희 인하대 강사에게 감사의 뜻을 전한다. 그동안 나의 저술활동을 지원해준 인하대학교에도 깊은 감사를 표하고 싶다.

이 책을 집필하는 과정에 나의 손녀 효린의 명랑한 미소들은 좋은 활력소였다. 효린이가 이 책을 읽을 수 있는 날을 상상한다. 효린에게!

2018년 10월

저자 서규환

*이 저서는 인하대학교의 지원에 의하여 발간되었음을 밝힌다.

차 례

II. 지라르와 아감벤

III. 정상상태와 예외상태

IV. 언어의 죽음

VI. 사물들의 시원은 확정적 점이 아니라 복합적 성좌

VII. 곁어들

I

아감벤 정치철학에 대한 비판을 위한 서론

1. 정치철학의 세 가지 구성요소

아감벤은 "호모 사케르"(Homo Sacer)라는 도발적인 기획[10]을 펼쳐 보이면서 지성계에 주목을 받은 사상가이다.

로마법에서 호모 사케르는, 종교적 법, 세속적(세상적) 법에서 배제된 자이며, 신들에게 희생된 자가 아니라 오히려 형법과 무관하게 살해될 수 있는 자이다. 아감벤의 저작에서는, 법에서 자유로운 영역들을 창조하는, 그리고 사람들을 "벌거벗은 생명/나생"(bare life)[11]으로 환원하는 경향은 고대 이래로 증가되어온 것으로 파악한다. 호모 사케르의 형상은 파시즘적 전체주의 국가에서뿐만 아니라 민주적 법치국가들에서도 엠블렘적이

10) 그의 호모 사케르 기획은 다음과 같은 저술들로 나타났다: (1) *Homo Sacer: Sovereign Power and Bare Life* (2) *State of Exception* (Homo Sacer II/1) (3) *The Kingdom and the Glory*(Homo Sacer II/2) (4) *The Sacrament of Language*(Homo Sacer II/3) (5) *Remnants of Auschwitz*(Homo Sacer III) (6) *The Highest Poverty: Monastic Rules and Form-of-Life* (Homo Sacer IV/1) Friedrich Hermanni, "Ansprache bei der Verleihung des Dr. Leopold Lucas-Preises 2013", in: Giorgio Agamben, *Leviathans Rätsel*, herausgegeben von Friedrich Hermanni, Mohr Siebeck, Tübingen, 2014, pp.66-103. Hermanni 2014: 86f..

11) 아감벤의 기본 용어 bare life는 벌거벗은 생명, 생활, 삶 등으로 번역될 수 있으나 여전히 문맥에 따라 어감이 잘 조응하지 않는다. 본 연구에서는 문맥에 따라 나생이라는 조어로 번역하고자 한다.

라는 것이, 그의 핵심주장이다. 이는 호모 사케르 연구시리즈 첫 두 권이 출간되고 난 뒤 곧이어 일어난 일련의 사건들에서도 확인될 수 있다는 것이다. 그가 들고 있는 예들에는 9·11 테러 사건이 포함되어 있다.[12)]

아감벤은, 법의 중지/정지/유예(suspension of the law), 예외상태는 전체주의 체제들이나 서구적 민주주의들의 심장에 거주하고 있다는 분명하고 도전적인 명제를 주장한다. 아감벤에 의하면, 그 이유는 서구 정치를 처음부터 개념규정해온 법과 삶(life) 사이의 숙명적(fatal) 관계에 있다. 아감벤은 그것을 "생정치"(biopolitics)라고 명명한다.[13)]

생정치와 생권력(biopower) 같은 표현들은, 푸코(Michel Foucault)의 권력론에서 받은 지적 자극에서 연원하는 것으로 보인다. 푸코의 작업을 아감벤은 1986-1992년 파리의 "철학 국제칼리지"(Collège international de philosophie)에서 "프로그램 감독"(Directeur de programme)으로서 깊이 연구한 바 있다.

푸코에 의하면, 19세기 이전에는 주권권력은 "죽게 만들어 버리는 혹은 살게 내버려 두는" 법 속에 실존하는데, 19세기 이래로 "살게 만들며(생명을 만들며) 그리고 죽게 내버려 두는(죽게 내버려 두는=죽지 않게 하려면 죽지 않게 연명할 수 있는 기술이 있다)" 권력, 19세기 이전의 주권권력에 비교하면 그것과는 전도된 권력을 통해서 보충되고 있다. 이러한 모던한 생권력은, 인간의 복제(human reproduction), 출생율과 사망률, 건강 수준과 생존 연한(length of life)을 광범위하게 그리고 규제적으로 다룬다. 푸코에 의하면, 이것은 "생명이 역사 속으로 진입하는 것"

12) Friedrich Hermanni, "Ansprache bei der Verleihung des Dr. Leopold Lucas-Preises 2013", in: Giorgio Agamben, *Leviathans Rätsel*, herausgegeben von Friedrich Hermanni, Mohr Siebeck, Tübingen, 2014, pp.66-103. (Hermanni 2014: 88f..)

13) Hermanni 2014: 88f..

(entry of life into history)에 다름 아니다.

아감벤은 푸코의 생권력론을 다음 두 가지 점에서 수정한다. 첫째로, 아감벤에 의하면 주권권력의 행사는 그 핵심에서는 항상 생정치(biopolitics)라는 것이다. 현대성의 생정치는, 생명(생)의 증대(생명을 확대하는 것)를 분명하게 목표로 하고 있는데, 살해할 수 있는 주권적 권리와 분리할 수 없게 연결되어 있다. 인공 수정(artificial insemination) 사례는 이 관계성을 직접적으로 논증하고 있다: 하나의 배아의 생산은, 잉여 배아들과 더불어 무엇이 처리되어야 하는지에 대한 의문을 던지고 있는 것이다. 주권권력과 생정치의 분리불가능성은, 이 사례 등등에서 분명하다. 그리고 둘째로, 이 분리불가능성에서 발생하는 그것은, 모던 생정치적 시대가 이전의 시대들과의 단절에 의해 특징되는 것이 아니라 오히려 서구의 전통을 처음부터 암묵적으로 결정해온 그것을 명시적으로 만들고 있다는 그것뿐이다라는 점이다. 이것이 현대성의 진단에 있어서 푸코와 다른 두 번째 점이다. 아감벤은 『호모 사케르』에서 이렇게 말한다:

> "모던 국가는 생물학적 삶/생명을 자신의 계산의 중심에 놓고 있음으로써, 권력이 벌거벗은 삶(life)에 연결시키는 비밀의 연결(secret bond)을 다시 비추어주게 하며, 그리고 이러한 방식으로 제국의 비밀들(arcana imperii)의 태고적인 것(the immemorial)에 …… 연결된다."[14]

> "주권권력과 벌거벗은 생명/삶(bare life) 사이의 이 비밀의 결합/결속(secret bond)이 서구의 정치적인 시원적 죄(the political original sin of

14) Giorgio Agamben, *Homo Sacer*, Ffm, Suhrkamp, p.16을 Hermanni 2014: 92f에서 재인용

the West)라고 아감벤은 주장한다. 아감벤에 의하면, 서구 정치의 본질은, 벌거벗은 생명/삶, 인간의 자연적 실존(the natural existence of man)과 법적 정치적 실존(his legal and political existence) 사이의 분리에 있다. 정치적 life는 a qualified form of life로서, bare, unqualified life와 관계하는(다루는) 내포적 배제(an inclusive exclusion)를 통하여(거쳐서) 등장한다(성립한다). 정치적 삶(life)은 자신을 헌정하기 위해서는 bare life를 생산해야만 하고, 그리고 벌거벗은 생명/삶을 예외로서 자기 자신으로부터 구별해야만 한다."[15]

아감벤은 이렇게 말한다:

"서구 정치에서 벌거벗은 생명/삶은 존재의 독특한 우선 지위를 얻는데, 그것의 배제가 인간들의 도시(인간의 공동체 das Gemeinwesen der Menschen)를 정초한다. 이와 동시에, 이러한 배제와 더불어, 다른 필수성, 곧, 배제된 것에 대해서 결정해야 하고 지배해야 하는 필수성이 결과한다."[16]

아감벤은 군주주권론과 인민주권론의 본질적 차이를 간과하고 있다. 이 간과는 모더니티의 성립이 이전 시대들과의 본질적 차이에 근거하고 있음을 또한 통찰하지 못한다.

생명의 이러한 모던 정치화(modern politicization of life)에서, 아감벤은 시민민주주의와 전체주의체제 사이에 구조적 비유(a structural analogy)

15) Hermanni 2014: 92f..

16) Giorgio Agamben, *Homo Sacer*, Ffm, Suhrkamp, p.17을 Hermanni 2014: 92f에서 재인용.

가 있다고 파악하는데, 두 통치형태들 사이에는 가장 내적인 연대성을 주장하지만, 민주주의와 전체주의를 동일시하는 것은 결코 아니다. 두 통치형태들 사이의 차이들이 지적되는 만큼이나 두 통치형태들 사이의 유사성들에 주목해야 한다는 것이다.[17)]

아감벤의 정치철학은 다음과 같이 세 가지로 구성되어 있다:

- 시원적 정치적 관계는 금지/선포(ban) - 외부와 내부, 배제와 내포 사이의 구별의 영역으로서의 예외상태.
- 주권적 권력의 근본적 활동성은 시원적인 정치적 요소로서의, 그리고 자연과 문화 사이의, 조에와 비오스 사이의 절합(articulation)의 건널목, 벌거벗은 생명/나생(bare life)의 생산이다.
- 오늘날 서구의 생정치적(biopolitical) 패러다임의 근본인 것은, 도시가 아니라 캠프이다.[18)]

이들 명제에 대해 좀 더 자세하게 접근해보자.

아감벤에 의하면, 법에 대립하는 것은 법 없음(lawlessness)이 아니고, 두 법들 사이의 적대성이 관건이다. "법 밖에 있는 존재"를 그는 "복원"하려 하고 그것이 법의 실체적 내용을 구성하는 것으로 파악한다.

아감벤이 선포/방기(ban)라고 부르는 것은 두 개 혹은 그 이상의 법

---

17) Hermanni 2014: 96f..

18) Giorgio Agamben, *Homo Sacer: Sovereign Power and Bare Life*, Stanford University Press, 1998[이탈리아어 초판 1995], p.181.; Ernesto Laclau, "Bare Life or Social Indeterminacy?", in: Matthew Calarco and Steven DeCaroli(ed.), *Giorgio Agamben. Sovereignty and Life*, Stanford University Press, 2007, pp.11-22. Laclau 2007: 12.

들 사이의 양립불가능성인데, 그 핵심을 아감벤은 기존의 법과 법 없음의 대립으로 읽는다. 그것에는 어느 하나의 법으로 확정지을 수 없는 외부성이 있다는 것이다. 그런데 이 외부성의 범위는 아감벤이 호모 사케르라는 범주에서 확인하려는 것보다 더 넓다. 아감벤이 간과하고 있는 것은, 그것의 진정한 보편성속에 문자각인 가능성/문자각인 불가능성(the inscribable/uninscribable), 안/밖(inside/outside)의 문제[19]이다.

아감벤은 칼 슈미트가 존중했던 홉스의 정치철학에서 출발한다고 말할 수 있다. 홉스에게서 사회는 사회 자신의 법을 창출할 수 있는 능력이 없다. 그러므로 결과적으로, 권력의 총체적 집중화가 주권자의 손에서 일어나는 것이 모든 정치체의 선제조건이다. 이것은 플라톤의 철학자 왕의 논리와 유사하다. 이런 과정에서, 아감벤이 주장하는 것은 주권자와 희생자(성스러운 자)가 내재적으로 연관되어 있다는 복합적 명제이다.

슈미트는 주권자는 예외상태를 결정하는 자라는, 혹은 예외상태에 대해 결정하는 자가 주권자라는 명제를 주장한다.

> "예외상태는 원칙적으로 제한 없는 권한, 즉 모든 현행 질서를 효력정지시키는 권한을 포함한다. 이 상태가 되면 법은 후퇴하는 반면 국가는 계속 존립한다는 사실이 명백해진다. 예외상태란 그럼에도 무정부상태나 혼란상태와 다른 무엇이기 때문에, 법질서가 없어졌다 하더라도 여전히 법학적 의미에서 하나의 질서가 존속한다. 여기서는 법규범의 유효성보다 국가의 실존이 이론의 여지없이 우월하다. 결정은 모든 규범적 구속으로부터 자유로워지고 고유한 의미에서 절대화된다. 예외사례에서 국가는 이른바 자기

19) Laclau 2007: 15.

보존의 권리에 따라 법을 효력정지시키는 것이다. '법-질서'라는 개념의 두 요소는 서로 대립하게 되며, 각각의 개념적 독립성을 표명한다. 따라서 정상사례에서 결정의 독립적 계기가 최대한 억제되는 것과 마찬가지로, 예외사례에서 규범이 무화된다. 그럼에도 규범과 결정이라는 두 요소가 법학의 틀 내에 머물러 있기에 예외사례는 법학적 인식의 테두리 안에 남아 있다."[20]

슈미트는 법의 궁극적 타당성원천이 무엇인지, 급진적으로 문제를 제기한다.

"모든 법적 사유는 순수한 형태로는 현실화될 수 없는 법이념을 다른 응집상태로 변화시키며, 법이념의 내용으로부터도 도출될 수 없고 현실에 적용되어야 할 일반적인 실정적 법규범으로부터도 도출될 수 없는 하나의 계기를 덧붙이기에 그렇다. 모든 구체적인 법적 결정은 법의 내용과 무관한 계기를 포함하는데, 현실의 세세한 부분까지 하나의 전제로부터 추론하는 법률적 연역이란 불가능하기 때문이며, 어떤 결정을 요구하는 상황 그 자체가 결정적 계기로 남기 때문이다. 여기에서 문제가 되고 있는 것은 결정의 인과적이고 심리학적인 발생이 아니라 법적 가치를 어떻게 규정하는가이다. 물론 이 경우에도 추상적인 결정 자체는 중요하지만 말이다."[21]

슈미트는 정치적인 것의 본질이 결정임을 강하게 시사하면서 결정의 정치신학적 문제 틀을 다시 환기시키려 한다.

---

20) 칼 슈미트, 『정치신학. 주권론에 관한 네 개의 장』, 김항 역, 그린비, 2010[1934], pp.24-25.
21) 칼슈미트 2010[1934]: 46-47.

"결정의 이념은 절대적으로 선언적인 결정(deklaratorische Entscheidung)[새롭게 무엇인가를 낳는 헌정적 결정과 달리, 아무것도 새로운 것을 보태지 않는 결정]은 없다."[22]

슈미트는 이신론 시대의 절대군주정에서 주권자와 군주의 상동성 명제를 언급한다.

"17세기 국가론에서 군주가 신과 동일시되고, 데카르트식의 체계 속에서 신이 세계에 대해 점하는 자리를 주권자가 국가에 대해 점하고 있음에 대해서는 아제르(F. Atger)가 지적한 바 있다. '군주는 일종의 끊임없는 창조를 통해 국가의 모든 잠재력을 현세화한다. 군주는 정치세계에 옮겨진 데카르트의 신이다.'"[23]

그리고 슈미트는 당대의 객관사실성의 법칙성을 탐색하는 사상에 이르는 과정에 대해서 주목한다.

"17~18세기의 신개념에는 세계에 대한 신의 초월이 포함되어 있었다. 국가에 대한 주권자의 초월이 국가철학에 포함되어 있었듯이 말이다. 하지만 19세기에는 점차 모든 것에 대한 내재표상[Immanenzvorstellung, 초월자나 초월의 계기를 추방해버린 사고방식에 슈미트가 붙인 이름이다. 모든 것이 지상·현세의 질서 속에 내재한다고 믿음으로써 법학에서는 규범주의·법실증주의를, 자연과학에서는 실증과학을, 사회경제적으로는 기술경제적 지배를 초래한 형이상학적 원리라고 슈미트는 파악했다.-김항 역주]

---

22) 슈미트 2010[1934]: 48.

23) 슈미트 2010[1934]: 66.

의 지배가 확장되어 간다."[24]

한편, 슈미트는 논쟁의 전선에 자유주의를 분명하게 의식하고 있음을 밝힌다. 슈미트는 부르주아지는 토의하는 계급(una classa discutidora)이라고 정의한다.[25] 이것은 부르주아지는 결정을 회피하려 한다는 비난이다. "자유주의적 부르주아지는 신을 원하지만 이 신은 활동해서는 안된다. 마찬가지로 부르주아지는 군주를 원하지만 그 군주는 무력해야만 하는 것이다."[26] 이신론의 그 신을 대신하는 군주, 주권자는 여기에서 모순적 위치에 있다. 가장 강하면서도 가장 약한 존재.

슈미트는 합리주의가 발전하는 동시에 비밀에 대한 사유가 다시 주목받는 경향에 주목한다.

> "절대주의의 사회적·행정적 상태와 관념들을 매우 정교하고 명료하게 서술한 학자는[Fritz Wolters, *Über die theoretische Begründung des Absolutismus im 17. Jahrhundert, Festgabe für Schmoller*, Berlin, 1908, p.210] 이렇게 말한다. 즉 신학의 힘이 고갈되고, 왕국의 성립에 대한 가부장제적 관념이 이미 사람들을 학문적으로 만족시킬 수 없게 된 15세기말과 함께, 과학으로서의 정치학이 발전하고, 거의 신비적이라고도 할 '사태이유'(ratio status)라는 개념을 중심으로 하는 일종의 비밀론이 형성된 것이다 라고."[27]

---

24) 슈미트 2010[1934]: 69.

25) 슈미트 2010[1934]: 81.

26) 슈미트 2010[1934]: 82.

27) 칼 슈미트, 『독재론』, 김효전 역, 법원사, 1996. Carl Schmitt, *Die Diktatur. Von den Anfängen des modernen Souveränitätsgedanken bis zum proletarischen Klassenkampf*, Berlin: Duncker & Humbolt, 6. Aufl., 1994. 슈미트 1996: 37.

> "아르놀트 클라프마르(Arnold Clapmar)의 저술은, 비밀에 관한 문헌 중 가장 중요했다. 비법(arcana)은 신학, 법학, 상업, 회화, 전쟁수행, 의학 등 어느 학문에서나 있다; 모든 것들은 그 목적을 달성하기 위해서 어떤 기교, 심지어는 책략이나 기만까지도 사용한다; 그러나 국가에는 민중을 안심시키기 위한 목적만을 위해서도 자유라는 외관을 환기시키는 어떤 행사, 장식적인 기구가 항상 필요불가결하다; 공화제 비법(Arcana Reipublicae)은 외면에 나타나는 현저한 동기와는 다른 국가의 추진력이다. 비밀은 주권 비밀(Arcana imperii)과 지배 비밀(arcana dominationis)과 구별된다. 주권 비밀은, 평상시에 있어서의 국가, 즉 실제로 현존하는 권력상태에 관계된 것이다. 따라서 이에 포함되는 것은 군주정, 귀족정, 민주정과 같은 다양한 국가형태에 따라 다른, 민중을 진정시키려는 방책들이다. 한편, 지배 비밀은 비상사태, 반란, 혁명시에 지배자의 보호와 방위, 그리고 그러한 사태를 처리하는 수단에 관한 것이다. 그렇지만 군주나 지배적인 당파가 안전하지 않으면, 국가의 안전은 유지될 수 없기 때문에 양 비법 간에 중대한 차이는 없다는 점을 분명하게 언급하고 있다."[28]

통상의 주권법과 비상시의 주권법의 구별은 베졸트도 수용했는데, 일반적 · 인정법(allgemein-menschliches Recht)과 자연법(natürliches Recht)의 규칙들에 구속되었다는 관념에 근거하는 것이다. "예외법은 단지 '신법'(jus divinum)만을 고려해야 하며 그밖에 거기에는 일체의 법적 제약은 없는 것이다. 거기에서 비로소 국가권력의 충만함은 드러나는 것이다."[29]

---

28) 슈미트 1996: 38-39.

29) 슈미트 1996: 40-41.

슈미트의 켈젠비판은 켈젠이 자연법칙과 규범법칙을 동일시하는 형이상학에서 벗어나고 있지 않다는 데 집중된다. 켈젠은 J.S. 밀(John Stuart Mill)의 후예였다. "주권개념의 학설사에서 근본적 의미를 갖는 권리[법]의 실체와 행사[집행]의 구분은 자연과학적 개념으로는 파악될 수 없는, 철학적 논의의 본질적 계기이다. 켈젠이 자신이 왜 민주주의를 신봉하는지 밝힌 대목을 보면, 그에게는 수학적·자연과학적 사고방식이 몸에 배어 있음을 알 수 있다.[Hans Kelsen, "Vom Wesen und Wert der Demokratie", in: *Archiv für Sozialwissenschaft und Sozialpolitik*, Bd.47, 1920-1922, p.84] 이 사고방식에 따르면, 민주주의란 정치적 상대주의를 표현하는 것이며, 기적과 도그마로부터 해방된 인간 오성 및 비판적 회의에 토대를 둔 과학성을 표현하는 것에 다름 아닌 셈이다."[30]

슈미트는 한스 켈젠과는 달리 주권론의 지속을 주장하고 그리고 그것이 정치신학과 내재적으로 연관되어 있고 그것이 어떻게 전형되고 있는지를 검토하고 있다는 점에서 슈미트의 사유에 아감벤은 주목한다. 아마도 그의 슈미트연구는 그의 열정적인 벤야민 연구와 더불어 증폭되었을 것이다.[31] 슈미트는 『정치신학. 주권론에 관한 네 개의 장』이라는 표제 아래 학문적 전선을 분명하게 긋고 있다.

> "켈젠은 주권 개념이라는 문제를 무시함으로써 이 문제를 해결한다. 그가 연역한 끝에 다다른 결론은 이렇다. '주권개념은 반드시 배제되어야 한다.' [Kelsen, *Das Problem der Souveränität und die Theorie des Völkerrechts*,

30) 슈미트 2010[1934]: 61.

31) 우리가 이제는 슈미트와 벤야민의 논쟁으로 부르고 있는 그것에 아감벤의 사상은 매우 중요한 촉매이다. 정치신학의 르네상스에 레비나스뿐만 아니라 아감벤도 있다. 레비나스에 대해서는 서규환, 『정치적 모랄리아 1: 레비나스』, 다인아트, 2017을 참조하라.

p.320] 사실상 이것은 낡은 자유주의가 법을 내세워 국가를 부인하는 일이며, 법실현이라는 독립된 문제를 무시하는 일이다. 크라베야말로 명확하게 이런 주장을 내세운 인물이다. 그의 법주권설(『현대의 국가이념』(1906, 1919년에 독일어로 증보 재판 출간))은 국가가 아니라 법이 주권자라는 테제에 기초해 있다. 켈젠은 이 학설을 국가와 법질서가 동일하다는 자기 이론의 선구자로만 간주하는 듯하다. 그런데 사실 크라베의 학설은 켈젠 이론의 귀결과 공통의 세계관적 뿌리를 가지고 있을 뿐이다. 이 네덜란드 법학자와 독일 신칸트학파의 인식이론 및 방법론적 특성 사이에는 아무런 관계가 없다. 다시 말해 켈젠의 독창성, 즉 그의 방법론이라는 측면에서 보자면 양자 사이에는 아무런 공통점이 없는 것이다."[32)]

또한, 법치국가 모델로 발전하고 있는 현대 국가에 대한 주요 개념들이 신학적 개념들의 세속화 과정에서 의미론적으로 전형된 것임을 슈미트는 짚어낸다:

"현대 국가론의 중요 개념은 모두 세속화된 신학 개념이다. 예를 들어 전능의 신이 만능의 입법자가 되었다는 식으로 여러 개념이 신학에서 국가론으로 옮겨 갔다는 역사적 발전을 봤을 때만이 아니라, 이들 개념의 사회학적 고찰을 위해서 반드시 인식해야만 하는 체계적 구조를 봤을 때도 그렇다. 법학에서 예외상태는 신학에서의 기적과 유사한 의미를 갖는다. 이런 유비관계를 의식했을 때 비로소 최근 수백 년간에 걸친 국가철학상의 여러 이념의 발전이 인식될 수 있다. 왜냐하면 현대 법치 국가의 이념은 이신론으로 지탱되어 왔기 때문이다. 이때 이신론이란 하나의 신학이자 자연법칙의 중단, 기적의 직접 개입을 통해 예외상태를 설정하는 중단을 거부하는 것

32) 슈미트 2010[1934]: 36-37.

이며, 따라서 현행 법질서에 대한 주권의 직접 개입을 거부하는 것과 같다. 계몽사상의 합리주의는 어떤 형식의 예외상태이든 모두 부정했다. 따라서 반혁명의 보수적 저술가들은 유신론적 확신을 가졌으며, 유신론적 신학과의 유비 속에서 군주의 인격적 주권을 이데올로기적으로 지지할 수 있었던 것이다."[33]

그리고 이 의미론적 전형 과정에 대한 성찰에는 발터 벤야민도 있다. 김항이 지적하고 있듯이, 벤야민의 『역사철학 테제에 대하여』 논고에서 등장하는 언어, 자동기계는 정치신학적 맥락에 있다. "기계장치로 된 신(deux ex machina)은 고대 그리스 연극에서 극의 내용이 뒤엉킨 실타래처럼 해결 곤란한 국면에 빠졌을 때 갑자기 절대적 힘을 가진 신이 무대 위에서 기계장치를 통해 나타나 문제를 해결하여 이야기를 수습하는 수법이다."[34] 기계장치 신은 벤야민에서는 자동인형으로 전형되어 나타난다. 이 맥락에서 보자면, 벤야민의 역사철학테제 제1테제에서, 자동인형인 역사유물론은 절대적 신처럼 모든 문제를 해결하는 국가처럼 나타나 있다. 이 역사유물론은 국가주의에 속한다는 것을 시사한다. "언제나 똑같은 정체 모를 동일자가 입법자로서, 집행자로서, 고발자로서, 사면자로서, 비호자로서 등장하므로, 오늘날 일정한 거리를 두고 법학의 전체 상을 파악하려는 관찰자는 국가가 여러 가지로 모습을 바꾸면서, 그러나 언제나 보이지 않는 동일인격으로 연기하는 연극을 목격하게 되는 것이다. 현대의 입법자가 '만능'이라는 말은 모든 공법교과서에 나오지만, 이는 단순히 신학에서 용어만을 차용한 것은 아니다. 논의 하나하나에 신학의 잔영이 짙게 묻어나 있기 때문이다."[35] 슈미트에서 기계장치 신이 입법

33) 슈미트 2010: 54-55.

34) 슈미트 2010: 56 각주 8의 역자 주.

35) 칼 슈미트, 『정치신학』, 김항 역, 그린비, 2012, p.57.

자를 은유하는 것으로 나타나 있다. 이 맥락에서 벤야민은 아마도 슈미트의 이 비유를 알고 있었던 것 같다.[36)]

결단주의자 슈미트는 결단은 최종적으로 누가 결정하는가 하는 문제 속에서 주권자론을 제기한다:

> "주권자는 상황을 하나의 전체로서 완전하게 만들어내고 보장한다. 그는 이 최종적 결정의 독점자이다. 여기에 국가주권의 본질이 있는데, 그것은 강제나 지배의 독점이 아니라 결정의 독점으로 정확히 법학적으로 정의될 수 있으며, 여기에서 결정이라는 말은 보다 널리 발전된 일반적 의미로 사용되고 있다. 그래서 예외상태는 국가적 권위의 본질을 최대한 극명하게 드러내는 것이다. 이제 결정은 법규범으로부터 분리되고, (역설적으로 정식화하자면) 국가의 권위는 법을 만들기 위해서는 법이 필요 없다는 사실을 증명한다."[37)]

슈미트가 여기에서 "법이 필요 없다"고 주장할 때의 그 법은 신법은 아니고 실정법의 법을 말한다. 즉, 제정된 법이 아니라 법을 제정하는 그것이 법인가 하고 그는 묻고 있다.[38)]

신법의 타당성 여부를 일단 괄호 속에 넣어두고 논의를 하자면, 오늘

---

36) Carl Schmitt, *Politische Theologie*는 Duncker & Humbolot Gmbh, Berlin에서 1934년에 출간되어 있었다. 벤야민은 "국가"가 "입법자"로서 만능자로 활동하는 것처럼 그 역사유물론이 그렇게 활동할 수 있으며 활동할 것으로 기대하는 것에 대해서 비판적 논술을 개진하는데, 우리는 이에 대해서 뒤에서 논의할 것이다.

37) 칼 슈미트 2012: 25-26.

38) 슈미트는 군주주권론을 옹호하는 논거를 시사하는데 우리는 그 맥락에 주목해야 한다. 슈미트 2012: 66-67을 참고하라.

날에는 분명하게 정식화된 법 언어가 없다고 할지라도, 법은 있고, 그 위에서 임의적으로 다르게 법 제정이 일어나지 못하게 된다. 그리고 모든 역사적 예외상태들이 동일한 것이 아니라, 역사적으로 차이가 있다. 역사적 맥락이 다르기 때문이다.

슈미트의 자유주의에 대한 비판에 귀 기울여 볼 가치가 있다:

> "자유주의적 부르주아지는 신을 원하지만 이 신은 활동해서는 안 된다. 마찬가지로 부르주아지는 군주를 원하지만, 그 군주는 무력해야만 하는 것이다. 부르주아지는 자유와 평등을 요구하면서도 입법에 필요한 영향력을 확보하기 위해 교양과 재산에 따라 선거권을 유산계급으로 한정할 것을 요구한다. 마치 교양과 재산이 가난하고 교양 없는 사람들을 억압할 권리를 부여하기라도 한다는 듯이 말이다. 부르주아지는 혈통 및 가계에 기초한 귀족지배를 폐기하면서도 가장 파렴치하고 저급한 금권적 귀족지배를 용인한다. 부르주아지는 군주주권도 인민주권도 원하지 않는다."[39]

아감벤의 호모 사케르 모델에 기초한 정치철학은 슈미트의 주권론의 독해와 더불어 전개된다.[40] 아감벤 사상의 문제는, 그 자신이 설정하는 희생자의 논리가 항구적이며 구조적 불변이라고 가정하는 그것에 있다. 사상사적으로 볼 때 루소에서 사회계약을 넘어서는 정치체의 논리를 제시한 바 있는데 루소는 홉스의 이것에 대해 강한 의문을 던진 바 있다. 루소의 인민주권론은 군주주권론에 이르는 플라톤이래의 사상을 단순하게 군주에서 인민으로 대체한 것을 넘어서는 패러다임 전환을 지시하고 있다.

---

39) 슈미트 2012: 82.

40) 우리는 뒤에서 주권론에 대한 비판적 논의로 되돌아올 것이다.

살아있는 존재들은 조에와 비오스로 분류되는 것이 아니다. 살아있는 존재는 모두 한편으로는 조에로, 다른 한편으로는 비오스로 살아간다. 조에는 살아 있는 존재 모두에게 공통적으로 있는 생(life)의 조건들을 가리키고 있다. 그것은 사적으로 이해될 수 없다. 비오스는 개인이나 집단에 고유한, 적합한 생활양식이나 방식을 가리킨다. 고대사회에서도, oikos 역시 비정치적이지 않았고, 벌거벗은 생명, 나생으로 파악될 수 없다. 그것의 고유한 결합양식과 규칙들이 있었다.[41]

그리고 아감벤에서 캠프, 수용소는 파시즘 시대의 지나간 하나의 역사적 사실을 넘어서는 범례적 법철학적 정치철학적 모형으로 파악되고 있다: 그리하여 그는 물음을 제기한다.

> "수용소란 무엇인가? 수용소의 법적 · 정치적 구조는 무엇인가? 어째서 그런 사건들이 일어날 수 있었는가? 이런 물음은 수용소를 하나의 역사적인 사실, 과거에 속하는 하나의 변종(경우에 따라서는 다시 발생할 가능성이 있는 것)이 아니라, 오히려 어떤 의미에서는, 우리가 여전히 그 안에서 살고 있는 정치공간의 감추어진 모체이자 노모스(nomos)로 바라보게 해 줄 것이다."[42]

아감벤의 사상 중심에 캠프론이 있다.

---

41) Laclau 2007: 17.

42) 조르조 아감벤, 『목적 없는 수단. 정치에 관한 11개의 노트』, 김상운·양창렬 역, 난장, 2009a[이탈리아 원문 1996]. 아감벤 2009a: 47.

2. 캠프란 무엇인가?

1) 캠프의 탄생, 그 법적 책임자

아돌프 아이히만(Adorf Eichmann)이라는 이름이 기억되고 있는 것은, 아돌프 아이히만이 아유슈비츠의 국가최고권한명령자였기 때문이 아니라 실명이 밝혀진 유일한 이름이기 때문이다.[43] 독일민족에서 보면 유대인은 민족의 순수성을 위협하는 가장 극단적 이방인을 격리, 제거시켜야 했다. 유대계는 순수성을 가장 위협할 수 있었다. 왜냐하면 독일민족의 순수성과 가장 비슷하다는 그 점 때문에 식별불가능하기 때문이었다. 아감벤도 지적하듯이, 유대인 집단학살이 어떤 주권적 기관에 의해 내려진 정책결정이라는 것을 알게 해주는 어떠한 분명한 단일의 결정적인 국가공식문건 사료가 발견된 적은 없다는 것은 잘 알려져 있다. 1942년 1월 20일에 개최된 회의에 기록된 유일한 사료는 중간 층위와 그 아래의 하위 층위의 경찰 장교들의 행적에 관한 것일 따름이다. 그들 가운데 게슈타포 제4 섹션의 B-4 부대(division B-4 of the Fourth Section of the Gestapo) 책임자였던 아돌프 아이히만, 그 이름이 적시되어 있었다. 유대인 집단학살은 사료로서는 단지 하나의 경찰 작전에 불과한 것으로, 사소한 것으로 남아 있는 행정문서가 증거하고 있지만 실체에서는 인간성 그 자체를 말살하는 반인간적 범죄행위이다.[44]

캠프들은 어떻게 발생되었는가? 캠프들은 통상적 법에서 태어난 것이

---

43) 일제종군위안소는 또 하나의 캠프(수용소)였다. 일제종군위안소 역시 나치의 아우슈비츠처럼 이를 결정한/명령한 국가최고권한처/자가 밝혀지지 않았다.

44) Giorgio Agamben, *Means without End. Notes on Politics*. translated by Vincenzo Binetti and Cesare Casarino, University of Minnesota Press, 2000[이탈리아 초판 1996], p.106.

아니고 교도법의 전형과 발전의 산물도 아니다. 그보다는 오히려 나치 수용소의 경우에서는 일종의 수용법이 고려될 수 있다. 아감벤도 지적하고 있듯이, 수용의 사법적 정초는 통상적 법이 아니라 (재판을 거치지 않는) 보호감호(Schutzhaft) 조처였다. 나치 법률전문가들이 적실성 있는 범죄적 행태에 대한 고려 없이 예방적 교도의 차원에서 보호감호조치를 취할 수 있게 하는 제도로서 프러시아발 사법제도를 연구했다는 사료가 있다. 그 경우 일차적으로 척도의 기준은, 국가의 안보에 대한 위협 여부였다. 보호감호조처의 기원은 프러시아 법에 남아 있었는데, 그것이 1871년에, 바바리아(Bavaria)를 예외로 하면 독일 전역에 확대되었다.[45]

아감벤의 명제적 표현, "수용소란, 예외상태가 규칙이 되기 시작할 때 열리는 공간이다"라는 말은 그대로 혹은 수사법적 변용 형태로 그의 저술 이곳저곳에 등장한다: "이 점에서 본질적으로 법질서의 일시적 중지였던 예외상태는, 이제 영속적인 공간적 배치를, 즉 그 자체로 정상적인 법질서의 바깥에 항구적으로 머무는 배치를 얻게 된다. 1933년 3월 아돌프 히틀러가 제3제국 수상으로 선출된 것을 기념하던 바로 그때, 하인리히 힘러는 다카우에 '정치범을 위한 집단수용소'를 만들기로 결정했다. 나치 친위대가 즉각 이 수용소를 맡았다. 보호검속을 통해 형법이나 징역법의 규칙 바깥에 놓이게 된 이 수용소는 그 당시나 그 뒤에나 형법이나 징역법과는 별 관련이 없게 됐다. 곧 다카우뿐만 아니라 다른 지역에 추가로 세워진 수용소(작센하우젠, 부헨발트, 리히텐베르크)도 항상 잠재적으로 작동하게 됐다. 수감자의 구성은 바뀌었다(어떤 기간, 특히 1935-37년 유대인의 강제이송이 시작되기 전에는 수감자가 7천5백명까지 줄기

45) Agamben 2000: 38-39.

도 했다). 하지만 수용소 자체는 독일에서 영속적인 현실이 됐다."[46]

아감벤에서 캠프의 정치철학적, 법철학적 본질이 무엇인가? 역사학자들 사이에서 캠프의 최초 발생에 대해서 의견이 일치되어 있지 않다. 가장 대표적인 것의 하나는 1896년 쿠바에 있는 스페인들이 쿠바 식민지인들의 반기를 억압하기 위해서 창설했던 집단수용소(campos de concentraciones)로 보는 견해이고, 다른 하나는 20세기 초, 영국이 보어인들(Boers)을 가두었던 집단수용소(concentration camps)로 보는 견해이다. 아감벤은 이렇게 말한다:

> "캠프는 예외상태가 규칙이 되기 시작하는 때에 열리는 공간이다. 그 속에서, 예외상태는 본질적으로 본체적으로 항구적인 공간적 편재였으며, 그러한 것으로서, 그것은 법의 정상적 상태 밖에서 항상적으로 남아 있다."[47]

"캠프는 예외상태가 규칙이 되기 시작할 때 열리는 공간이다"라는 자신의 핵심 명제에서, 아감벤은, 예외상태가 규칙으로 되는 것(become)을 말하면서, 사실상, '규칙'이 만들어진 것이라는 통찰을 함축한다. 그리고 그 예외상태 그 자체가 신의 메시지가 아님을 시사하려 한다. 이런 한에서, 캠프는 인간 사회에서 항구적인 가능성으로 있다.

아감벤이 캠프는 민족(출생), 국가(질서), 영토라는 세 가지 요소에 더하여 "제4의 요소"라고 판단하는 까닭은 여기에 있다. 그러나 이 제4의 요소는 단순하게 기존의 체계에 추가된 것으로 파악되기보다는 기존의

46) 아감벤 2009a: 49. 수용소는 파시즘적 전체주의의 징후이다.

47) Agamben 2000: 39.

구성요소론 체계를 해체하는 종류의 것이다. 그리고 그것은 다른 요소들과 분리불가능한 필수적인 요소라는 것이다.[48)]

아감벤은 캠프의 탄생을 현대성의 근본요소로 보고 있다. 국민국가(nation-state)의 근본요소로서 민족(출생), 국가(질서), 영토에 이제 캠프가 추가되어, 근본요소를 헌정한다는 것이다. 전통적 세 요소는 사실 국민국가의 요소라기보다, 국가나 정치체의 일반적 요소들이었다. 그렇다면, 아감벤의 현대성에서 캠프는 현대성 그 자체로서 이해되는 셈이다. "캠프"는 근대 이전에는 왜 문제되지 않았는가. "캠프"는 진리이론, 인식론의 차원에서 작용하는 것이라기보다는 권력과 지배의 사회현실과 그 정치사회학에서 확인되어야 하지 않겠는가.

아감벤은 사실 국가와 국가 사이의 국제정치적 관계가 확산되고 심화되는 오늘의 현실을 염두해 두고 있기도 하다:

> "예외상태는 본체적으로 질서의 일시적 정지/유예/중지이어 왔는데, 이제는 점차로 질서 속으로 편입될 수 없는 그 벌거벗은 생명에 의해서 정주하게 된 새로운 안정된 공간적 편재가 되고 있다. 탄생(벌거벗은 생명)과 국민국가 사이의 점차로 넓어지고 있는 간격은 우리 시대의 정치의 새로운 사실이며, 그리고 우리가 '캠프'라고 부르고 있는 바는 이러한 균열이다."[49)]

아감벤의 정치철학적 사유에 의하면, 글로벌 시대인 우리 시대가 국민국가적 법치국가의 범주를 벗어나서, 일종의 통제 불능 상태에 있다는 것인가. 그리고, 법이 정지(중지, 유예)될 때 즉 잠재성 영역으로 들어갈 때

---

48) "The camp is the fourth and inseparable element that has been added to and has broken up the old trinity of nation(birth), state, and territory." Agamben 2000: 44.

49) Agamben 2000: 43-44.

우리는 항구적 예외상태의 레짐이라는 패러독스에 들어간다고 한다.[50] 아감벤은 오늘날의 국제정치의 현실을 경험적으로 치밀하게 고찰한 학문적 논증들을 근거로 하여 이렇게 주장하고 있는 것 같지는 않다. 국제정치의 역사에서도 진화과정이 있다. 국제정치적 차원에서도 실천 주체들은 그동안의 세계대전들을 거치면서 평화에 대한 학습과정을 거치고 평화의 이론과 실천을 발전시키고 있다. 전쟁과 평화에 관한 국제법의 발전에 우리는 주목해야 한다.

그로티우스는 전쟁법에 대해서 이렇게 적었다:

> "전쟁에서는 법이 모두 작동하지 않는다는 주장은 진실과 너무 멀리 동떨어져 있다. 전쟁은 법을 추구했을 때만 시작될 수 있고, 일단 시작된 전쟁은 법과 신의의 기준에 따라야만 수행될 수 있다."[51]

> "무장하에서 법률은 침묵한다. 그러나 단지 교류의, 법정의 그리고 평화의 법률만 침묵하지, 영원한 그리고 모든 시대에 유효한 법률은 침묵하지 않는다. 따라서 적들 사이에서는 성문법, 즉 시민법이 유효하지 않지만 아마도 불문법, 즉 자연이 명하거나 여러 민족들끼리 합의를 토대로 규정된 법이 유효하다는 것은 크리소스토무스의 탁월한 명언이다."[52]

국제정치에서도 윤리론이 심화되고 확장되어야 하며 그것은 국제법의 실천주체들이 평화를 발전시키려는 이론과 실천으로 구체화되어야

---

50) Bruno Gullì, "The Ontology and Poltics of Exception. Reflections on the Work of Giorgio Agamben," in: M.Calarco and S.DeCaroli(ed.), *Giogio Agamben: Sovereignty and Life*, Stanford University Press, 2007, p.220.

51) 휴고 그로티우스, 「전쟁과 평화의 법에 관한 세 권의 책」, 서론; 콘라트 파울 리스만 편저, 크리스티안 슈타들러, 『전쟁』, 이재원 역, 이론과실천, 2015, p.67에서 재인용.

52) 휴고 그로티우스, 『전쟁』 2015: 67 재인용.

한다. 전쟁의 필연적 불가피론 논술 그 자체가 평화를 제약하는 핵심 장애이다.

그리고 그 속에는 국민국가적 차원에서도 민주주의 법치국가의 이론과 실천이 발전적으로 진화해 왔다는 사실에 우리는 주목해야 한다. 물론, 양자는 서로 분리되어 있지 않고 상호적으로 발전한다.[53)]

아감벤에 의하면, 지역화 없는 질서에 질서 없는 지역화가 조응한다(즉 예외의 항구적 공간으로서의 캠프); 더 이상, 정치 시스템은 확정된 공간 속에서 삶의 형식들과 사법적 규범들을 주문하지 않고, 오히려 그 자체 내에서 그것을 넘어서 나아가는 탈장소적 장소화, 탈지역적 지역화를 포함하고 있으며 그리고 이 속에서 삶의 모든 형식과 모든 규범이 포획될 수 있다; 탈지역적 지역화 경향을 보여주는 캠프는, 우리가 살고 있는, 삶을 영위하는 정치의 숨은 매트릭스이고, 그리고 우리는 그것을 그것의 변형형태들의 모든 것들 속에서 다른 모습들을 하고 있다고 할지라도 그것을 식별할 수 있는 것을 학습해야 한다.[54)]

그러나 탈장소적 장소화 경향이 강화되고 있는 것은 사실이지만, 일정한 장소에 제한되지 않지만 특정한 공간 속으로 편재되고 있고, 그 공간을 관리하는 문제가 있다.

---

53) 원시적 사회에서 동물 사냥은 일종의 전쟁이다. 동물과 인간 사이의 장르적 구별이 오늘날과 같지 않았던 시대에서, 동물 사냥은 전쟁에 다름 아니었다. 그것이 인간과 인간 사이의 전쟁으로 이어졌다. 전쟁의 원인은 무엇인가에 대해서도 논란이 있다. 자원의 부족도 그 원인의 하나였다. 그리고 시간의식의 발전은, 자원의 비축으로 나아가고, 탐욕은 확장했던 것이다. 그리고 부족과 부족 사이의 전쟁의 공포를 넘어서게 하는 방법은 무엇이었을까? 현실주의적 원칙에 따라, 타 부족을 정복하는 제국을 건설하거나, 여성의 교환을 통한 결혼 제도와 그 진화를 통해서 혹은 부족들 사이의 평화 협약 등으로 고대 부족사회에서도 진화하고 있었다.

54) Agamben 2000: 44.

2) 수용소의 다양성

아감벤은 수용소들의 이질적인 다양성을 역사적으로 탐구하는 데 빈곤하다. 수용소 양상들은 다양하다. 아감벤은 "캠프"를 철학적/사념적으로 이해한 나머지, 수용소의 다양성에 주목하지 못한다. 캠프는 예외상태이지만, 수용소를 등장하게 하는 것은 각 장소마다 다른 역사적 과정이 있고 그것은 사회적이며 제도적이다. 그러므로 사실들을 객관적으로 탐구하고, 그것들이 제도화되는 과정에서 사회적 권력 관계를 분석하고 그리고 역사적으로 어떠한 시간 속에서 그것들이 등장하고 퇴조하는지에 대해서 사회사적으로 파악해야 한다.

3. 벌거벗은 생명

1) 주권적 권력의 시원

> "정치적 영역에서의 벌거벗은 생명의 내포가 주권적 권력의 — 비록 감추어져 있다고 할지라도 — 시원적인 핵을 헌정한다. 생명정치적 몸의 생산이 주권적 권력의 시원적 활동이다."[55]

> "벌거벗은 생명의 생산이 주권성의 시원적 활동성이다."[56]

아감벤에서 "벌거벗은 생명"이란, 법 이전의, 법 밖의, 그러니까 법의

55) Agamben 1998: 6.
56) Agamben 1998: 83, 181.

옷을 입고 있지 않은 지위의 생명(삶)이고, 그것이 주권성을 헌정하는 핵심이다.[57] 주권성은 법의 옷을 입고 생활하는 일반 생명들의 정치공동체를 헌정하는데, 그 정치공동체 밖에 있는 차원을 내포하고 있다. 아감벤에서 이 호모 사케르는 단순하게 순수한 조에가 아니라 특별한 지위(status)에 포획된 조에이다. 이 지위는 주권자의 예외적 지위를 반영하고 있는, 이중으로 배제되고 있는 것이 그 특징이다.

> "주권적 영역은 사형(살인)이라 명명되지 않고서도(committing homicide) 그리고 희생자를 예식하지 않고서 죽일 수 있도록 허용되어 있는 영역이고, 신성한 라이프 — 즉 죽일 수도 있지만 그러나 희생되지는 않는 생명 — 는 이 영역에서 포착(포획) 되어온 생명이다."[58]

그리고, 아감벤은 나생에서 법치국가 형태로 전형되고 그것이 중간에 나생으로 다시 전형되고 그 다음에 다시 법치국가로 전형될 것을 기획하는 것이 아니라 나생에서 나생과 법치국가의 이중성으로 전형된다고 파악한다.

2) 어떠한 예외상태인가

벤야민은 참된/실재적(real) 예외상태를 지적하면서, 허구적 예외상태와의 차이를 짚고 있다. 허구적(fictitious) 예외상태란 무엇인가? 그것이 허구적이라는 것은, 그것이 경험적 실재성을 전혀 가지고 있지 않기 때문이 아니라, 그것이 시원하게 했던 중립성의 존재론적 구조와 더 이상 아

57) bare life에서 life는 생명이나/과 생활을 의미하는 양가적 뜻을 가지고 있는데, 편의상 문맥에 따라 생명으로 혹은 삶, 혹은 생활로 옮긴다.

58) Agamben 1998: 83.

무런 연관도 가지고 있지 않기 때문이다.[59] 시원적 존재론적 구조와의 연관을 가지고 있지 않음으로써 그것은 윤리적 타당성과 정통성(정당성)을 상실한 것이다. 잔혹한 폭력을 행사할 수 있는 힘을 가지고 있지만 그렇다고 해서 그것이 정당화되는 것은 아니다. 그러한 잔혹 폭력 행사들은 진정한 자유의 일시적 정지(erasure)에 의존하고 있다. 허구적 예외상태 선언과 실행은, 당파성이 총체성에 대해, 특수 이익이 보편성에 대해 강압하는 것(imposition)에 다름 아니다.

참된/실재적 예외상태에서는 어떻게 전개되는가? 진정한 자유의 제거/정지/삭제가 아니며, 나생이 되는 것이 아니라, 오히려, 보편성과 총체성의 양식으로서, 모든 존재가 주권적이 된다.[60]

"캠프란 무엇인가?" 라는 논고에서 아감벤은 다음과 같이 적었다:

> "예외상태가 규칙이 되기 시작할 때 열리는 공간이다. 그 속에서는 예외상태가 본질적으로(essentially), 법의 상태의 일시적 위협(suspension)이었는데, 그런 것으로서, 법의 정상상태 밖에서 항상적으로 남아 있는 항구적 공간적 편성체(arrangement)를 요구한다."[61]

캠프 속에서는 모든 것이 가능하게 되는 예외의 공간을 헌정하기 때문에 법의 위협이 일어난다고 아감벤은 파악하고 있다.

---

59) 한국사에서 계엄령 선포는 비상상태를 허구적으로 가정하고 있었던 것이다.

60) Bruno Gulli, "The Ontology and Politics of Exception", in: Matthew Calarco and Steven DeCaroli(ed.), *Giorgio Agamben: Sovereignty and Life*, Stanford University Press, 2007, pp.219-242. Gulli 2007: 240-241.

61) Agamben 2000: 38.

"홉스의 자연상태와 다르지 않게" 캠프는 극단적 잠재성(potentiality)을 대표하고 있다. 철저하게 무조건적인 가능성. 홉스의 자연상태에서는 이를테면 아우슈비츠보다 잔혹성의 수준과 깊이에서는 한계가 있었을 것이며, 자연의 법이 존재하고 있다고 파악해야 하지만, 홉스의 그것과는 달리, 캠프는 법과의 관계를 철저하게 가지지 않는 것은 아니라는 것을 아감벤은 간과하고 있다. 예외공간을 인정하고 있는 것은 "법"이기 때문이다. 아우슈비츠에서 "법"의 확인이 논쟁적인 것은, 다름 아니라 예외상태였기 때문이다. 주권성이 예외상태와 사법적 · 정치적 질서를 동시에 발생시킬 수 있는 능력을 가지고 있는데, 예외상태의 발생, 유지는 바로 예외적 공간 밖에서의 공간이 있기 때문에 가능했다. 예외, 곧 ex-capere는 외부를 취하는 것, 곧 단순한 배제는 아니다.[62]

아감벤은 캠프가 나생이라고 하는데, 정말 완전히 철저하게 나생인가? 적어도 그것은 법 이전의 나생이라기 보다는 캠프 바깥의 법을 '초월하는' 의미에서 나생일 뿐이다.

> "호모 사케르는 죽임을 당할 수 있지만 사형이라는 재판 선언이 없이 죽임을 당할 수 있는데, 호모 사케르가 정치적 질서 내에 포함되어 있는 한에서는 나생과 완전히 동일하지는 않고 오히려 나생을 대표한다. 다른 말로 말해서, 캠프의 정주자들, 국외에 있는 자들, 혹은 법의 적절한 사법에서 벗어나 있었던 자들은 법과 법의 보호 밖에 위치하고 있음에도 불구하고 그들은 법에서 배제되어 왔음으로써 법과의 (준-법적) 관계를 유지하고 있다."[63]

---

62) Steven DeCoroli, "Boundary Stones. Giorgio Agamben and the Field of Sovereignty", in: Matthew Calarco and Steven DeCaroli(ed.), *Giorgio Agamben: Sovereignty and Life*, Stanford University Press, 2007, pp.43-69. DeCoroli 2007: 52.

63) DeCoroli 2007: 52.

우리는 다양한 형태의 법 밖에 있는 자들을 유형화하고 그 내용의 차이에 주목해야 한다. 그리하여 이를테면, 아우슈비츠 같은 캠프 내에서, 유대인들 상호간에 살해 행위를 인정했는가? 살해 행위는 독일 병사가 유대인 피수용자를 살해하는 것으로 일어나지 않았는가? (동물들 사이에서는 동족을 죽여 먹는 행위는? — 이를테면, 사마귀, 돼지, 문어 등) 말하자면, 그러한 공간들 내에서도 밖에서도 법들은 완전히 중지되거나 삭제된 것은 아니었다.

주권성 속에서 예외상태에서의 행위가 일어난다고 한다면, 그 주권성은 나생인가? 인간의 법을 초월하는 신법/신의 로고스가 주권성의 양상으로 실행되는 것은 플라톤의 세계에서도 나타난다. 군주정의 세계는 군주주권성론으로 역사적 연속성을 유지하고 있었다. 그러나 루소의 인민주권성론에서는 군주주권성론과의 질적인 내용차이가 나타나는데, 아감벤은 루소의 인민주권성이론에는 섬세하게 주목하고 있지 않다.

3) 사형보다 중형인 추방

홉스는 고대의 사법 제도를 반영하고 있는데, 주권적 권력을 위협하는 자는, 국가의 공식성들에 의해 수행되는 죽음의 처벌(형벌)을 받는 것이 아니라 법에 의해 무조건적인 삶에 노출되는 처벌을 받는다.

체자레 베카리아(Cesare Beccaria)의 『범죄와 처벌』(*On Crimes and Punishments*)(1775)에서 사형과 추방을 논의하면서, 추방을 통해, "시민"권의 박탈이 일어나는데, 그것은 사실상, "인간"의 죽음에 다름 아니

었다.[64)]

슈미트의 예외상태와 주권성은, 국가들 사이의 전쟁에서 비상사태의 경우 국가의 안보를 위해 국가최고원수가 주권을 행사하는 것으로 파악되는데, 그런데 아감벤은 이런 슈미트의 예외상태론과는 다르다. 아감벤에서는 국민국가 내에서 그리고 국민국가들 사이에서 일어나는 국가최고권력의 행사가 섬세하게 구별되고 있지 않다.

4) 공적인 것과 사적인 것의 구분

국가와 사회의 자유주의적 분리를 비판했던 정치철학자는 슈미트였다. 그의 총체적 국가 개념은 그 분리의 사실적 허구성을 간파하고 정치의 문제틀을 새롭게 설정하려는 시도로 이어진다. 아감벤은 슈미트의 총체적국가론을 반영한다.

> "공적인 것과 사적인 것의 구분이 의미를 잃을 때마다[사람들은] 자기 자신의 말을 의심하게 된다. 수용소 거주민들은 실제로 무슨 일을 겪었는가? (가령 워털루 전투에 참가한 병사가 겪은 것 같은) 역사적 · 정치적 사건인가, [아니면] 엄격히 사적인 경험인가? 둘 중 그 어느 것도 아니다. 아우슈비츠의 유대인이나 오마르스카의 보스니아계 여성은 정치적 선택 때문이 아니라, 지극히 사적이고 소통 불가능한 것, 즉 피와 생물학적 신체를 가졌기 때문에 수용소에 들어갔던 것이다. 그러나 이제 이것들은 결정적인 정치적 기준으로 쓰인다. 이런 뜻에서, 수용소는 실로 모더니티가 개시된 장소이다. **수용소는 공적인 사건과 사적인 사건, 정치적 삶과 생물학적 생명을 엄**

64) 사형보다 강한 처벌, 추방은 국가가 공권력을 사용하여 사형을 집행할 가치조차 없는 경우에 일어난다. DeCoroli 2007: 62에 거론되는 Beccaria의 글을 참조하라.

밀히 구분할 수 없게 된 첫 번째 공간이다. 정치공동체로부터 절단되고, 벌거벗은 생명으로 (더욱이 '살 가치가 없는' 생명으로) 환원됐기에, 사실 수용소 거주민들은 절대적으로 사적인 [모든 공적 속성을 빼앗긴] 사람이다. 하지만 단 한 순간도 이들은, 사적 공간에서 피난처를 찾을 수 없다. 수용소에서만 느낄 수 있는 특정한 불안을 만들어낸 것은 바로 이 [공적인 것과 사적인 것의] 식별불가능성이다."[65]

아감벤의 논술과는 반대로 수용소는 민주주의적 공공성이 박탈당한 정치적 공간으로서 사적인 사람들의 단순한 집합소가 아니라 파시즘적 전체주의의 정치가 왜곡된 공적인 것을 총체적으로 실현하는 구체적 공간이라고 파악해야 한다. 국가의 공공성 그 자체가 선은 아니다. 악한 국가의 공적 행위(조처)가 비판되어야 한다.

4. 순수매개성의 문제

1) 순수매개성

아감벤에서는 정치는 언어처럼 매개성으로 파악된다.

"정치적 경험에서 관건인 것은, 순수한 매개성, 인간 존재들의 환원 불가능한 조건으로서의 수단으로의 존재(being-into-a-mean as an irreducible condition of human beings)보다 더 높은 것이 아니라 언어로의 존재 그 자체(being-into-language itself)이다. 정치는 매개성의 전시이다: 정치는

65) 아감벤 2009a: 131. 강조는 인용자.

수단을 그러한 것으로서 가시적이게 만드는 행위이다. 정치는 목적 그 자체(an end in itself)의 영역도 아니고 목적에 종속되는 수단의 영역도 아니며, 정치는 인간 행위의 그리고 인간 사유의 장으로서 의도된 목적 없는 순수한 매개성의 영역이다."[66]

언어가 소통의 매체[수단]이라면, 언어는 매체로서 그 자체로 일종의 목적성을 지니고 있다는 것인가? 아감벤은 「몸짓에 관한 노트」(Notes on Gesture)에서 언어가 자체 내에 장대한 기억을 담고 있듯이, 인간의 몸짓 역시 그러한 것으로 파악하면서, 정치가 순수한 수단[매체]임을, 몸짓성과 닮아 있음을 서술하고 있다.

우리는 아감벤이 "정치는 순수 수단의 영역, 즉 인간 존재의 절대적이고 완전한 몸짓성의 영역이다"[67]라고 자신의 주장을 명제적 표현으로 제시하고 있는데, 어떻게 절대적인가? 또한 완전한가? 인간의 몸짓성은 절대적이지 않고 완전하지도 않다. 그것은 매개[수단] 그 자체가 내재적으로 함의하는 목적성이 상상되기 때문이다.[68]

2) 독신화의 탈목적론적 정치철학

아감벤은 절대적 독신화의 정치와 그 이론을 주장하고, 그런 한에서 목적의 고전적 설정에 깊게 회의한다:

"『니코마코스 윤리학』의 핵심 구절 중 하나에서 아리스토텔레스는 에르곤(ergon), 즉 행위-중인-존재와 인간에게 고유한 작업 같은 것이 있는지 질

66) Agamben 2000: 116-117.

67) Agamben 2000: 60. 몸짓에 관한 노트의 끝 문장이다.

68) 우리는 뒤에서 언어론과 관련하여 이 맥락으로 되돌아올 것이다.

문한다. 그리고는 인간 자체가 본질적으로 아르고스(argos), 다시 말해서, 일을 하지 않는 무위(inoperosita)적인 것이 아닌지 묻는다. 피리 연주자와 조각가, 그리고 모든 기술자에 대해서, 또 일반적으로 어떤 기능과 해야 할 행위가 있는 모든 사람에 대해서, 그것의 좋음과 잘함은 그 기능(ergon) 안에 있는 것처럼 보인다. 그처럼 인간의 경우에도 인간의 기능이 있는 한, 좋음과 잘함은 인간의 기능 안에 있을 것 같아 보인다. 그러니 목수와 제화공은 어떤 기능과 행위를 갖고 있지만 인간은 아무런 기능도 갖고 있지 않으며, 본래 아무 할 일도 없는(argos) 존재라고 할 수 있을까? 정치는 인류의 본질적인 무위에 상응하는 것, 인간 공동체의 근본적인 일-없이-존재함에 상응하는 것이다. 이처럼 인간이 할 일 없는(argos) 존재이기 때문에, 어떤 고유한 직업에 의해서도 정의될 수 없기 때문에 정치가 있는 것이다. 다시 말해서, 인간은 어떤 동일성/정체성이나 소명으로도 고갈시키는 게 불가능한 순수 잠재성의 존재이다(이것이 인간의 정치적 소명을 잠재적인 지성과 연결하는 아베로에스주의의 진정한 정치적 의미이다). 이 아르기아(argia), 즉 본질적인 무위와 잠재성이 역사적 과제가 되지 않고 수행되는 방식, 다시 말해서, 정치가 인류의 일-하지-않음을 전시할 뿐만 아니라 어떤 과제에 대한 인류의 창조적인 반 무관심을 전시하는 방식, 오직 이런 의미에서만 정치가 행복에 완전히 복속되는 방식 속에서야 도래할 정치의 주제가 전 지구에 걸쳐 벌거벗은 생명을 지배하고 있는 경제를 넘어 구성될 수 있을 것이다."[69]

아감벤은 역사철학적 목적론을 부정하는 맥락에서 정치가 인간 행위의 목적 설정에서 벗어나 있음을 고대 그리스의 고전철학에 기대어 주장하려 한다. 그러나 현대성의 길에 있는 사회계약론의 사상사적 전통에서

69) 아감벤 2009a: 151-153.

파악할 때 정치는 인류의 생존방식을 "혁명적으로" 바꾸지 않으면 인간의 자기보존 그 자체를 유지할 수 없으며 바로 이 위기의 비판에 정치가 있다. 이 전통 속에는 그것은 자기보존과 자유와 평등, 그리고 평화를 위한 정치의 역사적 목적은 설정되고 있으며 설정되어야 한다. 아감벤은 역사철학적 목적론의 부정에서 목적 없는 정치철학으로 나아가고 있다. 그는 역사철학을 부정하려는 사유에서 포스트역사철학적 목적설정 가능성에 대해서도 엿보지 않는다.

아감벤은 춤의 미학 역시 목적 없는 수단이라는 차원에서 파악하고 있다:

> "목적 없는 최종성이란, 오직 하나의 끝(목표)을 고려해서만이 의미를 가지는 매개성만큼이나 소외되는 것이다. 춤이 몸짓이라면 춤 역시 그러한데 그 이유는 그것이 육체의 움직임의 매체 성격을 견지해내고 전시하는 것에 다름없기 때문이다. 몸짓은 일종의 매체성(매개성)의 전시이다. 몸짓은 의미를 가시적이게 만드는 것의 과정이다."[70]

춤의 미학에서, 몸짓은 문자적 언어와 다를 바 없이 의미론적 맥락에서 생산되고 매개되고 수용된다. 특별하게 의미론적 맥락 밖으로 나아가려는 미학주의 운동이라고 할지라도 그것은 의미론적 맥락을 의식적으로 배제하는 그것이야말로 의미론적 맥락에서 벗어나는 것이 아니다.

70) Agamben 2000: 58.

5. "행복한 삶"

아감벤은 나생을 대안으로 생각하고 있는 것이 아니라 현재를 분석하는 분석적 장치로 설명하고 있다. 그의 대안은 "행복한 삶"이다.

> "정치철학의 기초가 되는 '행복한 삶'이란, 더 이상 주권이 자신의 고유한 주체를 만들기 위해서 전제하는 벌거벗은 생명일 수 없으며, 모두가 오늘날 신성화하려고 헛되이 시도하는 모던 과학과 생명정치에서 말하는 외부의 영향을 받지 않는 불가입적 외부성일 수도 없다. 이와는 반대로, '행복한 삶'이란, 절대적으로 독신적인, '충족한 삶'(an absolutely profane 'sufficient life')이며, 삶 자체의 고유한 역량을 완성하고, 그것의 고유한 소통가능성을 완성하는 데 도달한 삶이다 — 그 삶에는 주권도 법(right)도 그 어떤 영향도 미칠 수 없다."[71]

> "새로운 정치가 직면하고 있는 문제는 이것이다: 현세적 삶(worldly life)을 완전히 충만하게 즐기는 것만을 오직 추구하는 정치적인 공동체가 가능한가? 그런데 잘 들여다보면, 이것이야말로 철학의 목표(goal)가 아니던가? 또한 모던 정치사상이 파두아의 마르실리우스(Marsilius of Padua)와 함께 태동했을 때, 그의 사유는 바로 '충족적 삶'(sufficient life)과 '잘 살기'(well-living)라는 아베로에스주의적(Averroist) 개념을 정치의 목적으로 다시 취함으로써 정의된 것이 아니던가? 발터 벤야민 역시 「신학적-정치적 단편」에서 '독신적인 것의 질서는 행복이라는 관념으로 향해야만 한다'는 사실을 전혀 의심하지 않았다. '행복한 삶'(이것은 사실 존재론과 분리되어서는 안 되는데, 왜냐하면 '존재 — 우리가 살아 있다는 것 외에는 그것을 경험하

71) 아감벤 2009a: 125, 「정치에 관한 노트」. 번역은 영역본 Agamben 2000: 114-115에 따라 약간 수정했다.

> 지 않기' 때문이다)이라는 개념을 정의하는 일은 도래하는 사유가 해결해야 할 중대한 과제들 중 하나로 남아 있다."[72]

벌거벗은 생명이 단순히 신진대사나 영양생식의 삶과 동의어라면, 아감벤이 말하는 새로운 생활형식을 이해하기는 어렵다. 그의 저작들, 특히 『호모 사케르』에서, 그는 네 가지 범주의 생활/삶이 있음을 얘기한 셈이다. 조에(자연적 생명), 비오스(정치적 삶), 벌거벗은 생명, 그리고 행복한 삶으로서의 생활형식이다.[73]

> "조에가 폴리스의 영역에 도입된 사태를 모더니티의 결정적 사건으로 본 미셸 푸코를 우회적으로 비판하며, 아감벤이 지적하고자 했던 것은, 조에가 이미 항상 정치에 포함되어 있다는 사실이다. 즉 그가 문제시하고자 한 것은, 단순히 폴리스의 영역에 조에가 도입되어 있다는 사태가 아니라, 조에가 폴리스 영역에 '내포적으로 배제되는' 복합적 구조이다."[74]

요컨대, 아감벤에게 순수한 조에와 비오스 같은 것은 없다. 정작 문제는 조에라는 극과 비오스라는 극 사이에 만들어진 예외상태 속에서 죽은 상태로 살게 만드는 주권자의 예외적 폭력에 노출되는 한에서만 출현하는 벌거벗은 생명이다.[75]

아감벤의 대안은 "행복한 삶"인데 목적 없는 수단의 삶으로 나타난다. 그는 자신의 이 주장을 정초하기 위해서, 고전을 살핀다. 예컨대, 아리스

---

72) 아감벤 2009a: 125. Agamben 2000: 114에 따라 번역을 약간 수정했다.

73) 김상운·양창렬, 역자 해설, 「간주곡」, 아감벤 2009a: 224.

74) 김상운·양창렬, 역자 해설, 「간주곡」, 아감벤 2009a: 224-225.

75) 김상운·양창렬, 역자 해설, 「간주곡」, 아감벤 2009a: 225.

토텔레스의 『니코마코스 윤리학』에서 그는 다음과 같은 문구를 인용하여 해석을 전개한다.

> "피리 연주자와 조각가, 그리고 모든 기술자에 대해서, 또 일반적으로 어떤 기능과 해야 할 행위가 있는 모든 사람에 대해서, 그것의 좋음과 잘함은 그 기능[ergon] 안에 있는 것처럼 보인다. 그처럼 인간의 경우에도 인간의 기능이 있는 한, 좋음과 잘함은 인간의 기능 안에 있을 것 같아 보인다. 그러니 목수와 제화공은 어떤 기능과 행위를 갖고 있지만 인간은 아무런 기능도 갖고 있지 않으며, 본래 아무 할 일도 없는 [argos] 존재라고 할 수 있지 않을까? 정치는 인류의 본질적 무위에 상응하는 것, 인간 공동체의 근본적인 일-없이-존재함에 상응하는 것이다. 이처럼 인간이 할 일 없는 [argos] 존재이기 때문에, 어떤 고유한 작업에 의해서도 정의될 수 없기 때문에 정치가 있는 것이다. 다시 말해서 인간은 어떤 동일성/정체성이나 소명으로도 고갈시키는 게 불가능한 순수 잠재성의 존재이다(이것이 인간의 정치적 소명을 잠재적인 지성과 연결하는 아베로에스주의의 진정한 정치적 의미이다). 이 아르기아(argia), 즉 본질적인 무위와 잠재성이 역사적 과제가 되지 않고 수행되는 방식, 다시 말해서 정치가 인류의 일-하지-않음을 전시할 뿐만 아니라 어떤 과제에 대한 인류의 창조적인 반(半) 무관심을 전시하는 방식, 오직 이런 의미에서만 정치가 행복에 완전히 복속되는 방식 속에서야 도래할 정치의 주제가 전 지구에 걸쳐 벌거벗은 생명을 지배하고 있는 경제를 넘어 구성될 수 있을 것이다."[76]

목수의 기능 그 자체가 "인간"을 전제하고 있다. 인간은 결코 순수하게

76) 아감벤 2009a: 151-153. 이 내용은 앞에서 인용했으나, 다른 맥락에서 논의를 이어가기 위해 다시 인용했음을 밝힌다.

벌거벗은 생명이 아니다. 사회/국가, 언어의 시원은, 이미 역사적 고통을 전제하고 있다. 아감벤은 사회계약에서 시작하지 않고, 수용소에서 시작한다.

6. 정치신학의 르네상스

1) 정치신학적 발상의 복원

오늘날의 정치사상이 신학적 사상에서 연원한다는 사실을 아감벤은 기억시키고자 한다. 그것은 정치신학적 발상의 복원으로 나타난다.

아감벤의 용법 속에서는, 그리스도는 이러한 나생으로 환원되어 버린다.[77] 아감벤은 주권성의 아포리아들로부터 탈출하는 것을 이미지화하

77) 밀뱅크는 아감벤과는 다르게 그리스도를 이해한다. John Milbank, *Being Reconciled Ontology and Pardon*, Routledge, London and New York, 2003. 호모 사케르(homo sacer)의 의미론을 밀뱅크는 아감벤과 다르게 이해하고, 예수의 경우에는, 아감벤과 다르게 해석한다. "We live in Christ because Christ as homo sacer was archetypally a human being as a creature and not simply the *bios theoretikos* who is both inside and outside the polis - halp animal of passions, half man [sic] of political reason. We also live in Christ because this typical abandoned man was nonetheless God, in whom we participate and from whom we all have our life. Our new political life, and of specifically human life which is orientation to supernatural deification." (Milbank 2003: 103) 서양의 중세는 이와 같은 삶의 가능성을 통해서 사유하기 시작했는데, 속죄를 범죄수사적 독해의 방식으로 파악하고 단 하나의 몸짓에 주권론을 설정하는 자원론적 강령이 발전하면서, 단절되어 있었다. 그리고, "the body of Christ is the true universality - against both the taboos of tribes (even though the law of Christ extends as well as abolishes taboos: see Chapter 10 below) and the universality of enlightenment, whose dark gothic secret is homo sacer . We must espouse and oppose the abandonment of potentially all of us to half-animality. We must oppose also the sacrifice without return of individuals to the state, to globalization, to the future, to ethical duty, to pagan fatality."(Milbank 2003: 104)

려는 고상하기는 할지 모르겠으나 그렇게 유용하지 않는 투쟁을 하고 있다. 그는 우리가 휴머니티 일반을 망라하는 것 같은 이러한 구조를 벗어나고 있고, 포기라는 추방된 입장으로 확인하는 것을 제시하고 있다. 하지만 아감벤은 주권성의 아포리아적 헌정이 존재론적 층위에서 반향되고 있다고, 주권성처럼 대존재(Being, Sein) 그 자체는 존재들(beings, 존재자들 das Seiende)의 그것의 내포를 통해서 구원될 것은 아무것도 없다고 믿는 것 같다.

모든 특수적 개별적 존재는 대존재의 비밀을 가정하고 있으나 그것을 결코 포획할 수는 없다고 그는 믿고 있다. 따라서 아감벤은 대존재는 존재들을 포획하고 있지 않고 있다고 생각하는 하이데거 사상을 수용하여, 존재들은 존재에 의해 포기된다고 믿으며, 이것이 그의 호모 사케르의 사유 모델로 나아가게 했던 것이다.[78] 그리하여 밀뱅크는 지상의 주권성을 피하기 위해서, 그리고서는 우주적 폭정의 손으로 떨어지게 하기 위해, 나생과 자신을 동일시하는 그것의 요체는 무엇인가 하고 회의적으로 물음을 던진다.[79] 밀뱅크는 이렇게 아감벤이 파시즘의 철학자인 하이데거와 슈미트를 수용하는 것에 대해서 비판을 제기한다.[80]

아감벤은 진화이론에서 보면 동물과 인간이 그 출발에서 본질적 차이가 없다고 생각하는 것 같다. 지라르처럼, 동물에서 인간으로 진화하면서 여전히 극복되지 못하는 동물적 폭력성이 항존하는 것으로 가정한다. 그

---

78) John Milbank, *Being Reconciled Ontology and Pardon*, Routledge, London and New York, 2003; Milbank 2003: 97-98 참조.

79) Milbank 2003: 98.

80) 밀뱅크에 의하면 제한 없는 주권은 보댕(Bodin)과 홉스(Hobbes)에 의해서 개진된 모던한 강령(modern doctrine)이었다. 즉, 중세 로마의 통치자들은 patria potestas에 호소하고 있었지만, 관례와 상호협조적 제한들을 받고 있었다. 이와 관련해서는 중세 그리고 보댕과 홉스의 주권론에 대한 비판이 필요하다.

리고 다른 한편으로 그것을 놀이 공간의 설정으로 극복할 수 있는 양 비약한다. 그리고, 그렇게 하면서 그는 미학주의 사유에 빠져들곤 한다.

2) 홉스와 슈미트의 정치신학: 홉스해석 논쟁

(a) 슈미트는, 홉스는 현실주의자로서 레비아탄이 사멸하는 그러한 시간이 도래하리라고 믿지 않았다. 홉스의 사유 자체가 종말론적 정치신학과는 거리가 멀다는 것이다. 아감벤은 슈미트의 홉스해석과는 달리, 홉스에서 정치신학적 종말론의 논리가 전개되어 있다고 해석한다.

우리는 슈미트가 홉스의 "레비아탄"에 대해서 해명을 시도한 저술들을 기억하고 있다: 홉스가 주장하는 내용과 이 내용을 시각적인 형상으로 표현하는 형식 사이의 불일치가 있는데 그것은 "영국적 유머"[81] 였다는 것이다. 영국적 유머란 매우 단조롭고 경멸적(very dry and derogatory)인 데에 그 특징이 있는데, 그렇다면, 무엇을 경멸(비판)하려 했던 것일까? 슈미트는 퇴니스의 선행연구에 근거하여 홉스의 『리바이아턴』을 자연법사상을 연구한 저작이라기보다는 일차적으로 영국의 정치적 논고로 이해하고,[82] 영국정치사에 대한 깊은 비평을 개진하려 했다고 파악한다.

이런 맥락에서 슈미트는 레비아탄이 홉스에서 어떻게 그려지고 있는지 살핀다. 우선, 그것은, 베헤모스와는 달리, 적으로 그려진 것이 아니다. "그것은 평화와 안전을 가져다주는 신으로 설명되기 때문이다."[83] 그에 의하면, "그리고 그것은 또한 정치적 동지의 신화도 아니다. 그러기에는

81) 칼 슈미트, 「로마 가톨릭주의와 정치형태」, 『홉스 국가론에서의 리바이아턴』, 김효전 역, 교육과학사, 1992. 슈미트 1992: 249.

82) 슈미트 1992: 248.

83) 슈미트 1992: 248-249.

그것은 너무나 끔찍하고 무서운 것이다."[84] 그것은, 적도 동지도 아니라 한다.

슈미트는, 최종적으로, 홉스의 레비아탄에 대해서 "홉스가 레비아탄을 도입하면서 사용한 문장과 단어들을 보면, 홉스 자신이 이 형상을 개념적으로나 또는 어떤 신화적이거나 악마적인 것으로 진지하게 생각한 것이 아니었다"[85]고 해석한다.

슈미트에 의하면, 홉스는 신학적 사유에서 출발하지 않는다.[86]

> "1651년의 영어판의 결정적인 부분에서(제17장) 그는 '지금은 저 위대한 레비아탄의 시대이며 보다 경건하게 말한다면 저 죽을 운명을 가진 신의 시대이다'라고 하였고, 1668년의 라틴어 판도 같은 장소에서, 같은 내용의 말을 하고 있다."[87]

레비아탄의 시대라고 규정하는 판단의 내용은 무엇인가? 슈미트는 죽지 않는, 영원한 신이 아니라 죽을 운명을 가진 신의 시대라고 규정하고, 가사적 신의 가사성에 대해 해명한다:

> "'가사의 신'이라는 말은 많은 오해를 초래하였다. 혼란의 이유는, 홉스가 서로 조화되지 않는 세 개의 신 개념을 사용하고 있기 때문이다. **우선** 일견하여 눈에 들어오는 것은 신-인간-짐승-기계를 통합한 레비아탄의 신화상이며, **두 번째는** 계약이라는 법적 구성의 산물인 대표자로서의 주권적 인

84) 슈미트 1992: 249.
85) 슈미트 1992: 249.
86) 슈미트 1992: 249-250.
87) 슈미트 1992: 250-251.

격이다. **그러나 셋째로** — 그리고 이것이야말로 그의 국가론의 중핵을 이루는 것으로 생각되는데 — 그는 영혼을 가진 기계라고 하는 데카르트적 인간관을 '거인'인 국가로 옮겨 국가는 주권적, 대표적 인격이라는 영혼을 가진 기계라고 하였다."[88]

슈미트가 밝히고 있듯이 홉스는 콩도르세(Condorcet)와는 그 인간에 대한 기초적 파악이 달랐다. 콩도르세는 인간을 근원적으로 악하며 이리와 같은 성질을 가진 것으로 보지 않고, 선량하며 교육 가능한 것으로 보았고, 이러한 파악에 따라 점진적인 교육진보에 의해서 궁극적으로는 강압적인 국가의 강제력은 점차 더욱 더 불필요한 것으로, 궁극적으로는 사멸될 것으로 파악하는 논리가 들어 있었다. 그러나, 홉스는 콩도르세식의 인간론을 가지고 있지 않았다. 그렇다면 레비아탄의 가사성은 무엇을 의미하는가? 그것은 기본적으로 메커니즘 모델의 사유에서 연원한다.

슈미트에 의하면, 홉스의 국가론은 이전의 사상과의 단절이 그 핵심적 특징이다.[89] 그것은 메커니즘 정치철학으로 나타난다:

"국가는 실제에 있어서 하나의 인간의 작품이고, 이전에 존재했던 모든 종류의 정치적 통일체와 구별되는 것이다. 우리는 국가를 기술 시대의 최초의 산물로, 거대한 양식의 최초의 근대적인 메커니즘으로, 또는 후고 피셔(Hugo Fisher)의 정확한 말에 따라 '가장 기계적인 기계'(machina machinarum)로 볼 수 있다. 국가가 만들어짐으로써 단순하게 뒤이은 산업·기술시대를 위한 진정한 정신사적 또는 사회학적 전제가 만들어졌을

---

88) 슈미트 1992: 295. 강조는 인용자.

89) 슈미트 1992: 256.

따름인 것은 아니다. 국가 자체가 이미 이 새로운 시대에 있어서 하나의 전형적인, 더구나 가장 전형적인 산물이다."[90]

여기에서 인간적인 것은 신의 직접적인 메시지에 따라 움직이는 신비적 활동체가 아니라 수학적 질서의 메커니즘이며, 신적인 것과의 대칭 의미로 사용되는 듯하다. 그리하여 슈미트는 홉스의 사상에서 독신성 주장을 읽어낸다.[91] 또한, 기술적인 것은 역사적인 것("정통성" 혹은 전승 등)과의 대칭 의미로, 그것은 또한, 동물도 신화적 신도 신학적 신도 아니다.

철저하게 기술적인 것이 홉스에서 이미 데카르트를 넘어서 사유되고 있었다는 것이 슈미트의 해석주장이다:

"홉스는 '거인'을 기계라고 봄으로써 데카르트의 인간론적 인간관을 초월하여 중대한 귀결을 동반하는 일보를 남겼다. 다만, 데카르트가 인체를 기계, 영육으로 구성되는 인간 전체를 기계 플러스 지성이라고 생각한 그 순간에, 최초의 형이상학적 결단은 하고 있으며, 이 관념을 '거인'인 '국가'에 전이하는 것은 생각하기 쉬운 것으로 그것을 성취한 것이 홉스이다. 그러나 전술하였듯이, 전이는 이 거인의 영혼을 기계의 일부로 바꾸고, 이리하여 영육을 겸비한 거인을 기계라고 함으로써 몸을 홱 돌려 소인인 개인도 '인간기계'라고 할 수 있는 것이다. 국가관념의 기계화에 의하여 비로소 인간상의 기계화가 완성된 것이다."[92]

슈미트의 홉스론은, 데카르트에서는 "기계+지성", 곧 지성은 기계와는

90) 슈미트 1992: 256. 「메커니즘으로서의 국가」(1937). 슈미트는 『홉스의 리바이아턴』(1938)에서 이 구절을 반복한다. 슈미트 1992: 298-299와 비교하라.

91) 슈미트 1992: 351 참조.

92) 슈미트 1992: 303.

다른 것으로서 인간 전체를 구성하는 본질적 요소로 인정되고 있었으나, 홉스에서는 철저한 기계화 사유가 일어난다고 파악하고, 영혼 역시 기계의 일부에 불과하다는 것이다. 그렇다면 영혼은 무엇인가? 그것은 시계의 자동적 메커니즘처럼 영혼은 시계 메커니즘으로 존재하는 것으로 이해된다. 또한, 국가관념의 기계화가 먼저 있었고, 그 후에서야 인간 자체의 기계화가 일어났다고 슈미트는 주장한다. 그리고, 그의 철저한 기계화론은, 국가론에서도 적용되는데, 영혼개념마저 홉스에서는 인간에 의해 만들어진 인위적인 것이다. 국가는 가장 기계적인 기계(후고 피셔(Hugo Fischer))라고 규정했을 때 국가를 헌정하는 주권 역시 신에게 속하지 않는다. 보댕의 주권개념과의 질적 차이를 홉스는 제시하고 있었다는 것이다.

기계개념의 역사적 변화가 있었는데, 슈미트에 의하면, 홉스의 기계개념은 오늘날의 개념과는 달랐다. 슈미트는 4백년 동안의 시간을 거쳐서 오늘날 기계의 중립화 개념이 성립되었다고 지적한다.[93] 슈미트는 대체로 세 시기로 구별한다.

우선, 홉스 시대라고 부를 수 있는 시기로서 "홉스에 있어서 지고의 인간의 창조물인 기계가 메커니즘 · 유기체 · 예술작품의 3자를 포함하여 그와 그 시대에 메커니즘이나 기계는 역시 완전한 신화적 의의를 가지고 있었다."[94]

그 다음은 18세기 말부터 칸트까지의 시기로서, "18세기 말에 이르러, '유기체'와 '기계'의 준별이 진행하여, 칸트의 『판단력비판』(1790)에서 비롯하는 독일의 관념론 철학의 '내면'과 '외면'의 구별의 정식은, 생물과 사물의 대체에서 발전하여 기계의 관념으로부터 신화적인, 모든 생명적

93) 슈미트 1992: 305.

94) 슈미트 1992: 304.

인 성격을 완전히 제거하였다. 메커니즘이나 기계는 이제 혼 없는 장치로 화하였다."[95] 그리고 셸링(Schelling)이나 낭만주의의 시기로서, "그것에 첨가하여 셸링이나 낭만주의자는 죽게 되는 메커니즘과 살아 있는 (미적 창작이라는 의미에서의) 예술작품과의 구별을 관철하였다."[96]

그런데, 슈미트 자신의 이 분석에 의할 때, 홉스는 기계의 중립화 명제를 철저하게 통찰하고 있지는 않았던 것임을 시사하는 셈이다.[97]

그리고, 슈미트는 주권적·대표적 인격의 개념과 국가관념의 기계화는 충돌할 수 있다고 지적했다. 그가 "주권적·대표적 인격의 개념은, 그 이후의 세기에 관철한 국가관념의 기계화에 저항할 수 없었다"[98]고 했을 때 그런 충동가능성을 시사한 셈이다. 그렇지만, 슈미트에 의하면, 홉스의 메커니즘적 철학 세계 속에서는 기계화 과정에 주권적·대표적 인격이라는 요소는 최종적으로는 흡수되어 버린다.

기하학적 진리는 일차적으로 인위적인 진리이다. 그런데 그것이 신의 진리에 따른 것인지 여부는 알 수 없다. 슈미트가 홉스가 결단주의라고 규정하는 근거는, 이런 맥락에 있다: 홉스는 불가지론자이고, 그런 만큼 결단주의자이다. "홉스에게는 진실한 독신의 생각이 있었지만", "그런 독신의 생각이 나오는 근원은 불가지론이었다."[99]

"『리바이어턴』 제37장의 독자는 기적신앙은 항상 미신일 뿐이며, 기껏해

---

95) 슈미트 1992: 304.

96) 슈미트 1992: 304.

97) 슈미트는 다른 곳에서 신학에서 형이상학, 인간주의적 도덕, 경제적·미학적 개념을 차례로 거쳐서는 절대적 및 전체적 기술의 지배에 이르고 있다고 지적하고 있다. 슈미트 1992: 306 각주 34.

98) 슈미트 1992: 299.

99) 슈미트 1992: 351.

야 비록 아무도 진실로 여기지는 않지만, 일부는 가능할지도 모른다고 하는 불가지론적 인상을 가질 것이다. 그런데 위대한 결단주의자 홉스는 여기에서도 '진리가 아니라 권위'(Autoriras non Veritas)라고 하는 결단주의자 특유의 전화를 하여, 기적이란 국가권력이 기적으로서 믿으라고 명령하는 점에서, 반대로 그것을 국가가 금지한다면 기적은 기적이 아니게 된다고 한다."[100]

홉스가 법을 만드는 것은 권위라고 주장하는 까닭은 궁극적으로 신의 음성, 진리를 직접적으로 우리들(modernity)은 들을 수 없기 때문이다. 그런데 이 권위주장이 곧바로 진리의 부정을 의미하지는 않는다.

홉스/슈미트의 기적론에서 기적개념은 이성과 완전히 배타적인 것이 아닌 듯하다. 자연상태의 이리에서 이성적 인간으로 전형되는 그것을 슈미트/홉스는 기적이라 말하고 있다. 그것은 "새로운 신"의 등장을 슈미트/홉스에게 의미한다.

"어떤 사인(private person)이 어떤 말을 창하여 빵을 인체로 바꿀 수 있다고 설명하더라도, 그것을 믿을 합리적 근거는 없지만, 국가권력이 그것을 믿도록 명령한다면, 그것은 기적이며, 만인은 법적으로나 신앙적으로 그것을 따르지 않으면 아니된다고. 따라서 있는 것을 기적으로서 간주해야 할 것인가의 여부를 결정하는 것은, 신민의 '사적 이성'(private reason)에 대립하는 '공적 이성'(public reason)인 국가이다. 이리하여 주권은 그 권력의 정점에 도달한다. 그것은 지상에 있어서의 **신의** 지고의 대리자이다. 주권자는 '신의 대리인'(lieutenant of God)이라는 말이 이 제37장 기적론 마지막에 있는 것은, 결코 우연이 아니다. **가사의 신은, 신앙과 기적을 지배하는**

100) 슈미트 1992: 319.

권력도 가지는 것이다."[101)]

홉스/슈미트에 있어서, 주권개념은 신을 완전히 부정하는 가운데 최고의 결정권자를 의미하는 것이 아니다. 여전히 여기에서 "신의 대리인"이라는 정치신학적 맥락을 홉스/슈미트는 짚고 있다. "기적" 인정은, 정치적인 결단(결정)에 달려 있다(기적인정은 그 사안이 반합리적인 것은 아니라고 인정하는 것이다). 여기에 민주적 법치국가에서는 기적 인정 여부를 결정하는 국가 기구는 재판부가 아닌가. 전쟁 선포권과는 달리, 정부의 수반, 대통령이 아니라 사법부가 재판과정을 거쳐서 기적 인정 여부를 결정하는 것이다. 물론 그것은 어디까지나 공적 이성의 영역에 속한다.

그런데, 슈미트는, 기적 인정 여부를 결정하는 주체는 주권자라고 서술한다.

> "홉스는 기적을 '사적' 이성이 아니라 '공적' 이성의 문제로 삼으면서, '사상은 만인에게 자유이기 때문에'(quia cogitatio ommnis libera est) 각인의 사적 이성에 수반하여 내면적으로 스스로 신, 불신을 결정하는 것, '자기의 가슴 속'(intra pectus suum)의 '재판권'(judicium)을 지키는 것을 방해하지 않는다고 하였다[L 319, E 439, K 444]. 다만, 그것이 외적 예배에 이르면 곧 사적 판단은 끝나고, 주권자가 진위를 결정하는 것이다."[102)]

3권분립 원칙의 현대법치국가에서, 사법부는 행정부의 명령을 받는 하부조직체가 아니고, 자율적으로 사안을 심판하는 국가기구이다. 종교적인 사안에서, 공적 판단에 있어서도. 슈미트는 이 맥락에서, 사법부를

---

101) 슈미트 1992: 320-321. 강조는 인용자.

102) 슈미트 1992: 321.

명령하고 지휘하는 행정수반을 당연하게 인정하고 주장하고 있는 것이 드러나고 있다.

슈미트에 의하면, 홉스의 권위개념은 오늘날의 권위개념과는 다른 내용을 가지고 있었다.

> "이 기술적 중립성의 중요점은, 국법이 실체적·종교적 또는 법적 진리나 정통성으로부터 완전히 독립하여 국가가 실체적으로 결단하였기 때문에, 명령규범이 된다는 데에 있다. 진리(Veritas)가 아니라 (지고권력[summa potestas]이라는 의미에서의) 권위(Auctoritas)를. (……) 홉스가 이것을 서술한 취지는 비합리주의적 자의의 표어는 전혀 아니며, 부조리하기 때문에 믿지 못한다는 류도 아니다(이 점은 믿을 수 없을 정도로 누누이 오해되고 있다). **홉스는 권위(auctoritas)와 권력(potestas)을 구별하지 않고, 지고권력(summa potestas)을 가지고 지고권위(summa auctoritas)로 하였다.** 그러므로 이 명제는 명령가치·국가작용으로서의 가치를 종교적이며 형이상학적인 진리내용으로부터 분리하여 독립시킨 사유, 가치와 진리에 중립적인, 실정기술적 사유의 단적이며 간명한 구현 이외에 아무것도 아니다."[103]

기술적인 것의 궁극적인 원천이 확인될 수 없다면, 기술적인 것을 중립적인 것으로 확정할 수도 없을 것이다. 홉스는 기술적인 것의 중립성을 믿게 할 수 있는 원천으로서 신학적인 것을 인정한 것이 아닌가. 일종의 이데올로기적 국가장치. 그런데, 슈미트에 의하면, 법치국가 이념은 홉스에서 핵심적이다.

---

103) 슈미트 1992: 309-310. 강조는 인용자.

슈미트에 의하면, 홉스는 "부르주아 법치국가와 입헌국가의 정신적 선조"[104]이다. 그것은 이중의 전환에 의해 확인된다. 하나는 정통성이 합법성으로 전환하는 것이고, 다른 하나는 신법, 자연법, 그 밖의 전(前)국가적 법(Recht)이 국가 실정법률(Gesetz)로 전환하는 것이다.

> "이 거대하고 합법주의적인 '가장 기계적인 기계'(machina machinarum)가 역사에 실현되기 훨씬 이전에, '법실증주의'라는 말이 등장하기보다 훨씬 이전에, 홉스는, 법(Recht)이 실정적 법령으로 전환하는 것을, 국가의 심리강제의 동기에 의해서 영위되는 기구에의 전환과의 관련에서 파악하여, 그것을 매우 철두철미하게 세계적으로 착안하여 중세적인 '군주신권' 사상 뿐만 아니라, 종래의 법과 국가의 실체적 개념 전체에 종지부를 찍어 버렸다. 이리하여 그는 이중적 의미에서 19세기 유럽 대륙을 지배한 부르주아 법치국가와 입헌국가의 정신적 선조가 된 것이다."[105]

이중적 의미는 기존의 정통성에 앞서는 합법성의 체계와 기술적 중립화과정을 말한다.[106]

슈미트에 의하면 홉스에게서 리버럴리즘의 맹아가 있으나, 그러나 그것은 그 이상은 아니었다; 홉스의 자유주의적 맹아를 본격적으로 중심과 전면에 부각시킨 것은 스피노자였다.[107]

홉스는 『레비아탄』 제42장에서 이렇게 적었다:

---

104) 슈미트 1992: 334

105) 슈미트 1992: 334.

106) 상세한 논술에 대해서는 슈미트 1992: 334-336를 참조하라.

107) 슈미트 1992: 322-324.

"정치체제에서 내적·사적인 사상과 신앙의 자유의 유보를 흡수해 버린다. 이 유보야말로, 강력한 리바이아턴을 안으로부터 파괴하여 가사의 신을 죽게 하는 죽음의 맹아가 되었던 것이다."[108]

리버럴리즘을 헌정하는 내와 외를 분리하는 이 주장(내외분리론)은, 그 후 스피노자의 『신학-정치학론』에서 수용, 발전되는데, 슈미트는, 홉스에서 이것이 가사의 신이 죽게 되는 원인으로 본다. 그렇게, 슈미트는, 리버럴리즘의 비판자가 된다.

슈미트에 의하면, 내와 외의 (리버럴리즘적인) 구별을 일단 승인하면 내의 외에 대한 우월이 승인된다.[109]

"공권력이 점차 공적으로 되고, 국가가 내적 신앙을 사적 영역으로 밀어 넣을 때에, 한 민족의 마음은 내면에의 '비밀의 길'을 더듬기 시작하며 침묵과 정적의 힘이 성장하기 시작한다. **내와 외의 구별을 승인할 때는, 내면이 외면을 능가할 때이며, 거기서 이미 사의 공에의 우위는 결정적으로 된 것이다.** 공권력은 의연히 강조되고 충실하게 존중되는데, 그것은 이미 단순히 공적이며 단순히 외적인 힘이며, 내면의 혼은 빠지고 있다. 그러한 지상의 신도 역시 외견과 우상성(simulacra)을 가지지만, '신들은 외면을 강제하지 않는다'(Non externa cognunt Deos)는 것이다."[110]

리버럴리즘에 대해 강력하게 비판적이었던 슈미트는 이 구별에 대항하여 총체적 국가를 주장한다.

---

108) 슈미트 1992: 322.

109) 슈미트 1992: 328.

110) 슈미트 1992: 328. 강조는 인용자.

(b) 홉스는 『시민론』(*De Cive*) 제 VII장에서, 인민이 주권자를 선택하자마자 곧바로 다중(a multitude)으로 해체된다고 주장한다.[111] 이런 것은 군주정에서 일어난다. 홉스에서는 "인민-'정치적 몸'(body politic)은 그것이 한 사람이나 자신의 인물을 대표하기 위해 사람들의 회의(an assembly)를 지명하는 계기에서만 단지 순간적으로만 실존한다."[112] 군주정에서는, 왕이 선택되자마자, 인민은 어떠한 하나의 인물(one person)이 아니라 해체된 다중(a dispersed multidude)이다(이 된다). 하나의 인물이 되는 것은 최고의 폭력에 의해서만(nur vermöge der höchsten Gewalt)이었고, 그리고 이러한 최고의 폭력, 강제력, 곧 주권적 권력을 인민은 스스로 바로 이 한 사람에게 양도했던 것이다. 후자의 사람은 주권자인데 군주이다. 그런데 아감벤에 의하면, 군주정에 일어났던 이러한 일은 민주정이나 귀족정에서도 그렇게 해당된다.[113]

아감벤은 홉스의 사상은 본질적으로 바로크적이라고 해석하며, 슈미트의 홉스 레비아탄 표지화 해석에 대항하여 아감벤은, 성서에 나오는 레비아탄을 반기독교주의(Antichrist)의 상징동물로 해석해온 전통을 짚는다. 이 전통에서는, 〈반그리스도와 그레고리의 모랄리아에 대한 아드소의 편지〉(Adso's letter on the Antichrist and Gregory's Moralia)에서는 베헤모스(Behemoth)와 레비아탄(Leviathan)은 반기독교주의와 동일시되고 〈묵시록〉(Apocalpse) XIII의 괴수와 동일시되는데, 중요한 역할을 한다. 하지만 이미 이전에 히에로니무스(Hieronymus, 제

111) "집회가 선택되자마자, 인민은 그와 동시에 해체된다(populus dissolvitur)." Thomas Hobbes, Lehre vom Bürger[De Cive], in: Hobbes, *Grundzüge der Philosophie, Zweiter und dritter Teil: Lehre vom Menschen und Büger*, Leipzig, 1918, Kap.12, 8 S. 202, 그리고 Kap.7, S.115.

112) Hobbes, *Leviathan*, Hamburg, 1996, p.145를 Agamben 2014:38f에서 재인용.

113) Agamben 2014: 26f..

롬, Jerome)는, 구약성서의 시편(Psalm) 103에 대한 자신의 설교에서, 유대인들은 하느님(God)은 레비아탄이라고 불리는 바다에서 사는 일종의 힘센 용을 창조했다고 말하고 있다는 것을 언급한 다음에, 천국(Paradies)에서 내던져졌던(쫓겨나서) 것이 다름 아니라 이 용이고, 이브를 잘못되게 인도했다고 덧붙이고 있다.[114)]

레비아탄을 이렇게 반기독교주의 도상으로 해석하는 사례는 1120년경에 만들어진 『꽃들의 책』(*Liber floridus*)에서도 찾아볼 수 있다. 아감벤은 이러한 전통에 대해서 아브라함 보스(Abraham Bosse)나 홉스가 잘 알고 있었는데 저서의 표지화로 이 도상을 사용한 이유는 무엇인지 파고 들어간다. 놀랍다는 것이다. 그는, 홉스가 반기독교주의를 주장하고 있다고 해석하고, 그리고, 아감벤은 슈미트의 홉스해석을 비판하려는 목표를 세우고 있다. 슈미트의 반유대주의에 대항하여 그는 레비아탄을 새롭게 해석하려 한다.

아감벤은 유대교가 아니라[115)] 기독교의 전통에서, 레비아탄은 적그리스도와 동일시되고, 이 자는, 바울의 데살로니카 후서(Paul's second letter to the Thessalonians)에서의 유명한 종말론적 보론에서 "법 없음의 사람"(Menschen der Gesetzlosigkeit, man of lawlessness)과 다시 동일시된다.

『꽃들의 책』(*Liber floridus*)의 축소모형에서는, 레비아탄과 적그리스

---

114) Saint Jerome, *The Homilies of Saint Jerome*, vol.1, transl. by Marie Liguori Ewald, Washington/DC, 2001, p.228을 Agamben 2014: 26f에서 재인용.

115) 유대교에서는 레비아탄을 어떻게 해석해 왔는가? 칼 슈미트(Carl Schmitt)는, *Der Leviathan in der Staatslehre des Thomas Hobbes*, p.17에서 논의한다; Agamben 2014: 41에 인용되어 있다. 참조하라.

도 사이의 이러한 수렴을 강력하게 표상한다. 시원의 괴물과 종말의 괴물이 서로 수렴한다. 홉스의 『레비아탄』 제3권 전체를 통해서(에 걸쳐서), 종말론적 모티브는 관통하고 있다. 홉스의 이 저작은, '그리스도적 공동체에 대하여'(Of a Christian Commonwealth)라는 표제 아래, 하느님의 왕국에 관한 실재적 논고(a real treatise on the Kingdom of God)이고, 홉스의 모던 독자들(연구자들)은 이것을 종종 『레비아탄』 저작의 종말론적 모티브가 현실에서 논고되는 바를 잊어버리도록 할 만큼 너무도 포용적이었고, 그런 만큼이나 너무도 고통을 주는 것이었다.[116)]

아감벤은 홉스의 종말론적 사유가 현실 국가의 정치사상에서 본질적 구성요소임을 밝히려 시도하며, 그것은 슈미트와의 대결 속에서 정치신학의 부활을 예고한 셈이다.

그는 슈미트의 정치신학의 사상사적 의의를 정식화한다:

> "정치개념들은 세속화된 신학적 개념들이라는 슈미트의 테제는 잘 알려져 있다. 그런데 여기에, 세속화된 개념들은 본질적으로 종말론적 개념들이라는 의미가 부가되어야 한다. (예컨대, crisis라는 오늘날의 개념은, 그리스도교적 종말론의 근본적 용어인 최후의 심판(the Last Judgment)이라는 의미이다.) 이러한 의미에서 오늘날의 정치는 종말론의 세속화에 정초되어 있다. 그런데 이 종말론에 그것의 고유한 구체성과 그것의 고유한 지위를 부여하고 있는 것에 홉스의 사상도 멀리 떨어져 있지 않다. 홉스의 정치를 개념규정하고 있는 바는, 종말론적인 것이 정치적인 것과 뒤엉켜있는 것(the confusion)이 아니라, 이 두 개의 자율적인 권력들 사이의 독특한 관계이다. 레비아탄의 왕국과 신의 왕국(das Reich Gottes)은, 두 개의 자

116) Agamben 2014: 42f..

율적인 정치적 실재들이고, 결코 서로 교환될 수 없는(뒤엉켜질confused 수 없는) 것들이다. 그렇지만, 이 두 왕국들은, 후자가 실현되어지면, 전자는 필연적으로 사라져야만 하는 의미에서, 종말론적으로 서로 연관되어 있다."[117)]

아감벤에 의하면 — 슈미트가 핵심 연구 주제로 삼았던 — 홉스의 사상은, 종말론과 정치의 관계에 관한 한 이런 점에서는 발터 벤야민의 사상을 선취한다.

"홉스의 종말론은 벤야민이 그의 논고「신학적-정치적 단편」(Theologisch-politisches Fragment)에서 표현했던 종말론과 고유한 친화성(a singular affinity)을 제시하고 있다. 벤야민에서도 왕국(the Kingdom)은 오직 에스카톤(eskhaton, 종말, 끝; eschato-logy, 종말론의 종말이 어원이다)으로서만 의미를 가지지, ('역사적 관점으로부터') 하나의 역사적 요소로서 의미를 가지는 것이 아니고, 그것은 목표(Ziel)가 아니라 끝(Ende)이다; 벤야민에서도, 독신적 정치의 영역은 완전히 그것과는 독립적이다(무관하다). 그리고, 홉스에서처럼 벤야민에서도, 독신적 정치는 하느님의 왕국과 관련한 지연적(katechontic) 기능을 결코 가지지 않는다; 그것과는 정반대로, 그것의 재림을 지연시키는 것과는 멀리 떨어진 것으로서, '단편'(Fragment)의 의미에서의 정치는, '그것의 가장 쉬운 접근의[……] 범주이다.'"[118)]

독신적 정치는 무엇인가? 독신화는, 신학 내에서의 세속화의 급진화를 의미하는데, 정치가 신학의 하위 영역으로서 기능하는 것이 아니라 정치

117) Agamben 2014: 56f..

118) Agamben 2014: 58f..

그 자체의 논리가 일차적으로 부상한다는 의미를 담고 있다. 아감벤은 홉스의 사상에서 차지하는 숨은 신의 이신론을 망각하고 있는 듯하다. 그는 마치 홉스가 그 스스로 매혹되어 문헌학적 해석을 통해 펼쳐 보여주었던 그 벤야민을 선취했던 것처럼 해석하고 있다.

3) 레비아탄

아감벤의 홉스 해석 속에서는, 홉스의 정치학은, 신학적 사유에서 자율성을 얻어간다. 그리고 이것이 『레비아탄』의 상징론의 숨은 내용이다.

> "본질상, 레비아탄 국가는 자신의 신민들에게 삶(생명)의 안전과 만족을 보장해주어야 하는데, 시간의 끝(the end of time)을 재촉하는(precipitate) 바이다."[119]

신학적으로는, 데살로니가 전서 5장 3절에 적혀 있듯이, 평화와 안전은, 주의 날의 재난적/돌발적/혁명적/불연속적 재림(갑작스러운 재림)과 함께 일어난다.

> "그러므로 베헤모스(behemoth)는 레비아탄과 분리될 수 없으며, 그리고 그러므로 슈미트가 촉발시킨 탈무드적 전통에 의하면, 시간의 끝에서는 베헤모스가 레비아탄을 자신의 뿔들로써 내리끌어 쓰러뜨리고, 그리고 레비아탄은 베헤모스를 자신의 지느러미들로써 끌어 쓰러뜨리고 그리고 관통하여 구멍을 낼 것이다. 바로 이러한 시점에서야 정의로운 의지(정의로운 자들)가 자신들의 메시아적 향연에 자리할 수 있게 될 것이며, 법의 굴레에

---

119) Agamben 2014: 58f..

서 영원히 자유롭게 될 수 있을 것이다."[120]

종말의 시간에서는 레비아탄과 베헤모스 모두 사멸하게 된다. 그리고 법마저 사멸하게 될 것이다. 그러나, 현실국가에서는 법은 레비아탄의 강제력(폭력) 없이는 무력하다.

홉스에서 "무리(the multitude)는 인민(the people)이 아니다"는 것과 "인민은 왕이라는 것"이 홉스의 사유에서는 동시적으로 나타난다. 홉스의 주권론의 패러독스라 부를 수 있다. "인민은 그것이 시민들의 무리(a multitude of citizens)와 하나의 인민(a people)으로 균열된다는 조건 아래에서, 인민은 주권자이다."[121] 여기에서 후자의 인민은, 인민주권론의 그것이 결코 아니다. 왕의 절대적 지배를 수용할 준비가 이미 되어 있는 신민들이 결코 주권자가 될 수는 없다는 것이다. 주권자는 지배자이지 복종자가 아니다. 결국, 인민은 무리로 그리고 다른 한편으로는 인민으로, 그렇지만 후자의 인민의 의지는 단 한 사람의 의지로 표명될 수 있다.

홉스는 『시민론』(*De Cive*)에서 군주정에서는 "인민은 자신의 의지를 한 사람의 의지를 통해서 표명한다"고 말한다.[122] 물론 그는 왕, 곧 군주이다. 이 왕은 어떠한 자인가? 인민은 자신의 의지를 통해서 왕을 선출할 수 있는가? 인민의 의지가 먼저 있고, 그 다음에 그것을 재현할 왕의 의지가 있는 것이 아니다.

그는 무리가 아니라 하나의 인민이 된다는 것은 무엇인지에 대해서 깊

---

120) Agamben 2014: 58f..

121) Agamben 2014: 24f..

122) Agamben 2014: 24f., 에서 홉스의 『시민론』에서 인용하고 있는 진술을 참조하라.

은 차원에서 묻고 있다. 아감벤은 자신의 판단의 칼을 예리하게 갈고서 해석적 주장을 피력한다:

> "군주정에서는 신민들은 무리이며 그리고 (이것은 패러독스임에도 불구하고), 왕이 인민이다."[123)]

이 문장(테제)은 "왕이 인민이지", 인민이 왕이 아니다라는 것을 주장하는 내용이다. 주권자는 고독하고 타자들과 대화하지 않는다. 더구나 얼굴들을 마주보며 나란히 길을 걸어가며 담론하지 않는다.

아감벤 스스로 레비아탄이 일종의 인공물이었다는 점에서 그것의 형상 이미지에 대해서 추적하고 있는데 그것에 주목해 보자:

> "레비아탄은 일종의 인공물이었다는 것을 홉스는 자동기계와 비교했다. 그것은, 마치 시계처럼 스프링들과 휠들에 의해 작동되는 엔진이다. 그런데 새로운 점은, 그 장치가 메카니즘적이 아니라 홉스가 암시하고 있는 듯이 보이듯이 시각적이라는 것이다. Bramhall이 논쟁적이라고 부르고 있지만, 레비아탄의 거인 몸은 수많은 작은 몸들로 형성되어 있는데 실재적이 아니라 순전한 환영(mere phantasm)이라는 것이다."[124)]

리차드 팬셰이브(Richard Fanshave)가 『조바니 바티스타 구아리니의 피도목사』(1647)의 번역을 위해 쓴 헌사편지에 있는 한 문구는 홉스가 자신의 저작 『레비아탄』(*Leviathan*)을 위해 이러한 종류의 시각적 장치

---

123) Agamben 2014: 24f..

124) Agamben 2014: 20-23.

에 대해 생각했었다는 증거가 된다.[125)]

> "단지 한 명의 주권적 인물에서 무리들이 통일화가 일어난다는 것은 관점적 환영(a perspectival illusion)이고; 정치적 대표(재현)는 단지 하나의 시각적 표상(재현)(only an optical representation)이다."[126)]

그렇다면, 홉스에서 시각적인 것은 중요하다. "관점적 환영"은, 다른 관점에서는 다르게 그것이 환영되어 나타날 수 있다는 것이 아닌가? 홉스의 시각은 개인주의적 관점이라는 것인가? 환영이라는 것은, 보편적인 이상적 시각이 환영이듯이 그러한 종류의 것이 아닌가. 레비아탄의 환영은, 보편적 환영으로서, 이미 그 속에 신의 보편성 메시지를 내재하고 있는 것이다. 현실의 인간의 눈은 두 개의 관점들로서 그 자체로 보편성을 담아낼 수는 없다. 인간적 시각의 한계는 있다.

아감벤은『레비아탄』표지화에서 심장과 배꼽의 의미론적 변화에 대해서 전혀 언급하지 않는다. 하비에 의해 배꼽 중심론에서 심장 중심론으로 신체의 중심론에서 패러다임이 전환되었는데, 홉스의 레비아탄 표지화는 이를 반영하고 있고, 그에 따라서 그 이전의 수학적 비례 관계의 표현은 변화되었다. 그런데 아감벤은 독특하게도 전혀 다른 의문을 제기한다: 그 표지화에서는, 도시에 시민이 없으며, 말하자면 시민 없는 도시가 그려져 있고, 자신의 지리적 한계 밖의 국가, 그 어떠한 자도 아닌 자의 대지의 국가(a state outside its geographical boundaries, in a no man's

---

125) Walter F Staton Jr. and William Simeone (eds.), *A Critical Edition of Sir Richard Fanshave's 1647 Translatio of Giovanni Battista Guarini's Pastor Fido*, Oxford 1964, p.3 그리고 Noel Malcolm, *Aspects of Hobbes*, Oxford 2004, p.202 참조.

126) Agamben 2014: 22f.. 인용한 전후 맥락을 함께 참조하라.

land)[127]로 그려져 있다.

표지화에서 도시에는 시민이 보이지 않는데 그렇게 그린 이유는 무엇인가? 현실이 아니라 일종의 "환영"임을 암시하는 듯하다. 레비아탄의 형상들 속에 시민들은 형상화되어 있고, 도시의 시민들이 도시에 부재하는 듯이 보이게 그린 것은 시민들이 이중으로 분할될 수는 없기 때문이 아닌가 싶다. 그러므로 표지화에서 레비아탄을 헌정하는 시민들은 실체적으로는 도시를 헌정하고 도시에 삶을 살아가는 시민들이기도 하다. 그러므로 도시에 시민들이 없는 것은 아니다.

아감벤의 해석 빈곤은 인민의 대표성 문제 틀을 논의하는 곳에서 더욱 분명하게 나타난다. 인민은 대표(재현)될 수 있는가, 하는 민주주의에 대한 오래된 사상사에서 제기되어 왔던 직접민주주의와 참여민주주의에 대한 회의적 물음을 그는 여기에서 다시 제기한다. 인민개념은 서구역사에서 인민, demos와 무리, plethos로 항상 분리되어 있는데, 인민은 헌정적 법의 관점에서는, 인민이 헌정적 권력을 쥐고 있으며, 이러한 의미에서는 항상 이미 현전해 있다고 말하지만, 그러나 다른 한편으로는 헌정된 권력에서는 그것을 재현하는 사람들을 거쳐서만 그것은 행동할 수 있다(활동할 수 있다, act)는 것이다. 아감벤에 의하면, 그것은 절대적 현전이고 그러한 것으로서는 현전될 수 없으며 오직 대표(재현)될 수 있을 뿐이며, 이런 점에서 그는 아데미(ademy), demos의 부재, 인민의 부재라고 부를 수 있으며, 홉스의 국가는 항구적 아데미의 조건 속에 있다고 주장한다.[128] 대의제 민주주의의 한계에 대한 비판은 1960년대 이래로 매우 심화되었고 확산되었다. 내가 비판적 시민사회라 명명했던 그 발상의 사회운동의 정치학같은 것에 대해서 그는 주목하고 있지 않다.[129]

---

127) Agamben 2014: 22f..

128) Agamben 2014: 34-37.

129) 우리는 여기에서 비판시민사회와 민주주의에 대한 새로운 이론들을 다시 소개하고 그

4) 타우베스의 정치신학

(1) 슈미트와 타우베스

슈미트의 정치신학론의 발전에는 타우베스가 있었다. 타우베스는 개인적으로도 슈미트와 매우 친했다.

정치신학론은 국가론 재구성과 관련된다. 합리성의 비합리적 토대에 관한 논의에서 신학이 들어와야 한다.

> "현대 국가론의 중요 개념은 모두 세속화된 신학 개념이다. 예를 들어 전능의 신이 만능의 입법자가 되었다는 식으로 여러 개념이 신학에서 국가론으로 옮겨 갔다는 역사적 발전을 봤을 때만이 아니라, 이들 개념의 사회학적 고찰을 위해서 반드시 인식해야만 하는 체계적 구조를 봤을 때도 그렇다. 법학에서 예외상태는 신학에서의 기적과 유사한 의미를 갖는다. 이런 유비관계를 의식했을 때 비로소 최근 수백 년간에 걸친 국가철학상의 여러 이념의 발전이 인식될 수 있다. 왜냐하면 현대 법치국가의 이념은 이신론으로 지탱되어 왔기 때문이다. 이때 이신론이란 하나의 신학이자 형이상학인데, 이는 기적을 세계로부터 추방하고 기적 개념 속에 내포된 자연법칙의 중단, 기적의 직접 개입을 통해 예외상태를 설정하는 중단을 거부하는 것이며, 따라서 현행 법질서에 대한 주권의 직접 개입을 거부하는 것과 같다. 계몽사상의 합리주의는 어떤 형식의 예외상태이든 모두 부정했다. 따라서 반혁명의 보수적 저술가들은 유신론적 확신을 가졌으며, 유신론적 신학과의 유비 속에서 군주의 인격적 주권을 이데올로기적으로 지지할 수 있었던

의의를 강조할 필요는 없다고 본다. 이와 관련해서 서규환, 『더 많은 민주주의와 비판시민사회』, 다인아트, 2010을 참조하라.

것이다."[130]

다른 한편, 슈미트가 예외의 문제틀의 중요성을 깨닫게 해준, 제기해 준 자는 신학자 키에르케고르였다:

"예외는 일반적인 것을 설명하고, 자기 자신도 설명한다. 그리고 만약 일반적인 것을 올바르게 연구하고자 한다면, 오로지 진정한 예외에 눈을 돌리기만 하면 된다. 모든 것이 일반적인 것보다는 예외 속에서 백일하에 뚜렷이 드러나기 때문이다. 일반적인 것을 놓고 끝없이 떠들어 대면 힘이 빠지기 때문이다. 예외가 있기 때문이다. 이 예외를 설명하지 못한다면 일반적인 것 또한 설명할 수 없다. 만약 열정 없이 그저 겉치레로 일반적인 것을 사유한다면 결코 이 어려움을 감지할 수 없을 것이다. 예외는 이에 반해 일반적인 것을 뜨거운 열정으로 사유한다."[131]

슈미트의 『정치신학』은 막스 베버의 기념논문집에 실린 글로 시작하는데, 그것은 베버에 대한 암묵적 비판으로 전개되는 셈이다. 그 지점은 카리스마론이다.[132]

슈미트의 『정치신학』, 첫 논고는 안슈츠를 끌어들여 논의하는 다음과 같은 말로 끝난다.

"예외는 무엇도 증명하지 않으며 오로지 정상상태만이 학문적 관심의 대상이 될 수 있다고 말한다면, 일관적인 합리주의일 것이다. 그런데 예외는 합

---

130) 슈미트, 『정치신학』, 김항 역, 그린비, 2010, pp.54-55를 타우베스: 155-156에서 재인용.

131) 슈미트 2010: 27-28을 타우베스: 154에서 재재인용.

132) 타우베스 2012: 152-153. 카리스마론과 관련해서는 Wilfried Nippel(hg.), *Virtuosen der Macht: Herrschaft und Charisma*, C.H.Beck, München, 2000을 참고하라.

리주의적인 틀의 통일성과 질서를 흐트러뜨린다. 실제로 통용되고 있는 국가론에서도 자주 비슷한 주장과 만난다. 안슈츠는 예산법이 없을 때 어떻게 할 것이냐는 문제는 결코 법의 문제가 아니라고 답했다. '여기서는 법률, 즉 헌법 조항에 결함이 있다기보다는 법에 결함이 있는 것이며, 이 결함은 법학적 개념 조작 따위로 해결될 수 없다. 국법(Staatsrecht)은 여기서 끝난다.'"[133]

(2) 벤야민과 타우베스의 사상사적 탁월성

(a) 타우베스는 로마서 8장과 벤야민의 「신학-정치적 단편」을 비교한다.[134]

"모든 피조물은 하느님의 아들들의 영광이 환히 드러나기를 간절히 기다리고 있습니다. 피조물이 제구실을 못하게 된 것은 제 본의가 아니라 하느님께서 그렇게 만드신 것입니다. 그러나 거기에는 희망이 있습니다. 곧 피조물에게도 멸망의 사슬에서 풀려나서 하느님의 자녀들이 누리는 영광스러운 자유에 참여할 날이 올 것입니다. 우리는 모든 피조물이 오늘날까지 다 함께 탄식하며 진통을 겪고 있다는 것을 알고 있습니다. 피조물만이 아니라 성령을 하느님의 첫 선물로 받은 우리 자신도 속으로 탄식하면서 하느님의 자녀가 되는 날과 우리의 몸이 해방[구원]될 것이라는 완전한 계시를 고대하고 있습니다. 왜냐하면 [오직] 이 희망으로 우리는 구원을 받았기 때문입니다. 눈에 보이는 것을 바라는 것은 희망이 아닙니다. 눈에 보이는 것

133) 안슈츠의 문장인데, 슈미트, 『정치신학』, 김항 역, 그린비, 2010, p.27을 타우베스 2012, p.153에서 재재인용.

134) 타우베스, "7장 세계정치로서의 니힐리즘과 미학화된 메시아주의", 『바울의 정치신학』, 그린비, 2012, pp.165-179.

을 누가 바라겠습니까? 반면에 우리는 보이지 않는 것을 바라고 있으며, 인내로써 기다립니다. 성령께서도 연약한 우리를 도와주십니다. 어떻게 기도해야 할지도 모르는 우리를 대신해서 말로 다할 수 없을 만큼 깊이 탄식하시며 하느님께 간구해 주십니다. 그런데 마음속까지도 꿰뚫어 보시는 그분께서는 그러한 성령의 생각을 잘 아십니다. 하느님을 사랑하는 사람들 곧 하느님이 먼저 내리신 결단에 따라 부르심을 받은 사람들에게는 모든 일이 함께 작용해서 좋은 결과를 이룬다는 것을 우리는 압니다. 왜냐하면 그분께서는 이미 오래전에 택하신 사람들이 당신의 아들과 같은 모습을 가지도록 미리 정하셨기 때문입니다. 그래서 그리스도께서는 많은 형제들 중에서 맏아들이 되셨습니다."[135]

그리고 벤야민의 탁월성을 미리 알아본 사람은 타우베스였다:

"벤야민에게는 바르트에 필적한 만큼의 강렬함이 있습니다. 여기에는 내재적인 어떤 게 전혀 없습니다. 내재성에서 나오는 건 아무것도 없다는 말입니다. [건널 수 있는] 다리는 건너편에서부터 오는 겁니다. 그리고 우리가 이 다리를 건널 수 있을지 어떨지는, 가령 카프카가 썼듯이, 그 성공 여부는 우리 자신에게 달린 게 아닙니다. 엘리베이터를 타고 영혼의 아파트 꼭대기까지 갈 수 있겠지만, 그런 건 아무것도 아닙니다. 왜냐하면 분명히 막다른 지점[절벽]이 있을 테니까요. 여길 건너게 해줄 만한 건 없습니다. 건너편에서 우리에게 '너는 해방되었다'라는 음성이 들어와야 합니다. …… 아도르노, 이 사람은 도무지 손을 놓질 못합니다. 바로 그래서 미학자인 것이지요. 그러나 벤야민이나 칼 바르트는 그런 식의 나이브함은 전혀 찾아볼

---

135) 로마서 8장 18절: 타우베스 2012: 171-172에서 재인용.

수 없는 사람이었습니다."[136]

타우베스는 아도르노에게서 구원의 말이 등장한다는 사실은 인정한다. 『미니마 모랄리아』 "153. 결론"을 그는 인용하는데 아도르노의 그것은 사실 구원에서 시작한다.

"절망에 직면해 있는 철학이 아직도 책임져야 할 것이 있다면 그것은 오직 사물들을 구원의 관점에서 관찰하고 서술하려는 노력이 아닐까 한다. 인식이란 구원으로부터 지상에 비추어지는 빛 외에는 어떠한 빛도 가지고 있지 않다."[137] 타우베스에 의하면, 아도르노에게서는 정치신학적 사유는 부차적이고 미학화가 일차적이었던 데 반하여 벤야민에서는 메시아니즘이라는 강한 정치신학적 사유가 본격적이다.

(b) 타우베스는 야콥 타우베스와 칼 슈미트 사이의 역사라는 글에서, "슈미트가 이미 1922년에 나치에 대해 경고했다는 사실"[138]을 이야기한다.

> "그는 공산주의자와 나치를 몰아내려고 했습니다. 그리고 공화국을 침식해 가려는 이 극단의 세력들이 사라질 때까지 헌법 48조에 의거한 4년 임기의 대통령 통치를 견지하고자 했습니다. 사라지지 않는다면 적어도 주변부로 밀어낼 때까지 말이죠. 충분히 예상하시겠지만, 만약 나치를 막아내기 위해 민주주의와 헌법 48조 둘 중에서 선택을 해야 하는 상황이 온다면, 제 선택이 어떤 것이 될지에 대해서는 전혀 의심의 여지가 없습니다."[139]

---

136) 타우베스 2012: 178-179

137) 타우베스 2012: 176. 타우베스 2012: 177까지 아도르노의 153. 결론 전체를 읽어보라.

138) 타우베스 2012: 231.

139) 타우베스 2012: 231-232.

(c) 벤야민은 바울과 비슷하고, 아도르노와 다르다는 테제.

"벤야민 전집 편찬의 연대와는 달리 「신학-정치적 단편」이 쓰여진 시기를 제1차 세계대전 직후로 생각한 타우베스는 이 텍스트에는 전쟁의 경험이 저변에 깔려 있다고 주장하면서, 세속적인 것의 질서라는 벤야민의 '니힐리즘적' 개념을 바울의 부정적 정치신학과 연관시킨다. '세계정치로서의 니힐리즘'이라는 벤야민의 구상과 가장 많이 닮은 것은, 타우베스에 따르면, 세계에 대한 바울의 근본 태도인 '마치 —이 아닌 것처럼'(als-ob-Nicht, 호스메 hos me)이다[(고리도전서 7장 29-31절)]. 유사성은 여기서 그치지 않는다. 벤야민의 창조 개념 및 자연 개념 역시 바울적인 것이다. 벤야민이 말하는 바, 몰락 속에서 행복을 추구하는 노력은 [세계의 상태를] '피조물의 한숨'(Seufzen des Kreatur)으로 표현한 바울의 창조개념, 덧없음(Vergängnis)으로서의 창조개념과 동일한 것이다. 타우베스가 보기에 벤야민은 바울주의자이며, 그것도 두 가지 점에서 그러하다. 첫째, 바울처럼 벤야민도 창조를 절망적인 상태, 구원이 불가능한 상태로 보는 데서 출발하며, 더욱이 구원의 가능성을 예술이라는 '마치 —인 것처럼'의 형식 속에서 상상력을 통해 구현하려는 아도르노와는 전혀 다른 입장을 취하기 때문이다. 아도르노의 생각대로라면, 메시아적인 것은 '미학적인 것 속에서' 찌그러진 채 안색이 하얗게 질린 범주가 되어 버릴 것이라는 말이다. 그리고 둘째로 — 타우베스가 '둘째로'라는 말만 해 놓고서 마무리를 짓지 않은 경우는 너무나 빈번해서 맥락에 의지해 재구성할 수밖에 없다 — 벤야민 역시 바울과 마찬가지로 세속적인 질서에서는 그 어떤 종교적 의미도 찾을 수 없다고 생각했으며 지배와 구원 사이에 결코 건널 수 없는 분리선을 긋고 있기 때문이다."[140]

---

140) 편집자 후기, 타우베스 2012: 275-276.

건널 수 없는 저 강 건너에서 오는 메시지를 받아들일 수 있는 수용력은 어떻게 파악되는가? 절벽 앞에서, 강 건너에서 오는 가교를 그냥 기다린다고 할지라도 그것이 가교인 줄을 어떻게 이해할 수 있는가? 그것을 인식할 수 있는 능력조차 불연속적으로 생성된다는 것인가?

(d) 벤야민, 「신학-정치적 단편」[141]에서는 그의 메시아주의론의 논지를 상대적으로 쉽게 파악하게 해주는 표현들이 있다. 그 가운데 몇 문장들을 읽어보자.

> "메시아 자신이 비로소 모든 역사적 사건을 완성시킨다. 그것도 그 자신이 직접 메시아적인 것과 맺는 관계를 비로소 구원하고, 완성하고[끝내고], 창조한다는 의미에서 그러하다."[142]

> "그렇기 때문에 어떤 역사적인 것도 그 자체로부터 메시아적인 것과 관계 맺기를 바랄 수는 없다. 그렇기 때문에 하나님의 나라는 역사적 동력의 목표가 아니다. 그것은 목표로 설정될 수 없는 것이다. 역사적으로 볼 때 그것은 목표가 아니라 끝이다."[143]

> "그렇기 때문에 독신적인 것(des Profanen)의 질서는 하나님의 나라에 대한 사상 위에 구축될 수 있으며, 그렇기 때문에 신정정치는 아무런 정치적

---

141) 벤야민이 Theologisch-politische Fragment라는 글을 언제 썼는가에 대한 논쟁이 있다. Scholem은 1920년과 1921년 사이로 보고 있으며, 이와는 달리 Adorno는 벤야민의 생애의 마지막 몇 년 동안이라고 판단한다. 이에 대해서는 Agamben 1992: 196 참조.

142) 발터 벤야민, 『역사의 개념에 대하여-폭력비판을 위하여·초현실주의 외(발터 벤야민 선집 5)』, 최성만 역, 길, 2008a, p.129를 수정한 조효원의 번역을 타우베스: 166에서 재인용.

143) 벤야민 2008a: 120-130 조효원의 수정을 거쳐 타우베스 2012: 166에서 재인용.

인 의미도 갖지 않으며 오직 종교적인 의미만을 갖는다. 신정정치가 정치적 의미를 갖는다는 점을 최대한 강력하게 부인했다는 것이야말로 블로흐의 『유토피아의 정신』의 가장 큰 공적이다."[144]

"독신적인 것(des Profanen)의 질서는 행복의 이념 덕분에 기운을 얻을 수 있는 것이다. 이 질서가 메시아적인 것과 맺는 관계는 역사철학의 본질적인 가르침 중 하나이다. 더 나아가 이 관계로부터 신비주의적인 역사 이해[역사관]의 조건이 정해지며, 이러한 이해에 따르는 문제를 하나의 이미지 속에서 그려볼 수 있게 된다. 한 화살의 방향이 세속적인 것의 동력을 작동시키는 목표를 나타내고, 다른 화살이 메시아적 강렬함을 나타낸다면, 그럴 경우 자유로운 인류의 행복 추구는 물론 저 메시아적 방향으로부터 멀어지려 애를 쓰지만, 이 멀어짐은 [마치 작용-반작용처럼] 자기 방향대로 움직이는 힘이 반대 방향의 힘을 촉진시키는 것과 같으며, [이와 같은 의미에서] 세속적인 것의 질서 역시 메시아의 나라의 도래를 앞당긴다. 따라서 독신적인 것은 결코 이 나라의 범주가 될 수 없다. 하지만 [이것 역시] 하나의 범주이며, 그것도 가장 적확한 범주들 중 하나, 즉 그야말로 지극히 조용히 이 나라가 다가오게 만드는 범주이다. 왜냐하면 지상의 모든 것은 행복 안에서 자신의 몰락을 위해 노력하기 때문이며, 또한 그것들은 오직 행복 안에서만 몰락을 발견하도록 정해져 있기 때문이다."[145]

메시아(구원자)가 도래해야 하는 까닭은, 이 세계의 불행을 넘어서게 하려는 것이다. 메시아라는 이상은, 행복과 반대방향이다. 메시아의 도래

144) 벤야민 2008a: 130. 조효원의 수정을 거쳐 타우베스2012: 167에서 재인용. 번역은 수정했다.

145) 벤야민 2008a: 130 조효원의 수정을 거쳐 타우베스 2012 : 169에서 재인용. 번역은 수정했다.

를 고대하고 있는 만큼, 이 세계의 삶은 고통 속에 있다. 행복하다면, 메시아는 멀어지는 것이다. 이 맥락 속에서, 메시아는 역사적 삶과 직접 연관되어 있지 않지만, 그렇다고 해서, 완전히 별도의 절대적 분리도 아니다. 이것을 벤야민은 다음과 같이 표현한다:

> "반면에 개별 인간의 내면, 즉 마음의 직접적인 메시아적 강렬함은 고통의 감각 속에서 불행을 견뎌 나가는 것이다. 불멸성으로 들어가는 종교적 회복(restitutio in integrum)에 상응하는 것은 몰락의 영원성으로 인도하는 세속적 회복이며, 영원히 스러져 가는, 완전히 스러져 가는, 공간적으로나 시간적으로나 완전히 스러져 가는 이 세계적인 것(Weltlichen)의 리듬, 그러니까 메시아적 자연의 리듬이 행복이다. 실로 자연은 메시아적인데, 왜냐하면 그것은 영원히 그리고 총체적인 덧없는 것(Vergängnis)이기 때문이다. / 이렇게 스러져 가고자 애쓰는 것, 그러니까 자연으로 존재하는 인간의 여러 단계들에서까지 스러져 가고자 애쓰는 것, 이것이 세계정치의 과제이며, 이를 위한 방법은 니힐리즘이라 불릴 수 있다."[146]

5) 메시아적 형상주의

메시아적 형상주의(messianic figuralism)에서 형상(type)(예컨대, 아담)과 그 반형상(antitype)은 양자가 통일적 목소리를 내는(biunivocal) 관계에 있는 것이 아니다. 아감벤에 의하면, 메시아적인 것은 형상론적(typological) 관계들에서 두 축(terms)에서 그 어느 하나가 아니다. 그것은 관계 그 자체이다. 그리고 그것은 결정적이다(decisive).

---

146) 벤야민 2008a: 131 조효원의 수정을 거쳐 타우베스 2012 : 170에서 재인용. 번역은 원문에 따라 수정했다. Benjamin, *Gesammelte Schriften*, II-1: 204.

슈미트에 의하면, 사법에서 주권적 예외는 신학에서 기적에 비유되는 것이다. 슈미트가 예외와 기적 사이의 이러한 정치적-신학적 토글스위치를 파악한 첫 번째 학자는 아니다. 홉스는 『레비아탄』에서 한 사람의 기적은 다른 사람의 역병(plague)이라는 것을, 달리 말해서, 토글스위치가 죽을 수 있다는 것을 보고 있었다. 예외와 기적 사이의 이러한 간격(gap)에서, 에릭 샌트너(Eric Santner)는, 이웃사랑을, 적을 주권적으로 명명하는 것에 대한 해독제(antidote)로서 제안했었던 것이다. 샌트너에 의하면, 이웃사랑은, [주권적] 예외상태에 의해 남겨지는 잔고들에 기초한 사회적 연결(social link)을 "기적으로"(miraculous) 열게 하는 것이다. 샌트너에 의하면, 이 주권적 예외상태는 프로이트의 정신분석학적으로 보면 슈퍼에고(superego)의 형성체 속에서 그리고 그것을 통해서 주체를 구조적으로 따라다니며 붙어있는[괴롭히는](structurally haunt) 것이다. 메시아적 시간에 관한 동시대적 이론들에서 쟁점이 되는 과거란, 트라우마의 구조적 지위(status)를 지니고 있다. 과거는 어떤 의미에서 결코 온전하게 현재 속에서 등장하지 못하며, 대상세계를 사용하는 능력에 대한 관계를, 세계에서의 자신의 존재에 대해 징후적으로 뒤흔들어버린다.[147)]

147) Katheleen Biddick, "Dead Neighbor Archives: Jews, Muslims, and the Enermy's Two Bodies", in: Grahan Hammill and Julia Reinhard Lupton(ed.), *Political Theology and Early Modernity*, The University of Chicago Press, 2012, pp.124-142. Biddick 2012: 124-125.

7. 벤야민의 역사철학에 대한 비판적 연구

1) 지금시간

메시아니즘의 시간론에서 등장하는 지금시간(Jetztzeit)에 대해 파악하고 해석하는데, 아감벤은 쇼펜하우어나 하이데거가 아니라 벤야민, 즉 벤야민의 그것은 이들과는 다르다는 것을 통찰하고 있다.

쇼펜하우어의 경우, "그것 ― 우리들의 시대 ― 은 자신을 스스로 부여된 특징적이며 완곡어법의 '지금시간'(Jetztzeit)이라는 명사로 부른다. 그렇다, 바로 '지금시간'(Jetztzeit)인 것이다. 즉, 오로지 지금만을 생각하고, 도래하여 판단을 내리는 시간을 보려고 하지 않는 것이다."[148]

그리고 하이데거의 경우, '시간'을 계산하는 시계에 사용되고 있는 것과 같은 현세적 시간을 '지금시간'(Jetzt-Zeit)라고 부르는데, 그렇게 부르자. 지금시간에 있어서는 황홀하고 수평적인 시간성이 감추어지고 평준화되어 버린다.

그런데, 벤야민은 쇼펜하우어나 하이데거가 파악하고 있는 "이 부정적인 함의를 뒤집어 그 단어 호 뉸 카이로스(ho nyn kairos)가 바울로가 지니고 있는 것과 동일한 메시아적 시간의 패러다임이라는 성격을 되찾으려고 하는 것이다."[149]

2) 반복/재현/개요(recapitulation)

반복/재현/개요(recapitulation) 문제로 되돌아가자. 이 명제의 마

148) Schopenhauer, 213-214; 조르조 아감벤, 『남겨진 시간. 로마인들에게 보낸 편지에 관한 강의』, 강승훈 역, 코나투스, 2008b. 아감벤 2008b 『남겨진 시간』: 234.

149) 아감벤 2008b 『남겨진 시간』: 235.

지막 문장 — 전 역사의 엄청난 단축(abridgment)으로서의 메시아적 시간 — 은 에페소인들에게 보낸 편지 1: 10을["때가 되면 이 계획이 이루어져서 하늘과 땅에 있는 모든 것이 메시아에서 반복/재현/개요(recapitulated) 될 것이다"(all things are recapitulated in the Messiah)] 분명하게 반복[재해석](reiterate)하고 있는 듯하다. 하지만 이때에도 마찬가지로 루터의 번역을 살펴보면, 이 반복[재해석]은 실제로 루터의 alle ding zusamen verfasset würde in Christo로부터의 인용부호 없는 인용이라는 것을 우리는 즉각 알 수 있다. 그 동사(zusammfassen)는 바울로의 apnakephalaiōsathai[하나로 되다]에 조응하고 있다.[150]

벤야민은 『파사주-작품』에서 이렇게 적었다:

> "모든 지금은 어느 특정한 인식가능성의 지금이다.(Jedes Jetzt ist das Jetzt einer bestimmten Erkennbarkeit.) 거기에서 진실은 산산이 부서지기까지 시간에 충만하고 있다. 이러한 폭발은 바로 의도가 죽는다는 것임에 다름 아니며, 그것은 진정한 역사시간, 진리의 시간의 탄생과 합치된다. 과거가 현재에 빛을 비춘다거나 또는 현재가 과거에 빛을 비춘다는 것이 아니다. 이미지란 과거에 존재하고 있었던 것이 하나의 성좌배열적인 관계 속에서 지금과 전광처럼 결합하는 것이다. 환언하자면, 이미지란 정지된 변증법이다. 왜냐하면, 현재의 과거와의 관계는 단순히 시간적인 것이지만, 과거에 존재하고 있었던 것과 지금 사이의 관계는 변증법적이기 때문이다. 그것은 시간적인 것이 아니라 이미지적(bildlich)인 것이다. 변증법적인 이미지군

150) Agamben, *The Time That Remains, A Commentary on the Letter to the Romans*, Stanford University Press, 2005, pp. 143-144; 한국어본 아감벤 2008b. 강승훈의 국역에서는 recapitulation을 총괄로 번역하고 있으나 적절한 번역이 아니다. 영역본 Agamben 2005: 75-77에서 아감벤은 Recapitulation을 더 많이 개진하고 있다.

만이 진정으로 역사적인 것이다. 즉, 오래된 것이 아니다. 읽혀지는 이미지, 즉 인식가능성의 지금에 있어서의 이미지는 모든 독해의 기저에 존재하고 이 위기적이고 위험한 순간(the perilous critical moment)의 각인을 최고도로 유지하고 있다."[151)]

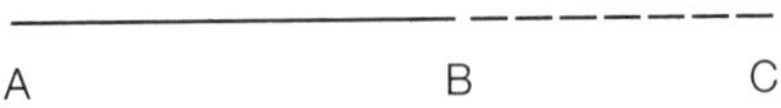

A B C

이 도식에서[152)] "A는 창조, B는 메시아적 시간인 예수의 부활, C는 종말(eschaton)이며, 여기에서의 시간은 영원성(eternity)으로 이행해간다. 이 표상은 메시아적 시간 ― '지금 이 때' ―이 시간의 종말과 미래의 아이온 또는 세속적인 연대기적 시간과 부합하는 것도 아니며, 후자의 외부에 존재하는 것도 아니라는 것을 명확하게 보여준다는 장점을 지니고는 있다. 메시아적 시간은 세속적 시간의 일부이면서 그것을 전면적으로(entirely) 전형시키는(transformative) 수축의 영향을 받는다(위의 스케치에서 이러한 이질성(heterogeneity)은 점선을 통해서 불충분하게 표현될 수밖에 없다). 메시아적 시간을 두 시간 사이의 분할을 분할함으로써(dividing the division), 그 안에서 분할을 초월해나가는(exceed) 분할 속으로 하나의 남겨진 것(a remainder[resto])을 도입하는 일종의 중간 휴지(a caesura)로서 표상해 본다면 더 정확해질지 모르겠다."[153)]

151) Benjamin, *The Arcades Project*. Ed. and intro. Hannah Arendt. Trans. Howard Eiland and Kevin McLaughlin. Cambridge, Mass.: Harvard University Press., 1999,bp.463을 아감벤 2008b 『남겨진 시간』: 238에서 재인용; Agamben 2005 [*The Time that Remains*]: 145.

152) Agamben 2005: 63에 있는 도식.

153) Agamben 2005: 63-64. 강승훈의 번역을 참고하여 번역했다.

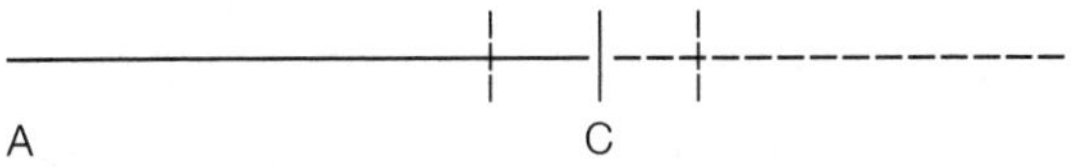

A C

위의 도식에서,[154] "메시아적 시간은 세속적인 아이온(eon) 속의 구성상 크로노스를 초월한 부분과 영원 속의 미래의 아이온을 초월한 부분으로서, 양쪽 모두가 두 아이온 사이의 분할에 의한 남겨진 것의 위치에 존재하는 것으로서 표현되어 있다. / 그러나 여기에는 우리의 시간표상이 공간적인 것이라는 사실과 관련한 일반적인 문제가 남아 있다. 지금까지 여러 번 지적되어온 바와 같이, 이들 공간적 표상의 책임이 그것인데, 종말과 메시아적 시간을 혼동하는 것이 바로 그 역력한 예일 것이다. 시간을 하나의 직선으로 표상하고, 그 끝을 점을 통한 순간으로 표상한다면, 무엇인가를 절대적으로 표상하는 것이야 가능하지만 절대적으로 사고할 수 없는 것[사고불가능한 것]이 된다. 반대로, 시간의 현실적인 경험에 관하여 반성해 본다면 거기에서는 무엇인가를 사고가능하게 하지만, 엄밀하게는 표상 불가능한 것이 된다. 마찬가지로 메시아적 시간을 두 아이온 사이에 위치시킨 선분으로서 표상한다면, 이미지로서는 명확해지지만, 남아 있는 시간과 끝나기 시작한 시간의 경험에 관해서는 그 어떠한 것도 말해주지 않는다. 표상과 사고 사이 그리고 이미지와 경험 사이의 이러한 절단은 어디에서 유래한 것인가? 그리고 그 애매함을 피할 수 있는 또 다른 시간표상은 과연 가능한 것인가?"[155]

연대기적 시간을 부정하는 것이 아니라 그것을 원용하여 메시아적 시간을 표현할 때의 어려움에 대해 성찰해야 한다. 메시아적 시간은 그 어느 한 부분에 위상을 가지고 있는 것이 아니다.

---

154) Agamben 2005: 64에서 도식

155) 아감벤 2008b: 111을 영역본 Agamben 2005: 64에 따라 약간 수정했다.

"이제 여기에서는 조작 시간이라는 범형을 언어학의 경계를 초월하여 전개해보고, 메시아적 시간이라는 우리들의 문제로의 이환을 시도해보자. 우리가 시간에 관하여 행하는 모든 표상과 시간을 정의하여 표상할 때의 모든 언술에는 표상들을 통하여 완전히 소비되지 못하는 시간이 내포되어 있다. 그것은 마치 인간이 생각하고 말하는 존재인 한, 연대기적 시간에 대한 모든 이미지와 표상이 형성될 수 있는 시간과의 완전한 일치를 저지하는 시간을 산출하고 있는 것과 같다. 그러나 이 부가되는 시간은 또 하나의 시간, 다시 말해, 연대기적 시간에 외부로부터 부가되는 보충적인 시간과 같은 것은 아니다 — 그것에 부가되는 것이 아니라 내재되어 있는 시간 — 이며, 연대기적 시간에 대한 나의 위상의 단절, 즉 내가 나의 시간 표상에 대하여 단절 또는 불일치의 형태로 있는 것 밖에 측정하지 못하고, 바로 그 때문에 내가 나의 시간 표상을 완수하고 파악하는 것을 가능하게 해주는 것이다. 바로 여기에서 우리들은 메시아적 시간의 제1의 정의를 규정할 수 있다: 그것은 시간의 끝으로 우리들을 향하게 하는 시간이다. 보다 정확하게는 우리들이 우리들의 시간 표상을 종료 또는 완수하기 위해서 도입하는 시간인 것이다. 그것은 연대기적 시간의 — 표상 가능하지만 사고 불가능한 — 직선도 아니며, 그 끝의 순간을 표시하는 — 단지 사고 불가능한 — 점도 아니다. 그리고 그것은 단순히 연대기적 시간상에 겹쳐진 부활에서 시간의 끝에 이르기까지의 선분도 아니다. 그것은 오히려 연대기적 시간 속으로부터 나와서 작동하고, 그것을 내부로부터 변용시키는 조작 시간인 것으로, 시간을 끝내기 위해서 우리들이 필요로 하는 시간 — 이러한 의미에서 우리들에게 남겨져 있는 시간인 것이다."[156)]

시간의 끝은 시간이 끝났다는 것을 지시하는 것이 아니라 내가 지금시

156) 아감벤 2008b: 115-116.

간에 행위하려 할 때, 결단을 내리려고 할 때 시작과 끝을 상상하는 것을 전제로 하고 있다.[157]

3) 에드가 엘런 포

벤야민은 역사철학테제에서 에드가 엘런 포(Edgar Allen Poe)의 에세이를 보들레르의 번역을 통해 알게 된다. 1836년 포는 버지니아, 리치몬드(Richmond, Virginia)에서 체스 게임을 하는 기계의 실행에 주목했다. 포는 그 이전의 많은 이들이 그러했듯이 그 기계의 비밀을 형상화하려고 했다. 이 현상에 대해서 포는 에세이로 발표했는데, 터키 인형은 대중적으로는 "오리엔트 마법사"(oriental sorcerer)로 불리워지고 있었던 것에 주목했다. 포는 동시대 이론가들이 터키 인형의 비사멸성(undeadness)이라고 명명하는 바를 포착했다. 에렉 샌트너(Eric Santner)는, 『일상생활의 정신신학에 대하여』(*On the Psychotheology of Everyday Life*)(2001)와 『창조적 생활에 대하여』(*On Creaturely Life*)(2006)에서 비사멸성을 다음과 같이 규정하고 있다: "특이한 종류의 활동성을 가지고 있지만 생명의 어떠한 형태에도 속하지 않는 내적인 소외성(internal alienness)"[158] (포가 명명한) 오리엔털 인간(Oriental human)과 순수 기계(pure machine) 사이의 결정불가능성을 가지고 있는 이 체스 자동기계의 비사멸성에 벤야민은 매혹되어 있었다. 벤야민은 이 결정불가능성(undecidablity)을 사용하여 전형적 시간성(transformative temporality)을 상상했다. 그것이 바로 지금시간(Jetzt-Zeit), 메시아적 시간.

---

157) 우리는 뒤에서 시간론에 대해 논의를 이어갈 것이다.

158) Santner 2001: 36을 Biddick 2012: 127-128에서 재인용.

4) 시간론

(1) 시간론의 종류

역사철학테제로 알려진 그 논고의 제목은, 벤야민이 "역사철학테제"로 명명한 것은 아니었다. 원래의 원고에서는 "역사의 개념에 대하여/관하여"이었고, 전집의 제목으로 구상되어 있었다. 이 논고의 핵심적 내용은 시간론이다.

시간의 형태를 세 가지로 구별할 수 있다: 순환적 시간, 단선적 시간, 그리고 가소성의 시간.

(a) 순환적(circular) 시간: 영구회귀로서의 시간. time as etrenal return. 모든 순환[원]은, 하나의 중심을 전제하고 있고, 그 중심을 둘러싸고 모든 것이 회귀한다. 절대적 중심은 움직이지 않는 움직이는 것(the unmoved mover), 신이고 이 신을 중심으로 모든 것이 회귀하는 그것이다. 이 시간이 취하는 형태[=형식]은 그것의 용기(receptacle), khōra 인데, 이것은 형태의 상대적으로 더 수동적인 형상(a relatively more passive configuration of form)이다.

(b) 단선(line) 행태: 단선 시간은 능동적이다. 의식 속에서 자신을 계기로서 취하기 때문이다. 하지만 이 단선으로서의 시간 형태는 그것의 지나가는 것에서만(in its passing) 파악될 수 있다(it can be grasped). 단선적 시간은 범례적으로 기독교적이고 헤겔에 의해서 그 모던한 표현이 주어졌다.[159]

---

159) Malabou의 해석을 참조.

(c) 그리고 마지막 형태에서는, 말라부(Malabou)가 주장하고 있는 것으로서, 시간은 가소성 그 자체이다(time is plasticity itself), 절대적 가소성. 이 경우 시간은 그 폭발적인(explosive) 능력에서 보자면 공간화(spacing)(Derrida)로서, 혹은 시간-이미지(time-image)(들뢰즈)로 이해된다.[160)]

말라부는 헤겔에서 가소성을 읽어내는데, 이 용어는 헤겔의 『정신현상학』에서 발전시킨다. 신경과학(neurosciences) 영역으로 말라부는 가소성개념을 확장해나갔다. 『우리는 우리의 브레인으로 무엇을 해야 하는가』(*What Should We Do With Our Brain*)이라는 자신의 저서에서, 말라부는, 우리의 두뇌는 가소적이며, 우리는 그것을 모르고 있다고 선언했다.

(2) 벤야민의 시간론

(a) 벤야민의 시간론은 헤겔의 그것과 다르다는 것은 분명하다. 시간의 절대적 혹은 순수한 형식: 좀 더 구체적으로 말하면, 벤야민은, 들뢰즈, 데리다, 말라부 등이 주장하는 가소성으로서의 시간의 절대적이거나 순수한 형태와는 다르게, 메시아성으로서의 시간의 절대적이거나 순수한 형태를 취하는 입장이고 여기에서 데리다나 바디우가 다시 세부적으로 다른 입장들을 취한다.

> "시간이 축자적으로 무형태적으로 이해되는 한에서는 시간은 불가피하게 메시아니즘적 시간의 형태를 취하는데 메시아니즘적 시간은 비록 강한 힘보다는 약한 힘으로 생각된다고 할지라도 순수한 힘이다. 가소성은

160) Clayton Crockett, *Radical Political Theology. Religion and Politics After Liberalism*, Columbia University Press, 2011. Crockett 2011: 153.

단순하게 반응적이거나 수동적인 것이라기보다는 창조적인 일종의 분기(branching) 속에서, 필수적 형태를 주는 것, 취하는 것 그리고 형태의 해체로 생각되게 허용한다. 이러한 창조성은 결정적 의미에서 활재적이기보다는 가상적이고 잠재적이라 할지라도 자유의 새로운 형태이다."[161]

(b) 아감벤에 의하면, 벤야민은 바울의 독해를 통해서 자신의 메시아적 시간에 대한 개념을 얻었고, 벤야민의 약한 메시아니즘은 바울의 글들에서 나타나 있는 약하다는 말의 의미로 해석학적으로 해석될 수 있다.[162] 그런데, 반역사철학자 벤야민은 그의 이른바 역사철학 제1명제에서, 니체(『반그리스도』)가 이해한 바울을 그가 겨냥하고 있는 것이 아닌가? 니체에 의하면, 바울은, 플라톤주의에서 벗어나지 않는데 이와 같은 바울 이해를 벤야민이 수용하고 있는가 하는 것이 쟁점이다. 이것에 답하기 위해서는 제법 긴 우회가 필요해 보인다.

뢰비트와 블루멘베르크 사이의 논쟁에서 이 둘의 공통된 전제는, 모더니티와 종말론 사이에는 양립 불가능한 대립이 존재한다는 것인데, 아감

161) Crockett 2011: 154-155.

162) 아감벤을 잘 알고 있는 것이 분명한 크로케트의 논술을 참고하라. Crockett, "Sovereignity and the Weakness of God"(Clayton Crockett, *Radical Political Theology. Religion and Politics After Liberalism*, Columbia University Press, 2011. Crockett 2011: 43-59. 가소성은 새로운 유물론(new materialism)을 구체화하는 명제이다. "Plasticity affirms life in a material and spiritual sense at one and the same time, nondualistically. Plasticity is a kind of creative freedom, but not the freedom of spirit to work with and on raw matter. Plasticity is the manifestation of a 'new materialism', which refuses any separation between brain and thought, matter and spirit. And this is a theological materialism because it is a matter of ultimate concern, life." Crockett 2011: 157. 그리고 한편, 가소성(혹은 dis-enclosure) 테제는 인간의 두뇌 이해/분석에 호소한다. "Plastic time concerns the synaptic gap that is not an absolute break but rather a threshold. In all plastic generation of form, Malabou claims that there is an energetic explosition, because transformation requires 'a rupture, the violence of a gap that interrupts all continuity'. The synaptic gap is the opening or passage that enables transformation, and plasticity works with and across this gap." Crockett 2011: 156-157.

벤은 이 전제에 대해서 의문을 던진다. 먼저 아감벤의 해석적 주장들, 논술들 몇 개를 들어보자.

> "시간은 종말론적 구제, 더욱이 최종적인 종말을 향하여 진행된다고 하는 그리스도교적인 시간개념은 블루멘베르크와 뢰비트에게 있어서 폐지되고 있으며, 궁극적으로는 모더니티를 체현하는 시간과 역사에 대립될 수밖에 없다는 것이었다. 여기에서는 이러한 구체적인 논쟁은 피하고, 단지 블루멘베르크와 뢰비트가 메시아 신앙을 종말론, 그리고 종말의 시간을 시간의 종말과 혼동함으로써 바울로에게서 본질적인 것, 즉 두 오람(시간, 시대) 사이의 명확한 분할의 가능성 그 자체에 대한 물음으로서의 메시아적 시간을 놓치고 있다는 점만을 기억해두자."[163]

> "기욤(Gustave Guillaume)에 의하면, 사람의 마음은 시간의 경험을 지니지만 그 표상은 갖지 않는다. 때문에 그것을 표상하기 위해서는 공간적인 질서에 속하는 구축물에 의존하지 않으면 안 된다. 이렇게 하여 문법은 동사의 시제를 현재라는 절단을 통해서 나누어진 과거와 미래라는 두 부분으로 구성되는 무한적 직선으로서 표상되게 된다. 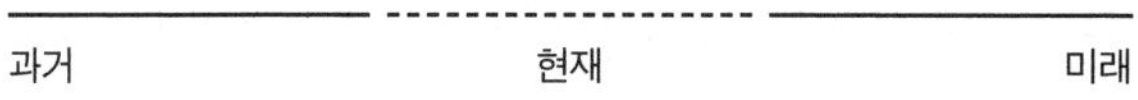
>
> ―――――――――― - - - - - - - - - - - - ――――――――――
>
> 과거　　　　　　　　현재　　　　　　　　미래
>
> 그리고 이 표상은 ― 이것을 기욤은 '시간 이미지(time-image)'라고 부르고 있다 ― 불충분하다. 왜냐하면 너무나 완전적이기 때문이다. 그것은 항상 이미 구성되어 있는 시간을 우리들에게 제공하지만, 사고 내에서 구성되고 있는 존재의 행위(act of being)에서의 시간에 관해서는 우리들에게 제

163) 아감벤 2008b: 109.

시해 주지 못한다. 무엇에 관한 진정한 이해를 위해서는 그것을 구성된 상태, 또는 달성된 상태로 고찰하는 것만으로는 충분하지 않다고 기욤은 말한다. 사고가 그것을 구성하는 데 거치는 국면들(phases)을 표상할 수 있어야 한다는 것이다. 모든 정신적(mental) 조작은 그것이 아무리 신속한 것일지라도 완수되기 위해서는 시간을 필요로 하는데 그것은 적지 않게 리얼하다. 기욤은 '조작시간'을 시간이미지를 실현하기 위하여 정신(mind)이 취하는 시간으로 정의하고 있다. 언어가 그 동사체계를 조직하는 것은 앞의 직선도식 — 너무 완전적이기 때문에 빈곤한 — 에 따른 것이 아니라, 구성된 이미지를 그 구성의 조작시간에 관련시킴을 통해서이다. 이처럼 기욤은 시간의 연대기적 표상을 복잡화시켜 그 위에 시간 이미지의 형성과정에 관한 표상을 투영하고, 시간의 크로노제네틱(chronogenetic, 시간생성적)한 표상이라는 — 더 이상 직선이 아니라 3차원의 — 새로운 표상을 획득할 수 있었던 것이다. 그래서 크로노제네시스(시간생성)의 도식은 시간 이미지를 언어의 모든 동사형식(형태, 법, 시제)의 통일모델에 따른 고려로부터, 그 순수하게 가능적인 상태(in posse의 시간)에 있어서, 그 형성 과정(in fieri의 시간)에 있어서, 그리고 최후에는 구성된 상태(in esse의 시간)에 있어서 파악가능하게 하는 것이다."[164)]

"메시아적 시간의 제1의 정의: 메시아적 시간은 시간의 종말로 우리들을 향하게 하는 시간이다. 보다 정확하게는 우리들이 우리들의 시간표상을 종료 또는 완수하기 위해서 도입하는 시간인 것이다. 그것은 연대기적 시간의 — 표상 가능하지만 사고 불가능한 — 직선도 아니며, 그 끝의 순간을 표시하는 — 단지 사고 불가능한 — 점도 아니다. 그리고 그것은 단순히 연대기적 시간상에 겹쳐진 부활에서 시간의 끝에 이르기까지의 선분도 아니다.

164) 아감벤 2008b: 112-113. 번역을 영역본 Agamben 2005: 65-66에 따라 약간 수정했다. *The Time That Remains*, Stanford University Press, 2005.

그것은 오히려 연대기적 시간 속으로부터 나와서 작동하고, 그것을 내부로부터 변용시키는 조작시간인 것으로, 시간을 끝내기 위해 우리들이 필요로 하고 있는 시간 — 이러한 의미에서 우리들에게 남겨져 있는 시간(the time that is left us[il tempo che ci resta])인 것이다."[165)]

5) 벤야민의 역사개념에 대하여(그의 역사철학테제들에 대한 논의)

(1) 벤야민의 『역사철학에 대하여』 논고에서 난장이의 문헌적 원천은 무엇인가?

벤야민의 이 난해한 논고에서는 마르크스주의적 역사철학과 메시아니즘을 거의 암호문으로 말하고 있는데 그곳에 난장이가 등장한다. 왜 난장이인가에 대한 의문이 있었다.

구약성서 레위기 21장에서는 하느님에게 드릴 식물을 드릴 수 없는 자들의 예들을 열거하고 있는데, 그 가운데 난장이가 포함되어 있다.[166)] 그런데, 바로 이 레위기의 19: 18-34에서는 이웃사랑에 대해서 얘기하는 맥락이 들어 있다. 벤야민의 역사유물론의 재정초는 바로 이같은 맥락에서 서 있다.

일단 레위기 21장을 읽어보자.

---

165) 아감벤 2008b: 115-116; Agamben 2005: 67-68.

166) 그런데 레위기의 다양한 번역들이 있었다. (1) the King James Bible에서는 crookbacked or dwarf; (2) Luther 번역에서는 bucklig oder verkümmert; (3) Martin Buber와 Franz Rosenzweig의 번역(히브리어 성경을 독일어로 번역한 것)에서는 ein Buckliger oder ein Zwerg로 되어 있다. 벤야민은 아마도 (3)을 참조했을 가능성이 높다.

[레위기 21:1-24]

1. 여호와께서 모세에게 이르시되 아론의 자손 제사장들에게 고하여 이르라 백성 중의 죽은 자로 인하여 스스로 더럽히지 말려니와
2. 골육지친인 부모나 자녀나 형제나
3. 출가하지 아니한 처녀인 친자매로 인하여는 몸을 더럽힐 수 있느니라
4. 제사장은 백성의 어른인즉 스스로 더럽혀 욕되게 하지 말지니라
5. 제사장들은 머리털을 깎아 대머리 같게 하지 말며 그 수염 양편을 깎지 말며 베지 말고
6. 그 하나님께 대하여 거룩하고 그 하나님의 이름을 욕되게 하지 말 것이며 그들은 여호와의 화제 곧 그 하나님의 식물을 드리는 자인즉 거룩할 것이라
7. 그들은 기생이나 부정한 여인을 취하지 말 것이며 이혼당한 여인을 취하지 말지니 이는 그가 여호와께 거룩함이니라
8. 너는 그를 거룩하게 하라 그는 네 하나님의 식물을 드림이니라 너는 그를 거룩히 여기라 나 여호와 너희를 거룩하게 하는 자는 거룩함이니라
9. 아무 제사장의 딸이든지 행음하여 스스로 더럽히면 그 아비를 욕되게 함이니 그를 불사를 지니라
10. 자기 형제 중 관유로 부음을 받고 위임되어 예복을 입은 대제사장은 그 머리를 풀지 말며 그 옷을 찢지 말며
11. 어떤 시체에든지 가까이 말지니 부모로 인하여도 더러워지게 말며
12. 성소에서 나오지 말며 그 하나님의 성소를 더럽히지 말라 이는 하나님의 위임한 관유가 그 위에 있음이니라 나는 여호와니라
13. 그는 처녀를 취하여 아내를 삼을지니

14. 과부나 이혼된 여인이나 더러운 여인이나 기생을 취하지 말고 자기 백성 중 처녀를 취하여 아내를 삼아
15. 그 자손으로 백성 중에서 더럽히지 말지니 나는 그를 거룩하게 하는 여호와임이니라
16. 여호와께서 모세에게 일러 가라사대
17. 아론에게 고하여 이르라 무릇 너의 대대 자손 중 육체에 흠이 있는 자는 그 하나님의 식물을 드리려고 가까이 오지 못할 것이라
18. 무릇 흠이 있는 자는 가까이 못할지니 곧 소경이나 절뚝발이나 코가 불완전한 자나 지체가 더한 자나
19. 발 부러진 자나 손 부러진 자나
20. **곱사등이나 난장이**나 눈에 백막이 있는 자나 괴혈병이나 버짐이 있는 자나 불알 상한 자나
21. 제사장 아론의 자손 중에 흠이 있는 자는 나아와 여호와의 화제를 드리지 못할지니 그는 흠이 있은 즉 나아와 하나님의 식물을 드리지 못 하느니라
22. 그는 하나님의 식물의 지성물이든지 성물이든지 먹을 것이나
23. 장안에 들어가지 못할 것이요 단에 가까이 못할지니 이는 그가 흠이 있음이라 이와 같이 그가 나의 성소를 더럽히지 못할 것은 나는 그들을 거룩하게 하는 여호와임이니라
24. 모세가 이대로 아론과 그 아들들과 온 이스라엘 자손에게 고하였더라[167)]

이처럼 벤야민이 "곱사등이나 난장이"라는 말은 레위기에 나오는 단어들인데 그는 이것을 기억하고 있었음이 분명하다. 그런데, 비덕

167) 강조는 인용자.

(Biddick)은 난장이라는 말은, 성경의 레위기 19: 18-34(Leviticus)와 관련이 깊다고 해석한다.[168)]

[레위기 19: 18-34]

18. 원수를 갚지 말며 동포를 원망하지 말며 이웃 사랑하기를 네 몸과 같이 하라 나는 여호와니라
19. 너희는 내 규례를 지킬 지어다 네 육축을 다른 종류와 교합시키지 말며 네 밭에 두 종자를 섞어 뿌리지 말며 두 재료로 직조한 옷을 입지 말지며
20. 무릇 아직 속량도 되지 못하고 해방도 되지 못하고 정혼한 씨종과 사람이 행음하면 두 사람이 형벌은 받으려니와 그들이 죽임을 당치 아니할 것은 그 여인은 아직 해방되지 못하였음이라
21. 그 남자는 그 속건 제물 곧 속건제 숫양을 회막 문 여호와께로 끌어 올 것이요
22. 제사장은 그의 범한 죄를 위하여 그 속건제의 숫양으로 여호와 앞에 속죄할 것이요 그리하면 그의 범한 죄의 사람을 받으리라
23. 너희가 그 땅에 들어가 각종 과목을 심거든 그 열매는 아직 할례 받지 못한 것으로 여기되 곧 삼년 동안 너희는 그것을 할례 받지 못한 것으로 여겨 먹지 말 것이요
24. 제사년에는 그 모든 과실 거룩하니 여호와께 드려 찬송할 것이며
25. 제오년에는 그 열매를 먹을지니 그리하면 너희에게 그 소산이 풍성하리라 나는 너희 하나님 여호와니라
26. 너희는 무엇이든지 피 채 먹지 말며 복술을 하지 말며 술수를 행치 말며

168) Biddick 2012: 128.

27. 머리 가를 둥글게 깎지 말며 수염 끝을 손상치 말며
28. 죽은 자를 위하여 너희는 살을 베지 말며 몸에 무늬를 놓지 말라 나는 여호와니라
29. 네 딸을 더럽혀 기생이 되게 말라 음풍이 전국에 퍼져 죄악이 가득할까 하노라
30. 내 안식일을 지키고 내 성소를 공경하라 나는 여호와니라
31. 너희는 신접한 자와 박수를 믿지 말며 그들을 추종하여 스스로 더럽히지 말라 나는 너희 하나님 여호와니라
32. 타국인이 너희 땅에 우거하여 함께 있거든 너희는 그를 학대하지 말고
34. 너희와 함께 있는 타국인을 너희 중에서 낳은 자같이 여기며 자기 같이 사랑하라 너희도 애굽 땅에서 객이 되었더니라 나는 너희 하나님 여호와니라

자신의 선택된 사람들을 자신의 이웃을 자신처럼 사랑하는 것으로 즐기고 있다, 신은. 벤야민은 메시아적 시간의 새로운 사유의 변증법적 이미지는, 희생의 제식적 조처들로부터 신에 의해 축출된 문서상의 에코들과 죽지 않은 이슬람교도의 유령적인 시각적인 그리고 음향적인 효과들로 나타나지만, 이웃사랑을 실천하는 즐거움이 있는 것이다.[169] 이웃은 이방인, 낯선 자이고 난장이는 신약성서에서뿐만 아니라 구약성서 내에서도 급진적 낯선 자로 등장하고, 또 다른 이방인인데, 성서는 이웃, 즉 낯선 자를 사랑하라는 윤리적 명령을 내리고 있다. 벤야민은 역사유물론과 신학 사이의 관계를 얘기하면서, 이웃사랑을 실천하는 맥락을 얘기한 셈이다.

169) Biddick 2012: 128.

(2) 에드가 엘런 포의 소설

벤야민의 『역사철학테제』 제1테제에서 "체스판 밑에 숨어서 터키풍 의상을 입은 기계인형을 조종하여 승리로 이끄는 난쟁이가 등장한다. 바로 그 이미지를 벤야민은 포(Poe)의 소설에서 차용해 왔다. 그리고 그것을 역사철학의 영역으로 옮기면서 이 난쟁이가 실제로는 '오늘날에는 작고 볼품없으며 누구에게도 보여서는 안 되는' 신학을 가리키며, 만일 역사적 유물론이 바로 그 신학을 취하여 스스로의 용도에 사용될 수 있다면, 그 때의 역사적 유물론은 두려운 적수들과의 역사적 전투에서 승리하게 될 것이라고 덧붙이고 있다."[170)]

그런데, 아감벤은 이 난쟁이 신학자가 누구인지를 구체적으로 묻고 있다.

> "이와 같은 벤야민은 테제의 텍스트 자체를 결정적인 이론투쟁이 전개되는 체스게임에 적용되도록 우리를 유인하고 있다. 그리고 이러한 경우에 우리들을 행간에 감추어진 어느 신학자의 도움으로 인도되는 것을 상정해 보지 않을 수 없다. 저자가 테제의 텍스트 속에 매우 정교하게 숨겨둘 수 있었으며, 지금까지 그 누구도 특별히 지목하지 못했던 이 난쟁이 신학자는 과연 누구인가? 또한, 누구에게도 보여서는 안 된다는 그 인물에 이름을 부여하는 것을 허용하는 징후나 흔적을 테제 속에서 발견하는 것은 과연 가능한가?"[171)]

---

170) 아감벤 2008b 『남겨진 시간』: 226.

171) 아감벤 2008b 『남겨진 시간』: 226-227.

아감벤은 이 난쟁이 신학자를 바울로 읽는다.[172)]

(3) 자동기계, 인형

또한 제1명제에서는 자동기계(einen Automaten)라는 해석상 논란이 되고 있는 표현이 들어 있다. 홉스의 리바이어던을 특징짓는 용어 중의 하나가 바로 이것이다. 그것은 이미 중세에서도 사용되고 있었지만, 모던으로의 이행을 특징짓는 용어의 하나이다. 이를테면, 시계라는 자동기계, 그리고 이 기계를 만든 창조주는 신이다.

그런데 이 시계가 정상 작동되고 있는가? 그렇다면, 신은 항상 절대적 불투명 속에서 이 기계의 작동이 정상적일 수 있도록 어떠한 방식으로든 개입하고 있다는 것인가? 자동기계가 움직이려면 두 가지가 필요하다. 그 하나는 작동시스템의 자율성이고, 다른 하나는 그것을 움직이는 에너지[힘, Kraft, Gewalt]이다.

자동기계의 시대는 구약성서의 시대가 아니라 신약시대의 시대이다. 이신론의 세계. 바로 그러한 점에서, 이 시대의 세계에서는 구약시대에서 제사를 지낼 수 없는 범주에 속하는 곱사와 난장이[불완전한 사람]가 신학의 주체로 등장할 수 있다.[173)]

인형(eine Puppe)은 스스로 움직이는 듯하지만 실제로는 그것을 움직이는 실체는 별도로 있다. 실체가 아니다.[174)] 역사유물론과 관련하여 벤야민이 이 인형 비유에서 제기하고 있는 쟁점은, 이른바 역사유물론을 특

---

172) 바울은 키가 작았고, "바울"의 원래의 문자적 의미는 키 작은 사람이다.

173) 레위기 참조하라.

174) 벤야민은 한 때 함부르크의 아비 바르부르크의 연구소 연구원으로 활동했다는 사실을 기억할 필요가 있다.

징짓는 토대(Basis)와 상부구조(Überbau)라는 구성론에서, 토대가 무엇이고 상부구조가 무엇인가 하는 것이다. 속류 역사유물론에서 취하고 있었던 경제결정주의에서는, 토대가 경제이고 종교, 정치, 등은 상부구조에 속하고, 이 상부구조를 움직이는 중추는 경제인데, 벤야민은 이것을 비판하고 있다.[175] 파시즘에 대한 비판에서 마르크스레닌주의는 대안이 될 수 없다는 판단을 그는 내리고 있었다. 그리고 다른 한편, 속류역사유물론과 다를 바 없이 파시즘 역시 한편에서는 경제 성장에 호소함으로써 대중의 지지를 받고 지배권력으로 등장할 수 있었고, 쇼비니즘과 결합하여 제국주의적 침탈로 나아갔다. 다른 한편, 마르크스레닌주의에 기초한 스탈린주의 역시 속류역사유물론에 속하는데, 벤야민은 역사유물론이 인형이라고 말한다. 곧, 역사유물론의 실체인 토대, "경제"가 "인형"이라는 것이다. 고전적 정치경제학은 경제적 법칙성을 주장하고 있었고, 이 맥락에서 속류 역사유물론은 이 경제적 법칙성 그 자체를 부정하지 않고 달리 구성했을 뿐이다. 그렇지만, 그것을 움직이는 실체는 벤야민에서 신학이다. 어떠한 신학인가? 그는 이렇게 말한다:

> "신학, …… 그것은 오늘날 주지하듯이 작고 그리고 추하고 그리고 여하튼 간에 자신을 볼 수 있게 하지 않는다."(독일어 원문; die Theologie, ……, die heute bekanntlich klein und hässlich ist und sich ohnehin nicht darf blicken lassen.; 영역: , which today, as we know, is small und ugly and has to keep out of sight.)

175) 서규환의 알튀세르론을 참조하라. 서규환, 『정치적 비판이론을 위하여』, 증보개정판, 2011에 수록되어 있는 제1장 논술이론과 국가이론(pp.19-66).

(a) 왜 작은가?

분명 니체를 읽었을 벤야민이 이 맥락에서 니체의 『반그리스도』(*Antichrist*)에서 바울을 플라톤주의자로 파악하고 그를 비판했던 것을 염두에 둔 것은 아닌가 하고 생각할 수 있겠는데, 의미는 그렇지만 이보다 복합적이다. 속류유물론자들이 신학을 상부구조에 속하는 것으로 파악하고 그 실체는 이데올로기에 불과하고 폐기되어야 하는 허위의식으로 간주했기 때문에 작은 것으로 추락했다. 세속화 과정이 진행할수록, 신학은 더욱 왜소해져 왔던 것이다.

(b) 왜 추한가?

속류 역사유물론에서는 진/선/미/성의 일체성은, 곱사등이 난장이가 신학 주체로서 등장하고 있다는 그것에서 함축되어 있는데, 곱사등이와 난장이가 그 자체로 추하다는 것이 아니라, 그 일체성에 대한 저항이라는 점에서, 추 범주가 들어설 수 있다. 부버와 로젠츠바이크가 번역한 『성서』(*Die Schrift*)에서, ein buckliger Zwerg라는 용어에 유사한 번역을 사용하는데 이 점에서 벤야민과 이들과의 친화성을 가늠할 수는 있다.[176] 그렇지만 속류 역사유물론에서는 종교를 부정하고 있다는 점에서, 감추어야 한다. 그것은 겉으로 자랑할 수 있는 얼굴이 아니다.[177]

---

176) Eric Santner, *On the Psychotheology of Everday Life: Reflection on Freud and Rosenzweig*, Chicago: University of Chicago Press, 2001에서 Rosenzweig와 벤야민 사이의 유사성에 주목하고 있다. God is not a transcendent Being or super-ego, but rather an ethical (or meta-ethical) force. Crockett 2011: 178 각주 178.

177) 우리는 여기에서 막스 베버의 『프로테스탄티즘의 윤리와 자본주의 정신』을 생각할 수 있다. 칼뱅주의는 이신론적 세계에 있고, 그것은 신약의 세계이고, 그것은 자본주의적 경제/정신과 친화적이다. 이 칼뱅주의에서, 신학 그 자체가 왜소하거나 추하다고 볼 수는 없지만 구약시대에서 신약시대로 패러다임의 전환이라는 사실을 고려할 때 구약시대의 그것은 추하게 보여질 수 있다. 그리고 벤야민은 이 역사철학에 대한 제1명제에서 고통공감적 미학의 맥락에서, 추미학을 주장하려는 것이 아니다.

그리고 오늘(heute)은 구체적으로 어떠한 시간 내용인가?

(a) 플라톤 이래의 오늘? 플라톤 이래 속류 역사유물론이 성립하여 등장하기까지 오랜 시간 동안, 플라톤주의는 역사적 전형들을 거치면서 이어져 왔다.

(b) 니체 이래의 오늘? [속류 역사유물론을 움직이는 신학은 플라톤주의이다] 니체의 당시의 역사유물론에 대한 비판을 참고할 필요는 있다.

(c) 속류 역사유물론의 주장과 그에 대한 비판 이래 오늘

그리고, 왜 "주시하게/바라보게"(blicken)할 수 있게 해서는 안되는가? (und [heute] sich ohnehin nicht darf blicken lassen) 여하튼 간에, "자신을 주시하게/바라보게(blicken) 해서는 안되는" 이유는 무엇인가?

여기에서 단순하게 시각적인 것을 말하는 것이 아닌가? 앞에 있는 문장에서도 "작고 추하다"(klein und hässlich)는 표현 역시 시각 언어에 속한다. 반성완 역은, 바로 이 때문에, und를 앞의 문장에 이어지는 맥락으로 읽고, "바로 그러한 한에서" 로 읽은 것이다.

작고 추하다고 해서, 그것 — 신학, 신학자 — 을 눈으로 볼 수 없는 것은 아닐 것이다. 신학은 이웃을 사랑하는 실천을 주장하고 있지 않은가. 고통공감적 실천의 신학. 그렇다면, 감추어야 하는 까닭은, 어디에 있는가? 그리고 어디에 감추어야 하는가? 행간 속에서, 신학을? 신학의 논리를? 속류 유물론의 실체가 들키지 않도록 감추어야 한다는 것? 그것은 속류역사유물론 쪽에서, 종교를 정면으로 총체적으로 부정하는 속류역사유물론이 겉으로 누가 볼 수 있도록 드러낼 수는 없는 까닭이다. 속류유물론이 경제를 거대하게 강조하여 누구나 볼 수 있도록 하는 만큼이나 신학은 왜소하게 되고, 왜소한 만큼이나 추한 것이 된다. 작은 인간을 폄훼

하는 반휴머니즘? 정상인간과 비정상인간을 구별하는? 실제로 파시즘은 유대인을 학살하고, 스탈린주의는 이민족들을 학살했다.

그러나 이보다 더 이론적으로, 더 강하게, 해석할 수 있다. "자기 자신"(sich)을 볼 수 없도록 되어 있다는 것을 말하는 것; 게임에 이기려고, 밖을 주시할 뿐, 자기 자신을 성찰하지는 못한다. 거울이 그 공간 속에서는 없다. 거울 시스템은 자기 성찰(자기비판)의 은유이다.

그리고 성서 번역에서 부버와 로젠츠바이크가 번역한 『성경』(*Die Schrift*, 글)에서: ein buckliger Zwerg라는 용어에 유사한 번역을 사용하는데 이 점에서 벤야민과 이들과의 친화성을 가늠할 수는 있고,[178] 벤야민의 사유 형성을 이 번역어 용례에서 추론해 볼 수 있는 여지는 있다.

제1명제에서는 bekanntlich[as we know, 알려져 있듯이, 혹은 우리가 알고 있듯이], 이것은 전체 문장 앞에 있는 것으로 해석할 수 있다. It is known that ……, It is said that ……. 그러므로 알려져 있는 그것을 비판의 대상으로 삼고자 하는 문제 제기.

(4) "ㅇㅑㄱㅎㅏㄴ 메시아니즘적 힘"

제2테제에서: Dann ist uns wie jedem Geschlecht, das vor uns war, eine s c h w a c h e messianische Kraft mitgegeben.[그렇다면 우리에게는 우리 이전에 존재했던 모든 세대와 ㅇㅑㄱㅎㅏㄴ 메시아적 힘이 함께

---

178) Eric Santner, *On the Psychotheology of Everday Life: Reflection on Freud and Rosenzweig*, Chicago: University of Chicago Press, 2001에서 로젠츠바이크(Rosenzweig)와 벤야민 사이의 유사성에 주목하고 있다. "God is not a transcendent Being or super-ego, but rather an ethical (or meta-ethical) force." Crockett 2011: 178 각주 178.

주어져 있는 것이고]

아감벤은 s c h w a c h e 의 자간이 이렇게 간격을 두고 있는 것은 어떠한 의미가 있는지를 문헌학적으로 묻고 있다. 그것은 "인용" 임을 함축한다 한다. 그것은 바울의 〈고린토인들에게 보낸 두 번째 편지〉 12:9-10에서 메시아적인 힘의 약함이 명료하게 이론화되어 있다는 것을 지적한다.[179)]

> "특히 몸을 찌르는 따가운 가시로부터 해방시켜 달라고 탄원하는 바울로는 '권능은 약한 자 안에서 완전히 드러난다'라는 응답을 듣는다. 그리고 '나는 그리스도를 위해서 약해지는 것을 만족하게 여기며, 모욕과 빈곤과 박해와 곤궁을 달게 받습니다. 왜냐하면 내가 약해졌을 때 오히려 나는 강하기 때문입니다'라고 덧붙이고 있다. 이것이 진정한 인용부호 없는 인용이라는 것은 아마 벤야민이 목전에 두고 참조하고 있었음에 틀림없는 루터의 번역으로 확인된다. 히레로뉴무스가 'virtus in infiritate perficitur(힘을 약함 속에서 완성된다)'라고 번역한 것을, 루터는 대부분의 근대어 번역자들과 마찬가지로 'denn mein Kraft ist in den schwachen Mechtig(왜냐하면, 나의 힘은 그것이 약하게 드러나는 곳에서야말로 존재하기 때문이다)'로 번역하고 있다. 여기에서는 Kraft(힘)와 schwache(약함)의 두 단어가 모두 출현하고 있다. 그리고 이 과잉적인 독해가능성, 이 역사철학테제의 텍스트에서 바울로 텍스트의 비밀스러운 존재야말로 자간을 비우는 것을 통하여 벤야민이 조심스럽게 제시하려고 했던 것이다. / 테제의 테스트 속에 바울로로부터의 인용[=바울을 인용하고 있다는 것]이 감추어져 있었다 — 다만 정도를 넘어서지 않을 정도로 — 라는 발견에 필자는 적지 않

179) 아감벤 2008b 『남겨진 시간』: 229. 박상희는 본 저술의 교정과정에서, 벤야민의 원고에서 사용한 자간 간격 표기의 표현을 한국어로 위와 같이 표현해야 한다고 주장한 바, 나는 이를 받아들였다.

은 흥분을 느끼지 않을 수 없었다. 테우베스는 벤야민에게 바울로의 가능한 영향을 시사한 유일한 인물이었다. 단, 그의 가설은 1920년대 초의 테스트인 「신학적-정치학적 단편」에서 언급한 것으로, 그것을 그는 로마인들에게 보낸 편지 8:19-23과 관련시키고 있다. 타우베스의 직관이 정확했던 것은 사실이지만, 이 경우에 인용에 관해서 이야기하는 것은 — 아마 벤야민의 '덧없음'(Vergängnis)이라는 용어를 제외한다면, 이것은 8장 21절의 루터의 번역에 존재하는 '덧없는 존재'(vergängliches Wesen)와 부합된다고 말할 수 있을지도 모른다 — 불가능할 뿐만 아니라 두 텍스트 사이에는 몇 가지의 실질적인 상이점이 존재한다. 실제로는 바울로에게 창조는 아무런 의도 없이 덧없음과 파괴에 종속되어 있으며, 바로 이 때문에 구속(구원)에 대한 기대 속에서 고뇌하며 견디고 있지만, 벤야민에게 있어서는 그 천재적인 전도를 통하여 자연은 바로 그것이 영원히 덧없는 것이기 때문에 메시아적인 것이며, 그 메시아적인 덧없음의 리듬이 행복과 동일한 것이다."[180)]

아감벤은 벤야민의 『역사철학테제』에서 "약한 메시아"라는 표현에서 약하다는 것의 의미를 바울의 영향으로 읽는다.

"메시아적인 힘의 약함이 명료하게 이론화되어 있는 곳은 오직 하나의 텍스트에서 이다. 우리가 추측할 수 있는 것처럼 고린토인들에게 보낸 둘째 편지(12: 9-10)가 바로 그것인데."[181)]

---

180) 아감벤 2008b 『남겨진 시간』: 229-231.

181) 아감벤 2008b 『남겨진 시간』: 229-230. 위에서 인용한 부분으로 이어지는 단락의 문장들인데 이미 바로 위에서 인용했으므로 다시 반복하지는 않는다. 하지만 다시 읽어주길 바란다.

여기에서 "ㅇㅑㄱㅎㅏㄴ 메시아니즘적 힘"(eine s c h w a c h e messianische Kraft)은 어떻게 해석되어야 하는가?

"ㅇㅑㄱㅎㅏㄴ"(s c h w a c h)이라는 자간을 다르게 두고 있는 이 표현에 아감벤은 그 어느 곳에서보다도 여기에서 문헌학적 엄밀한 독해의 학습과정을 거친 학자의 위상을 분명하게 보여주고 있으며, 주의 깊은 문헌학적 독해능력을 펼쳐 보여주고 있다. 그는 성경 고린토인들에게 보낸 편지와 카프카와의 관계에 대해서 고찰하고는 전자의 맥락에서 주장을 피력하지만, 무엇보다 이 표현의 의미를 섬세하게 살펴나간다.

아감벤은 자간을 두다(sperren)는 인쇄상의 기호로 읽어야 한다는 해석적 주장을 제시한다.

> "이것은 '인쇄상의 약속' ― 독일어에서 뿐만 아니라 ― 으로, 어떠한 이유에서 어떤 단어를 구분하려고 할 때, 이텔릭체를 사용하는 대신에 그 자간을 비우는 것을 지칭한다. 벤야민 자신이 타이프라이터를 사용할 때에는 이와 같은 약속사항을 이용하고 있다. 고문서학적으로 본다면, 이것은 필사자가 사본 중에 빈출하는 예를 들면 읽을 필요가 없는 ― 또는 트라우베(Ludwig Traube)에 의하면 ― 유대교에서 읽어서는 안 되는, '성스러운 이름(nomina sacra)을 고려한다면 [소리내어] 읽어서는 안 되는 ― 말에 대해서 사용되고 있었던 약어표기(abbreviations)의 반대에 해당한다. 이들 자간의 간격이 주어진 단어들은, 어떤 방식에서는, 하이퍼독해(hyperread)되어야 한다는 것이다: 두 번 읽어야 한다는 약어표기인 것이다. 그리고 벤야민이 시사하고 있는 것처럼 이 이중적 독해(this double reading)는 인용의 팰림세트(palimpsest; 원래의 글자들을 지우고 다시 그 위에 쓴 것; 다층의미)이다. / 우리들이 여기에서 테제의 수고본[the Handexemplar]에 주

목해 본다면, 여러분은 이미 그 제2테제에 있어서 벤야민이 이러한 약속사항을 이용하고 있다는 사실을 파악할 수 있을 것이다. 끝에서 4행 째에는 다음과 같이 적혀 있다. Dann ist uns wie jedem Geschlecht, das vor uns eine s c h w a c h e messianische Kraft mitgegeben."[182]

"이중의" 독해? 그렇다면 구체적으로 무엇인가? 그것은 고린토인들에게 보낸 두 번째 편지의 인용 혹은 인용표기 없는 인용 등등을 시사하는 것인지 아니면 약함이 통상적으로 사용되는 강함에 대비되는 그것과는 다른 의미로 사용된 것임을 시사하는 것인지 우리는 의미론적으로 살펴야 한다. 역사의 끝에서야 온다고 생각했던 메시아는 최후의 심판일에 강하게 우리에게 오는 그 시간론과는 다른 시간론이 이 약함, ㅇ ㅑ ㄱ ㅎ ㅏ ㄴ 메시아주의적 힘이라는 표현이 시사하고 있는 것이 아닌가.

우리는 벤야민의 역사철학에 대한 제2명제에서는 미래 없는 현재라는 생각(로체)에 대한 비판이 전개되는 맥락에, 그리고, 그런 비판과 더불어 시간개념에 성찰해야 한다는 요청이 개진되고 있다는 것에 주목해야 한다. 우리는 엄밀하게 독해해 보고자 한다.

오직(nur, only)이라는 표현은, 그 아래 세 맥락에 걸리는 언어이다.

(a) in der Luft, die wir geatment haben[183] (우리가 마셔온 숨에서)라는 표현을 어떻게 읽어야 하는가. Luft는 여기에서 숨이다. 그것은 프

---

182) 아감벤 2008b 『남겨진 시간』: 228-229. 번역은 영역본을 참고하여 수정했다.

183) 일단 참고로 "우리가 숨 쉬었던 공기 속에"라는 최성만의 번역을 소개한다. 발터 벤야민, 『역사의 개념에 대하여/폭력비판을 위하여/초현실주의 외』, 도서출판 길, 2008a, p.331.

네우마(pneuma), 영혼, 영, 혼, 유령,정신 등으로 번역되어 왔던 복합적이고 혼란스럽고 논쟁적인 용어이다.[184]

우리가 ― 내가 아니다 ― 숨 쉬어 온 숨(공기), 숨을 너와 내가 함께 공유해온 숨, 곧 영혼/정신이다. 이 맥락에서도 보러 식의 독해, 곧 고독한 개인 주체가 벤야민에서 본질적이라는 해석주장은 잘못이다.

(b) mit Menschen, zu denen wir hätten reden [우리가 얘기했었을 사람들]라는 표현을 어떻게 읽어야 하는가. 우리가 ― 내가 아니다 ― 얘기(reden)했었을 사람들/인물들[단수가 아니다]과 함께; 이것은 (1)에서 숨과 연관 속에서 이해되어야 한다. 역사적 인물들에 대해서 우리는 서로 이야기하면서 공동체를 형성해온 것이다. 얘기의 중요성을 함축한다. 벤야민은 얘기에 대해서 여러 편의 글을 남겼다. 우리가 얘기 속에서 전승해온 그 사람들은 어떠한 사람들인가? 민족과 국가, 백성을 위해 고통을 감수한 영웅적인 인물들의 얘기 속에서, 민족/국가의 역사가 구성되어온 것이다. 여기에서 대화하고 이야기하는/서사하는 복수 주체들이 표현되어 있다는 점에 주목해야 한다.

(c) mit Frauen, die sich uns hätten geben können 라는 표현을 어떻게 이해해야 하는가. "우리들에게 자신을 줄 수 있었던 여성들과 더불어/함께"; 성서에 등장하는, 자신을 희생한 여성들을 생각할 수 있다.

벤야민은 이들 (1)에서 (3)까지의 표현들을 통해서, 행복의 표상(Vorstellung)은 구원(Erlösung, 구원, 해방, [종교]속죄, 구제)[이것은

184) 특히 하이데거 이후 그러하다. Jacques Derrida, *Of Spirit: Heidegger and the Question*, The University of Chicago Press, 1989를 참조.

미래의 시간이다]의 표상과 연결되어 있다는 것을 밝힌다. 그것은 본질적으로 과거의 얘기로 나타난다. 곧 "역사".

Mit der Vorstellung, von Vergangenheit, welche die Geschichte zu ihrer Sache macht, verhält es sich ebenso.[역사가 대상으로 삼는 과거라는 관념도 사정이 이와 마찬가지다.][185]

벤야민은 이 다음에 이어서 다음과 같은 세 가지를 짚는다:

(a) Streift denn nicht uns selber ein Hauch der Luft, die um die Fruheren gewesen ist?[186]

우리 앞에 역사적으로 앞에 있었던 사람들을 포용하고(um) 있었던 숨(ein Hauch der Luft)[숨결]이 오늘날의 우리들 자신들에게도 가볍게 닿고/문지르고 있지 않은가?/[오늘 우리의 몸을 떠나버린 과거의 것이 아니다]

숨/영혼/정령/정신은 과거에서 현재로 이어지고 있다.

(b) Ist nicht in Stimmen, denen wir unser Ohr schenken, ein Echo von nun verstummten?[187]

우리가 현재 귀를 기울여서 들어야 하는 진리의 목소리는 지금은 침묵하고 있지만/이신론에서 신은 우리에게 지금 더 이상 말을 하지 않고 침묵한다; 이 침묵에서 우리는 해석학적으로 침묵의 목소리를 들어야 한다. 그것은 에코의 신화가 함축하고 있다.[188]

---

185) 벤야민 2008a: 331.

186) "우리 스스로에게 예전 사람들을 맴돌던 바람 한 줄기가 스치고 있지 않은가?"라는 최성만의 번역을 참고로 소개한다.

187) 최성만의 번역을 참고로 소개한다. "우리가 귀를 기울여 듣는 목소리들 속에는 이제는 침묵해버린 목소리들의 메아리가 울리고 있지 않은가." 벤야민 2008a: 331.

188) Echo 신화에서 숲의 요정 에코는 나르키소스(Narkissos)라는 미남청년을 사모했으나

(c) 신화적 폭력(Gewalt)과 신적 폭력(Gewalt) 사이의 관계에 대해 말한다. 곧, 각 신화는 자신의 영역이 있고, 신들 사이의 투쟁을 종결시킬 수 있는 것은 신적 폭력(Gewalt)이다.

아감벤은 『남아있는 시간』에서 바울과 벤야민을 대응시키고 있다. 벤야민 스스로 바울의 역할을 행사하는 것처럼 그는 해석하여 보여준다. 이 긴장감 넘치는 텍스트에서 그는 마지막을 벤야민의 메시아니즘을 보여주는 『파사주-작품』에서 인용하는 것으로 끝맺고 있다.

> "모든 지금은 어느 특정한 인식가능성의 지금이다. 거기에서 진리는 산산이 부서지기까지 시간에 충만하고 있다. 이러한 폭발은 바로 의도가 죽는다는 것임에 다름 아니며, 그것은 진정한 역사시간, 진리의 시간의 탄생과 합치된다. 과거가 현재에 빛을 비춘다거나 또는 현재가 과거에 빛을 비춘다는 것이 아니다. 이미지란 과거에 존재하고 있었던 것이 하나의 성좌배열적인 관계 속에서 지금과 전광처럼 결합하는 것이다. 환원하자면, 이미지란 정지된 변증법이다. 왜냐하면, 현재의 과거와의 관계는 단순히 시간적인 것이지만, 과거에 존재하고 있었던 것과 지금 사이의 관계는 변증법적이기 때문이다. 그것은 시간적인 것이 아니라 이미지적인 것이다. 변증법적인 이미지 군만이 진정으로 역사적인 것이다. 즉, 오래된 것이 아니다. 읽혀지는 이미지, 즉 인식가능성의 지금에 있어서의 이미지는 모든 독해의 기저에 존재하는 이 위기적이고 위험한 순간의 각인을 최고도로 유지하고 있다."[189)]

거절당하자 비통한 나머지 몸이 여위어 끝내는 흔적도 없이 되어버렸으나, 연인의 이름을 애타게 부르는 그 소리만은 그대로 남아 지금도 자기를 부르는 자가 있으면 그에 대답한다는 내용이다. [네이버 지식백과] 메아리 [echo] (두산백과).

189) Benjamin, *Passagen-werk*, 영어판, p.463; 아감벤 2008b: 238에서 재인용. 번역을 영어판 Agamben 2005: 145에 따라 약간 수정했다.

예외상태에 대한 해석에서 아감벤은 슈미트를 다시 불러들이고 있는데, 아감벤의 논의는 메시아니즘의 신학을 논의하는 맥락에서 이다. 그러니까 그것은, 법치국가 **내에서** 예외상태에 대한 논의를 넘어서서, 법을 넘어서는 비법적 명령이다.

> "'남을 사랑하는 사람은 이미 율법을 완성했습니다.' '간음하지 마라, 살인하지 마라, 도둑질하지 마라, 탐내지 마라' 고 한 계명이 있고, 또 그 밖에도 다른 계명이 많이 있지만, 그 모든 계명은 '네 이웃을 네 몸 같이 사랑해라' 고 한, 이 한마디로 요약될 수 있습니다.' 로마인들에게 보낸 편지(7: 22-23) 에서 율법을 **행위의 율법과 신앙의 율법**으로, 그리고 **죄의 율법과 신의 율법**으로 **구분**한 다음, 그것을 작동하지 못하게 하고, 이행 불가능한 것으로 만들고 나서, 바울로는 그것을 사랑의 모습 속에서 성취시켜 총괄할 수 있었던 것이다. **율법의 메시아적인 프레로마(충만)는 예외상태의 지양이며 카타르게시스의 절대화인 것이다.**"[190]

예외상태에서 "법", 율법(Gesetz)은, "네 이웃을 네 몸 같이 사랑해야 하는 것"의 윤리로 환원되는 것이라고 한다면, 예외상태에 다가오는 그 법이 선한 율법, 윤리의 명령인지, 반대로 악마의 유혹인지, 어떻게 구별할 수 있는가. 그 때 사랑의 주체는 예외상태의 고독한 군주 자신의 자율성인가 아니면 그에게 다가오는 거역할 수 없게 타자를 받아들이도록 하는 타율성인가. 그리고, 예외상태에서나 정상상태에서나 이웃 사랑의 실천이 실체적으로 다르지 않다면, 양자 사이의 실체적 차이는 없다는 것에 다름 아니다. "율법의 메시아적인 프레로마(충만)"은 일시의 단 한 번의 사랑 사건으로 완결되는 것인가. 그렇다면 오히려 그것은 예외상태의 지

190) 아감벤 2008b: 180.

양이 아니라 예외상태의 항구화 상황이 일어나게 되는 것이 아닌가. 그리고 그 상황에서 "죄로부터 구원된" 사람들일지라도 참다운 의미에서 자유의 역사적 실현을 향한 구원을 받은 상태는 아닐 것이다.

6) 카프카, 숄렘, 벤야민

(1) 카프카의 작은 곱사등이 꼽추

벤야민은 『1900경 베를린 유년시절』(1932-38)과 『프란츠 카프카: 그의 10주기에』(1934), 이 두 논고에서 "작은 곱사등이 꼽추"(das bucklickt Männlein)에 대해 얘기한다. 그것은 망각의 기호와 관련 있다. 진보론은 미래를 향해 있는데, 이 얘기를 통해 잊어버린 것에 대해서 다시 회상하여 과거에 대해 얘기하는 것을 부상시킨다. 신학은 이 맥락에서 과거에 대한 얘기와 더불어 표현된다.

> "카프카는 그가 살고 있는 시대를 인류 태초의 시간을 넘어서는 진보라고 생각하지는 않았다. 그의 소설들이 움직이고 있는 곳은 늪의 세계이다. 카프카에 있어서 창조물들은 바하오펜(Jacob Bachoffen)이 창녀적인 단계라고 규정했던 단계에서 나타나고 있다. 이 단계가 망각되어 있다고 해서 그 단계가 현재에 미치지 않고 있다는 것을 뜻하지는 않는다. 오히려 그 단계는 그러한 망각에 의해 현실성을 획득하고 있는 것이다."[191]

동화는 망각에 대항하는 기억의 장르이다. 벤야민은 『프란츠 카프카』

---

191) 벤야민, 「프란츠 카프카」, 앞의 책, pp.84-85. 바하오펜의 선세계(Vorwelt)개념에 대해서는 J.J.Bachofen, *Das Mutterrecht*, Ffm, Suhrkamp, 1975를 참조하라.

라는 동화 글에서 꼽추에 대해 주목한다. 카프카의 동화 『작은 꼽추』에 대해 얘기하면서 벤야민은 약한 메시아의 힘에 대해서 암시하고 있었다. 카프카/벤야민에서, 동화는 신화에 굴복하지 않으면서도 신화성을 유지해가는 양식이다. 구약시대의 메시아와 다르게 메시아가 나타나는 이론적 맥락을 벤야민은 제시한 셈이다.

그런데, 아감벤이 『남아있는 시간』에서 주장하듯이, 벤야민이 바울을 수용한 것일까? 바울은 니체에서 플라톤주의이다. 니체를 잘 알고 있었던 벤야민이 바울/플라톤주의를 주장하려는 것이라고? — 제1명제에서 "작은"(klein)은 수용사적으로 바울(Paul)을 지칭하는 것이 아니다. 속류 역사유물론이 토대/상부구조론에 기초하여 종교, 신학, 정치를 토대인 경제에 의해 작동되는 것으로서 허위의식에 해당하는 것으로 부정하고 있으므로, 속류 역사유물론의 세계에서는 왜소하고 결코 아름다울 수 없다(숭고할 수도 없다).[192]

> "여기서 짐을 지고 있다는 것이 망각, 즉 잠자는 사람의 망각과 일치하는 것은 너무나도 명백하다. 이와 동일한 상징이 〈작은 꼽추〉라는 민요에서도 나타나고 있다. 이 꼽추는 일그러진 생활 속에서 삶을 영위하는 자이다. 그는 메시아가 오면 사라질 것이다. 어느 위대한 랍비가 말했던 것처럼, 폭력으로서 세계를 변경시키려 하지 않고, 다만 세계를 **조금 바로 잡게 될** 그런 메시아가 오면, 꼽추는 사라지게 될 것이다."[193]

192) 꼽추는 등에 짐을 지고 있는데, 이는 죄의식이며 구원이 필요한 존재로 해석될 수 있으며, 동화의 세계에 등장하는 주인공이기도 하다. 그리고 이 맥락에서 보자면, "작음"(klein)은 어쩌면 동화/민요의 세계를 외연적으로 암시하는 것일지도 모르겠다.

193) 벤야민, 「프란츠 카프카」, 반성완 역: 89 이하도 읽어볼 것. 강조는 인용자. 반성완은 의역을 한다는 명분 속에서 과잉 번역하고, 어의를 정당하게 번역하고 있지 못하다. 이것도 그 하나의 예이다. 번역은 과잉이다. 독일어 원문을 읽어야 한다.

um ein Reringes=조그마한 힘으로써 (아마도 Kraft가 생략된 것 같다. 이는 Gewalt와 대립한다)[194]

조금 바로 잡게 하는 메시아, 곧 약한 메시아가 아닌가.

그런데, 카프카는 어디에서 꼽추 얘기를 수용하고 있었던 것일까? 레위기? 골드(Joshua Robert Gold)는 벤야민의 글들 속에서 난장이를 얘기하는 곳을 찾아내어 그것들이 벤야민의 『역사개념에 대하여』와 관계 있다는 것을 지적하고 있다.[195]

강한 메시아주의를 주장하는 구약시대의 종결을 내재적으로 벤야민은 주장하고 있다. 『폭력의 비판을 위하여』(*Zur Kritik der Gewalt*)에서, 총파업의 폭력(Gewalt)이 법제정의 정치라는 벤야민의 주장을 기억해야 한다.[196]

---

194) Benjamin, Franz Kafka, II.2, p.432

195) Joshua Robert Gold, "The Dwarf in the Machine: A Theological Figure and Its Sources", in: *MLN* 121(2006): 1220-1236, 여기에서는 p.1222.

196) "약함"과 관련해서 아감벤의 해석 『남아 있는 시간』에서 주장하는 아감벤과는 다른 해석들이 있다. Caputo, *The Weakness of God;* Caputo argues that God's sovereign power is tied to God's being, and it is important to think the Name of God as an event dissociated from being: 'By God, on the other hand, I do not mean a being who is there, an entity trapped in being, even as a super-being up there, up above the world, who physicall powers and causes it'. The weak power of God is the power of God's powerlessness, which is 'a promise made without an army to enforce it, without the sovereign power to coerce it.' God's power is a radical promise, the hope of an event to come, an event absolutely unforeseen and unconditional.(Crockett 2011: 51) 카푸토는 데리다의 to come을 수용했다. 그것은 현재를 미래로 확장하는 것을 단순하게 말하는 것이 아니라, 불가능적인 것의 가능성, the opening and noncoincidence of the present with itself, the chance that the future might be radically different than the present and the past. This futurity is the chance for democracy and is also the event that the Name of God signifies, for Caputo. The weak force of possibility is opposed to the strong force of present power, and traces of this alternative way of thinking God are read in the creation narrative of Genesis, the sayings of Jesus, the letters of Paul, and other aspects of the Christian tradition. A weakening of God disrupts the forcefulness of the tradition and allows Christians to reconnet with the hope and love promised in the Gospel texts.(Crockett 2011: 51) 성서 텍스트를 독해하는 과정인 한에서, 그것은

제1테제에서, 벤야민이 얘기하려는 것은 두 유형이다. 첫째는 자동기계와 이를 움직이는 난장이, 둘째는 역사유물론과 이를 움직이는 신학.

인형	자동기계	역사유물론
주체[=운동주체]	난장이	신학

이른바 역사유물론은 신학을 자신의 조종권 하에 둔다는 것을 말한다. 그러므로, 전자와는 상반되는 것이다. 이른바 역사유물론은 신학을 부정하고 있는 논리에 대한 비판을 일단 함축하는 동시에 이른바 역사유물론의 허위의식을 비판한다. 골드가 지적하고 있듯이,[197] 쟁점은, 조정/통제권의 문제이다.[198]

(2) 망각과 기억, 회상

벤야민은 카프카와 다르다: 카프카는 고독한 개인의 동화 세계에서 벗어나지 않지만, 벤야민은 우리들의 집단적 동화 세계로 나아가려 한 듯하다. 그렇지만, 서사의 주체 양상에 대한 판단을 별도로 한다면, 카프카의 기형들은 분명 우리 시대의 기형들이라고 벤야민은 분명 진단하고 있다.[199]

절대적 사건일 수는 없다. 연속적이면서도 불연속적일 수밖에 없다; Clayton Crockett 2011: 59.를 참조하라.

197) Gold 2006: 1223.

198) 포(Poe)의 Maelzel's Chess-Player와 벤야민의 자동기계는 어떠한 점에서 다른가. 벤야민이 포를 읽었고, 포의 문학사적 의의를 포착하고 있었음을 알 수 있는 문헌학적 근거는 있다. 1) 파사주-작품과 관련된 것 2) 파사주-작품과는 다르게 편집될 다른 anthology. (Gold 2006: 1224). 이 쟁점에 대해서는 별도의 연구가 필요하다.

199) 벤야민, 「프란츠 카프카」, 반성완 역, pp.90-91를 읽어보라.

카프카를 벤야민은 인용한다. 우리는 그것을 다시 반복해보자:

"새로운 유령들이 끊임없이 기존의 옛 유령들에게 합세하게 되는데, 이 때 이들 유령은 독자적 이름을 가짐으로써 다른 유령들과 구별된다."[200]

카프카에서 주제는 망각과 기억, 회상이다.

"망각된 것은 — 이것을 인식함으로써 우리는 카프카의 작품의 문턱에 한 걸음 더 다가서게 된다 — 결코 단지 개인적으로 망각된 것만은 아니다. 망각된 일체의 것은 전세계(Vorwelt)에서 망각된 것과 혼합되고 또 그것은 불확실하며 변하기도 하는 수많은 결합물을 형성하면서 항상 새로운 것들을 만들어낸다. 망각은 카프카에 있어서 하나의 저장창고이다. 바로 이 창고로부터 그의 이야기들 속에 등장하는 무진장한 중간세계가 밝은 바깥세계로 다투어 나오고 있는 것이다."[201]

벤야민은 카프카의 얘기들에서 시원과 그 이후의 역사를 망각한 것을 기억으로 복원하는 과정에 미래의 목적이 예견론적으로 작용하고 있음을 읽는다.

(3) 구원과 행복

벤야민의 역사철학테제에서 제2명제는 행복과 구원(Erlösung)이 분리될 수 없는 식으로 서로 연결되어 있다는 것을 주장한다. 메시아니즘의

---

200) 벤야민, 「프란츠 카프카」, 반성완 역, pp.86-87.

201) 벤야민, 「프란츠 카프카」, 반성완 역, p.86.

구원이 행복론과 연결되어 있다.[202)]

벤야민의 친구 숄렘은 1972년 「발터 벤야민과 그의 천사」("Walter Benjamin and His Angel")라는 제목의 글에서, 벤야민의 산문 "아게질라우스 산탄더"(Agesilaus Santander)에 대해 주목할만한 연구논고를 발표했다. 숄렘은 벤야민의 사상에서 특별한 의미를 가지고 등장하곤 하는 천사의 형상이 밝게 빛을 던지는 겉보기와는 다르게 "안겔루스 사타나스"(Angelus Satanas)라는 어두운, 악마적(demonic) 준거들이 숨어 있다는 해석주장을 전개했다. 천사형상의 충격적인 전형은, 천사가 자신의 구원사명을 전개하고 있는 역사철학에 관한 벤야민의 성찰들의 전체 지평에 멜랑콜리한 빛을 던지고 있다.

이 숄렘의 해석논고에 대해서 아감벤은 "발터 벤야민과 악마적인 것"이라는 반박논고를 발표한다. 벤야민의 텍스트를 아감벤은 숄렘의 해석과는 다르게 해석하고 있다. 숄렘과 아감벤의 벤야민해석논쟁이라 이름붙일 수 있겠다.

벤야민이 쓰고 있는 "윤리"(ethics, Ethik)의 근본적인 준거들에 아감벤은 우선, 주목한다. 이 윤리라는 용어가 그리스 철학에서 등장했을 때 가졌던 그 의미는 "행복론"(Lehre vom Glück)이었다. 그리스인들은 "다이모니온"(demonic, daimonion)과 행복 사이의 연관은 그들이 행복을 지칭할 때 "에우다이모니아"(eudaimonia)라는 용어를 사용했다는 점에

202) Giorgio Agamben, "Walter Benjamin and the Demonic: Happiness and Historial Redemption", in: Agamben, *Potentialities*, Stanford University Press, 1999, pp.138-159; Giorgio Agamben, "Walter Benjamin und das Dämmonische Glück und geschichtliche Erlösung im Denken Benjamins", in: *Walter Benjamin 1892-1940*, Peter lang, 1992, pp.189-215.

서도 알 수 있다. 벤야민에 관한 숄렘의 그 논고에서, 천상의 형상을 행복이라는 생각과 연결시키고 있다.

> "천사는 행복을 원하고 있다: 천사는, 일회적인 것의, 새로운 것의, 아직도 한번도 살아보지 못한 것의 절정(Verzückung, (영역에서는 ecstasy))이 다시 한 번의, 살았던 것의 저 지복(Seligkeit=천상의 행복, 극락, 행복)과 더불어 있는 논전(Widerstreit)을 원하고 있다."[203]

행복 형상의 이중적 측면을 이해하기 위해서 아감벤은, 벤야민이 송가(Hymne)([종교] 찬송가, 찬가, [고대 그리스] 찬가, 송가)와 비가(Elegie; [고대 그리스] 비가, 우울]의 대립을 논의하는 다른 글(GS II.1, 313)을 살핀다.

숄렘에 의하면, 아게질라우스 산탄더(Agesilaus Santander)라는 "비밀이름"(실물을 감추고 있는 이름)은, 안겔루스 산타나스(Angelus Santanas)의 아나그람이다. 이 해석이 맞는지 어떤지는 현재의 사료나 텍스트로써는 확정할 수는 없다. 아감벤에 의하면, 이런 종류의 해석학적 상상(Konstruktion)은, 예견적 성격을 가지고, 검증할 방도는 현재로써는 없다.(카발라 전통에 해박하고 정통한 숄렘 같은 탁월한 학자만이 이런 상상을 할 수 있다).

숄렘은 아게질라우스 산탄더(Agesilaus Santander)라는 이름/명칭에서, 아나그람적으로, Satanic name을 읽어내면서 전개하는 얘기에 일단 주목해보자.

---

203) Scholem 102; Giorgio Agamben, "Walter Benjamin und das Dämmonische Glück und geschichtliche Erlösung im Denken Benjamins", in: *Walter Benjamin 1892-1940*, Peter lang, 1992, pp.189-215. Agamben 1992: 189-190에서 재인용.

숄렘의 논고 p.211에서, “그 당시에”(at that time), 즉, 벤야민이 클레의 안겔루스 노부스(Angelus Novus)를 소지한 시점에서 이어지는 시기에, 벤야민은 이 그림과 사탄적-루시퍼적 사유들(Satanic-Luciferian thoughts)을 서로 연결시키지는 않았다. 한 페이지 지나서는 이렇게 말한다. 천사는 그 이후에 그러했던 것처럼 멜랑콜리에 빠져들었던 것은 아직은 아니었다. p.213에서는 클레의 회화에 대한 벤야민의 성찰들에서 “루시퍼 요소”(the Luciferian element)가 주어져 있는 것으로 취급되어 있다. 이 루시퍼 요소는 이 그림의 비유대적 시원을 지시해주고 있다.

> “그런데 루시퍼적 요소는 벤야민의 클레의 그림에 대한 성찰들을 직접적으로 유대적 전통으로부터 들어왔던 것이 아니라, 오히려 벤야민을 그렇게 여러 해 동안이나 매혹하게 했던 보들레르를 다루면서 그렇게 했던 것이다. 사탄적인 것의 미의 루시퍼적 요소는 벤야민의 관심사에서 이런 측면에서 유래한 것이고, 그의 글들과 노트들에서 충분하게 자주 드러나고 있다.”(p.213)

하지만, 숄렘이 이 점에서 인용하고 있는 텍스트에서 “사탄적”(Satanic)이라는 형용사는, 천사의 형상과 그것이 결코 결합, 연결되어 있는 것이 아니라는 것을 밝혀 두어야 한다.

그리고, 벤야민의 사상에서 루시퍼적 요소들의 보들레르적 기원에 대해서도, 우리가 잊어서는 안되는 것은, 아도르노에게 보낸 편지에서, 벤야민은, “나는 나의 기독교적 보들레르를 다름 아니라 유대적 천사들에 의해서[경유하여] 하늘로 들어가게 하고자 합니다”라고 쓴다. 벤야민은 그런 유대적 천사들이 보들레르를, 보들레르가 영광(Glory)으로 들어가기 직전에, 떨어뜨리게 한다는 것을 덧붙였다. 여기에서 영광이란, 카보

드(Kabod)라는 기술적 용어인데, 그것은 유대적 신비주의에서 신적 현전의 명시화를 지시하고 있다.[204)]

지금 인용한 이 페이지 끝 무렵에 가서는 숄렘은, 벤야민의 아게질라우스 산탄더(Agesilaus Santander)를 세부적인 부분들에 이르기까지 루시퍼적으로 독해하는 자신의 입장을 거의 완전히 예시해놓고 있다. 그렇게 독해할 수 있는 텍스트 상의 근거들을 제시하고 있는 것은 물론 아니다.

벤야민은 이 텍스트에서 항상 그리고 배타적으로 한 천사에 대해서만 말하고 있다는 것을 기억할 필요가 있다. 벤야민은 천사는 자신의 여성적 형상을, 가장 오랜 기간 동안의, 가장 숙명적인 우회(the most fatal detour)를 거쳐서[경유하여] 그림 속에서 재생산되어 있는 남성적 형상 이후에는, 보낸다는 것을. 그렇지만 이 두 형상[여성적 형상과 남성적 형상]은 서로를 알지 못하면서, 서로에 가까이[인접하여] 있게 되는 사건이 일어난다.[205)]

천사가 이것에서는 진정한 하나의 Satanas가 벤야민을 파괴시키고자 했다는 의미에서 해석되고 있다.[206)] 여기에서 숄렘은 여성적 요소와 사탄적 요소와의 이 연상/연결이 벤야민의 텍스트에 의해 함축되어 있지 않다는 사실에 대해서 어떠한 언급도 하지 않고 있다. 숄렘은, 벤야민이 하나의 사탄적 요소를 벤야민이 가장 열렬히 사랑했던 두 여성(Jula Cohn과 Asja Lacis)에서 사탄적 요소(a Satanic element)를 식별해내는 것으로 해석한다.[207)]

숄렘이 벤야민의 텍스트에서 천사의 형상에서 사탄적 의미를 해석해

204) Giorgio Agamben, "Walter Benjamin and the Demonic: Happiness and Historial Redemption", in: Agamben, *Potentialities*, Stanford University Press, 1999, pp.138-159. Agamben 1999: 139-140.

205) Agamben 1999: 207.

206) Agamben 1999: 221.

207) Agamben 1999: 140.

내는 것을 정당화하려 할 때 숄렘이 들고 있는 것은, 천사의 발톱과 칼과 같이 날카로운 날개라는 은유이다. 그것은 클레의 그림에서 식별해낼 수 있다. 숄렘에 의하면, 천사가 아니라 오직 사탄만이 갈퀴들과 발톱들(claws and talons)을 가지고 있고, 이것은, 안식일에 악마들은 사탄의 갈퀴가 달린 손들에 키스한다는 널리 알려져 있는 생각에 표현되어 있다.[208] 숄렘의 이 논증에 대해서 아감벤은 비판한다. "천사가 아니라 오직 사탄만이 발톱들(claws and talons)을 가지고 있다"라는 진술은 잘못되었다는 것이다. 도상지적 전통에 의하면, (다른 동물적 기형들 중에서) 사탄은 갈퀴들을 가지고 있다. 하지만 그러한 경우들에서 쟁점이 되는 사탄의 형상은, 모든 천사적 외연의미(connotation)를 잃어버렸다고 아감벤은 주장한다. 기독교적 도상학 전통에서 친숙한 그러한 악마적 형상(diabolical figure)은 그러한 종류이다. 숄렘이 언급하고 있는 이미지들은, 순수 악마적 역할을 하고 있는 사탄이며, 사탄의 손들에 키스하는 안식일 축제의 악귀들도 종종 그러한 것들이다.

아감벤은 숄렘의 해석을 비판하면서, 유럽적 도상지적 전통에서 순수하게 천사적 특성을 가지면서도 갈퀴들의 악마적 특성(demonic trait)을 함께 가지고 있는 유일한 한 형상이 있는데 그것은 다름 아니라 에로스(Eros)뿐이다. 사탄이 아니라는 것이다. 플루타르크는 에로스에 갈고리 발톱과 갈퀴를 부여하고 있는데, 이것이 첫 예증이다. 사랑(Love)은 갈퀴들을 가지고 있는 날개가 달린 (그리고 때로는 여성적인) 천사 형상으로서 나타난다는 것이다.[209]

---

208) Agamben 1999: 222-223.

209) 몇 가지 예들: (1) Giotto의 allegory of chastity, (2) Sabbionara 성에 있는 프레스코화에서(Erwin Panofsky가 base and mythographic Cupid)라고 간주한 모델), (3) two figures of angels with claws flanking the mysterious winged feminine figure in the Lovers as Idolators at the Louvre, attributed to the Maestro of San Larino. Agamben 1999: 141.

아감벤에 의하면, 벤야민의 갈퀴와 날개를 가진 천사의 형상은, 에로스 영역으로 우리를 안내한다. 즉 그것은 유대적-기독교적 의미에서 데몬(demon)이 아니라 그리스적 의미에서 다이몬(daimōn)이라는 주장이다(플라톤에서는, 에로스가 다름 아니라 데몬(demon)으로서 나타난다). 이 점은 벤야민이 이러한 독특한 도상지적 유형을 잘 알고 있었다는 점에서 그리고 조토의 순결(chastity)의 알레고리를 잘 알고 있었다는 점에서 설득력 있다. 『독일 비애극의 시원』(*Origin of the German Tragic*)에서 벤야민은, 조토(Giotto)에 의한 큐피드의 재현[210]에서, 날개와 갈퀴를 가진 무자비한 악마(demon of wantonness with a bat's wings and claws)를 확인한다.

벤야민의 천사가 사탄적 형상을 가지고 있는 것이 아니라는 논증은 벤야민의 칼 크라우스(Karl Kraus)에 관한 논고에서도 발견된다.

> "브레히트와 더불어 우리는 코이너(Keuner)씨의 빈곤을 측정해야 하고, 파울 클레와 더불어 새로운 천사(Angelus Novus)의 갈퀴발들에 주목해야 한다. — 사람들에게 제공함으로써 사람들을 행복하게 만들기 보다는 사람들로부터 취함으로써 사람들을 자유롭게 하는 것을 선호하는 해체(Destruktion)로써 자신을 증명하는 휴메니티를 이해하는 것을 더 좋아하는 클레의 새로운 천사를 보아야만 한다."[211]

새로운 천사의 갈퀴들(클레의 그림에서 천사의 발들은 사실 일종의

---

210) Vorstellung des Amor als Dämon der Unkeuschheit mit Fledermausflügeln und Krallen (GS I, 1, 399). Giorgio Agamben, "Walter Benjamin und das Dämmonische Glück und geschichtliche Erlösung im Denken Benjamins", in: *Walter Benjamin 1892-1940*, Peter lang, 1992, pp.189-215. Agamben 1992: 193.

211) GS II, 1, 367; Agamben 1992: 193.

도적새의 발들을 기억하게 할 수 있다)은, 사탄적 의미를 가지는 것이 아니다. 그것은 천사의 해체적(destruktive)이며 해방적 권력을 가리키고 있다.[212)]

숄렘에 대항하여, 아감벤은 벤야민의 갈퀴 달린 천사가 있는 아게질라우스 산탄더(Agesilaus Santander)와 해방적 천사 사이의 합치를 말할 수 있다고 주장한다. 크라우스 논고에서 벤야민은 해방적 천사는 악마(Dämon)에 대한 해방적 천사 자신의 승리를 시원과 해체가 서로를 발견하는 곳에서 환영하고 있다.[213)]

아게질라우스 산탄더(Agesilaus Santander)의 천사와 역사철학테제 제9명제의 천사가 일치한다면, 벤야민의 천사는 재난의 멜랑콜리적-루시퍼적 형상(die melancholisch-luziferische Gestalt einer Katastrophe)이 아니라, 역사철학의 본질적 문제들의 하나로 보고 있었던, 독신적인 것(Profane)의 질서가 메시아적인 것과 맺는 관계가 완성되는 보다 광명적인 것(eine lichtvollere)이다.[214)] 아감벤의 해석에 의하면, 역사유물론과 천사는 상호 친화적이다.

(4) 숄렘과 벤야민 사이의 논쟁

아감벤에 의하면, 벤야민에서 니힐리즘과 메시아니즘 사이의 균형이 있다; 두 가지 종류의 메시아니즘이나 니힐리즘이 있다. 그 하나는 불완전한 니힐리즘으로 아감벤이 부르는 것이고, 다른 하나는 완전한 니힐리

212) Agamben 1992: 193-194.

213) Agamben 1992: 194.

214) Agamben 1992: 197.

즘이라고 부르는 것이다.[215)]

하나는, 불완전한 니힐리즘은 법을 무화하지만, 항구적이고 무한하게 연기되는 타당성상태에서 무(Nothing)를 유지하는 형태이다. 다른 하나, 완전한 니힐리즘은, 타당성을 그 의미를 초월하여 지속하도록 하지는 않지만, 벤야민이 카프카에 대해서 썼듯이 무를 뒤집어 놓는 것에서 구원을 발견하는 것에 성공하는 것이다. 그런데, 구원의 여부가 두 가지를 서로 구별한다.

숄렘은 의미지시작용 없는 힘이 있는 존재에 대한 개념을 제시하고 있었는데, 어떠한 것도 명령하지 않고 또한 미리 선계율로 정하지도 않는 법을 제시하고 있었는데, 이 숄렘의 주장에 대항하여, 벤야민은 다음과 같이 숄렘에게 답변한다.

> "학생들이 성서(Scripture)를 잃어버렸거나 결국에 가서는 성서를 해독해내지 못하거나 간에 그것은, 성서가 그 해독 열쇠들이 없다면, 성서가 아니라 살아 있음/생활(life), 성이 서 있는 언덕의 발바닥에 있는 마을에서 살고 있는 생활인 한에서, 같은 것이다. 생활/살아 있음을 Scripture로 전형시키려고 하는 시도에서, 나는 카프카의 알레고리들에서 많은 것이 지향하고 있는 "회귀"(전환, Umkehr)의 의미를 보고 있다."[216)]

이런 관점에서 보면, 메시아의 과제는 더욱 어려워진다. 메시아는 명령하고 금지하는 법뿐만이 아니라 원래의 토라(the original Torah) 의미지시작용 없는 힘이 있는 법에도 저항해야 하기 때문이다. 그런데, 이것

215) Agamben, *Potentialities*, Stanford University Press, 1999, Agamben 1999: 171.
216) 숄렘과 벤야민의 편지왕래, 영역판 p.135; 독일어판 p.167.

은, 규칙(정상상태)이 되어온 예외상태에 살고 있는 우리들이 고려해야 할 과제이기도 하다.[217)]

유대 전통에서는 메시아의 형상이 이중적이다. B.C.E. 1세기는, 요셉 가문의 메시아(Messiah ben Joseph)와 다비드 가문의 메시아(a Messiah ben David)로 분할되어갔다.[218)] 전자는 악의 힘들에 대항하는 싸움에서 완파되어 "죽는 메시아"이다. 후자는 "승리하는 메시아"이다. 이 메시아는 궁극적으로 아르밀로스(Armilos)를 완파하고, 왕국을 재건하는 승리의 메시아이다.

기독교 신학자들은 메시아 형상의 이 이중화를 내버려 두려고 했다. 하지만, 그리스도는 죽고 다시 태어난다(부활한다)는 점에서, 그리스도의 인물에, 유대 전통의 두 메시아들을 통합하고 있다는 것은 분명하다. 그리고 카프카는 이 유대 전통을 알고 있었다. 그의 친구 막스 브로트(Max Brod)의 책, 『이교, 기독교, 유대교』(*Heidentum, Christentum, Judentum*)를 읽었을 것이다.

숄렘은 요셉가문의 메시아는 어떠한 것도 구원하지 않는 형상이고 그의 파괴(destruction)[해체]는, 역사의 파괴(해체, destruction)와 조응한다고 썼다. 숄렘의 이 주장에 대해서 아감벤은 반론을 전개한다. 이 요셉 가문의 메시아가 메시아의 이중화를 담아내고 있는지에 대해서는 의문이 있다는 것이다.

단 하나의 메시아만을 알고 있는 기독교 전통에서는, 메시아는 이중의 과제를 가지고 있다. 메시아는 구원자이면서도 동시에 입법자이다; 이 전통의 신학자들에게는, 이들 두 과제 사이의 변증법이 메시아니즘의 특별

217) Agamben 1999: 171.

218) 이에 대해서는 Signumd Hurwitz, *Die Gestalt der sterbenden Messiahs*를 참조.

한 문제를 헌정한다.

토마소 캄파넬라(Tommaso Campanella)는 메시아의 형상을 다음과 같이 두 가지로 규정했다: 하나의 유형은, 루터처럼 입법자가 아니라 구원자를 알고, 인식하고 있었던 것이고, 다른 유형은, 피에르 아벨라르(Peter Abelard, Pierre Abélard, 1079~1142)[219] 처럼 구원자가 아니라 오

---

219) 피에르 아벨라르는 중세 저명한 스콜라 철학자이자 신학자, 논리학자였다. 교회교사로 유명했으며 중세 스콜라 철학의 보편 논쟁에 큰 획을 그은 인물로 평가받았다. 나이 어린 제자 엘로이즈(Heloise 1100?~1164)의 연애사건으로 큰 파란을 일으키기도 했다. 1079년 프랑스 북서부 브르타뉴(Brittany) 낭트(Nantes)지방 근교의 작은 마을 르팔레(Le Pallet)에서 태어났다. 어린 시절에는 태어난 마을의 이름을 따 피에르 르팔레(Pierre le Pallet)로 불렸다. 아벨라르는 어린 시절부터 예술과 학문에 뛰어난 재능을 보였다고 전해진다. 중세 소귀족 집안의 장남으로 태어난 그는 아버지와 같은 기사가 되던지 성직자가 되어야 했다. 두 갈래의 길에서 아벨라르는 기사 직책을 포기하고 신학자의 길로 들어섰다. 젊은 시절 아벨라르는 프랑스 전역을 돌아다니며 지식을 쌓고 학문적 논쟁을 벌였다. 뛰어난 언변과 논쟁 능력 그리고 깊은 지식은 곧 그에게 학자로서의 명성을 가져다주었다. 파리에 도착한 아벨라르는 극단적인 실재론자로 유명했던 샹포의 기욤(Guillaume de Champeaux, 1070~1121)과 이에 대립하는 극단적인 유명론자 요하네스 로스켈리누스(Johannes Roscellinus, 1050~1125?) 모두에게 학문을 배웠다. 이후 아벨라르는 두 스승의 대립하는 이론인 실재론과 유명론을 모두를 숙지하고 이를 높은 차원에서 조화시켰다. 보편개념과 개별 사물의 우열을 가리기보다는 '일반개념은 개별적인 사물들 속에 존재한다'는 견해를 펼쳤던 것이다. 아벨라르는 파리의 남동쪽 믈룅(Melun)에 학교를 세우고 학생들에게 자신의 독자적인 이론을 가르쳤다. 당시 중세를 휩쓸었던 보편논쟁에 대한 그의 명쾌한 해석은 많은 호응을 얻었고 그의 학식과 명성을 좇아 수많은 군중들과 학생들이 몰려들었다. 1115년 아벨라르는 파리 노트르담 교회의 참사회원이 되었다. 그의 명성이 절정을 이루는 와중 아벨라르는 소개로 다른 참사 회원인 풀뵈르(Fulbert)의 어린 조카딸 엘로이즈의 교육을 맡게 되었다. 엘로이즈는 어린 나이에도 불구하고 여러 가지 언어에 능했으며 고전에도 뛰어난 재능을 보여 사람들 사이에 명성이 자자했다. 스승과 제자로 만난 두 사람은 나이 차이에도 불구하고 곧 사랑에 빠지게 되었다. 하지만 교회 참사 회원이었던 아벨라르의 명성에 피해가 갈 것을 우려하여 두 사람은 비밀결혼을 올리고 자식까지 낳았음에도 불구하고 관계를 비밀에 붙였다. 이를 가문과 조카딸에 대한 모욕으로 간주한 풀뵈르는 아벨라르를 습격하여 거세하였다. 이 일로 아벨라르는 수도사가 되었고 엘로이즈는 수녀원으로 들어가게 되었다. 수도사가 된 아벨라르는 파라클레트 수도원(Oratory of the Paraclete)을 새롭게 세우고 계속해서 학문과 수도생활에 힘썼다. 하지만 대립했던 클레르보의 베르나르(Bernhard von Clairvaus, 1091~1153)에 의해 그의 사상은 이단으로 내몰렸고

직 입법자만을 알고, 인식하고 있었던 것이다.[220] 오늘날에 이르러, 루터의 영향 속에 후자는 상대적으로 잊혀져 있었던 것 같다. 메시아와 법은 이 점에서 연결되는 역사적 맥락을 회복하게 된다. 아감벤은 이 길 위에 있다.

숄렘의 『유대주의에서 메시아니즘의 이해를 향하여』(*Towards an Understanding of the messianic Idea in Judaism*)(1959)에서 메시아니즘은 서로 상반되는 두 긴장들로 구성되어 있다고 밝힌다: (1) 시원의 restitution in integrum을 목적으로 하는 복구적 경향(a restorative tendency aiming at the restitutio in integrum of the origin); (2) 미래와 갱신을 향한 유토피아적 충동. 숄렘은 이 둘 사이의 긴장 때문에 메시아니즘은, "연기되고 지체되는 속에서 살아온 삶"이다. 그런 삶 속에서는 어떠한 것도 완성될 수 없으며 한 번에 모든 것이 한꺼번에 완성될 수는 없다. 메시아니즘은 진정한 긴장해소를 발견할 수 없는 긴장이다.

요세프 클라스너(Joseph Klausner)와 지그문트 모빈켈(Siegmund Mowinckel)에 의하면, 메시아니즘은, 대조되는 두 경향에 의해 헌정되어 있다. 그 하나는 정치적이고 세계적인[이 편 세계적인] 경향이고, 다른 하나는 정신적이고 초자연적인 경향이다. 메시아니즘적 시간은, 두 시대들 사이의 과도기(interim)라는 특이한 성격을 가진다.

아벨라르의 학설은 공의회로부터 매몰차게 비난받았다. 아벨라르는 공의회 결정의 부당함에 직접 항변하고자 길을 떠났으나 1142년 병으로 인해 한 작은 수도원에서 사망했다. 엘로이즈의 부탁으로 아벨라르의 유해는 엘로이즈가 수녀원장으로 있는 파라클레트 수녀원으로 옮겨졌다. [네이버 지식백과] 피에르 아벨라르 [Peter Abelard] (두산백과) 검색일자 2018년 9월 29일 네이버.

220) Agamben 1999: 173. 루소의 『신 엘로이즈』는, 아벨라르와 엘로이즈 사이의 사랑을 염두에 둔 소설이고, 그런 의미에서, "신 엘로이즈"라는 제목을 붙였다.

아감벤에 의하면, 메시아니즘의 문제틀은, 이 두 경향에 내재한 아포리아를 해결할 수 있는 방법은 없고, 오직, 법의 문제틀로 전환되어야 한다. 법의 시원적 구조에서 법의 문제는 무엇인가 하는 물음 앞에서 카프카의 「법 앞에서」(Vor dem Gesetz)에 대한 해석 주제가 등장한다.

(5) 카프카의 「법 앞에서」 해석 논전

(a) 데리다의 해석

우리는 여기에서 이 텍스트에 대해 데리다가 어떻게 논의하는지를 아감벤의 논의에 앞서서 알아보고자 한다.[221] 카프카의 「법 앞에서」[222]를 해석하면서 데리다는 자신의 주장을 피력한다. 카프카의 이 글에서는 법의 본질에 헌정하는 폭력의 문제틀이 얘기되고 있는데, 데리다는 그것과는 다르게 해석한다. 자신의 핵심 개념의 하나인 차연에서 지연의 문제틀.

> "그는[시골남자는] 법이 보거나 만지는 것이 아니라 해독해야 하는 것임을 어쩌면 모르기 때문에 법을 보거나 만지길 원하고, 법에 다가가 그 안으로 '들어가길' 원한다. 이는 아마도 법이 시골남자에게 부과하는 접근 불능성 혹은 지연의 첫 번째 기호이다. 문은 닫혀 있지 않고, '언제나처럼 열려 있'(다고 텍스트는 말한다)지만, 법은 접근 불가능한 채로 남아 있다. 그것이 계보학적 역사의 문을 닫거나 금지한다면, 이는 또한 기원에의 욕망과 계보학적 충동을 돋우는 것이 된다. 부모 세대 앞에서 만큼이나 법의 발생과

---

221) 자크 데리다, 「법 앞에서」, 자크 데리다, 『문학의 행위』, 데릭 애트리지 엮음, 정승훈·진주영 역, 문학과지성사, 2013, pp.240-291. 카프카의 「법 앞에서」에 대한 해석에서 데리다와 아감벤이 구체적으로 논쟁을 벌인 것은 아니지만, 이 둘 사이에는 논쟁이라 부를 수 있는 논전이 있다.

222) 카프카, 「법률[법] 앞에서」[Vor dem Gesetz](in: 카프카, 『변신: 단편선집』, 이주동 역, pp.225-227.

> 정 앞에서도 소진되는 그 욕망과 충동 말이다. 역사적 탐색은 금지로서의 법이 생성되는 장소와 사건, 그것의 발생을 드러내는 것이 불가능하다 해도 그런 드러냄을 향해 진술을 이끈다."[223)]

데리다는 프로이트의 오이디푸스 신화를 여기에서 불러들이는데 카프카의 이 얘기가 이 신화와 관계되어 있는지를 문헌학적으로 설득력 있게 논증하지는 않는다. 우리는 설령 카프카의 이 얘기가 데리다가 몽상하고 있듯이 프로이트의 정신분석학적 서사에 대한 일종의 응답이라고 할지라도 데리다의 논술에 대해서 깊은 의문을 느낀다. 한 마디로 말하여, 데리다는 프로이트에서 부친살해의 역사적 과정에 대해서 정확하게 통찰하고 있지 못하다. 부친살해는 역사적으로 형제연대에 의한 부친살해로 이어지고, 마침내 그것은 토템으로 대체되는 장기적 역사과정을 거친다. 그러므로, 부친살해는 역사적으로 이어지고 있다.

그런데도 데리다는 이 역사성을 통찰하지 않은 채, 다음과 같이 쓴다:

> "'죽은 아버지는 그가 살아 있을 때보다 더 막강해졌다. 사건들은 아직도 여전히 인간적 운명 안에서 그것들이 밟아온 전철을 따르게 마련이다.'[영역본, p.204] 죽은 아버지가 생존 시보다 더 막강하기에, 죽음으로부터 더 나은 삶을 살기에, 지극히 논리적으로 생존 시에 오히려 죽어 있었고 사후보다 더 활기가 없었는지도 모르기에, 아버지 살해는 통상적 의미에서의 사건이 아니다. 도덕률의 기원도 역시 아니다. 아무도 그것의 정확한 발생 장소를 접하지 못했을 것이며, 아무도 그 발생에서 그것과 대면하지 못했을 것이다. 사건 없는 사건. 아무것도 일어나지 않는 순수한 사건. 사건의 허구 안에서 진술을 요구하고 취소하는 사건의 기록성. 어떤 새로운 것도 일어

223) 데리다 2013: 260-261.

나지 않지만 이 새로움이 무가 살해와 근친상간이라는 토테미즘의 두 기본 금기들, 즉 법을 개시하는지도 모른다. 그러나 이 순수한, 순수하게 여겨진 이 사건은 역사에서 어떤 보이지 않는 틈을 드러낸다. 그것은 어떤 허구, 신화 혹은 우화를 닮아 있고, 그것의 진술은 너무나 구조화되어 있어서, 프로이트의 의도에 대한 모든 질문들은 불가피하면서도 최소한의 적절성도 갖지 못한다('그는 그것을 믿었나 안 믿었나?' '그는 그것이 역사적이고 실제적인 살해로 귀착되었다고 주장했는가?' 등). 이 사건의 구조는 우리가 그것을 믿어야 하는 것도 믿지 말아야 하는 것도 아닌 그런 것이다. 믿음의 문제처럼, 역사적 지시대상의 실재성의 문제는 폐기되지는 않는다 해도 적어도 회복될 수 없을 만치 금이 가 있다. 이야기를 요청하고 거부하면서, 이 준사건은, 허구적 서사성으로 드러난다(내레이션으로서의 허구인 만큼 내레이션의 허구. 즉 상상적 역사의 내레이션으로서뿐만 아니라 내레이션의 모든 모사물로서의 허구적 내레이션이다). 그것은 죽은 아버지와 같이 법의 기원인 동시에 문학의 기원이며, 저자도 끝도 없이 말해지는 이야기이자 퍼져가는 루머지만, 피할 수도 잊을 수도 없는 이야기이다. 환상적이든 아니든, 상상력에서, 심지어 초월적 상상력에서 비롯되었든 말든, 환상의 기원에 대해 언급하든 말든, 그것은 그것이 말하는 것의 불가피성, 그것의 법을 결코 없애지 않는다. 이 법은 훨씬 더 무섭고, 환상적이고, 섬뜩하고, 야릇하다."[224]

데리다는 순수하지 않은 역사적 과정의 누적을 외면한다. 그것은 결코 순수하지 않다. 데리다는 법 앞에 서는 것을 단순하게 일면적으로 단정한다: 그는 "법 앞에 서거나 출두하는 것은 법에 복종하고 법을 존중하는 것

224) 데리다 2013: 262-263.

이다"고 판단한다.[225] 데리다는 잘못 파악하고, 판단하고 있다: 법 앞에서는 것은 법의 실체를 확인하려는 도발적, 비판적 정신을 간과하는 것은 아니다; 법 앞에서 법의 타당성, 법 자체의 타당성에 도발하려는 비판정신 그 자체를 실현할 수도 있다. 카프카에서 시골남자는 이 세계의 법, 즉 Recht 앞에 서는 것(Vor dem Recht)이 아니라 이 세계와 저 세계 사이의 문 앞에서, 그러니까 신의 율법 앞에서(Vor dem Gesetz) 서는 것이다. 문지기는 물리적 힘이나 타자를 제압하는 수사법적 힘에서는 이 세계에서는 최강이라고 카프카는 말한다. 곧, 그 문을 넘어서[226] 그 법(율법)의 세계 속으로 들어간 자는 아직 없다. 그리고 그 문은 실체적으로는 누구나 들어가고 다시 나올 수 있는 그런 보통의 문이 아니라 오직 단독자 시골남자만을 위한 문이었고, 그는 마침내 시간이 지나서 죽음에 임박하여 문지기로부터 이 이야기를 듣게 된다. 그리고 그 문 안쪽은 완전히 절대적으로 아무 것도 감각적으로 확인할 수 없게 닫혀 있지 않다. 그 약한 열림에 근거하여 문 저편의 세계에 대한 갖가지 상상적 얘기들이 생겨나게 되었을 것이다.

흥미롭고 묻고 싶은 대목은 다름 아니라 데리다는 카프카의 "법 앞에서"에서 "가장 종교적인 순간"이라고 말하는 그 대목이다. 이에 대해서 왜 그것이 가장 종교적인지 해명하지 않는다.[227] 많은 말을 붙이기를 좋아하는 데리다가 이 맥락에 대해서는 지극히 작은 말로 들리지 않게 속삭

225) 데리다 2013: 264.

226) 독일어, 특히 독일 법이론과 법철학에 정통하지 않는 독자는 카프카의 Vor dem Gesetz에서 왜 그가 Vor dem Recht라는 표현을 사용하지 않고 이 단어를 선택했는지를 알지 못한다. 독일어에서 Recht는 법과 권리를 동시에 뜻하고 Gesetz는 법, 법칙을 의미하며, 후자는 전자의 하위로 사용될 때도 있지만, 신학적 차원에서는 Gesetz가 Recht의 상위의 법을 의미하는 것으로 사용된다. 최상위의 법, 신법으로서의 법(법칙).

227) 데리다 2013: 275.

이고 있다.

> "늙은 아이는 거의 눈이 멀 지경이 되지만, 그는 그걸 잘 알아차리지도 못한다. '그의 주위가 더 어두워진 건지, 그의 눈이 착각을 일으킬 뿐인지도 제대로 알지 못한다. 그러나 그는 지금 어둠 속에서 법의 문으로부터 꺼지지 않고 새어 나오는 영광스러운 빛을 확인한다.' 이는 이 글에서 가장 종교적인 순간이다."[228]

> "'여긴 당신 말고 누구도 통과할 수 없었던 거요. 이 입구는 당신만을 위한 것이니까, 이제 난 가서 문을 닫겠소.' 그리고 이는 마지막 말이며, 이야기의 결론 혹은 종결이다. / 텍스트는 문이자 입구이고, 방금 문지기가 닫은 것일지도 모른다. 그리고 결론을 내리기 위해 나는 이 선고로부터, 문지기의 이 결론과 더불어 출발할 것이다. 문을 닫으면서 그는 텍스트를 닫는다. 그러나 텍스트는 아무것에 대해서도 닫히지 않는다. 「법 앞에서」의 이야기는 텍스트로서의 자기 자신 이외에는 아무것도 들려주거나 묘사하지 않는다. …… 마치 법처럼 텍스트 자체만을, 즉 자신의 비동일성만을 말하면서. 텍스트는 텍스트 자체에 도달하지도 못하고 누군가가 도달하도록 놔두지도 않는다. 텍스트는 법이고, 법을 만들며, 법 앞에 독자를 내버려둔다."[229]

데리다는 자신의 사상 텍스트주의에 빠져서는 카프카의 이 작은 얘기가 전하고자 하는 메시지를 오독한다. 카프카는 실정법의 궁극적 타당성이 신적 폭력(Gewalt)에 환원되는데 그것이 결코 완전하게 열려 있지 않다는 것, 그러므로 우리는 결코 신을 볼 수도 신의 목소리를 들을 수도 없

228) 데리다 2013: 275.
229) 데리다 2013: 278-279.

는 법 앞에서의 그 세계는 그 세계를 지배하는 주권자 신이 그 세계 속에서만 최강인 것이 아니라 그 문 앞에서도 최강의 폭력을 행사하는 것임을 전하고 있고, 그 집행자는 문지기로서 단독자 앞에 있다. 데리다는 카프카의 이 얘기가 전하는 법의 폭력(Gewalt)에 대해서 통찰하지 않은 채, 텍스트가 법이라는 결론 아닌 결론에 이르고 내버려 두고 있다.

카프카의 「법 앞에서」가 데리다가 말하는 그 문학에 속하는가 하는 근본적 의문도 있다.

> "문학이 법을 유희하는 포착할 수 없는 그 순간, 문학은 문학을 넘어선다. 문학은 법과 법-바깥을 나누는 선의 양쪽 면에서 발견된다. 문학은 법-앞에-있음을 분리하여, 시골남자처럼 '법 앞에' 있는 동시에 '법 이전에' 있다. 문지기의 존재 양태이기도 한 법-앞에-있음 이전에. 하지만 그처럼 그럴듯하지 않은 장소에서 그럴 수 있었을까? 문학을 명명하는 것이 적절한 일이었을까?"[230)]

카프카는 들어가서 저 세계 속으로 살아 들어갈 수는 없지만 그렇다고 완전히 닫혀 있지는 않은 "법(율법) 앞에" 서 있다. 문이 있는 것이다. 그러므로 카프카에 의하면 문학 역시 법(율법) 앞에 있는 운명을 어쩔 수는 없다. 법(율법) 이전에 그 문과 그 세계와 절대적으로 단절하고 문학은 실존(존재)할 수 없다. 카프카는 법 이전의 절대적 독신적 세계에 있지 않고 "법 앞에" 있다.

---

230) 데리다 2013: 286.

(b) 아감벤의 해석

그리고, 이제, 아감벤이 카프카의 이 얘기를 어떻게 해석하고 있는지를 알아보자: 카프카의 「법 앞에서」를 독해하는 관점에서 아감벤은 데리다와 다르다. 아감벤의 독해를 읽어보자.

> "이런 맥락에서 우리는 대성당에서 신부가 K에게 들려주는 법의 문 앞에서의 우화를 읽어야 한다. 법의 문은 고소이다. 법은 고소를 통해 개인을 내포한다. 그러나 가장 중요한 최상의 고소를 제기하는 것은 바로 피고인이다. (비록 그것이 자기-비방의 형태라 해도 말이다.) 따라서 법의 전략은 피고가 다음 사항을 믿게 한다. 고소(법의 문)는 (아마도) 정확히 그를 향한 것이고, 법원이 (아마도) 무언가를 요청하고 있으며, (아마도) 그와 관련된 소송이 진행 중이다. 실제로는 어떤 고소도 없고, 어떤 소송도 존재하지 않지만 자신이 고소되었다고 믿는 사람이 스스로를 고소하는 것을 멈추지 않는 한 고소와 소송은 계속된다. / 신부의 말에 따르면, 이것이 법의 문 우화에서 문제 삼고 있는 '기만(Täuschung)'의 의미이다. ('법의 서문에는 기만에 대해 다음과 같이 쓰여 있다. 법 앞에 한 문지기가 서 있다.') K는 이 우화가 속이는 자(문지기)와 속는 자(시골에서 온 남자)의 문제라 생각하지만 사실은 그렇지 않다. 또한 문지기의 두 진술('그러나 지금은 안 돼.'와 '이 입구는 단지 자네만을 위해서 정해진 곳이기 때문이야')이 모순이라도 사실상 문제되지 않는다. 어쨌든 문지기의 진술이 의미하는 것은 '당신은 기소된 것이 아니요'와 '이 고발은 당신에게만 해당되오. 오로지 당신만이 스스로를 기소하고 기소될 수 있소.'이다. 그러므로 이 진술들은 자기-비방으로의 초대, 스스로를 소송에 포획시키는 초대장이다. K는 소송에 영향을 주기보다 소송을 회피할 수 있으며 항상 소송의 외부에 살 수 있는 '결정적인 충고'를 신부에게 받기 원했다. 그러나 그의 희망은 허무할 수밖에 없다. 실

제로는 신부도 문지기이다. 즉 그도 '법원에 속해 있다.' 진정한 기만은 정확히 문지기의 존재, 최하급관리부터 그 위의 변호사와 가장 높은 지위의 판사까지 모든 사람들이 스스로를 기소하고, 소송 이외에는 어디로도 열리지 않는 법의 문을 지나가도록 유도하는 인간들의 존재이다. (혹은 천사들의 존재이다. 유대교 전통에서 문을 지키는 것은 천사들의 역할 중 하나이다.) 그렇지만 법의 문 우화에도 '충고'가 있는 듯하다. 여기서 중요한 것은 그 자체로는 죄 없는 법에 대한 연구가 아니라 '오랜 세월에 걸친 문지기에 대한 연구(in dem jahrelangen Studium des Türhüters)'이다. 시골남자는 법 앞에서 체류하는 동안 끊임없이 이 연구에 헌신했다. 그리고 바로 이 연구, 새로운 탈무드 덕분에 시골에서 올라온 남자는 요제프 K와는 달리 마지막까지 소송의 외부에서 살 수 있었다."[231)]

아감벤은 「법 앞에서」와 친화성이 있는 카프카의 한 단편을 다음과 같이 독해한다: 15세기 유대의 수고에 있는 한 작은 그림(a miniature painting)은, "오실 그 분"(He who comes)에 관한 하가다(Haggadoth)를 포함하고 있는데, 예루살렘에 메시아가 도착하는 것을 보여주고 있다; 메시아는, 이 신성한 도시의 활짝 열린 문들에, 말 등에 앉아 나타나고(다른 삽화들에서는, 당나귀 등에 타고 있는 모습이다) 있는데, 이 문들 뒤에는 하나의 창(a window)이 문지기일 수 있는 한 인물 형상을 보여주고 있다; 메시아 앞에는 한 젊은이가 그 열린 문(the open door)에서 한 걸음 떨어져 서 있고 열린 문을 가리키고 있다; 그 인물이 누구이든지간에(어쩌면 선지자/예언자 엘리야 Elijah) 카프카의 단편「법 앞에서」에 나오는 시골에서 온 남자(the man from the country)와 비유될 수 있는 자이다; 그의 과제는, 메시아의 들어옴을 준비하고 도와주는 것으로 보인다

231) 아감벤,『벌거벗음』, 김영훈 역, 인간사랑, 2014a. 아감벤 2014a: 52-53.

— 이 과제는, 그 문이 활짝 열려 있는 한에서, 패러독스하다; 대문자 법의 잠재성(the potentiality of Law)을 활재성(actuality)으로 번역하게 독려하는 전략에 "도발"(provocation)이라는 이름을 부여한다면, 그의 과제는, 이 도발이라는 패러독스한 형태일 것이다; 의미지시작용 없는 타당성인/의미지시작용 없이 힘을 발휘하는 법에 적합한 유일한 형태, 어느 누구에게도 활짝 열려 있는 그곳으로 들어가도록 허용하지 않는 문에 적합한 유일한 형태, 시골에서 온 그 남자 — 그리고 미니아쳐에서 문 앞에서(before the door) 서 있는 그 젊은이 — 의 메시아니즘적 과제는, 가상적 예외상태(the virtual state of exception)를 실재적으로 만드는 것, 문지기로 하여금 법의 문(예루살렘의 문)을 닫게 하도록 명령하는 것일 것이다.[232] "메시아는 문이 오직 닫힌 다음에서야 들어올 수 있을 것이기 때문이다." 달리 말하여, "의미지시 없는 힘 속에 있는 대문자의 법"(the Law being in force without significance)이 끝에 있는 다음에, 메시아가 들어올 것이다. 아감벤은 이렇게 해석한다: 이것이 카프카가 '메시아는 더 이상 필요 없을 때에만 올 것이라고, 메시아는 자신의 도착 이후에만 오직 올 것이라고, 메시아는 마지막 날에 올 것이 아니라 정말 마지막인 그 날에 올 것이라'고 써 놓은 자신의 노트북들에 있는 수수께끼 문장의 의미이다.'"[233] 카프카가 말하는 메시아의 "도착"은 메시아의 형상이 나에게 완전하게 온전히 나타나는 것을 의미하며, 그런 세계의 역사 이전에도 문은 열려 있다는 것이다. 문지기는 단지 그 문을 통해 들어가지 못하도록 아니면 들어가도록 통제하는 자이다.

---

232) Agamben, *Homo Sacer*, pp.56-57.

233) Agamben, *Homo Sacer*, p.57. 참고로 영역문을 밝힌다: "The Messiah will only come when he is no longer necessary, he will only come after his arrival, he will come not on the last day, but on the very last day."

아감벤은 「법 앞에서」를 오독하고 있다. 아감벤은 자신의 주장을 위해서 문헌학적 논거를 제시하여 독자들을 더욱 혼란에 빠뜨린다. 곧, 막스 브로트 이래 K는 카프카의 첫글자를 의미하는 것으로 이해되어 왔는데, 하지만 다비데 스티밀리(Davide Stimilli)는 다른 해석을 제시했다는 것이다. 즉, 로마 시대에는 재판에서 검찰의 직권이 제한적이었는데 중상모략은 사법부에 대한 엄중한 위협으로 간주되었고, 거짓 고발자에게는 이마에 비방자를 뜻하는 Kalumniator의 첫 글자인 K자 낙인을 새기는 벌이 내려졌으며, 스티밀리는 K는 Kafka가 아니라 Kalumniator의 첫글자라 한다.[234] 설령 아감벤의 논거 제시가 타당하다고 할지라도 카프카의 이 얘기에서 핵심 내용은 달라지지는 않는다. 카프카의 소설에서 K가 무엇의 약자인지 여부와 관계없이 「법 앞에서」의 내용은, 법치국가의 삶을 살아가고 있는 현대인들에게 법의 타당성 문제를 다시 근본적으로 회상시키고 있는 것이다. 그것은 한스 켈젠이래의 자유주의 법형식주의에 대한 저항이자 정치신학적 사고의 당면성을 촉구하고 있다.

(c) 카프카의 세계

"시골에서 온 한 남자", 곧 농민, 그는 자연이 아니라 문화, 문명, 달리 말해, 인간이다. 그는 시간을 알고 있는 자, 죽음을 알고 있는 자이다. "법[율법] 앞에서", 이 시골의 남자가 "법 안으로" 들어가게 해 달라고 간청한다. 그는 왜 법/율법의 문 안으로 들어가고 싶어 하는 것일까? 아직은 시간의 총체성을 알지 못하고 있기 때문이다. 달리 말해, 죽는다는 사실은 알고 있으나, 죽음과 그 세계를 알지 못하고 있기 때문이다.

문지기는 삶의 세계와 죽음의 세계를 경계짓는 문을 지키는 "기계"이다. 그는 명령받은 바 그대로 기능할 뿐이다. 그는 인간과 참된 의미에

---

234) 아감벤 2014a: 38. 또한, Agamben, *Homo Sacer*, pp.56ff..

서 소통할 수 있는, 대화할 수 있는 대화자가 아니다. 오직 강한 Gewalt만을 가지고 있다. 그 Gewalt는 절대적이다. 그가 받은 명령을 넘어서는 Gewalt를 소지한 인간은 없었고 없을 것이다.

"법(Gesetz)은 누구에게나 항상 열려 있어야 한다." 물론 그렇다, 법률의 문은 항상 열려있지만, 그 문을 넘어 그 문 너머의 세계로 들어갈 수가 없을 뿐이다. 열려 있는 문을 통해 그 너머를 엿볼 수 있지만, 문 저편 세계의 총체(성)를 볼 수는 없다.

문지기는 그 "시골에서 온 한 남자"에게 그 문으로 들어갈 수 있다는 것을 말하지만, 지금은 안된다고 말한다. 그렇다면 언제 그 문을 통과하여 문 저편세계로 들어갈 수 있는가? 죽음의 몸, 영혼이 저편세계로 들어간다.

그 문을 통과해 들어간 그는 절대적으로 그 문을 다시 통과해 이편세계로 되돌아올 수는 없다. 에우리디체와 오르페우스의 신화에서 읽을 수 있는 죽음 의미론이 카프카의 이 단편에서 반영되어 있는 것으로도 읽을 수 있다.

그리고, 마침내, 인간은 노쇠하여 마침내 죽음의 문 앞에 이르게 되는데, 그는 다시 어린이처럼 된다.

그러므로, 시골남자는 소송의 외부에서 살 수 있었던 것일까? 하는 물음에 우리는 답할 수 있다. 그렇지 않다고. 카프카는 이 얘기에서 제기하는 차원은 이미 앞에서 논의한 바 있지만 법의 궁극적 타당성 문제틀에 관한 키에르케고르적 실존철학의 것이다. 그러므로 그런 한에서, 그것은 일종의 정치신학적 문제틀이기도 하다.[235] 카프카가 "그러나 지금은 안

235) 막스 브로트가 없었다면, 오늘날 우리는 카프카의 이름조차 알지 못했을지도 모른다. 브로트는 친구 카프카가 사망하자 곧바로 카프카의 장편 소설 세 편을 출간했다. 반응이 없었다. 브로트는 실망하지 않고 카프카의 가치를 알리는 데 더욱 몰두한다. 카프

돼"와 "이 입구는 단지 자네만을 위해서 정해진 곳이기 때문이야"라고 썼을 때 염두에 두고 있었던 것은 죽음의 길이, 신학의 근본 물음이, 키에르케고르가 이미 논술하고 있듯이 신 앞에 고독하게 단독자로 서 있는 자의

카의 글들을 출간하고 서문을 붙이는 등 카프카 알리기 전선에 선다. 쿤데라, 『사유하는 존재의 아름다움』, 청년사, 1994. p.54 참조하라. 쿤데라에 의하면, 브로트는 카프카를 오해했다. 브로트의 카프카오해는, 브로트가 카프카 사후 출간한 소설 『사랑의 마법 왕국』에서 시작되었다. 이 소설에 등장하는 가르타가 카프카의 초상이었다.(쿤데라 1994: 51-52) 가르타/카프카는 "종교적 사상가"였다.(쿤데라 1994: 55) 그리고 이런 브로트의 카프카론이 그 이후의 카프카의 이해를 주조하게 되었다고 쿤데라는 주장한다. "'가르타는 우리 시대의 성자, 진정한 성자였다. 한데 성자가 갈보집을 드나들 수 있단 말인가? 브로트는 카프카의 일기를, 약간 검열을 본 뒤에 출간했다; 그 일기에서 그는 창녀들에 관한 암시뿐 아니라 성에 관련된 모든 것을 삭제했다. 카프카학은 저 저자의 남성다움에 대해 언제나 의혹을 표명했고, 이 순교자의 성불구 상태를 즐겨 떠들어댔다. 이리하여, 이미 오래 전부터, 카프카는 신경증 환자들, 쇠약자들, 식욕부진자들, 허약자들의 수호 성인, 기형아들과 우스꽝스런 프레이외(précieux)들과 히스테리 환자들의 수호 성인이 되었던 것이다."(쿤데라 1994: 59) 쿤데라에 의하면, 카프카가 쓴 가장 아름다운 성애 장면은 『성』의 세 번째 장에 있다. K와 프리에다의 성교 행위가 그것이다. (쿤데라 1994: 64 참조하라.) 브로트와는 반대로, 쿤데라는, 문학의 고유성 같은 것을 주장한 예술가이다. "벌써 20년이나 된, 가브리엘 가르시아 마르케스와의 대화가 생각난다. 그는 이렇게 말했었다. '다르게 쓸 수 있음을 내게 깨우쳐 준 이가 바로 카프카라오.' 다르게란, 곧, 사실임직함의 경계를 뛰어넘는다는 뜻이었다. 실세계로부터 도피하기 위해서가 아니라(낭만주의자들처럼), 그것을 보다 잘 파악하기 위해서. 왜냐하면 실세계를 파악한다는 것은 바로 소설의 정의 자체에 속하는 일인 까닭이다. 한데 실세계를 파악함과 동시에 환타지의 매혹적 유희에 빠져드는 일이 어떻게 가능할 것인가? 세계 분석에 엄밀하면서 동시에 유희적 몽상들 안에서 무책임하리만큼 자유로운 일이 어찌 가능할 것인가? 서로 양립할 수 없는 이 두 목표를 어떻게 결합시킬 것인가? 카프카는 이 엄청난 수수께끼를 해결할 줄 알았다. 그는 사실성의 벽에 구멍을 뚫었다. 그 구멍을 통해 다른 많은 이들이, 각자 제 방식대로, 그를 좇았다. 펠리니, 마르케스, 푸엔테스, 루시디. 그밖에 또 다른 많은 이들이."(쿤데라 1994: 68) 카프카와 브로트 사이의 관계는 친구 사이인가. 그렇다면 카프카를 이해하지 못한, 오독한 브로트의 그것이 카프카의 작품들의 가치를 높게 평가했으며, 그것이 카프카의 작품들을 출간하게 만들었다면, 그것은 정말 아이러니가 아닐 수 없다. 그리고 카프카는 활자 모양 그 자체에 깊은 관심이 있었다. 카프카는 자신의 소설들이 큰 활자로 인쇄되기를 고집했다. (쿤데라 1994:138.) "하나의 끝없는 단락으로 흘러가는 텍스트는 읽히기가 쉽지 않다. 눈에 멈추어서 쉴 장소를 찾지 못하고, 행들을 잃어버리기 십상이다. 그런 텍스트가 즐겁게(즉 눈에 피로하게 함이 없이) 읽히려면, 독서를 편하게 하고 문장의 아름다움을 음미하기 위해 언제라도 멈출 수 있게끔 해주는, 비교적 큰 활자체가 요구된다." (쿤데라 1994: 138)

그것이다. 죽음으로 향하는 그 문이 열리는 시간은 시골남자가 스스로 결코 결정할 수는 없다. 그렇지만 때가 되면 누구나 그렇듯이 자신의 그 열린 문을 통과하여 저편 세계로 건너가게 되어 있다. 그러므로 "지금은 안 된다"고 말한다. 그리고 "이 입구는 단지 자네만을 위해서 정해진 곳이기 때문이야"라는 문장이야말로 카프카의 키에르케고르적 성격을 함축하고 있다.

(6) 열쇠가 없는 (신성한) 글/문

1934년 8월 11일에 숄렘에게 보낸 편지에서 벤야민은 "글(성서)의 열쇠가 없는 성서는 글(성서)이 아니라 삶이다"[236]라고 쓰고 있다.

> "그것의 열쇠가 없는 글(성서)(토라)은 예외상태에서의 법의 암호문이고, 예외상태에서의 법은 힘 속에 있는데 적용되지 않고 있거나 혹은 힘 속에 있지 않고서 적용된다(그리고 숄렘은 그가 이 명제를 슈미트와 공유하고 있다는 것을 결코 의심하지 않는 가운데, 여전히 법이라고 믿고 있다), 벤야민에 따르면, 이 법은 — 혹은 오히려 이 법-의-힘(법-이라는-힘)은 더 이상 법이 아니고, 섬이 세워져 있는 언덕이다.(Benjamin 1966, 618/453)."[237]

여기에서 글(성서, die Schrift)은 문맥으로 보아 토라의 작품(das Werk der Thora)이지만 사실은 인간의 삶/생활과 관련 있는 모든 종류의 진리를 말하는 글로 해석될 수 있다. 정치신학적 맥락에서는 법의 글

236) the letter to Scholem on August 11, 1934, that "the Scripture without its key is not Scripture, but life". Benjamin, *Briefe* 2, p.618.

237) Agamben, *State of Exception*, The University of Chicago Press, 2005, p.63.

과 그 진리.[238] 이것을 아감벤은 예외상태에서의 법 문제틀로 읽었다:

어떤 글이 있는데 그 글이 그 글에 속하는 열쇠를 가지고 있지 않다면, 달리 말하면, 그 글을 완전하게 철저하게 해독할 수 없다면, 그것은 글이 아니라 삶/생활/생명일 것인데, 이 때의 삶(Leben)은 특별한 의미에서 삶(Leben)임을 벤야민은 곧이어 말을 이어가고 있다. 곧, 성이 있는 산(Schlossberg)에 있는 마을(Dorf)에서 영위되고 있는 그 삶(Leben), 이곳에서는 마을로 들어가는 문과 성으로 들어가는 문이 있을 것이고, 그 문을 열고 닫는 열쇠가 있을 것이다. 아감벤은 벤야민의 편지를 오독하고 있다.[239] 문과 열쇠를 쥐고 있는 문지기는 권력과 지배의 관계를 말한다. 글을 해독하지 못하게 하는 것은, 권력과 지배이다.

그런데, 현실적으로는 삶/생활(Leben)은 글(성서)(Schrift)로 변형되어 있다. 삶/생활(Leben)의 실체는 감추어져 있는 것이다. 그러므로, 삶/생활(Leben)을 통찰해야만이 글, 성서(Schrift)가 정당하게 해독될 수 있다.

아감벤이 『예외상태』에서[240] 말하고 있는 그 내용은 마르크스가 공산주의 상태에 대해서 서술한 내용을 모방하는 듯하다.

> "카프카 에세이에서, **연구들이고 더 이상 실천들이 아닌 법**의 비밀의 이미지는, 순수한 폭력에 의해 영향을 받은 신화적-율법적인 폭력의 마스크벗

---

238) Benjamin, *Briefe* 2, p.618.

239) 원문은 다음과 같다: weil die Schrift ohne zu ihr gehörigen Schlüssel eben nicht Schrift ist sondern Leben. Leben wie es im Dorf am Schlossberg geführt wird. In dem Versuch der Vewandlung des Lebens in Schrift sehe ich den Sinn der "Umkehr", auf welche zahlreiche Gleichnisse Kaftkas [……]aufdrängen. Benjamin, *Briefe 2*, p.618.

240) Agamben, *State of Exception*, pp.63ff.를 말한다.

기에, 일종의 남아 있는 것으로서, 조응한다. 그러므로 법의 폭력과의 연결 이후에도 법의 가능한 형상이 여전히 있으며 권력은 폐위되어왔지만 그러나 더 이상 힘이나 적용을 가지지 않는 것이 법이다."[241]

"연구들이고 더 이상 실천들이 아닌 법"라는 말은 벤야민의 것인데, 이는 마르크스의 공산주의 서술내용에서 유래한 것이다. 그런데 마르크스의 경우, 진리를 내재화하는 "철학의 현실화"가 전제되어 있는데, 아감벤은 슈미트에서 시작하고 있고, 양자 사이는 모순적이다.

그리고, 아감벤은 철학의 현실화가 아니라 순수한 폭력(pure violence)이라는 표현을 쓰고 있다 — 순수한 정의가 아니라.

"여기에서 결정적인 요점은, — **더 이상 실천되지 않고 연구되는** — **법**은 정의가 아니라 오직 그것으로 안내하는 문일 따름이다."[242]

법은 삶/생활의 실천들에서 연구되어야 하지 그런 실천들을 배제한 채 혹은 그것들과는 분리된 채 "연구"만 되고 있을 때 법의 실행내용이어야 할 정의는 결코 보여지지 않고, 그 앞에는 문과 문지기가 있다. 그런데, 아감벤은 여기에서 법의 변증법적 지양(Aufhebung)이 아니라, 법의 "탈활성화", "비활동성"을 말하면서, 법의 집행이나 수행이 아니라 법 그 자체를 폭력(Gewalt)으로 파악해야 한다는 것만을 시사하고 있다.

삶/생활의 활성화와 활동성이 성서, 글, 그리고 법의 정당한 해석으로 나아가게 한다. 성서, 글, 그리고 법은 세계의 삶/생활과 유리된 채 "연구"만 해서는 안 된다. 그것은 폭력을 감추고 있다.

---

241) Agamben 2005: 63. 강조는 인용자.

242) Agamben 2005: 64. 강조는 인용자.

『호모 사케르』(*Homo Sacer*)(이탈리아 초판 1995)에서 아감벤은 숄렘에게 보낸 벤야민의 그 편지를 인용하여[243] 논의한 바 있다.

일반적으로는 무엇을 잃어버렸다고 했을 때처럼, "글(성서)을 잃는다"(lost the Scripture)는 표현은 일단 다음과 같이 다양하게 해석될 수 있다: 소홀히 하여, 중요하게 생각하지 않고서, 혹은 실수로 (이 역시 중요하지 않게 생각한 결과에 해당할 수 있다) 혹은 타자에게 강탈당하여. 그리고 "그것을 풀 수 없다"(cannot decipher it)는 표현도 다양하게 해석될 수 있다: 진리를 듣고자 하는 의지의 결여, 학습능력의 부재 — 노력의 부족이거나 처음부터 재능이 없었거나. 그러나, 이 편지에서 핵심은 의미지시가 없는 타당성 문제이다.

칸트는 인식 영역에서 선험적 대상(transcendental object)이라 말하고 있는데 윤리 영역에서는 의미 없는(의미지시 없는) 타당성(Geltung ohne Bedeutung)이라 말한다.[244] 그러므로 칸트의 선험적 조건에 대한 논의의 층위에서 아감벤이 논의하고 있음을 우리는 추론할 수 있다. "의미지시작용 없는 타당성"(Geltung ohne Bedeutung, Being in force without significance. 칸트에서 "의미지시작용 없는 타당성으로서의 법의 순수적 형태"는 현대성에서 처음으로 나타난다. 칸트가 『순수이성비판』에서 "법의 순전한 형태"(die blosse Form des Gesetzes)라고 불렀던 것은, 아감벤이 확인하고 있듯이, 법의 의미지시작용의 영점으로 환

---

243) Whether the students have lost the Scripture or cannot decipher it in the end amounts to the same thing, since a Scripture without its keys is not Scripture but **life, life that is lived in the village at the foot of the hill on which the castle stands.** Benjamin and Scholem, *Briefwechsel*, p.155; Agamben, *Homo Sacer*, p.53에서 재인용. the letter to Scholem on August 11, 1934를 말함. 강조는 인용자.

244) Agamben, *Homo Sacer*, p.52. 칸트의 Geltung을 타당성으로 번역하지 않고 force로 번역한다. 이 번역에 숨어 있는 그의 의도를 엿볼 수 있다. 곧, 궁극적 타당성은 신적 폭력(Gewalt)으로 환원된다는 법철학적, 정치신학적 논의를 그는 염두에 있는 것이다.

원된 법(a law reduced to the zero point of its significance)이다.[245] 그런데, 그것은 벤야민에서처럼, 신적 폭력(Gewalt)이라는 현재적 조건성에 대한 물음으로 말하는 셈이다. 그런데 그것이 신적 폭력에서 의미/의미지시작용(Bedeutung)은 없는 것인가? 신적 폭력이 직접적으로 간접적으로 물리적이거나 정신적인 힘이 행사되고 있다면, "강제적으로" 법(Gesetz)이 집행되고 있는 것인데, 그렇지만, 그곳 역시 세계(Welt)로서 진리를 수긍하는, 타당성이 있는 것이라 말해야 한다.

의미지시 없는 타당성(Geltung ohne Bedeutung), 달리 말하자면, 계시(Offenbarung)가 의미를 지시하는 작용 없이 타당한 힘, 이것이 카프카의 소설에서 법의 상태에 대한 정확한 이해라고 숄렘은 지적했다.

아감벤은 역사적 시간 그 자체에 숨어 있는 구조를 알기 위해서는 메시아적 시간을 알아야 한다고 주장한다. 이탈리아 신화학자, 고고학자, 철학자 푸리오 예시(Furio Jesi, 1941-1980)를 끌어들인다. 예시는, 신화의 존재 양식을 이해하려면, is/is not 이라는 이분대립을 넘어서는 제3의 용어(a third term)가 필요하다고 주장한다. 이편 세계와 저편 세계라는 이분 대립을 넘어서는 제3의 용어.[246]

벤야민과 숄렘 사이의 편지들을 읽어보면, 구원의 무(Nichts der Offenbarung)는, 구원이 지시작용하고는 있지 않지만/의미하고 있지는 않지만(ohne bedeutung), 계시가 힘 속에 있다는/계시가 힘을 발휘하고 있다는 사실에 의해서 자신을 여전히 확고히 하고 있다. 의미지시작용이 가버려서 말하자면 그 자신의 내용의 영점(the zero point of its own

245) Agamben, *Homo Sacer*, p.51.

246) Agamben 1999: 168.

content)으로 환원되는 것으로 나타나는 그곳에서도 계시의 무는 나타난다. 숄렘의 해석에 의하면, 그러한 조건 속에서 자신을 발견하는 법이란, 없는 것이 아니라(not absent), 실현되지 않고 있는 것/실현불가능한 것이다(unrealizable). 숄렘은 벤야민에게 다음과 같이 썼다: "네가 말하고 있는 학생들은, 성경(the scripture)을 잃어버린 학생들이 아니라, …… 성경을 독해하지 못하는 학생들이다."

오늘의 우리들은 성경을 완전하게 그리고 온전하게 이해할 수는 없다. 이것은 카프카 이래 더욱 분명하다.

(7) 보편성의 역사와 세계

벤야민의 역사철학테제를 쓰기 위한 예비적 연구 노트들을 아감벤은 불러들이고 있다.[247)]

이 노트에서 벤야민이 제시하는 내용은 다음과 같다:

첫째, 메시아적 세계는 총체적이고 통합적인 활재성의 세계(the world of total and integral actuality)이다. 메시아적 세계가 유대인의 종교가 아니라 인류 전체를 향한 메시지를 전했던 점에서 보편성의 역사와 세계이다.

둘째, 벤야민은 에스페란토만이 오늘날 보편사의 이름을 얻을 수 있다고 말하는데, 이것이 의미하는 바는 번역될 수 있음의 세계를 분명하게

---

247) Walter Benjamin, "Thesis on the Philosophy of History", in: Walter Benjamin, *Gesammelte Schriften*, ed. Rolf Tiedemann and Zermann Schweppenhäuser, Frankfurt am Main: Suhrkamp, 1974-89, vol.I, pt.3, p.1239을 인용한다; Agamben, *Potentialities*, Stanford University Press, 1999, p.48.

보여주고 있는 것이다.[248)]

셋째, 산문 그 자체의 이념(idea of prose itself) — 모든 인간에게 이해되는 언어. 벤야민에서 산문의 이념은 무엇인가? "산문의 본체는 썩어 없어지는 것이다, 즉 남겨진 잔여가 하나도 없이 이해되고, 해체되는 것이며, 이미지나 충동에 의해 온전히 대체되는 것이다." 그것은 언어의 이념과 동일 차원에 있다. 언어의 이념은 언어의 전제들과 이름들의 모든 것이 제거되어버려서는 마침내는 더 이상 말할 무엇이 남아 있지 않고 그 때에서는 그냥 단순하게 말하기만 하면 되는 그런 것이라고 한다.[249)]

의미지시작용 없이 단순하게 말하는 그것은 말씀(Wort)이리라. A is B라는 의미지시작용의 무한한 연쇄과정에 끝을 부여해야 하는데, 그것은 메시아니즘. 그리고 그것은 언어학적으로는 단어(Wort). "A is B." 라는 문장을 사용할 때, 단어(Wort)에 대해서 끝을 알고 있는 것이다. 그런데 아감벤과는 다르게 벤야민은 메시아니즘의 물적 조건들에 대해서 상대적으로 매우 섬세하게 파고들고 있지 않은가. 특히 『파사주-작품』에서도. 그것 역시 "이웃에 대한 사랑"이라는 메시지로.

그리고, 마침내, "새들의 언어가 일요일에 태어난 자들에 의해 이해되듯이." 여기에서 "일요일"은, 아감벤이 비작동성이라 부르는 무위의 안식의 시간을 함축한다. 역사의 종말 이후, 최후의 심판 이후에는 인간은 신의 완전한 충만한 은총 속에서 "자연"을 회복하여 새들의 언어를 이해할 수 있을 것이라 한다. 그것은 생활세계의 산문적 언어를 초월하는 시의

---

248) 벤야민의 논고 『번역가의 과제』에 대한 서규환의 논술 「VII. 깨어진 항아리의 복원 - 폴드만의 발터 벤야민 독해에 대하여」, 서규환, 『열리총체성의 해석과 정치』, 다인아트, 2009, pp.208-235을 참조하라.

249) Agamben, "Language and History: Linguistic and Historical Categories in Benjamin's Thought", in: Agamben, *Potentialities*, Stanford University Press, 1999, Agamben 1999: 60.

언어로 나타난다고 아감벤은 주장한다.[250)]

250) 우리는 곁어 부분(매듭)에서 이 시의 언어에 대해서 논의할 것이다.

II

지라르와 아감벤

1. 욕망의 근원적 모델

지라르는 초기 저작 『기만, 욕망, 그리고 소설』(*Deceit, Desire and the Novel*)[251] 에서는 만장일치의 희생제의 메커니즘을 충분하게 개진하지 못했다.[252] 이 저작에서 그는 자신이 "형이상학적 욕망"이라고 부르는 것에 대해 설명한다. 폭력의 사악한 순환(a vicious circle of violence)이 아니라 현대성의 정치사(political history)에서 희생 제의를 그는 해석했다.

프로이트의 정신분석학은 오이디푸스 모델로 구성되어 있는데, 이것은 계약이론 전통에 대한 회의에서 발상된다. 지라르도 계약이론 모델 그 자체를 명시적으로 부정하는 사상에 더욱 열정적으로 빠져들면서 문화의 폭력내재론을 심화시킨다. "문화발생의 중심에는 폭력이 있다"[253]라고 선언하는데 이것은 계약, 곧 합의할 수 없는 것임을 말한다.

251) 원제는 Mensonge romantique et vérité romanesque, 영어로 번역하면 Romantic Mendacity and Novelistic Truth.

252) 이 점에 대해서 지라르는 한 인터뷰에서 고백한 바 있다. "Interview", "To Double Business Bound", pp.199-200.

253) 르네 지라르, 『문화의 기원』, 김진식 역, 기파랑, 2006. 지라르 2006: 182.

"전통적인 의미의 '사회계약'은 왜 안 될까요? 언어를 갖기 위해서는 먼저 맹아형태의 문화가 있어야 합니다. 폭력에 대한 일종의 문화적인 보호책이 말입니다. 저는 폭력문제에 대한 근본적인 해결은 당연히 종교적일 수밖에 없으며, 이것은 임의의 희생양에 대해 모방적으로 모여드는 자연발생적인 현상, 즉 희생양 메커니즘에서만 나올 수 있다고 생각합니다. 희생제의와 희생양의 매장이 가장 먼저 있었고, 언어를 비롯한 다른 모든 것은 바로 여기에서 나왔습니다."[254)]

지라르는 대담에서 말한다:

"에릭 갠즈는 언어가 진짜 희생을 대신하는 역할을 한다는 인간 기원이론을 제시하고 있습니다."[255)]

희생제의가 언어기원에 앞서는 것이며 언어는 희생의 대체과정에서 등장하는 것으로 그는 파악한다. 지라르는 이렇게 설명할 때 그가 생각하는 언어는 매우 발전된 수준의 것임을 추론할 수 있는데 언어의 기원은 언어의 본질에 대한 이론에서 말하는 그 언어가 시원적으로 어떻게 발생하게 되었는가에 따라 설명되어야 할 것이다. 장 자크 루소가 자신의 『언어기원론』에서 사회의 기원과 언어의 시원을 달리 설명하지 않고 그 동시성, 그 순환성을 인정했던 이론적 성찰의 근거가 바로 이 맥락에 있다. 언어집단적 희생제의가 언어 없이 실행될 수는 없을 것이다. 지라르는 농업의 시원 이전의 사회를 사회의 기원으로 설정하고 있는 듯하다.

---

254) 지라르 2006: 181.

255) 지라르 2006: 180. Eric Gans, *Originary Thinking. Elements of Generative Anthropology*, Stanford, Stanford University Press, 1993.

"요즈음은 갈수록 더 많은 이론들이, 농업은 앞으로 나아가는 진보가 아니라 오히려 점점 더 질 낮은 삶으로 인도하고 있다는 것을 보여준다. 애초의 수렵 채취인들은 농부에 비해 같은 양의 양식을 얻지는 못했지만 건강은 더 좋았으며 기근의 위험도 훨씬 적었다. 그것이 사냥과 식물 채취를 덜하게 해준다는 것 말고는 별다른 장점도 없었는데, 농업이라는 관습은 왜 이렇게 강화되어 왔던 것일까?"[256]

"희생적인 기원 덕분에 농업이라는 관행이 더 강화되어 왔다는 것이 제 생각입니다. 수렵 채취인은 그것의 종교적인 중요성과 제의의 복합성 때문에 결국 한 곳에 정착하게 되었는데, 이 과정에서 야생동물도 가축으로 길들여지고 또 농업도 발견하게 된 것 같습니다. 농업의 발견은 분명 성스러운 매장 장소 주변에서 이루어졌을 겁니다. 이런 경우 희생양 현상과 야생동물 가축화의 상징적인 관계는 분명히 드러나는 듯합니다. 그 과정이 우리에게는 모순적으로 보일 수도 있는 이 사건들은 우리가 모방 메커니즘을 설명 모델로 채택하게 되면 완전히 이해할 수 있게 됩니다. 이런 것을 두고 실험과 인식의 기구라고 할 수 있을런지도 모릅니다."[257]

농업의 시작을 어떻게 설명해야 하는가. 인간들의 자기보존 원칙에 따른 진화이론적 설명이 아니라 종교적인 것의 강화로 지라르는 읽는다.

"우리 사회에서 종교는 완전히 경제로 대체되었는데, 그것은 경제가 정확히 종교라는 모태에서 생겨났기 때문입니다. **경제는 바로 종교의식이 세속화된 형태**라고 할 수 있습니다. 고대의 동전들이 사원이나 성스러운 장소

256) G. Wadley et A. Martin, "The origin of agiculture: a biological perspective and a new hypothesis", *Australian Bilogist* 6, juin 1993, p.96을 지라르 2006: 178에서 재인용.

257) 지라르 2006: 178-179.

근처에서 발견된다는 것은 익히 알려진 사실입니다. 그것은 바로 사원에서 행할 희생제의에 쓸 동물을 사고팔기 위해서입니다. 무역은 원래 위협적으로 보이던 낯선 신을 달래기 위해 낯선 사람들에게 주던 공물이었습니다. 그러면 선물을 받은 사람은 또 새로운 선물로 답례합니다. 이것은 정말 교환의 기원 같습니다. 사실 저는 교환의 종교적 기원에 대해 조금도 의심하지 않습니다. 어원적으로 보더라도 '돈'(money)이라는 말은 여신 주노 모네타(Juno Moneta)와 그 신전과 연관되어 있는데, 동전은 그 신전 주위에서 주조되었습니다. 로마 시대 교회당인 발리카도 원래는 물건을 사고팔던 장소를 기독교인들이 종교적인 공간으로 바꾼 것이라는 것도 알려진 사실입니다."[258]

지라르는 종교가 있고 그 다음에 경제가 있다고 설명한다. 여기에서 그의 경제개념은 본격적인 의미에서 교환 경제인데,[259] 그의 경제개념은 적어도 철학적으로는 너무 좁다. 농업은 시간개념과 공간(장소)개념의 사회적 형성을 함축한다. 후자 없이는 농사를 할 수 없기 때문이다. 지금 씨앗을 뿌리면 가을에 추수할 수 있다는 소통의 사회적 제도화가 없다면 농업의 경제는 일어날 수 없다. 농업의 시원은 경제의 시원에 다름 아니다.

경제적 "소모"는 사회가 성립한 이후 권력관계의 변동과 더불어 지배와 복종의 관계가, 정치적 경제적 불평등이, 심화되는 과정에서 발행했을

258) 지라르 2006: 270.

259) 이익(interest)라는 말은 근대와 더불어 확립되었다. 합리주의와 상업주의가 번성하면서 이 개념이 자리잡는다. 맨드빌(Mandeville, 1670-1733)의 『벌의 우화』에서 개인적 이익이 분명하게 성립한다. 고대 인도의 성전들은 인간의 활동력을 법(dharma) · 이익/관심(artha) · 욕망(kama)이라는 범주로 분류했다. 여기에서 아르타는 정치적인 관심사, 즉 왕, 브라만, 대신, 왕국, 각각의 카스트 등의 정치적 관심/이익을 가리킨다. 경제동물, 경제인이라는 관념은 서양의 근대사회에서 성립한다. 마르셀 모스, 『증여론』, 이상률 역, 한길사, 2002. 모스 2002: 270-271 참조.

것이다. 사회시원론은, 평등의 조건이 없었다면 사회의 성립 그 자체가 불가능했을 것이기 때문이다. 우리는 그런 한에서 소모의 축제를 이해할 수 있다.

> "바타이유의 '소모'라는 개념은 분명히 통음난무의 디오니소스제와 같은, 그래서 아주 폭력적인 인류학적 토대에서 나온 것입니다. 그가 말하는 '저주받은 몫'의 추방은 바로 희생양 메커니즘의 한 형식입니다. 〈과도함의 환상〉에서 바타이유는 희생제의와 희생적 절단 생각에 몰두합니다. 그는 이것을 과도한 에너지가 분출하는 것 또한 생명의 충동이 겉으로 해방되는 것으로 해석합니다. 뉴기니에서 이를 뽑는 것이나 블랙풋 인디언 제의에서 손가락을 절단하는 것은 모두 지금도 많은 통과제의에 들어 있는 자기 몸을 바치는 희생양 메커니즘이 환유적으로 남은 것이라는 사실을 그는 알아차리지 못하고 있습니다. '소모'는 기본적으로 희생적인 몸짓인 것입니다"[260]

지배가 제도화되면서 복종을 위한 소모의 경제 속에서 무상증여도 일어난다. 모스는 자신의 증여론에서 증여 관례, 의례에 내포되어 있는 지배와 복종이 권위의 형성과 인정으로 전형되는 과정을 서술하고 있다:

> "주어야 하는 의무는 포틀래치의 본질이다. 추장은 자기 스스로를 위해서, 자기 아들이나 사위·딸을 위해서 또는 죽은 자들을 위해 포틀래치를 주지 않으면 안 된다. 추장은 그가 정령과 재산에 사로잡혀서 그것들의 비호를 받고 있으며, 또한 재산을 소유하고 있고 또 재산이 그를 소유하고 있다는 것을 증명할 때에만 자기 부족과 마을, 즉 자기 가족에 대해서 권위를 간

---

260) 지라르 2006: 275.

직하며, 아울러 — 종족 내에서나 밖에서나 — 추장들 사이에서 그의 지위를 유지한다. 또한 그는 재산을 소비하고 분배하여 다른 사람들의 자존심을 꺾고 '그의 명성의 그림자'로 덮어버릴 때에만 그 재산을 증명할 수 있다."[261]

군주의 권위는 군주정의 정치 레짐의 의례와 더불어 전통으로 잡혀진다.

"따라서 추장이 아이를 낳아 이름을 지어줄 때에는, 그 아이를 모르는 사람이 없게끔 사람들은 큰 잔치를 베풀었다. 포틀래치, 즉 재화의 분배는 군사적 · 법적 · 경제적 · 종교적인 '인정'(reconnaissance: 알아보기, 감사 - 옮긴이) — 이 말의 모든 의미에서 — 의 근본적인 행위이다. 사람들은 추장이나 그의 아들을 '알아보는' 동시에 그를 '감사하게' 여긴다."[262]

"받아야 하는 의무도 주어야 하는 의무 못지 않게 강제적이다. 증여를 거부하거나 포틀래치를 거부할 권리는 없다."[263]

"증여 자체는 매우 엄숙한 형태를 띤다. 받은 물건은 경멸받거나 경계의 눈길을 받는다. 물건은 땅에 내던져진 후에야 받아들여진다. 증여자는 극도로 겸손한 체한다. 소라고둥 소리에 엄숙하게 선물을 끌고 온 다음, 그는 남은 것을 주는 데 불과하다고 변명하면서 주어야 할 물건을 경쟁자이기도 한 상대방의 발밑에 던진다. 하지만 그렇게 하는 사이에 소라고둥이 울리고 의전관이 모든 사람에게 인도의 의식을 선언하면, 사람들은 후한 인심,

261) 모스 2002: 150-152.

262) 모스 2002: 158.

263) 모스 2002: 159.

자유, 자율성, 배짱이 크다는 것을 보여주기 위해 전력을 다한다. 그러나 요컨대 거기에서 작용하는 것은 의무의 메커니즘, 심지어는 선물을 통한 의무의 메커니즘이다."[264)]

그리고 물건과 그 물건의 주체는 동일시되는 일종의 비합리적 사유가 생겨난다. 브라만교의 예는 그러한 내용과 형식을 보여주고 있다.

"또 한편으로 브라만교는 절도에 관해서뿐만 아니라 이러한 교환활동에서도 명백하게 재산과 사람을 동일시하였다. 브라만의 재산은 브라만 그 자신이다. / 브라만의 암소, 그것은 독, 즉 독사이다. (중략) 우리와 가장 직접적으로 관계가 있는 〈마하바라타〉의 해당 부분인 파르반(Parvan)의 절 전체는, 야두스족(Yadus)의 왕 느르(Nrga)가 그의 하인들의 잘못으로 한 브라만의 소유물인 암소를 다른 브라만에게 주었기 때문에 도마뱀으로 변했다는 이야기를 전하고 있다. 암소를 선의로 받은 자는 그것을 돌려주려고 하지 않았으며, 심지어는 다른 수십만 마리와도 교환하려고 하지 않았다. 암소는 그의 집의 일부분이며, 그의 것이 되었기 때문이다. (중략) 주어진 물건과 증여자, 또는 소유물과 소유주 간의 관계가 암소의 증여에 관한 규범에서보다 더 밀접한 곳은 아무데도 없다."[265)]

암소는 가장 중요한 재산이다.

"암소는 장소와 날씨에 잘 적응하고 있다. 그것은 좋은 젖소이며 얌전하고 나에게 충실하다. 그 젖은 맛있고, 매우 귀중하며, 나의 집에 오래 있을 것

264) 모스 2002: 100.
265) 모스 2002: 228-229.

이다(3466행). / 그것(이 암소)은, 몸이 약하고 적을 뗀 나의 아이에게 우유를 준다. 나로서는 그것을 줄 수 없다.…… (3467행)"[266]

희생제의는 축제의 형태로 반복되고 그 속에서 우리는 무차별의 위기(이것은 제의에 들어 있는 통음난무적 측면과 통하는 것 같다), 어떤 사람을 지목하여 그를 죄인으로 몰고 가는 희생양 징후, 그리고 희생양에 대한 추방 또는 살해 — 이 희생양은 결과적으로 공동체를 구원하기 때문에 동시에 영웅적으로 표현되기도 한다 — 를 확인할 수 있다.[267]

지라르는 폭력의 시원적 원천이 프로이트가 말하는 리비도적 충동에 있는 것이 아니다. 곧, 프로이트의 오이디푸스 모델을 그가 있는 그대로 수용하지 않고 근본적으로 전도시킨다.

프로이트는 자신의 논고『자아와 이드』에서『집단심리학과 자아분석』에서의 생각을 수정하여, 그는 이렇게 말한다:

"일찍부터 아이는 그의 리비도를 어머니에게 집중시키며 …… 아버지에게서는 동일화에 의해 자신에 대한 지배력을 확인한다. 이 두 태도는 얼마 동안 공존하다가, 마침내 어머니에 대한 성적 욕망이 커지면서, 아이에게는 아버지가 욕망 실현의 장애물이 되고 있다고 느끼는 소위 '오이디푸스 콤플렉스'가 생겨나게 된다. 이때에 아버지와의 동일화는 적대적인 성격이 되면서, 어머니에 대해서 아버지를 제거하고 아버지를 대신하려는 욕망을

266) 〈마하바라타〉에 있는 구절인데, 모스 2002: 229에서 재인용. 종교적 신앙행위에서 사용되는 정화수에는 속죄를 위해 제물[희생양]로 바쳐진 어린 암소를 태운 재를 넣어야 한다는 사례는 이러한 맥락에서 이해되어야 한다. 로제 카이유와,『인간과 성』, 문학동네, 1996, p.64 참조.

267) 지라르 2006: 213-214.

낳게 한다. 이때부터 아버지에 대한 태도는 양면성을 띠게 된다. 본래부터 동일화에 들어 있었던 양면성이 분명하게 드러난 것이라고 말할 수 있을 것이다."[268]

프로이트는『집단심리학과 자아분석』에서는 아버지와의 동일시가 강조되었다면,『자아와 이드』에서는 어머니에 대한 리비도적 경향을 강조한다.

프로이트의 정신분석학적 오이디푸스 모델에 의하면, 아버지를 살해하고 어머니를 차지하려는 성적 욕망이 그려지고, 아버지의 권능을 계승하려는 예찬이 일어난다. 지라르는 이 과정에서 부친살해와 근친상간은 폭력의 급진화라는 점에서 차이가 없다고 파악한다.

"폭력의 상호성이 부자 관계조차 없애버리게 되면, 그 다음에는 더 이상 아무것도 남아나지 않는다. 그리고 무엇보다도 어머니에 대해서, 다시 말해서 가장 절대적으로 아버지에게 유보되어 있어서 아들에게는 가장 엄격하게 금지된 대상인 어머니에 대해서도 부자 관계를 경쟁관계로 변화시키면서 이 폭력의 상호성은 완벽하게 이 부자관계를 삼켜버린다. 근친상간도 극단적인 폭력이다. 이 폭력의 결과는 극단적인 차이의 파괴인데 가족 속에서 중대한 차이, 즉 어머니와의 차이의 파괴가 그것이다. 이 두 가지에 이르러 친부살해와 근친상간은 폭력의 무차별화 과정을 완성시킨다. 폭력을 차이의 소멸과 동일시하는 생각은, 그 궁극에 가면 친부살해와 근친상간에 도달하게 된다. 여기서는 어떠한 차이의 가능성도 남아 있지 않으며 삶의

268) 지라르,『폭력과 성스러움』, 김진석·박무호 역, 민음사, 2000, p.258에서 재인용.

어떠한 영역도 더 이상 폭력을 피할 수 없게 된다."[269]

지라르에 의하면, 근친상간은 폭력의 가혹성에 다름 아니다. 그것은 자연적 섹슈얼리티의 과정에서 이해되어야 하는 것이 아니라, 섹슈얼리티와 폭력의 내재성에서 이해되는 폭력의 가혹성이다. 그런데 근친상간은 일어날 수 있을까. 형제들이 협력하여 막강한 힘을 가진 아버지를 살해하자 곧바로 그들 형제들 사이에 경쟁관계가 형성된다고 프로이트 스스로 얘기하고 있지 않은가.[270] 소포클레스의 비극 속에서는 오이디푸스 왕이 아버지를 살해하고 친모와의 근친상간이 일어난 것으로 그려지고 있지만, 형제들 사이의 항구적 경쟁관계가 있다고 설정하는 한에서는 어머니를 어느 누구가 독점적으로 차지할 수는 없다. 그러므로 부친살해와 근친상간 사이에는 차이가 있다. 그리고 부친살해 이후에도 형제들 사이의 투쟁, 전쟁은 오랫동안 지속되었을 것이다. 그 전쟁을 평화로 전환하려면 인간 의식과 윤리적 발전의 장대한 역사가 있어야 할 것이다. 지라르 스스로 주장하고 있듯이 이 희생양의 논리에 의할 때 형제는 거의 항상 적으로 나타나고, 상호적 폭력은 제3의 희생물이 있어야만 사라진

269) 지라르 2000: 116.

270) 부친살해는 부친의 육신을 먹는 행위로 나타난다는 주장에 대해서 엘리아데는 이렇게 설명한다. 미르치아 엘리아데(Mircea Eliade)에서 식인풍습: "그것을 먹기 위해서 제물을 희생시키는 것이 아니라, 희생시켰기 때문에 먹어야 하는 것이다. 똑같이 먹히는 모든 동물 제물들의 사정도 마찬가지이다. 식인이라고 해서 그다지 특별한 설명을 필요로 하는 것은 아니다. 여러 면에서 이것은 더 난해한 제의들을 해명해 준다. 인간이든 동물이든 희생물의 살을 먹어치우는 것은 모두, 결국에는 언제나 다른 폭력 즉 타인의 폭력에 기반을 둔 인간 영혼의 진정한 식인풍습인 모방욕망에 비추어 해석되어야 할 것이다. 열렬한 모방욕망은 항상 그 존재에 성스러움이 녹아들어 있는 모델-방해자가 구현하고 있는 폭력을 파괴하고 동시에 흡수하기를 원한다. / 이래서 우리는 그들의 희생물을 진짜 폭력의 화신으로 보려 하는 식인종들의 욕망을 이해할 수 있다. 희생물의 살을 먹어치우는 것은 당연히 그 제물을 희생에 처하고 난 다음에, 다시 말해서 일단 해로운 폭력이 이로운 실체로 완전히 변모하여 평화와 신선한 생명력과 풍요로움의 원천으로 완전히 개종하고 난 다음에 일어난다." 지라르 2000: 417-418.

다.[271)]

그렇지만 경쟁을 강조하는 지라르는 헤라클리트의 단장 60에서도 폭력을 확인한다.

"전투는 모든 것의 아버지이며 왕이다. 이것은 어떤 자들은 신처럼, 또 어떤 자들은 사람처럼 만든다. 어떤 자들은 노예로 또 어떤 자들은 자유인으로 만든다."[272)]

그리고 시원의 폭력을 그는 강조한다.

"라이오스(Laios)가 아버지이기 때문에 폭력적인 것이 아니라 그가 폭력적이기 때문에 아버지와 왕으로 인정받는 것이다. 헤라클리트가 '폭력은 모든 것의 아버지이자 왕'이라고 단언할 때, 그가 의미하고자 했던 것이 이런 것이었을 것이다."[273)]

"결국에는 오이디푸스가 라이오스를 죽이지만 애초에 오이디푸스를 죽이려고 했던 사람은 바로 라이오스였으며, 친부살해의 현장에서 오이디푸스를 향해 먼저 팔을 들어올린 사람도 바로 라이오스였다. 구조적으로 볼 때 이 친부살해는 상호교환에 포함된다. 보복의 세계 속에서 이것이 하나의

---

271) 지라르는 성서의 카인와 아벨의 서사에 대해서 이 맥락에서 설명하고 있다: "동생에 대한 카인의 질투는 바로 이 인물을 규정하고 있는 희생제의적 배출구의 부재와 밀접한 관계가 있다." 지라르 2000: 15. 그러나 나는 지라르와 다르게 이 서사를 이해한다. 그것은 사냥꾼의 시대에서 농부의 시대로 전환되는 과정을 그려내고 있다. 물론 그 속에는 형제의 투쟁, 전쟁사의 흔적이 있다고 해석할 수 있겠다.

272) 지라르 2000: 135에서 재인용.

273) 지라르 2000: 217.

보복일 뿐이다."[274)]

또한 절대권이라는 쿠도스라는 단어의 의미를 탐색하여 자신의 주장에 타당성을 부여하려 한다. '거의 신적인 마력', '신비로운 선택'이라는 뜻을 가진 쿠도스(kudos)라는 이 명사는 "전투의 내기 그리고 특히 그리스인들과 트로이인들 사이에 있었던 일대일 결투의 내기였다."[275)]

> "방브니스트는 〈인구제도사전〉에서 쿠도스를 '절대권의 부적'이라고 번역한다. 쿠도스는 폭력이 행사하는 마력이다. 폭력은 모습을 드러내는 곳마다 인간들을 유혹하고 동시에 소름끼치게 한다. 그런데 그것은 단순한 도구가 아니라 신의 발현(épiphnie)이다. 폭력이 나타나자마자 만장일치는 이것에 대항해서 혹은 이것의 주위에서 결국 어느 한쪽으로 기울이게 한다. 그것은 불균형을 야기시키며 운명을 어느 한쪽으로 기울게 한다. 폭력의 아무리 작은 성공도 눈덩이처럼 불어나서 저항할 수 없는 것이 되려는 경향이 있다. 쿠도스를 소유한 사람들은 자신들의 힘이 커진다고 여기며 그것을 박탈당한 사람들은 손이 묶이고 마비된다. 마지막으로 가장 강한 공격을 가한 사람, 그 순간의 정복자, 즉 타인들로 하여금 그의 폭력이 결정적으로 승리했다고 믿게 하고 스스로도 그렇게 생각할 수 있는 사람이 언제나 쿠도스를 차지한다. 승리자의 적수들은 저주를 피하고 쿠도스를 되찾기 위하여 각별한 노력을 하게 한다. / 경쟁이 모든 것을 파괴하거나 흐트릴 정도로 격심해질 때, 이 경쟁관계는 항상 어떤 대상을 향하고 있는데 그 대상이 바로 쿠도스이다. (중략) 그리스인들에 있어서의 신성이란 결국 폭력의 이 절대적인 효과일 뿐이다. 형용사 쿠도스는 신들이 항상 갖고 있는 어

274) 지라르 2000: 75.

275) 지라르 2000: 227.

떤 의기양양한 존엄성을 가리킨다. 인간들은 다만 일시적으로, 그리고 항상 '서로를 희생시킴으로써'만 이것을 누릴 수 있을 뿐이다. 신이 된다는 것, 그것은 영원히 쿠도스를 소유하면서 계속 그것의 확실한 주인이 되는 것인데 이런 일은 인간에게는 결코 일어나지 않는다."[276]

지라르는 프로이트가 소포클레스의 『오이디푸스왕』에 근거하여 자신의 모델을 구축하고 있는 것을 겨냥하여, 소포클레스의 『트라키니의 여인들』을 불러들인다.

"헤라클레스 : 난 네가 마땅히 해야 할 일을 시키고 있는 거야. '그게 싫다면, 넌 내 아들이 아니야, 차라리 다른 사람의 아들이 되어라.'
힐로스 : 아아! 슬프도다! 아버님은 절더러 어쩌란 말입니까? 아버님의 살해자, 아버님의 암살자가 되라니요!"[277]

"헤라클레스 : 아들아, 내 부탁은 이런 것이다. 내가 죽었을 때 네가 효성을 보이고 싶다면 나에게 선서한 맹세들을 지켜 그 여인 이올레를 너의 부인으로 삼아다오. '거절하지 말아다오. 그녀는 너와 함께 잠을 잔 여인이야. 나의 소원은 너 아닌 다른 자가 그녀를 소유하지 않는 것이란다.' 자 아들아, 그녀와 그러한 관계를 맺는 것은 너만이 할 수 있단다. 나를 믿어라. 중대사에 대해선 너는 내게 맹세했다. 그런데 하찮은 것들 때문에 그것을 저버리는 것은 지금껏 네가 행한 효행마저 무효로 하는 것이다.
힐로스 : 아아! 죽어가는 자에게 화를 내는 것은 틀림없는 죄악일 테지만, 그렇다고 그의 이런 생각을 알면 누가 그의 편을 들어줄 수 있단 말인

276) 지라르 2000: 228f..
277) 지라르 2000: 285.

가?"[278]

"힐로스 : 아아! 불쌍히 여기소서! 저는 너무나도 괴롭나이다.

헤라클레스 : 그건 다 네가 아버지의 말을 안 듣기 때문이란다.

힐로스 : 제게 불효를 가르쳐 주시는 분이 바로 아버지가 아니십니까?

헤라클레스 : 나의 욕망을 만족시키는 것은 결코 불효가 아니니라.

힐로스 : 그렇다면 그건 돌이킬 수 없는 명령이십니까?

헤라클레스 : 그렇다. 신에게 약속하마.

힐로스 : 그렇다면 아버님을 따르겠습니다. 아버님을 거역하고 싶지는 않습니다. 그러나 세상 사람들에게 이 행동은 아버님 때문이라는 것을 널리 알릴 것입니다. 저는 아버님께 복종함으로써 죄인이 될 수는 없습니다.

헤라클레스 : 그래, 아주 잘 생각했구나……."[279]

요컨대, 지라르는 폭력의 시원을 프로이트가 리비도적 충동에서 찾고, 더구나 그것을 가족 모델에서 구성했다는 것을 비판한다.

"기본가족은 요지부동의 단위가 아니다. 그것은 결혼에 근거하고 있기 때문이다. 처음부터 타고난 것이라기보다는 그것은 이미 하나의 합성물이다. 그러므로 그것은 출발점이 아니라 종점이다. 다시 말해 그것은, 생물학적인 어떤 필연성에 의해 결합된 것이 아니라 집단간의 교환의 결과이다."[280]

그리고 지라르는 레비스트로스의 분석에 기대어 프로이트의 정신분석학 모델의 타당성에 깊은 의문을 던진다.

---

278) 지라르 2000: 285에서 재인용.

279) 지라르 2000: 286에서 재인용.

280) 지라르 2000: 334.

"특정한 결합양식에 의해서만 그리고 그것을 통해서만 혈연관계가 성립되고 지속될 수 있다. 바꾸어 말해서 래드클리프-브라운이 말하는 '제1열'의 관계들은 그가 말하는 이차적, 파생적 관계들에 의해 결정된다. 인간 혈연관계의 근본적인 특성은 존재조건과 마찬가지로 래드클리프-브라운이 '기본가족'이라고 부르는 것의 관계설정을 필요로 한다는 것이다. 따라서 진정으로 '기본적인' 것은 따로 독립된 가족들이 아니라 이것들 사이의 관계이다."[281]

프로이트와는 달리, 지라르는 소포클레스의 『오이디푸스 왕』을 집단적 박해의 논리로 읽는다.[282] 지라르는 국가/사회의 시원에는 폭력이 있다고 설정하는 발상에서는 프로이트와 차이가 있는 것이 아니다. 그 폭력의 종류가 어떠한 것인가에 대해서 차이가 있다. 자라르는 집단적 박해로 파악한다.

그런데, 집단적 박해의 주체가 형성되어야 하는데, 그 주체가 형성되려면 무엇이 필요한가. 일종의 인과적 사유의 형성이다(주술적 사유는 인과성을 근본주의/본질주의적으로 확정해버리는 데 오류가 있다. 인과성을 부정하려는 것이 아니다.). 그렇다면, 지라르가 설정하는 그 박해의 주체는 사회의 탄생 이후에야 형성 가능하지 않은가. 문제는 인과적 사유 그 자체의 시원을 설명하는 그것이다. 지라르는 사회의 성립 이후에서야 나타날 특정한 역사적 형태의 국가의 신화를 설명하는 것에 다름 아니다.

성스러운 것은 미리 탈역사적으로 존재하는 것이 아니라 역사적 과정을 거쳐서 변형되면서 형성된다. 그런데 그러한 성스러운 것의 역사적 사

281) 레비스트로스, 『구조인류학』의 말을 지라르 1993: 334에서 재인용.

282) 르네 지라르, 『희생양』, 민음사, 1998.

례들 가운데 사케르(sacer)도 있다. 그것은 사형보다도 강한 처벌로 판단했던 국외[영토밖]추방이었다. 그것은 오염[전염]과 관련 있다는 설명에 주목해 볼 필요가 있다.

전염에는 긍정적인 것과 부정적인 것이 있다. 부정적인 것은 죽음에 이르게 하는 강력한 폭력이다.

불순한 것을 배제, 격리하려는 강제력이 생겨나는데, 나쁜 것의 전염, 오염에 관한 관념이 순수한 것을 설정하여 방어하려는 메커니즘으로 나타난다.

> "순수한 것과 불순한 것이 뚜렷이 구별되는 한, 우리 아무리 큰 오점이라도 씻어낼 수 있다. 그러나 일단 그것이 뒤섞이게 되면 우린 더 이상 어떤 것도 순화시킬 수 없게 된다."[283)]

유리피데스의 비극 『이온』에서 지라르는 순수한 것이 있었다는 예증을 읽어낸다.[284)]

> "노인 : 그 여신의 이중 능력을 어떻게 거기에 담았습니까?
> 크레우스 : 칼을 깊이 찔렀지. 그러자 저 깊이 있던 피가 한 방울 솟더군.
> 노인 : 그걸 어디에 쓸 겁니까? 그 효력이 뭡니까?
> 크레우스 : 이 피는 병을 낫게 하고 힘이 솟게 하지.
> 노인 : 그러면 두 번째 피는 무슨 효력이 있나요?
> 크레우스 : 이건 사람을 죽게 하지. 고르곤느의 뱀 독이잖아.
> 노인 : 그 피 두 방울을 따로 가지고 왔습니까, 아니면 한데 갖고 왔습니까?

283) 지라르 2000: 60.

284) 유리피데스, 『이온』(Ion)을 지라르 2000: 60에서 재인용.

크레우스 : 따로 가져와야지. 보약과 독약을 섞는 사람이 어디 있나."

또한 헤라클레이토스(Héraclite)의 단장 5에서도 그러한 사례의 예를 발견한다.

> "진흙으로 목욕한 후에 진흙으로 몸을 닦으려는 사람과 마찬가지로, 그들의 피로써 자신을 더럽히면서 그것으로 자신들을 순화시키려 애써 봐야 소용없다. 이를 지켜보는 사람들은 얼마나 그를 어리석게 여길까! 이것은 바로 신이 누군지도 모른 채 막무가내로 벽에다 대고서 기도드리는 것이나 같다."[285]

쌍둥이 출산에 대한 공포도 전염 관념과 친화성이 있다고 한다. 달리 말하면, 순수성의 패턴 유지는 순수하지 못한 것들을 격리시키는 정치로 나아가게 한다.

> "폭력의 쌍둥이는 출현하자마자, 희생위기를 만들어내는 번식에 의해서 급속도로 전파된다. 필요한 것은 이 급속도의 전염을 막는 것이다. 따라서 생물학적인 쌍둥이에 대해 취할 수 있는 첫 번째 조처는 전염을 피하는 것이다. 쌍둥이를 살려두는 것이 위험하다고 판단한 사회가 그들을 내쫓는 것만큼 쌍둥이의 위험성을 더 잘 말해 주는 것은 없을 것이다. 사람들은 쌍둥이를 '버린다'. 다시 말해서 그들을 공동체 밖으로, 그들이 죽음과 직면할 수밖에 없는 장소와 상황 속으로 내던진다. 그러나 '저주받은 자'에 대한 직접적인 폭력행사는 신중하게 삼간다. 해로운 전염에 빠지는 것을 두려워하기 때문이다. 쌍둥이에 대해서 폭력을 행사하는 것, 그것은 이미 끝없는 복수

285) 지라르 2000: 67에서 재인용.

의 악순환 속으로 들어가는 것이며, 해로운 폭력이 쌍둥이를 탄생시키면서 공동체에 쳐놓은 함정에 빠지는 길일 것이다. / 쌍둥이를 몹시 두려워하는 사회에서 이것과 관련된 관습이나 규칙 그리고 금지사항의 총목록은 아마도, 불순한 전염이라는 공통분모를 갖고 있을 것이다."[286]

쌍둥이 공포는 차이의 부재/부존에 대한 공포, (위계) 질서의 불안정에 대한 두려움, 전염, 같게 되는 것에 대한 공포(그것은 자아정체성의 해체에 대한 공포)에 근거한다. 로마 건국의 신화에 나타나는 로물루스(Romulus)와 레무스(Rémus) 사이의 투쟁, 즉 로물루스는 동생 레무스를 살해하는데 그것은 쌍둥이 공포에 속한다.[287] 근친살해에서 폭력성은, 그것의 권위로 전형된다.

"쌍둥이는 학살에 도취된 전사, 근친상간을 범한 죄인 또는 월경중인 여성과 똑같은 이유로 불순하다. 그리고 모든 형태의 불순함은 폭력으로 귀결되기 마련이다."[288]

지라르에 의하면 그들에게 있어서는 여성의 월경이 순수성에서 벗어난 것[289]처럼 쌍둥이 역시 불순함의 징표이다.

---

286) 지라르 2000: 88.

287) 상징의 의미론이 형성되는 과정에 대해서 원래는 하나였던 것이 둘로 쪼개어 졌던 것을 다시 두 조각을 붙여 보아 서로 신분을 확인하는 징표로 삼는 것은 이같은 쌍둥이 공포가 신성한 것의 전형으로 나타나는 과정을 반영하고 있는 것으로 그는 파악한다. 지라르 2000: 97.

288) 지라르 2000: 89.

289) 월경이 불순하다는 생각은, 출혈이라는 보다 더 일반적인 범위에서 이해되어야 한다. 그렇지만 특별한 점이 있는데 그것은 섹슈얼리티와 관련되어 있다.

긍정적인 것은 대역죄인의 권능이, 위력이 전수될 수도 있는 그것이다.

"권력을 가진 자, 그 자신은 찬란하고도 엄격한 격리 속에 들어가 있게 된다. 그와의 모든 접촉은 그를 건드린 무모한 자에게 치명적인 타격을 가하게 된다."[290)]

폴리네시아의 사례에 대한 보고 내용 역시 그러한 예증이다.

"폴리네시아에서는 신성한 인물에게 손을 대는 자는 몸이 붓고 죽게 된다는 것이다. 그를 노리고 있는 죽음을 막기 위해서 그 죄인이나 무모한 자는 그 우두머리에게 다시 자신이 그의 몸에 손을 댈 수 있도록 허락을 받아내는 일 외에 다른 방법이 없다. 그렇게 함으로써 그는 그 성스러움을 되돌려 보내게 된다. 부당하고 위배된 접촉의 불길한 힘은, 받아들여지고 허락된 접촉에 의해 파괴된다."[291)]

지라르의 폭력론은 정치공동체가 종교공동체의 신정정치 형태로 나타나게 되는 과정을 기능주의적으로 논리적으로 설명한다: 가장 위대한 인물 혹은 그 대체인 동물을 희생하는 제의와 더불어 공포가 생겨나서 공동체는 유지될 수 있다는 것이다.

"희생제의는 공동체 전체를 그들의 폭력으로부터 보호하는 것이며, 폭력의 방향을 공동체 전체로부터 돌려서 외부의 희생물에게로 향하게 한다는 말이다. 희생제의는 도처에 퍼져 있는 분쟁의 씨앗들을 희생물에게로 집중시

290) 카이유와 1996: 136. 그 다음 페이지들도 읽어보라.
291) 카이유와 1996: 139.

키고, 분쟁의 씨앗에다 부분적인 만족감을 주어서 방향을 딴 데로 돌려 버린다."[292)]

"희생양 메커니즘은 이중의 구원자이다. 이 메커니즘은 만장일치를 실현시킴으로써 모든 차원의 폭력을 침묵시킨다. 그리고 이것은 가까운 사람들끼리 싸우는 것을 막고 인간의 진실이 드러나지 못하게 하면서 그 진실을 이해할 수 없는 성스러움인 양 인간세계 밖에 위치시킨다."[293)]

고대 그리스에서 재앙이 덮쳤을 때(대체로 전염병일 때가 많았다), 인간 희생물, 파르마코스(Pharmakos)를 준비하여 그 원흉으로 몰아 처형함으로써 민심을 수습하고 안정을 되찾았다. 유리피데스(Euripide)의 『메데이아』, 소포클레스(Sophocle)의 『아쟈스』 등에서 확인할 수 있다. 그런데, 희생제의에서 인간희생과 동물희생 사이에 본질적인 차이는 전혀 없다. 상호대체가 가능한 경우가 많다.[294)] 그렇다면 인간과 동물의 차이에 주목하는 범주화가 일차적이 아니라 다른 범주에 따라 분류하는 것이다. 그것은 무엇인가? 인간이라는 장르를 우선시하는 이 범주화에서 가치가 발생한다.

"희생을 인간과 동물이라는 두 범주로 나누는 구분 자체에 이미 제의의 엄격한 의미에서의 희생적 성격이 녹아들어 있다. 이 구분은 사실 동물은 희생될 만한 것인 반면에 인간은 희생에 아주 부적절하다는 생각, 가치판단에 근거를 두고 있기 때문이다. 여기에는 이 제도에 대한 인지불능을 지속시키는 희생의 유물(survivance sacrificielle)이 들어 있다. 단순히 이 인지

292) 지라르 2000: 19.

293) 지라르 2000: 416.

294) 지라르 2000: 23.

불능에 기반을 둔 가치판단을 거부하는 것이 문제가 아니라, 일단 이것을 괄호 안에 넣고서 이것 자체가 아닌 전체 속에서 고려한 희생제도의 지평에서 이것이 자의적이라는 것을 인정하는 것이 문제이다. 명시적으로나 암시적으로나 구분을 없애고서, 희생물 선택의 기준이 있다면 그 기준을 찾아내고, 보편적인 원칙이 있다면 그 원칙을 추출해내기 위해 인간희생과 동물희생을 같은 지평에 놓고서 이해해야 한다."[295]

동물과의 유사성이 있다고 할 때 그 기준은 인간이다. 인간을 닮은 그것 때문에 희생양이 될 수 있다. 사람과 동물을 철저하게 동등하게 평가하는 것이 아니다. 파르마코스의 논리에서 보자면 정상 인간에서 일탈된 준인간성이 희생양으로 등장한다면, 여전히 척도는 인간이 아닌가? 정상적 인간. 여기에서 정상적이지 않은 인간에 어떤 것이 포함될 수 있었는가.

우선, "사회에서 배제되었거나 그 속에 거의 속하지 못하는 사람들이 있다. 대부분의 원시사회에서 아이들이나 성인식을 거치지 않은 청년들은 그 사회에 속하지 못했으므로 권리나 의무도 거의 없었다. 그러므로 사회와 그 구성원 사이의 관계나 그와 유사한 관계를 그 사회와 갖지 못하는 사회 외부 혹은 주변의 사람만을 문제삼기로 한다. 그들은 이방인, 적이라는 자격 때문에 혹은 나이나 노예라는 신분 때문에 이 미래의 희생물들은 사회에 대해 충분히 이의를 제기할 수 있는 형편이 아니었다."(어린 아이를 희생제의로 사용했던 것은, 그것의 순수성 때문이 아니라 정상성 일탈과 복수라는 맥락에서 이해되어야 한다.) 파르마코스의 논리.

그리고, 왕 역시 정상성에서 일탈된 존재였다. "마치 파르마코스가 '낮은 것'(par le bas)으로 사회에서 유리되어 있듯이 왕은 '높은 것'(par le

295) 지라르 2000: 24.

haut) 때문에 사회에서 벗어나 있다."[296] "왕에게는 궁정광대라는 신분의 말동무가 있다." "모든 점에서 이 궁정광대는 확실히 '희생될만하며' 왕은 그에게 자신의 노여움을 풀 수 있다."

욕망은 미메시스적이고 "형이상학적"이라는 그의 명제는 다음 두 이론적 전선에서 정초되었다. 하나는 욕망은 자발적이고 자율적이라고 믿는 낭만적, 모던한 인간이 얼마나 쉽게 허물어질 수 있는가 하는 전선이고, 다른 하나는 갈등이나 투쟁은 변증법적이라는, '정신의 영역'을 개시한다는 헤겔적 이념, 다른 말로 하면 부정은 결정적(determinate)이라는 헤겔적 이념을 거부하는 전선이다.

형이상학적 욕망은 대상을 향한 욕망이 아니라, 타자, 매개자(mediator)가 욕망하는 바를 향한 욕망이다. 그러므로 비밀스럽게 모델로서 전도하여, 타자는 경쟁자이자 장애가 되는 것이다. 이 매개자와 주체는 밀접하게 근접하게 되고, 이 양자 사이에는 더 사회적인 평등이 있게 되어 부상하게 된다.

자라르에게서는 '희생자 이미지'는 욕망의 내적 매개의 전염으로 이해되고 있다. 각자 모두가 자신의 이웃으로부터 자신의 욕망들을 잡으려 한다. 그리하여 욕망은 공유된 것(being schared)에 의해서 재이중화된다. 모방의 이중화 혹은 상호적이거나 부정적 매개화가 모던 사회를 규정하고 있다.

욕망의 이 미메시스적 본질에 대한 지식에서 주인-노예 관계가 생겨난다. 자신의 욕망을 숨기고 가장함으로써, 그리고 자신이 느끼지 않고

---

296) 지라르 2000: 25.

있는 욕망을 향한 의도를 보임으로써 경쟁자적이며, 노예화된 타자의 욕망을 부추김으로써, 주인과 노예의 빠른 역할 교체는 교묘하게 가동된다.[297)]

프로이트에서처럼, 지라르에게서도 여전히 가족이 원형적 모델이다. 가족 모델에서는 가장은 군주이고 주인이다.

2. 로즈의 해석

로즈(Rose)는 지라르를 비판한다: 키에르케고르는 지라르와는 다르다.[298)] 로즈에 의하면, 키에르케고르(Kierkegaard)의 윤리적인 것의 유예/중지(suspension of the ethical)는, 지라르와 같은 폭력의 귀결을 피하게 한다. 사랑과 법과의 난폭한/격렬한(violent) 만남에 대한 개인의 믿음(faith)의 발전을 주목하고 있기 때문이다; 헤겔의 현상학적 주인-노예 변증법은 윤리적인 것을 유예하고 있는데 그것은 양자 사이의 오인하는 자아의식(misrecognizing self-consciousnesses) 사이의 폭력이 죽음, 노예성(enslavement), 노동(work) 혹은 비행복(unhappiness)에 의해 어떻게 고착될 것인지를 밝히고 있다; 그리고 그 다음에는, 이러한 발전 변증법은 '윤리적 삶'의 복원된 맥락에서 『안티고네』로써 재설명되고 있다; 키에르케고르나 헤겔 모두 윤리적인 것을 선차적으로 유예시키고 있는데 형성체(a formation), 교육(Bildung)을 갈등(agon)으로서의 표상(재현, representation)으로 도입하고 있다. 이런 과정에서 "폭력"은 자신을 내기에 거는 것과, 경험 그 자체와 분리될 수 없다. 행동과 열정의 선차

297) Gillian Rose, *The Broken Middle. Out of our Ancient Society*, Blackwell, Oxford UK & Cambridge USA, 1992. Rose 1992: 143-144.

298) Rose 1992: 150-151.

적인 저항.

> "'폭력' — 이것은 희생이 아니라 위험이다 — 없이는, 언어, 노동, 사랑- 삶 - 이 살아 있지 않을 것이다."[299)]
> "'폭력'은 법에 선행하는 것으로 있는 것이 아니라, 법의 요청(the call of law)로서 전제되어 있다."[300)]

폭력과 권력을 구별했던 아렌트가 밝히고 있듯이, 독일어 Gewalt는 이 양자의 구별이 완전히 희미하다.

로즈는 모든 자와 모든 일자를 주의 깊게 구별하고,[301)] 지라르에게서 숨은 폭력 없는 아가페[302)]를, 폭력 없는 그리스도교의 사랑 축제의 시원을 읽어 내려 한다.[303)] 지라르에 의하면, 폭력은 평등자들의 경쟁에서 일어나고, 차이를 부추김으로써 사회적 질서를 정초하고 재정초하는 희생 메커니즘(a victimage mechanism)에 의해서만 정지될 수 있다(terminable); 이 반클리마쿠스(Anti—Climacus), 영혼의 박사에게는, 폭력은 모든 자와 모든 '일자'(everyone and every 'one') — 전체 세계보다 아마도 더 강한 — 사이의 불평등의 결과이다.

요한네스 드 실렌티오(Johannes de silentio)에게는, 폭력은 윤리적인 것을 몰수한 결과이지 윤리적인 것의 유예/중지한 결과가 아니다. 이 방

299) Rose 1992: 151.
300) Rose 1992: 151.
301) Rose 1992: 155.
302) 안데르스 뉘그렌(1890-1978)의 Agape and Eros에 관한 연구를 참조하라.
303) Rose 1992: 147.

식이 이삭의 '희생'을 이해하는 유일한 길일 것이다.[304] 아브라함과 이삭의 얘기는 이런 의미론적 전형에서 희생 사례로 간주되어 왔다. 로즈에 의하면, 유대교 전통에서는 이삭은 결속이다(Issac is bound)[305]는 사실을 기억할 필요가 있으며, 그리고 『공포와 전율』의 요한네스 드 실렌티오(Johannes de silentio of Fear and Trembling)에서는 (윤리적인 것)의 중지/유예/정지가 "사건"으로 일어났었는데, 이삭 서사는 우리에게 두 번째 손에 대한 증언에서 동시대적 증언으로 우리를 전형하고 있다.

로즈는 예리하게 윤리적인 것의 중지/유예/정지(the suspension of the ethical)와 윤리적인 것의 폐기(the abolishing of the ethical)를 구별하고, 윤리적인 것이 "중지/유예/정지" 된다는 것을 설정하는 것은, 윤리적인 것이 항상 이미 전제되어 있다는 것을 인정하는 것임을 주장한다.[306]

3. 아감벤과 지라르: 희생양 신화

성서에 지라르가 관심을 돌리기 이전에 프로이트(Freud)를 연구 중심 테마로 삼고 프레이저(Frazer), 뒤르켐(Durkheim) 등을 참조하여 종교에 대한 새로운 이론을 추구했다.

> "지라르에 의하면, 모든 종교적 행태는 모방적 경쟁의 현상에 의해 지배받는다. 지라르에게 있어서는 우리는 모방을 통하여 타자들이 욕망하는 바를

---

304) Rose 1992: 155.

305) Akedah 는 결속함("the binding")을 의미한다. 물론 결속함은 쉽게 속박으로 번역될 수 있었다.

306) Rose 1992: 148.

우리가 욕망하며, 이것은 타자들을 위한, 우리가 대체하려는 타자들을 위한 욕망에 의해 가끔 복잡해진다. 그러므로 갈등들은 통상적으로는 중복들(복제들, doubles) 사이에 있고, 원시적 사람들은 그들의 밀집한 유사성들에 대한 공포에 대한 논리를 보여준다. 그것의 위험은 로물루스와 레무스와 같은 경쟁하는 쌍둥이의 얘기들 속에 반영되어 있다. 하지만 차이에의 의지는 악의적이고 적대적이다. 왜냐하면 그것은 이런 저런 고려에서 볼 때 유사한 라이벌로부터 자신을 구별하려는 욕망이기 때문이다. 갈등은 그것이 유사성에 뿌리를 두고 있음에도 분화한다."[307]

지라르의 프로이트 비판은 다음과 같이 압축할 수 있다:

첫째, 프로이트에는 모방개념이 거의 없고, 그 대신에 동일시 개념이 있다는 것이다.

둘째, 원시사회에서 프로이트가 주장하고 있듯이 섹슈얼리티가 가장 근본적인 것이 아니라는 것, 즉 리비도론이 아니라 희생물 메커니즘이 본질적이라는 것이다.[308] 지라르는 프로이트를 비판하면서, 프로이트가 오이디푸스 콤플렉스 모델에서 주장하고 있는 근친상간이 모든 문화에서 환원할 수 없는, 가장 원초적인 사건이 아님을 주장한다.[309] 지라르는 절대적 폭력의 무차별화 현상을 주장한다; 대상 관계는 부차적일 뿐이다. 지라르는 인간은 동물보다 더 강하게 폭력적인 존재인 것 같다.

셋째, "대상에만 집착하는 욕망 개념을 완전히 포기하고, 폭력 '모방'의 **무한성**을 인정하기 위해서는, **무한한** 잠재력을 갖고 있는 이 폭력은 희생양 메커니즘 속에서 억제될 수 있다는 것을 동시에 이해해야 한다는 것이

---

307) Milbank 2006: 395-396. 제복은 집단 내부의 동질성과 외부와의 차별성을 동시에 추구한다. 한 민족의 복장은, 내부의 동질성과 외부와의 차별성을 동시에 표현한다.

308) 르네 지라르, 『폭력과 성스러움』, 민음사, 2000.

309) 지라르 2000: 176-179.

다. 인간에게는 사회생활과 양립할 수 없는 어떤 욕망이 존재한다는 것을 가정한다면, 필히 그 욕망을 꼼짝 못하게 하는 어떤 것이 있다는 것도 당연히 가정해야 할 것이다. 결국 휴머니즘에 대한 환상을 피하기 위한 단 하나의 필요조건은, 인류의 종교에 대한 근본적인 종속을 인정해야 한다는 것이다. 그런데 이것은 또한 현대인들이 수락하기를 거부하는 단 하나의 조건이기도 하다. 프로이트도 이 조건을 수락하려 하지 않았다는 것은 분명하다. 다른 사람들과 마찬가지로 쇠퇴해 가던 휴머니즘에 사로잡힌 그는 이리하여 자신이 예고하고 준비하던 어마어마한 지적 혁명을 상상도 못하고 있었다."[310]

폭력 모방의 무한성이 타당성이 있다면, 폭력의 초월은 지라르에서 불가능할 것이다. 왜 폭력 모방이 무한한가? 그 이유는 지라르가 폭력 모방의 물적 조건들과 그 역사적 전형과정에 주목하지 않기 때문이다.

지라르는 인류사에 지속되어온 폭력의 원천과 그 역사를 밝혀냄으로써 폭력을 극복할 수 있다고 판단하는 것 같다. 지라르는 폭력성의 시원을 고고학적으로 탐구할 것을 요청하면서 사실상에 있어서는 희생양의 과학적 극복을 주장한다:

> "오늘날 사고는 병들어 있다. 그것은 그것이 '살아 있는' 얼마 안되는 곳에서 분명한 병리학적 징후들을 나타내고 있다. 사고는 원 — 비극에서 유리피데스가 이미 묘사했던 원 — 속에 사로잡혀 있다. 사고는 원 밖으로 나가려 하지만 실제로는 점점 더 깊이 거기에 빠져든다. (……) 사고가 이것을 피하려면 이 원을 벗어나야 하는 것이 아니라, 가능하다면 광기에 빠지지 않고, 오

310) 지라르 2000: 327. 강조는 인용자.

히려 그 중심에 도달해야만 가능할 것이다.(……) 사고가 중심에 도달하게 되면 이전에 행한 희생제의들이 덧없었다는 것을 간파하게 될 것이다. 또한 신화적 사고는 신화를 비판하면서 그 신화의 기원으로 거슬러 올라가는 사고와 본질적으로 다르지 않다는 것을 알게 될 것이다. (……) 불안해하지 말자. 우리의 '탐구'는 결국 목표에 도달할 것이며 우리의 방향도 언젠가는 끝날 것이다.(……) 갈수록 인간은 자기 스스로에 의해서 혹은 인간 자신이 밝혀줄 폭력과 그 진실에 의해서, 바로 이 폭력과 진실 앞에서 전면적인 파괴를 택할 것인지, 아니면 폭력의 전면적 포기를 택할 것인지 하는, 처음으로 분명하고도 완전히 과학적인 선택의 기로 앞에 처하게 된다."[311]

그런데 폭력 실태를 알아내었다고 해서, 곧바로 그 실태가 극복되는 것은 아니다. 인간이면 누구나 죽음에 이르게 된다는 실태를 알아내었다고 해서, 인간의 죽음이 극복되는 것은 아닐 것이다.

지라르의 폭력론에서 경쟁이 본질적이다. 그런데 경쟁의 물적 조건들에 대해서는 그는 소홀히 한다. 프로이트에서는 동일시는 아버지와의 동일시로 나타나지만, 그 아버지는 보편적 아버지가 아니라 일회적인 아버지와의 동일시라는 점에서, 그 유일한 아버지와 어머니를 대체할 수 있는 대상은 존재하지 않는다. 그런데 지라르에서는 이러한 프로이트를 부정하고 있으며, 매우 일반적인 경쟁적 모방을 설정하고 있는 것이다.

그리고, 모방은 왜 인간의 욕망에 대한 모방인가? 주술적 사유에서는 인간과 동물 사이, 그리고 타 종족의 인간을 자신과는 질적으로 다른, 그리고 다른 동물과도 차이가 없는 것으로 간주하는 사례가 있다. 지라르에

311) 지라르 2000: 361-363. 너무 길게 인용하지 않기 위해서 중략들을 단행했다. 가급적 원문의 전체를 읽어 줄 것을 요청한다.

게서 모방 욕망은 인류 개념이 전제되어 있는 셈인데, 그것은 원시적 사유에서, 신화적 사유에서, 그 개념은 온전하지 않았다.

이제 지라르의 희생양 논리는 어떻게 구성되어 있는지를 파악해 보자. 지라르의 희생물 메커니즘은 "단 한 사람에 대한 증오"에 대한 만장일치로 구성된다. 이 논술에 대해 우리는 의문을 제기할 수 있다.

우선, 만장일치가 어떻게 이루어질 수 있는가? 아주 소규모의 원시적 부족사회에서는 만장일치가 가능할 수 있다고 할지라도, 오늘날과 같은 복합적인 대규모의 국가에서는 어떻게 만장일치가 가능한가? (그리고 전자의 경우에도, 만장일치의 역사가 있었을 것이다. 만장일치에서 벗어나 있는 저항하는 인물(들)에 대해서는 가혹한 폭력이 행사되었을 것이다. 그것은 전체주의에 속한다. 물론 원시적 부족사회에서는 중간 조직체는 없었다.)

그리고, 그 단 한 사람은 평범한 어느 누구나일 수는 없다. 탁월한 인물/존재여야 했다. 이 탁월성을 판단하는 사유와 능력은 사회의 시원에서 어떻게 가능했다는 것인가?

지라르의 희생물 메커니즘은, 이미 사회가 형성된 다음에서야 일어날 수 있는 종류의 것이다. 사회를 형성하여, 복종하는 사람들을 이미 가지고 있는 곳에서야, 폭력의 모방이 일어날 수 있다. 모방의 대상이 없고서는 모방할 이유도 없다. 사람들을 결속하게 하는, 정치적 공동체를 형성하게 하는 그것은, 절대적 폭력일 수는 없다.

희생양은 공동체와 그 외부 세계 사이의 경계에 속해 있는 듯하다.[312)]

---

312) 김모세, 『르네 지라르. 욕망, 폭력, 구원의 인류학』, 살림, 2008. 김모세 2008: 204.

집단폭력의 희생양에서 가장 중요한 요소는 희생될 수 있는 것이 복수할 수 없는 것이어야 한다는 것이다. 지라르는 『폭력과 성스러움』에서 폭력 상태에 대한 대안을 복수 없는 용서론으로 모색하는 모습을 보여준다.

> "폭력의 구미에 맞는 양식을 제공해 주기 위해서 모든 희생물, 심지어 동물 희생물도 그것이 대신하고 있는 것들과 비슷해야 한다. 하지만 이 유사성은 완전한 동화에까지 이르러서는 안 되며, 재앙과 같은 혼란으로 나아가서는 안 된다."[313]

집단적 폭력의 희생제의라는 사닥다리를 타고, 인간은, 그 희생양 메커니즘에서 벗어날 수 있다. 그것은 이제 무의식 층위에서 기억되고 있다.

> "이제부터 부당한 박해가 있는 그대로 폭로되지 않는 희생자는 더 이상 없을 것이다. 왜냐하면 어떠한 신성화도 가능하지 않기 때문이다. 어떠한 신화 창조도 박해를 변형시키지 못할 것이다. 복음서는 그 어떤 '신화화'도 불가능하게 만든다. 왜냐하면 초석적인 메커니즘을 드러내 보임으로써 복음서는 그런 메커니즘이 기능하는 것을 방해하기 때문이다."[314]

기독교 복음서의 용서론에 대해서 충분하게 깊이 있게 개진하고 있지는 않고 있고, 그에게 나타나는 문제는 밀뱅크가 지적하고 있듯이 지라르에서는 기능적 양식에서 기독교와 이전의 종교적 희생양제의와 근본적 질적 차이가 없다는 것이다.

---

313) 지라르, V. S.[=La Violence et le Sacré, 1972], 23-24; 김모세 2008: 205에서 재인용.

314) 지라르, 『세상의 처음부터 감추어져 온 것들』, p.254를 김모세 2008: 300-301에서 재인용.

"아폴로니우스의 선동으로 일단 누군가가 첫 번째 돌을 던지고 나면, 그 돌을 모방한 두 번째 돌은 더욱 빨리 던져진다. 그리고 세 번째는 더 빨리 던져지는데, 이제는 모델이 하나가 아니라 둘이 되었기 때문이다. 그 다음도 마찬가지 방식으로 진행된다. 모델의 수가 점점 많아질수록 돌을 던지는 리듬도 더욱 빨라진다."[315)]

집단적 폭력, 투석의 악순환에서 예수는 벗어나는 길을 제시했다. "너희 중에 죄 없는 자가 먼저 돌로 치라"는 예수의 말은 이 맥락에 있다. "'죄 없는 자가 먼저 치라'는 명령은 곧 돌을 던지려고 하는 박해자들 자신에게 죄가 있다는 사실을 암시한다. 신화가 박해자들의 관점에서 숨기고자 했던 폭력의 진실을 예수는 이 한마디의 명령으로 완전히 폭로하고 있는 것이다. 폭력의 어두운 곳에 빛을 비추는 이 한마디, 감추어진 진실을 드러내는 이 한마디로 희생양 메커니즘은 원동력을 잃게 된다."[316)]

"공동체에는 많은 개인들이 있다 보니 거기에 모방적 폭력이 없을 수는 없습니다. 그렇다고 모든 개인이 다 모방 욕망에 무방비 상태로 끌려 다니는 것은 아닙니다. 예수도 거기에 저항했습니다. 자유를 말한다는 것, 그것은 곧 인간이 모방적 메커니즘에 저항할 수 있는 가능성을 상기시키는 것입니다."[317)]

"최고의 모델 두 가지가 있는데, 바로 사탄과 그리스도입니다. 참된 자유는 사탄에서 그리스도로 개종하는 데에 있습니다. (중략) 바울이 '우리는 묶여 있지만 자유롭다'고 한 것도 이러한 이유에서입니다. 우리는 언제나 전적

315) 지라르, je vois, p.94를 김모세 2008: 292에서 재인용.

316) 김모세 2008: 293.

317) 지라르, O.C.[=문화의 기원], p.137를 김모세 2008: 307에서 재인용.

으로 개종할 수 있기 때문에 자유롭습니다. 달리 말하자면 우리는 모방적 만장일치에 빠지는 것을 거부할 수 있는 것입니다. 앞서도 이야기했지만 개종한다는 것은 자신이 박해자라는 사실을 인정한다는 것을 의미합니다. 그것은 또한 그리스도 혹은 그리스도와 비슷한 사람을 우리 욕망의 모델로 선택한다는 것을 의미하기도 합니다."[318]

지라르는 그리스도와 사탄을 대비시키고, 모방에 저항했던 예수를 대안으로 제시하는데 그 논거는 신학적으로나 철학적으로 충분하게 해명되지 않고 있다. 그리고 한편 사탄에 대해서 그는 다음과 같이 설명한다:

"**사탄은 모방 시스템 그 자체**이며, 이 시스템이 인간관계를 지배하고 있습니다. 바로 이것이 이 모든 것의 가장 깊은 뜻입니다. 우리는 영원히 모방적일 테지만, 그렇다고 사탄과 같은 식으로 모방해서는 안 됩니다.['마음을 다하고 지혜를 다하고 힘을 다하여 하느님을 사랑하는 것과 이웃을 제 몸같이 사랑하는 것이 모든 번제물과 희생제물을 바치는 것보다 훨씬 더 낫다.' 〈마가복음 12: 29-33〉] 우리는 영원한 모방적 경쟁에 들어가지 않아야 합니다. 우리는 우리 이웃을 비난해서는 안 됩니다. 그를 잘 알고 나면 우리는 충분히 용서할 수가 있습니다."[319]

모방에 대해 저항하는 예수를 대안으로 제시한다는 것은 예수를 모방하라는 주장이 아닌가. 그러나 모방 시스템 그 자체가 사탄이라면, 예수를 모방하는 삶 자체가 사탄적이 된다는 것에 다름 아니다. 지라르는 모방(mimesis) 개념을 잘못 파악하고 있음이 분명하다.

---

318) 지라르, O.C., p.138을 김모세 2008: 308-309에서 재인용.

319) 지라르 2006: 145-146. 강조는 인용자.

지라르는 종교적인 것의 유용성을 인정한다[320]:

> "종교적인 것은 결코 **쓸모없는** 것이 아니다. 그것은 폭력을 비인간화시키며 인간을 폭력으로부터 보호하기 위해 인간에게서 폭력을 떼어내어 그것을 항상 있어 온 초월적 위험으로 만든다. 그런데 이 초월적 위험은 겸허하고 신중한 처신을 요하는 제의를 통해서 진압할 수 있다. **종교적인 것은 진정으로 인류를 해방시킨다.** 왜냐하면 인간들이 실제 일어났던 이 위기를 기념하면, 종교적인 것은 인간을 사로잡고 있던 그 의혹으로부터 인류를 해방시켜 주기 때문이다. / 종교적으로 생각한다는 것은 도시의 운명을 폭력에 의거해서 생각한다는 것인데, 이 폭력은 사람이 그것을 지배한다고 믿을수록 더 가차없이 인간을 지배하고 있는 폭력이다. 그러므로 그것은 결국 폭력을 멀리 하고 단념하기 위해서 이 폭력을 초인간적인 것으로 생각한다는 것이다."[321]

지라르는 종교의 성립을 계몽주의적으로 해명하고서는, 종교의 유용성을 인정하는데, 그 이론적 정초는 철학적이지 않고, 경제적이다. 또한, 모든 종교들이 질적으로 동등하게 평가되어야 하는지에 대해서도 그는 말하지 않는다.

한편, 종교는 죽음에 대한 판단 없이는 성립할 수 없는데, 지라르에게서는 죽음이란 단지 폭력에 지나지 않는 것으로 파악된다. 그런데 죽음은 폭력인가? 어떠한 폭력인가?

---

320) 종교적인 것은 예방책에 속한다. "종교적 예방책은 폭력적인 성격을 갖는다. '폭력과 성스러움은 뗄 수 없는 것이다.' 희생제의라는 엄격한 장치 뒤에는 특히 대상을 바꿔치기하는 폭력 속성의 '교묘한'(rusée) 조작이 숨어 있다." 지라르 2000: 35.

321) 지라르 2000: 203-204. 강조는 원문.

그리고 지라르는 사법제도의 발전이 폭력의 순환에 대한 대안으로 기능한다고 파악한다. 원시사회에서는 복수의 악순환이 일어났다. 그렇다면, 복수를 할 수 있는 타자의 정체성 확인이 있어야 한다. 이는 자기정체성의 다른 모습이다.

> "우리에겐 이 악순환이 없다. 이 특권은 어디에서 온 것일까? 이 의문에 대해 우리는 제도적인 면에서 분명한 대답을 찾을 수 있다. 우리가 복수의 위협을 피하는 것은 바로 재판제도 때문이다. 재판제도가 복수를 금지하는 것은 아니다. 재판제도는 복수를 단 한번만의 복수로 효과적으로 제한하는데 그 실행은 그 분야의 최고 관청에게 맡겨진다. 이 재판관청은 자신의 결정을 항상 복수의 〈최종결정〉(denier mot)이라고 주장한다."[322]

> "형벌제도의 사법 원칙은 모두 실질적으로는 복수의 원칙과 같다. 이 둘은 모두 폭력의 상호성, 대가의 원칙이라는 같은 원칙에 근거해 있다. 이 원칙은 정당하며 이 정당성이 이미 그 복수에 나타나 있거나 아니면 어디에도 정당성이 없거나 하는, 둘 중의 하나일 것이다. 자기 스스로 복수하는 자를 두고 영어에서는 '그는 자신의 두 손 안에 법을 쥐고 있다'(He takes the law into his own hands.)라고 말한다. 사적인 복수와 공적인 복수가 원칙에 있어서는 차이가 없지만 사회적인 면에서는 엄청난 차이가 난다. 즉 공적인 복수의 복수는 더 이상 복수당하지 않으므로 연속적인 복수도 끝나 확대의 위험을 피하게 된다. / 원시사회에 사법 제도가 없었다는 것은 많은 학자들이 일치하고 있는 견해이다."[323]

---

322) 지라르 2000: 30.

323) 지라르 2000: 30.

지라르가 주장하고 있듯이 근대 이래의 사법제도의 발전이 사적 복수의 순환의 중단에 기여하는 것은 부인할 수 없는 사실이지만 사적 복수는 오늘날에도 일어나고 있다. 그리고 본질적인 문제 틀은 법의 궁극적 타당성에 대한 물음이다. 실정법의 궁극적 타당성이 어디에 있는가, 어떻게 정초되어야 하는가, 이런 물음들이 국가와 사회의 시원에 관한 물음이기도 하다.

밀뱅크는 지라르에서 다시 아우구스티누스에게로 되돌아갈 것을 주장한다.[324] 자의적인 서로 적대적인 관계를 대신하여 타자들의 희생에 기초한 삶의 방식을 제도적으로 보장하는 교회를 그는 설정한다.[325] 그리하여 아우구스티누스에서 교회는 어떻게 설정되는가. 그 교설 전통과 어법관례(idiom)를 살피고 있다.[326] 물론 교회의 민주적 발전과정에 대한 사회사적 연구를 통하여 그 타당성이 논증되어야 하는데, 밀뱅크는 그렇게 논술해가고 있지는 않다.[327]

지라르의 폭력론의 특징은 다음과 같다:

첫째, 실증주의 전통 내에서 결코 벗어나지 않는다.[328]

둘째, '사회'를 안전하게 하는 것은 다름 아니라 종교라고 하지만 사회과학은 철학을 대체하고 그 자체 진정한 종교와 동일시된다. 종교는 사회

---

324) 밀뱅크는 르네 지라르를 비판한다. John Milbank, *Theology & Social Theory, Beyond secular reason*, Second Edition, Blackwell Publishing, 2006[초판은 1990] Milbank 2006: 385-402.

325) Milbank 2006: 402. 한편, Milbank는, "교회"를 희생제의의 대안으로 제안한다. "the Church community is itself the real sacrifice to God, because its bonds of community are constituted by mutual self-offering." Milbank, *Theology & Scoal Theory*, p.385. 교회라는 사회적 제도의 운영 원칙에 대하여 구체적으로 제시해야 한다.

326) Milbank 2006: 396-397.

327) 별도의 연구가 필요하다.

328) Milbank 2006: 397.

적 언어(social terms)에 의해 설명(explain)될 수 있다.

셋째, 사회적 연대의 감정들은 자의적 희생과 연결되어 있는데 그것은 궁극적으로 해결되지 못한다.

지라르는 폭력의 순환을 초월하는 대안을 제시하지 못한다. 또한, 그의 모방적 욕망론에서, 욕망은 자신의 욕망이 아니라 타자[의 욕망]를 모방하는 욕망이다. 그렇다면 그 타자는 시원에서 어떻게 누구의 욕망을 모방하게 되었는가?

그리고, 지라르에서는 폭력은 궁극적으로 해소될 수 없고, 영구적 폭력 대립만이 있다. 단지 잠재될 뿐이다. 지라르는 평화는 여기에서 폭력에 대항하는, 폭력의 궁극적인 해소를 말하는 예수의 사상과 삶을 이해하지 못한다.

III

정상상태와 예외상태

1. 『호모 사케르』에서 『예외상태』로

1995년에 아감벤은 『호모 사케르』라는 저작을 출간하여, 학계의 주목을 받았다. 그 후 논의를 거쳐, 아감벤은 다시 예외상태에 대한 저서를 출간한 것이다. 아감벤의 『예외상태』라는 책이 그것이다.[329] 이 두 저서 사이에는 차이점들이 있다.

이 『예외상태』에서 아감벤은, 벤야민과 슈미트 사이의 은밀한 논쟁, 슈미트에 대한 비판을 분명하게 드러내는 것, 더 정확하게 말하자면, 슈미트와의 거리를 취하여, 자신의 이론적 독자성을 부각시키려는 더욱 명시적인 노력 등에 대해서 가시적으로 개진되고 있다. 우리는 아감벤의 이 저작에서 그의 주장들에 대해서 두 가지 점에서 검토하고자 한다. 하나는, 그의 주장들이 서양의 법체계를 염두에 둔 주장이라는 점이고, 다른 하나는, 예외상태가 현대정치에서 일상화되고 있다는 주장을 그는 피력하고 있다는 점이다.

329) 아감벤, 『예외상태』, 김항 역, 새물결, 2009b.[이탈리아 초판 2003].

"'전 지구적 내전'이라고 규정되고 있는 것의 부단한 진전에 직면해 예외상태가 점점 더 현대정치의 지배적 통치 패러다임이 되고 있다. 예외적으로 취해진 잠정적 조치가 통치술로 전환되는 현상이 여러 헌법 형태들 사이의 전통적 구분의 구조와 의미를 근본적으로 변질시키는 위협이 되고 있는 것이다 — 실제로 이미 뚜렷하게 변질시켜버렸다. 나아가 이런 관점에서 예외상태는 민주주의와 절대주의 사이의 확정 불가능한 문턱인 것처럼 보인다."[330)]

그의 이 주장을 뒷받침하는 경험적 논거는 다음과 같은 사례들이다. 즉, 2001년 11월 13일 미국 대통령이 선포한 군사명령,[331)] 그리고, 예외상태의 역사[332)]의 사례로 여기에서도 그가 들고 있는 1945년 이후 사례는 미국 대통령 부시의 9·11 사태에 대한 담화뿐이다. 흥미로운 것은 아감벤은 대통령의 담화에 주목하는 것이다. 그것은 아감벤에게 있어서는 여전히 최고 통치자가 주권의 요체임을 함의하는 셈이다.

이른바 아감벤의 예외상태의 상례화에 관한 (벤야민) 테제는, 벤야민의 텍스트를 독해해서 도출하는데, 벤야민의 그것을 벤야민 당시의 역사적 상황을 염두에 둔 판단으로 이해해야 하지, 이론적으로, 논리적으로 어느 시대에서나 통용되는 사실의 확인으로 이해해서는 안된다. 말하자면, 벤야민 전문가로서 아감벤은, 벤야민의 사상을 오독하고 있는 셈이다.

그리고 나의 아감벤 비판에서 기본 명제: 법이 민주주의를 지키는 것이 아니라 민주주의를 실천하려는 실천주체들이 법을 정당하게 집행하

330) 아감벤 2009b[2003]: 16.

331) 아감벤 2009b: 17.

332) 아감벤 2009b: 30-50.

는 것인데, 아감벤은 이 실천주체들 사이의 소통과 능력에 주목하고 있지 않다는 것이다.

아감벤은 그의 사상발전과정 초기에 있었던 칼 슈미트의 법이론, 특히 그의 예외상태론에 주목한다. 좀 더 구체적으로 말하면, 슈미트의 예외상태론에서 아감벤이 주목하는 것은, 예외상태와 법 사이의 연관이다.

> "슈미트는 예외상태가 법질서의 전체의 효력 정지(Schmitt 1922,18)를 실현하는 것인 한 '모든 법적인 고려에서도 벗어나 있는'(Schmitt 1921, 137) 것처럼 보인다는 사실, 더 나아가 '사실성이라는 존재 양태, 즉 내적인 본질에 있어서는 더 이상 법이라는 형식에 근접할 수 없다'(같은 책, 175)는 사실을 완벽하게 알고 있었다. 어쨌든 슈미트에게는 어떤 경우에도 예외상태와 법질서 사이에 일정한 관계가 확실히 존재하도록 하는 것이 본질적이었다. '독재는 위임 형태든 주권 형태든 법률적 연관성을 갖고 있다'(같은 책, 139). 또는 '예외상태는 어떤 경우에도 무정부상태나 혼란과는 다른 것이기 때문에 법률적 의미에서는 법질서가 아니더라도 거기에는 언제나 하나의 질서가 존재한다'(Schmitt 1922, 18이하)."[333)]

그런데 아감벤은 슈미트가 법과 비-법의 구분에 여전히 묶여 있다고 비판한다. 슈미트가 위임독재와 주권독재를 구별한 이유 역시 이 같은 구분에서 시작하여, 법질서의 잠재성으로 헌정하는 권력을 해석하려는 것인데, 그것이 잘못이라는 것이다.

> "제헌권력은 '단순한 힘의 문제'(같은 책, 137)가 아니다. 오히려 그것은 '헌

333) 아감벤 2009b: 68-69.

법적 조치에 따라 구성되지 않았음에도 불구하고 모든 현행 헌법을 기초짓는 방식으로 현행 헌법과 관계를 맺는 힘이며, 그런 까닭에 현행 헌법이 아무리 부정하려 해도 결코 부정할 수 없는 힘이다'(같은 책, 137). 이 힘은 법률적으로는 '무정형'이지만 정치적으로는 결정적인 모든 행동에 포함되어 있는 '최소 헌법'(같은 책, 145)을 체현하고 있으며, 따라서 주권 독재의 경우에도 예외상태와 법질서 사이의 관계를 보증할 수 있는 것이다."[334]

"예외상태에 관해 결정[결단]할 수 있는 주권자가 예외상태를 법질서에 정박시키는 것을 보증하는 것이다. 그러나 여기서 결정이 규범의 무화 자체와 연관되는 것인 한, 따라서 예외상태가 바깥도 안도 아닌 하나의 공간(규범의 무화와 효력 정지에 대응하는 공간)을 포함하고 포섭하는 것인 한 '주권자는 통상적으로 효력을 발휘하는 법 질서 바깥에 있으면서도 그러한 질서에 속해 있다. 왜냐하면 그는 헌법이 완전히 효력 정지될 수 있느냐 없느냐를 결정하는 책임을 지고 있기 때문이다.'"[335]

2. 주권개념과 신

아감벤은 슈미트의 법철학 논의를 파고들면서 슈미트가 주목한 주권개념에 대해서도 독창성 있는 언어로써 접근한다. 우리의 의문은, 아감벤은 주권 개념 자체를 완전히 포기하는가? 하는 것이다.

주권은 영토나/와 국민(국가 내부)에서 최상, 최고의 권력을 의미한다. 대내외적으로 국가에서는 최종적인 결정이 일어나지 않을 수 없으므

334) 아감벤 2009b: 70.

335) 아감벤 2009b: 71-72. Schmitt 1922: 13.

로, 주권은 그러한 결정과 같은 지평에서 있는 것이다.

아감벤은 한편으로 벤야민의 독해에 따라 순수한 폭력(Gewalt)을 주장하고 있는 한에서, 신학에서, 최고, 최상의 폭력(Gewalt)인 신적 폭력을 인정하지 않고서는 법, 국가, 정의, 등의 궁극적 타당성이 성립할 수 없다고 확인한다. 다른 한편으로, 그는 독신화 테제를 급진화하고 있는 한에서, 주권개념에 내재되어 있는 신적 폭력(Gewalt)에 대해서 독신화 테제를 개진하고 있으나 불투명하게 논의는 남아 있다. 심각한 문제는 아감벤이 양자를 정치철학적으로 설득력 있게 가교시키지 못하고 있다는 데 있다. 이를테면, 아감벤은 최종적인 예외상태를 역사적으로 현실적으로 나타나는 예외상태, 즉 비상상태를 구별하지 않는다. 최종적인 상태에서는 "메시아"가 분명하게 직접적으로든 간접적으로든 주재하므로, 그것은 진정한 의미에서 선한 군주(주인)가 지배하는 세계이리라. 또한, 그는 최종적인 예외상태를 논의하는 맥락에서도 혁명 과정과/혹은 혁명 후의 상태의 정치철학적, 사회사적인 이론을 구체적으로 논의하지 않은 채 방기하고 있다. 그것은 영구혁명론인가, 그러한 영구혁명론에서는 혁명들이 없는 것인가 하는 의문은 열린 채 남아 있다. 정상과 예외는 계속 이어지는 것인가. 그리고, 예외는 최종적인 것일 수는 없다. 최종적인 것은 정상적인 상태이다.

3. 언어와 법의 형식

아감벤은 언어와 법의 형식 혹은 힘을 비유하고 있다. 아감벤에 의하면, 언어에서 랑그가 있듯이, 법의 형식에도 그것이 있는데 그것이 순수한 폭력(Gewalt)이다. 구체적인 결정은 언어에서 구체적 발화행위(빠롤)로 나타나는데 그 속에 랑그는 있듯이, 언제나 순수한 폭력이 있다.

예외상태에 관해(on the state of exception), 어떤 상태가 예외인지 여부를 누가 결정하는가?, 이 물음이 아니라 결정하는 데 작용하는 보이지 않는/비가시적인 힘에 그는 주목한다. 권력이론에서, 슈미트가 권력의 가시적 얼굴(일차원적 얼굴)에 주목했다면, 아감벤은, 비결정의 진정한 구조적인 것으로 나아가는 셈이다.

그러나 권력분석에서 우리는 보이는 얼굴과 보이지 않는 얼굴 모두에 주목해야 한다. 그리고 권력행사의 주체를 확인하는 과정에서, 사건적 사안의 중대성에 주목해야 한다. (국가의 중대한 사안에 대해서 결정[결단]을 내리는 것은 사소한 사안에 대해서 결정을 내리는 것과 같지는 않다.)

4. 유스티티움

유스티티움 사례를 분석하여 아감벤은 그 결과를 4가지로 요약하고 있다[336]:

아감벤은 이 사례와 관련해서도 슈미트에 대한 자신의 비판을 전개하고 있다:

"1) 예외상태는 (입헌적이든 비입헌적이든, 위임형이든 주권형이든) 독재가 아니라 법의 공백 공간이며, 모든 법적 규정이 — 그리고 특히 공적인 것

336) 아감벤 2009b: 99-101.

과 사적인 것의 구별 자체가 — 작동하지 않는 아노미 지대이다. 따라서 예외상태를 법에 직접적으로 연결시키려 했던 지금까지의 모든 학설은 틀렸다. 또한 긴급사태를 법의 기원적 원천으로 보려는 이론과 예외상태 속에서 국가의 자기 방어권 행사나 법의 원천적인 충만상태의 복원('전권')을 보려는 이론도 마찬가지로 틀렸다. 그러나 슈미트의 학설처럼 예외상태를 법규범과 법 실현 규범, 제헌 권력과 헌법 권력, 규범과 결정 사이의 구별 속에서 기초지으면서 이를 통해 간접적으로 예외상태를 법적 맥락 속에 기입하려는 학설 또한 허위이다. 긴급 상태란 '법적 상태'가 아니라 법이 없는 공간인 것이다(예외상태가 자연상태가 아니나라, 법의 효력 정지에서 비롯되는 아노미로서 나타난다 하더라도 말이다)."[337]

"법이 없는 공간"을 아감벤은 예외상태라 규정한다. 일반적으로 예외상태(비상사태)로 부르고 있는 상태들을 법이 없는 공간이라 그는 규정하지 않고, 법이 없는 공간이야말로 예외상태라고 부르고 있는 것이다. 그렇다면 법이 없는 공간의 역사적 구체적 사례는 무엇인가? 유스티티움. (그러므로 아감벤이 사례로 분석하고 있는 그 유스티티움에 대해서 다시 살펴볼 필요가 있다.)

"2) 이런 법의 공백 공간은 몇몇 이유 때문에 법질서에 매우 본질적인 것이므로 법질서는 어떤 방식으로라도 예외상태와의 관계를 확고하게 해야만 한다 — 마치 법질서가 확립되려면 반드시 아노미와 관계를 유지해야만 하는 것처럼 말이다. 한편으로 예외상태에서 문제가 되는 법적 공백은 법의 측면에서는 절대 사유할 수 없는 것인 듯 보인다. 그러나 다른 한편으로 이 사유 불가능한 것은 법질서에 대해 결정적인 전략적 중요성을 갖고 있기

337) 아감벤 2009b: 99-100.

때문에 어떤 희생을 치루더라도 놓치지 말아야 하는 것이다."[338]

유스티티움에 대한 법의 공백 논의는, 캠프(집단수용소)를 어떻게 파악해야 하는가 하는 문제와 관련되어 있다. 그런데, 아우슈비츠 등 캠프는 주권적 영역 내에서 설치되었다. 캠프에서 법적 공백이 일어난 것이 아니라 법의 정당한 집행이 일어나지 않은 것이다. 헌법정신을 위반한 사례에 해당한다.

"3) 법의 효력 정지와 관련해 결정적인 문제는 유스티티움 기간에 이루어져 모든 법적인 규정을 벗어나버린 행위의 본질 문제이다. 이 행위는 법에 대한 위반도 집행도 입법도 아니기 때문에 법의 측면에서 보자면 하나의 절대적인 비-장소에 자리하는 듯하다."[339]

유스티티움 역시 기간이 설정(결정)되어 있었다. 그렇다면 그 기간 이후를 생각하지 않을 수 없다. 유스티티움 기간 내에 일어난 행위들은 그 기간 이후에 연관되어 전개될 가능성이 있다. 법적으로 그 기간 내에서 어떠한 행위도 허용된다는 것이야말로 법적 결정이지 법의 절대적 효력 정지는 아니다. 법의 효력을 일시적으로 정지한다는 법의 집행. 법 효력 정지는 절대적일 수 없다. 그것은 구체적 장소가 아니고 무엇인가? "절대적인 비-장소"일 수가 없다.

"4) 법률-의-힘이라는 생각은 이런 정의 불가능성이나 비-장소에 대응하는 것이다. 법률의 효력정지는 어떤 힘이나 신비적 요소, 일종의 법적인 마

338) 아감벤 2009b: 100.

339) 아감벤 2009b: 100.

나(mana)(이 표현은 고대 로마에서의 권위 개념을 정의하기 위해 바겐보트가 사용한 것이다[Wagenboort 1947, 106])를 해방시키는 것처럼 보이는데, 권력도 그것의 반대자들도, 헌법 권력도 제헌 권력도 모두 그것을 점유하려고 애쓴다. 법률에서 분리된 법률-의-힘, 부유하는 최고 명령권, 적용 없는 효력, 보다 일반적으로 말해 일종의 법률의 '영도'라는 생각까지 이 모두는 법이 스스로의 부재를 자체 안에 끌어안아 예외상태를 점유하기 위한 혹은 적어도 그것과의 관계를 확보해주기 위한 픽션들이다. 물론 19세기와 20세기의 인류학과 종교 연구에서 생겨난 '마나'나 '성스러운 것'이라는 개념처럼 이들 범주들[법률의 힘, 부유하는 최고 명령권, 적용 없는 효력 등]은 실제로 과학적 신화소이지만, 그렇다고 해서 이것이 법이 아노미를 둘러싸고 전개해온 긴 싸움에서 이들 범주들이 담당했던 기능을 분석하는 일이 불가능하거나 유익하지 않다는 것을 의미하는 것은 아니다. 사실 이들 범주들에서 중요한 것은 바로 슈미트가 '정치적인 것'이라고 부른 것에 대한 정의라고 할 수 있다. 예외상태론의 본질적 임무는 예외상태가 법적인 성질을 갖는지 아닌지를 분명하게 하는 것만이 아니라 예외상태와 법의 관계가 갖는 의미, 장소, 양태를 정의하는 것이다."[340]

5. 벤야민과 슈미트 사이의 논쟁

"공백을 둘러싼 거인족의 싸움"[341] 장에서 벤야민과 슈미트 사이의 논쟁에 대해 아감벤은 논의하고 있다.

340) 아감벤 2009b: 100-101.

341) 아감벤 2009b: 103-124.

> "또한 이 이리저리 연구되는 놀이는 벤야민 사후에 출간된 단편 중 하나에서 말하는 정의에 이르는 통로에 다름 아닌데, 거기서 벤야민은 정의를, 세계가 절대로 전유되거나 법질서화될 수 없는 선의 모습으로 드러나는 그런 세계의 상태로 정의하고 있다."[342)]

아감벤은 슈미트와 벤야민 사이의 논쟁을 정리하면서, 슈미트보다는 벤야민을 지지하는 쪽으로 나아가는 듯하다. 물론 여기에서 그의 벤야민 이해가 쟁점이다.

"연구되지만 집행되지 않는 법"을 이해할 때 아감벤은 마르크스를 망각하고 있고, 그리하여 벤야민의 그런 법 이해를 아감벤은 다르게 이해한다.

벤야민의 "순수한 Gewalt"와 "순수한 수단" 개념들을 그는 어떻게 이해하고 있는가? 벤야민에서 순수성이란 무엇인가? 일단 이 물음에 대해 아감벤은 답하려 한다:

> "1919년 1월, 즉 이 에세이[=『폭력의 비판을 위하여』]의 초고를 쓰기 전 약 1년 전에 에른스트 쇤에게 보낸 편지에서 벤야민은 전에 슈티프터에 관한 글에서 주조한 모티프들을 다시 한 번 거론하면서 발전시키고 있는데, '순수성'이라는 말로 무엇을 의미하고자 하는지를 조심스레 정의하고 있다. '어딘가에 자체적으로 존재해 단지 보존하기만 하면 되는 순수성 따위를 전제하는 것은 오류입니다. …… 어떤 존재의 순수성은 결코 무조건적이거나 절대적이지 않습니다. 그것은 언제나 어떤 조건에 종속되어 있는 존재

342) Benjamin 1992[Notizen zu einer Arbeit über die Kategorie der Gerechtigkeit, in: *Frankfurter Adorno Blätter*, 4, 1992] : 42.

에 따라 다양할 것입니다. 그러나 이 조건이 존재 자체 안에 내재하는 일은 결코 없습니다. 다른 말로 하자면, 모든 (유한한) 존재의 순수성은 존재 자체에 의존하는 것이 아닌 셈입니다. …… 자연의 경우 인간의 언어 활동이 자연 자체의 바깥에 있는 순수성의 조건이 됩니다.'(Benjamin 1966: 206) / 이처럼 실체적이기보다는 관계적인 순수성 개념은 벤야민에게 너무나 본질적인 것이기 때문에 1931년의 칼 크라우스론에 다시 한 번 등장한다. '피조물의 원천에는 순수성이 아니라 순수화가 자리한다'(Benjamin 1931: 365). 이는 1921년의 에세이에서 문제가 되고 있는 순수성이 폭력 행위 자체에 내재하는 실체적 성격을 갖고 있지 않다는 것을 의미한다. 즉 순수한 폭력과 신화적-법적 폭력 사이의 차이는 폭력 자체가 아니라 외부와의 관계에서 유래하는 것이다. 벤야민은 이 외부의 조건이 무엇인지 글의 첫머리에서 확실하게 적고 있다. '폭력 비판의 과제는 폭력이 법 및 정의와 맺고 있는 관계를 서술하는 것으로 요약할 수 있다.' 따라서 폭력의 '순수성'의 기준 또한 법과의 관계에서 비롯된다고 할 수 있다(그리고 이 에세이에서 정의라는 주제는 사실상 법의 목적과 관련해서만 논의되고 있다). / 이러했을 때 신화적-법적 폭력이 언제나 하나의 목적을 위한 수단인 반면 순수한 폭력은 어떤 목적(옳건 그르건)을 위한 단순한 수단이 — 그것이 정당하든 부당하든 — 결코 아니라는 것이 바로 벤야민의 테제이다. [그의] 폭력비판은 수단으로서의 폭력이 추구하는 목적과 관련해 폭력을 평가하지 않는다. [그의] 폭력비판은 그 기준을 '폭력이 봉사하는 목적에 대한 고려 없이 수단 자체의 영역을 구분해내는 데서'(Benjamin 1921: 179) 찾으려 하기 때문이다."[343)]

목적이 정당하다면 그 목적을 실현하는 수단은 어떠하든지 상관없이

343) 아감벤 2009b: 118-119.

정당한가? 목적의 정당성을 궁극적으로 확증하려면 역사의 궁극적 목적(Telos)을 확인해야 하는데 고전적 역사철학 이후 우리는 그것을 다르게 논증해야 하는 문제가 있다. 수단의 정당성은 목적의 정당성에 대한 준거 없이 설정될 수는 없다. 자유주의에서 주장하는 절차적 민주주의가 정당성을 확약받지 못하는데 그 까닭은 그 절차적 민주주의론에서 주장하는 절차가 목적론을 준거하지 않을 수 있는 길이 없기 때문이다.

성서를 읽기 위해 촛불을 훔치는 행위에서 이 행위는 절도 행위에 해당하지 않는가? 아이를 훈육하기 위해서 매질을 하는 행위는? 적의 전쟁도발을 막아내기 위해서 전쟁행위를 하는 것은?

성서를 읽는 그 자체가 읽는 자의 윤리를 선하게 결정한다는 보장은 없으며, 촛불 절도 행위는 그런 불확정적 상황에서 성서독해 행위는 그의 미래적 악행을 정당화하는 또 하나의 수단에 기여할 수 있다. 매질 행위 그 자체가 절도행위와 동일한 차원에 있는 것이라면 성서 절도 행위에 대한 판단과 다르지 않게 판단할 수 있을 것이다. 매질 행위에 준하는 말의 폭력(Gewalt) 역시 물리적 매질 행위와 어떻게 다른 것인지 불확실하다. 역사적으로 전쟁도발 행위는 평화를 앞세우고 있었다는 사실을 논거로 하여 평화를 위한 전쟁 주장은 정당성을 얻기 매우 힘든 상태에 있다. 사실상의 전쟁상태에서 방어적 전쟁행위만이 정당화된다.

언어는 소통의 매체인데(그러므로 소통의 수단인데) 언어 그 자체에 목적을 지니고 있다면, 그것은 일단 목적 없는 순수한 수단으로 보인다.

아감벤은 목적 없는 수단이라는 그의 논술에서 핵심적 논제에 올리고 있는 것은 순수한 소통수단으로서의 언어라는 매체에 대한 논의이다.

그리하여, 순수한 수단에 대해서 논의하면서 아감벤은 벤야민이 『언어 일반과 인간의 언어에 관하여』(1916)에서 언어론을 전개하는 것에 주목하고 이를 끌어들인다.

"벤야민의 언어론에서 언어가 전달이라는 목적을 위한 도구가 아니라 무매개적으로 자기 자신을 전달할 때, 즉 순수하고 단순한 전달 가능성이 될 때 순수하듯이 폭력 또한 하나의 목적을 향한 수단이라는 관계가 아니라 자기 자신의 수단성과의 관계 속에서야 비로소 순수한 것이 된다. 그리고 순수한 언어가 다른 종류의 언어가 아니며, 또 자연적인 전달 언어와 관련해 어딘가 다른 곳에서 유래하는 것이 아니라 자연적인 전달 언어를 있는 그대로 제시함으로써 스스로를 그 속에서 드러내는 것처럼, 순수한 폭력도 오로지 폭력과 법 사이의 관계를 폭로하고 폐기함으로써 자신의 존재를 증명한다. 벤야민은 바로 다음 부분에서 분노의 예를 들며 수단이 아니라 현현이라는 폭력의 이미지를 환기할 것을 제안하고 있다. 법 정립을 위한 수단으로서의 폭력이 결코 법과의 고유한 관계를 폐기하지 못하며, 그리하여 법을 '필연적이고 밀접하게 폭력과 연루된'(같은 책, 198) 채로 남아 있는 권력의 권좌에 올려놓는 반면 순수한 폭력은 법과 폭력의 연결망을 폭로하고 절단하며, 그리하여 궁극적으로는 통치하거나 집행하는 폭력이 아니라 순수하게 작동하고 현현하는 폭력으로 나타날 수 있다. 그리고 만약 이런 식으로 **순수한 폭력과 법적 폭력** 사이의 그리고 **예외상태와 혁명적 폭력** 사이의 뒤엉킴이 너무 긴밀해져 역사라는 체스 판을 마주한 두 경기자가 동일한 말을, 즉 때에 따라 ~~법률~~-의-힘이나 순수한 수단의 모습을 하고 있는 말을 움직이고 있는 것처럼 보인다 하더라도 **결정적인 것은 모든 경우에 둘을 구분하는 기준은 폭력과 법의 관계를 끊어버리는 데 있다는 사실이다.**"[344)]

344) 아감벤 2009b: 120-121. 강조는 인용자.

6. 예외상태의 상례화

아감벤이 법과 폭력에 대해서 어떻게 생각하는지를 살펴볼 수 있는 맥락은 그가 축제를 논하는 부분("축제, 추도, 아노미")[345] 이다. 카니발리즘 속에서는, 폭력의 예외적 허용이 있다.

아감벤은 "축제, 추도, 아노미"에서 축제를 법과 관련해서 분석한 칼 모일리[346]를 끌어들인다.[347]

축제 밖의 현실적 폭력이 강한 만큼이나 축제 공간(기간이 있다) 내에서 전도는 강했고, 그 폭력성 역시 그러했다. (캠프 내에서의 폭력성 수준과 강도는 캠프 밖에서의 그것과 관련되어 있다. 그러므로 캠프 밖에서 현실공간에서 일어나고 있었던 폭력성 내용을 파악해야 캠프가 밝혀지지 캠프를 모델로 분석하여 현실공간이 분석되는 것은 아니다.)

> "만약 모일리의 가설이 맞다면, 아노미적 축제의 '합법적 무정부 상태'를 고대의 농경적 의례로 거슬러 올라가 고찰할 필요는 없을 것이다. 그러한 의례 자체는 아무것도 설명해주지 않으며, 오히려 이 아노미적 축제는 법률 속의 아노미, 노모스 자체의 한가운데에 자리하는 아노미적 충동으로서의 비상상태를 패러디 형식으로 드러내 준다."[348]

축제 밖의 법 현실세계가 예외상태이고, 축제는 단지 그것을 패러디한

---

345) 아감벤 2009b: 125-140.

346) K. Meuli, *Gesammelte Schriften*, Schwabe, Basel-Stuttgart, 2 vol, 1975.

347) 아감벤 2009b: 137.

348) 아감벤 2009b: 138.

것이라는 것이다. 그렇다면 법 현실세계가 민주주의의 발전에 따라 진전하면, 그 패러디 역시 전형될 수밖에 없다. 물론 역사적 회고 형식이 가능하므로, 기억으로서, 축제 내에서의 패러디들은 여전히 폭력에서 강력할 수 있다.

그런데 아감벤은 축제의 역사, 특히 축제에서 위반성의 역사에 대해서 주목하지 않은 채 축제의 아노미를 단정하고 있고, 그 위에서, 일상적 삶과 축제적 일탈 사이의 상호보충적 관계를 내재적으로 연관된 것으로 판단하고 있는 것이다. 역사적으로 축제 역시 전형되어왔고, 그러한 만큼 그 전형사를 분석해야 한다.

> "아노미적 축제는 법질서에 내재하는 이처럼 환원불가능한 양의성을 위한 무대를 마련해주며, 동시에 이 두 힘 사이의 변증법에서 결정적인 것이 법과 생명(life) 사이의 관계 자체임을 보여준다. 이들 축제는 법률이 예외상태 속에서 스스로를 생명 자체와 살아 있는 카오스로 만든다는 조건하에서만 카오스와 삶에 적용되는 아노미를 축복하고 패러디적으로 재생산한다. 그리고 이제 규범과 아노미, 법률과 예외상태를 묶는 가운데 법과 생명의 관계 또한 확고히 하려는 구성적 픽션을 보다 깊게 이해하려고 노력해야 할 때가 도래했다."[349]

축제는 아노미라는 아감벤의 판단은 잘못이다.

(1) 결코 레짐을 전복할 수 없는 한에서 전도/범람/초월 등이 일어날 수 있도록 허용의 한계가 있었다.

(2) 축제는 그 기간이 한정되어 있었다.

---

349) 아감벤 2009b: 139-140.

(3) 군주 등 주인의 관용, 포용의 덕목이 우선시 되었고, 그 범위 내에서 위반이 허용되었다.

민주주의 시대에서도 여전히 국가의 최고 원수(대통령, 총리)는 있는데, 아감벤은 법적 제도들 자체보다는 이 최고 원수의 인물에 주목하는 듯하다. 이것은 "권위와 권한"을 논의하는 맥락에서 분명하게 드러난다.[350] 그런데 슈미트가 예외상태에 관해서 결정[결단]하는 자가 주권자라고 주장하는 바에 대해서 비판했던 아감벤은 여기에서는 다시 슈미트와 본질적으로 다를 바 없이 최고 인물의 권위에 대해 주장하고 있다.

> "영도자나 총통의 자질은 육체적 인격에 직접적으로 연결되어 있는 것으로, 권위의 생명정치적 전통에 속하는 것이지, 권한의 법적 전통에 속하는 것이 아니다."[351]

그리고서는, 아감벤은 히틀러와 같은 한 인격에 이것이 결속되어 있는 사태가 일어날 경우 현실적인 파시즘은 일어난다고 본다. 그렇다면 우리는 한 인격에 그와 같은 권위가 결합되지 않도록 어떻게 해야 한다는 것인지? — 아감벤은 파시즘의 잠재성은 서구에서 보편적인 현상이었다고 판단한다. 혹은 전세계적으로. 독일의 특별한 길이 아니었다.

> "예외상태는 궁극적으로 아노미인지 노모스인지, 삶인지 법인지, 권위인지 권한인지를 결정할 수 없는 문턱을 세움으로써 법적-정치적 기계의 두 측면을 절합하는 동시에 한데 묶어두어야 하는 장치이다. 그것은 아노미가

350) "권위와 권한", 아감벤 2009b: 141-167.

351) 아감벤 2009: 158. 아감벤은 이 맥락에서 베버의 카리스마 개념과 권위개념 사이의 친밀관계, 그리고 슈미트가 "지도자와 추종자들의 혈통의 동일성"을 언급하고 있다.

— 권위, 살아 있는 법률, 법률의 힘의 형태로 — 여전히 법질서와 관계 맺고 있으며, 규범을 효력 정지시키는 권력이 직접적으로 생명을 장악하고 있다는 본질적 픽션에 토대를 두고 있다. 이 두 요소가 개념적으로, 시간적으로, 그리고 주체적으로 구분되기는 하지만 그럼에도 상관관계를 유지하는 한에서 — 마치 로마 공화정에서의 원로원과 인민 사이의 대립이나 중세 유럽에서의 영적 권력과 세속적 권력 사이의 대립 관계처럼 — 두 요소 사이의 변증법은 — 하나의 픽션에 토대를 두고 있다 하더라도 — 어떤 식으로든 기능할 수 있다. 하지만 그것이 **단 한 사람의 인격 안에서 합치되는 경향을 보일 때 그리고 두 요소가 한데 묶여 결정 불가능하게 되어버릴 때, 즉 예외상태가 상례가 될 때 법적-정치적 체계는 죽음을 초래하는 치명적 기계로 변형되고 만다.**"[352)]

아감벤은 오늘날 예외상태의 상례화가 일어나고 있다고 판단하는 한에서, 오늘날은 파시즘적이라 보는 것으로 추론할 수 있다. 파시즘의 발발원인은 고도자본주의 하에서 정치경제적으로 자본의 논리가 시민들의 비판적 의식을 물화시키는 과정에 있는 것이 아니라, 르네 지라르의 희생양논리 같은 것으로 파악한다.

7. 법과 언어: 규범과 적용

"언어활동과 세계 사이에서와 마찬가지로 규범과 적용 사이에도 한쪽에서 다른 한쪽으로 직접 전환되는 것을 허용하는 내적 연관은 전혀 존재하지 않는다. / 그런 의미에서 예외상태는 적용과 규범이 둘 사이의 분리를 드러

352) 아감벤 2009b: 162-163. 강조는 인용자.

내고, 하나의 순수한 법률-의-힘에 의해 적용이 정지되어 있던 규범이 실현되는(즉 탈-적용되면서 적용되는) 하나의 공간이 열리는 사태를 가리킨다. 이런 식으로 규범과 현실의 불가능한 용접 그리고 그 결과로서의 규범적 영역의 창출 등이 예외라는 형태 속에서, 즉 그것들 사이의 연관을 상정함으로써 이루어지는 것이다. 이는 결국 하나의 규범을 적용하기 위해서는 궁극적으로 그것의 적용을 정지시켜 하나의 예외를 만들어낼 필요가 있다는 것을 의미한다. 어쨌든 예외상태는 논리와 실천이 식별 불가능해지는 문턱을 그리고 로고스 없는 순수 폭력이 아무런 현실의 지시 대상 없이 발화될 수 있는 양 행사되는 문턱을 나타낸다."[353]

아감벤은, 자신의 이 진술에서, 언어에서 "논리적으로" 랑그와 빠롤 사이의 긴장이 있다는 것을 준거하여, 예외상태와 정상상태 사이의 관계를 논증하려고 시도하는데, 정치현실에서, 법 현실에서, 예외상태란 특별한 사태를 말하는데, 일상적으로 일어나는 예외 아닌 예외와는 다른 종류의 것이다. 정상상태에서 법 규범을 사례에 적용시키려 할 때 일어날 수 있는 실천이 늘 예외는 아니다.

8. 슈미트와 벤야민 사이

슈미트와 벤야민의 차이를 확인하는 연구작업에서 아감벤은 자신이 해석한 그 벤야민을 수용한다. 이를테면, 『예외상태』의 "공백을 둘러싼 거인족의 싸움", 4.3에서 아감벤은 이렇게 서술한다.

353) 아감벤 2009b: 82.

"슈미트가 『정치 신학』에서 발전시킨 주권론은 여러 가지 점에서 벤야민의 이 에세이에 대한 꼼꼼한 응답으로 읽을 수 있다. 『폭력비판론』에서 벤야민의 전략이, 순수하고 아노미적인 폭력의 존재를 확실히 하는 것을 목표로 삼은 반면, 슈미트는 반대로 그런 폭력을 법적 맥락 속으로 되돌려 놓으려 한다. 슈미트에게 예외상태란 순수한 폭력이라는 벤야민의 생각을 포획할 수 있게 해주는 공간이자, 아노미를 저 노모스의 총체 속에 기입하려 할 때 설정하는 공간이다. 슈미트에 의하면, 순수한 폭력, 즉 완전히 법 바깥에 있는 폭력 같은 것은 있을 수 없다. 왜냐하면 예외상태 속에서 그런 폭력은 바로 배제를 통해 법 안에 포섭되기 때문이다. 달리 말해 예외상태란 하나의 장치, 벤야민이 주장한 완전히 아노미적인 인간 행위에 슈미트가 응답하기 위한 장치였던 셈이다."[354)]

(1) 벤야민이 완전히 법 바깥에 있는 폭력이 있다고 생각했다는 아감벤의 벤야민해석은 바른 것인가?

(2) 벤야민이 예외상태의 상례화라고 말했을 때 그것을 역사적으로 생각하여 벤야민 당시의 역사적 상황을 염두에 둔 것이지, 논리적으로 보편적인 일상적 사례로 말한 것일까? 그리고 무엇보다도 벤야민은 예외상태의 상례화라고 평가하는 주체를 전제하고 있다. 억압받고 있는 자들의 관점에서 볼 때 그러하다는 것이다. 억압이 있는 한, 법 실행 역시 왜곡되어 있는 셈이다.

아감벤은 현실적으로 핵 시대를 염두에 두고 있는 로시터를 끌어들인다.

---

354) 아감벤 2009b: 106-107. 번역을 약간 수정했다.

"세계가 이제 막 진입한 핵 시대에 입헌적 비상권력의 사용은 예외가 아니라 상례가 된다."355)

아감벤은 법에서(헌법에서일 것이다) 예외상태를 염두해 두고 그것을 명시화하고 있는 나라와 그렇지 않은 나라를 구별하는 섬세한 분석력을 보여준다.

(1) 전자는 프랑스, 독일이

(2) 후자는 이탈리아, 스위스, 영국 그리고 미국이 해당한다.356)

이 구별에는 이론적 입장의 차이도 있다.

(1) "예외상태를 입헌적이고 입법적으로 규정하는 것을 선호하는 이들"

(2) "규정상 규범화할 수 없는 것을 법으로 규정하려 하는 부당한 오만함으로 비판하는 이들(칼 슈미트가 대표적이다)"357)

그렇다면, 아감벤은 어느 입장인가? (2)의 입장이다. 그렇지만 슈미트와는 다르게 논증한다.

9. 축제와 아노미

축제가 진정 아노미 상태였는지, 그리고 그것이 역사적으로 어떻게 전형되어갔는지를 파악해야 한다. 아감벤은 이 물음을 제기하지 않고서, 아노미적 축제를 해석하는 입장들을 분류한다.

---

355) 로시터, 297. 아감벤 2009b: 26.

356) 아감벤 2009b: 28.

357) 아감벤 2009b: 28.

(1) 태양력과 결합된 농경적 순환으로 소급하려는 입장(만하트와 프레이저)

(2) 주기적인 정화기능으로 소급하려는 해석적 입장(베스테르마르크)

(3) 고대 게르만법에서 규정한 법률의 보호를 받지 못하는 상태나 고대 영국법의 방랑자들 고대의 몇몇 법제도를 특징짓던 법률의 효력 정지 상태와 연관짓는 입장(모울리).[358]

아감벤은 (3)을 추종한다.

축제는 추도 형식으로 반복되는데 그것에서 상례화되고 원래의 어느 정도의 아노미성마저 마비되어 간다. 예외상태의 상례화를 슈미트 이전에 말했던 학자는 아돌프 니센(Adolph Nissen)이었다. 아감벤의 문헌학적 탐색은 매우 성실하다. "예외 조치는 그것이 상례가 되었기 때문에 사라져버린 것이다."[359]

아노미적 축제란 무엇인가. 아감벤은 그 내용을 확인한다:

> "아노미적 축제는 법질서에 내재하는 이처럼 환원불가능한 양의성을 위한 무대를 마련해주며, 동시에 이 두 힘 사이의 변증법에서 결정적인 것이 법과 삶(life) 사이의 관계 자체임을 보여준다. 이들 축제는 법률이 예외상태 속에서 스스로를 삶(life) 자체와 살아 있는 카오스로 만든다는 조건하에서만 카오스와 삶에 적용되는 아노미를 축복하고 패러디적으로 재생산한다.

---

358) Karl Meuli, *Gesammelte Schriften*, Schwabe, Basel-Stuttgart, 2 vol., 1975.) 아감벤 2009b: 136-137.

359) Adolph Nissen, *Das Justitium : eine Studie aus der römischen Rechtsgeschichte*, Leipzig : [s.n.], 1877. Nissen 1877: 140; 아감벤 2009b: 132.

그리고 이제 규범과 아노미, 법률과 예외상태를 묶는 가운데 법과 삶(life)의 관계 또한 확고히 하려는 구성적 픽션을 보다 깊게 이해하려고 노력해야 할 때가 도래했다."[360]

무엇보다 먼저, 축제로서의 "아노미성" 같은 것을 우리는 **이해할 수 있다**. 축제 기간 동안에는 평상시와는 다르게 "일탈들"이 일어날 수 있다는 것을 알고 있다. 그런데 그것은 정상상태에서의 평상시의 생활이 어떠한지에 따라 그 위반성은 달리 나타날 수 있다. 그 위반성을 허용하는 공간이 현대에 와서는 달라지고 있다. 연극만이 아니라 영화 등의 가상적 공간들이 출현하여 카타르시스할 수 있게 된 것이다.

또한, 오늘날의 법질서는 군주주권 시대의 그것과는 다르다. 법 적용을 실천하는 법치국가적 시민들의 학습능력은 그동안 진화되어 왔고, 그런 한에서, 민주적 법치국가의 역사적 진화는 계속되고 있다.

그리고, 축제의 주기적 반복성에 주목해야 한다. 주기적으로 반복되면서, 축제의 위반성은 그렇게 위반적이지 않게 되고 예측가능성 역시 형성된다.

그렇지만 아감벤은 민주적 법치국가의 이러한 역사적 진화적 과정에 대해서 주목하지 않은 채 아노미성의 지속을 주장한다:

"유스티티움과 추도 사이의 상응 관계가 진정으로 의미하는 바가 여기서 분명해진다. 주권자가 살아 있는 노모스라면, 따라서 아노미와 노모스가 그의 인격 안에서 완벽하게 일치한다면 무정부 상태(주권자가 죽었을 때 — 즉 무정부 상태를 법률에 묶어놓았던 끈이 끊어질 때 — 도시 전체를 뒤

360) 아감벤 2009b: 139-140.

덮을 수 있는 위협)는 예외상태를 공적 추도로, 또 이 추도를 유스티티움으로 전환하는 것을 통해 반드시 의례화되고 통제되어야 한다. 주권자의 살아 있는 신체 안에서 노모스와 아노미가 구분될 수 없는 것은 도시 안에서 예외상태와 공적 추도가 구분될 수 없는 것에 상응한다. 비상사태에 관한 결정이라는 현대적 형태를 취하기 전 주권과 예외상태 사이의 관계는 주권자와 아노미의 동일화라는 형태로 나타난다. 주권자는 살아 있는 법률인 한에서 철두철미하게 비-법률이다. 또한 여기서도 예외상태는 법률의 — 숨겨진 그리고 보다 진정한 — 생명이다."[361)]

여전히 이 유스티티움의 배경에는 군주주권론이 살아 있다는 것이다. 그리고 주권자인 군주는, 특별한 존재이다. 플라톤에서는 철학자 왕이 그러하듯이. 그리고 이 주권자 군주의 권위를 그 공동체의 구성원들이 모두 받아들여야 한다는 조건이 있다. 사회와 국가의 시원에서 카리스마가 있고, 그것은 아노미가 아니다. 그것은 살아있는 노모스, 법/율법(Gesetz)이다.

10. 민주주의와 독재

1) 독재와 민주주의

(1) 아감벤은 민주주의와 독재 사이의 근본적 차이를 실체적으로 주장하는 정치학적 사상사적 경향을 진지하게 고려하지 않고 "민주주의 대 독재"라는 분류를 거부한다.

361) 아감벤 2009b: 134.

“현대의 공법 이론에서는 제1차 세계대전 이후 민주주의국가들이 겪은 위기에서 비롯된 전체주의 국가들을 독재 체제로 정의하는 일이 관습으로 정착되어 있다. 그리하여 히틀러도 무솔리니도, 프랑코도 스탈린도 모두 똑같이 독재자로 제시되어 왔다. 그러나 엄밀하게 말하면 무솔리니도 히틀러도 독재자로 정의될 수 없다. 무솔리니는 국왕에 의해 합법적으로 임명된 수상이었으며, 히틀러도 바이마르 공화국의 적법한 대통령에 의해 임명된 제국 총통이었기 때문이다. 잘 알려져 있듯이 이탈리아 파시즘 체제와 독일 나치즘 체제의 특징은 현행 헌법(알베르티노 법과 바이마르 헌법)을 존속시킨 채 ‘이중 국가’라고 예리하게 정의된 패러다임에 기초해 비록 법률적으로 정식화되지는 않았지만 합법적인 헌법 옆에 예외상태에 힘입어 제2의 법적 구조물을 둘 수 있었던 데 있다. 법률적 관점에서 이런 체제를 ‘독재’라는 용어로 묘사하는 것은 전혀 적합하지 않다. 게다가 오늘날의 지배적인 통치패러다임을 분석하기 위해 민주주의 대 독재라는 말라비틀어진 대립도식을 이용하는 것은 잘못된 것이라고 할 수밖에 없다.”[362]

(2) 그리고서는 아감벤은 독일 보수주의 역사학자들의 주장과 다를 바 없이 미국의 루즈벨트 대통령에게서 히틀러와 동일한 내용을 읽어내려 한다.

(3) 아감벤은 예외상태론에서 독재론이 아니라 유스티티움론에서 정초지으려 한다. 슈미트에 대한 비판은, 여기에서 확인할 수 있다. 1921년 슈미트는 예외상태를 독재론와 연결하여 정초했던 것인데, 아감벤은, 유스티티움론에서 이해해야 한다고 주장한다.[363]

362) 아감벤 2009b: 95.

363) 아감벤 2009b: 94-95.

(4) 슈미트에 대한 아감벤의 비판은, 슈미트가 예외상태를 법률의 맥락 속에 기입하려고 한다는 것에 있다. 아감벤의 답은 법의 공백이다.

> "앞의 두 저작 모두에서 슈미트 이론의 목적은 예외상태를 법률의 맥락 속에 기입하는 것이다. 슈미트는 예외상태가 '법질서 전체의 효력정지'(Schmitt 1922: 18)를 실현하는 것인 한 '모든 법적인 고려에서도 벗어나 있는'(Schmitt 1921: 137) 것처럼 보인다는 사실, 더 나아가 '사실성이라는 존재 양태, 즉 내적인 본질에서는 더 이상 법이라는 형식에 근접할 수 없다'(같은 책, 175)는 사실을 완벽하게 알고 있었다. 어쨌든 슈미트에게는 어떤 경우에도 예외상태와 법질서 사이에 일정한 관계가 확실히 존재하도록 하는 것이 본질적인 것이었다. '독재는 위임 형태든 주권 형태든 법률적 연관성을 갖고 있다'(같은 책, 139). 또는 '예외상태는 어떤 경우에도 무정부상태나 혼란과는 다른 것이기 때문에 법률적 의미에서는 법질서가 아니더라도 거기에는 언제나 하나의 질서가 존재한다.'(Schmitt 1922: 18이하)"[364)]

예외상태에서도 질서가 있다고 주장하려는 슈미트의 시도를 거부하고 아감벤은 법적 공백을 철저하게 하려고 시도한다. 이 점에서는 아감벤이 슈미트보다도 더 나아간 셈이다.

독재는 민주주의와 대립하는 유용한 개념이다. 독재는 민주주의시대에 민주주의(민주정)를 부정하고, 다시 군주정의 논리에 호소하는 헌정적 위반 폭력이기 때문이다. 그러므로, 군주정시대에서 민주정시대로 나아간 역사적 변화를 무시하고서는 예외상태론이 정당하게 논의되지 못한다.

---

364) 아감벤 2009b: 68-69.

2) 주권론

벤야민의 『독일비애극의 시원』에서 벤야민은 슈미트의 주권론에 대해서 반론을 개진한다. 슈미트에 대한 벤야민의 비판을 아감벤이 부각시키려는 맥락에서, 아감벤은 새뮤얼 웨버(Samuel Weber)의 연구에 반응한다.

> "새뮤얼 베버는 벤야민이 주권에 대한 슈미트의 정의를 인용하면서 '미세하면서 결정적인 수정'을 가했음을 날카롭게 꿰뚫어본 바 있다(Weber 1992: 152). 벤야민은 다음과 같이 말한다. 바로크적 주권 개념은 '예외상태를 둘러싼 논의로부터 발전한 것이며, **예외상태를 '배제하는 것'을** 군주의 가장 중요한 기능으로 삼고 있다'(Benjamin 1928: 254). **'결정하다'를 '배제하다'로 대체함으로써** 벤야민은 슈미트의 정의를 환기시키는 척 하면서 몰래 그것을 뒤바꿔버린다. 예외상태에 관한 '결정하는' 주권자는, 어떤 방식으로도 그것을 법질서 안에 포섭해서는 안 된다. 반대로 그는 예외상태를 배제해야 하며, 법질서 바깥에 남겨두어야 한다. / 이처럼 근본적인 수정이 갖는 의미는 벤야민이 '주권자의 비결정'에 대한 진정하고도 고유한 이론을 주조해내는 다음 부분에서야 비로소 분명해진다. 그러나 바로 이 부분에서 독해와 반대 독해가 한층 더 긴밀하게 뒤얽힌다. 한편으로 슈미트에게 결정이 주권과 예외상태를 결합하는 연결점이라면, 다른 한편으로 벤야민은 역설적이게도 주권자의 권력을 그것의 집행에서 분리시키며, 바로크의 주권자가 구성상 결정 불가능 속에 존재한다는 것을 보여준다. '지배권력과 지배능력 사이의 대조는 외견상 장르적인 요소라고까지 할 정도로 비애극에 고유한 특징을 이루고 있다. 그러나 이러한 특징도 주권론을 배경으로 할 때만 비로소 분명하게 조명된다. 그것은 전제 군주에게 결정할 능

력이 없다는 것이다. 예외상태에 관해 결정해야 하는 군주는 최상의 호조건 속에서도 어떤 결정을 내리는 것 자체가 거의 불가능한 모습을 보여준다.'(같은 책, 250)"[365)]

아감벤이 끌어들여 논의하는 사무엘 웨버가 지적하고 있듯이, 벤야민이 독일바로크 비애극에서 읽어내려는 것은, 슈미트의 정치이론과 대립되는 것이다. 벤야민의 독일 바로크 비애극 분석에서, 바로크가 거부하는 바는, 내재성의 한계 설정(limitation of immanence)을 어떠한 방식으로든 허용하는 것이고, 그리고 바로크는 모든 가능한 재현적 내용의 초월성을 비워둠으로써 그렇게 한다는 것이다; 그런데 그렇게 비워두는 것은, 초월성을 방치하는 것과는 달리, 초월성에 보다 강력한 권력적 힘을 부여하게 한다; 절대적인 그리고 속박되지 않은 타자의, 공허의 초월성은, 더 이상 재현가능하지 않는 것으로 이해되면서, 더 이상 특정한 그곳이나 초월적인 장소나간에 지역적 장소에 구체화되지 않는다; 초월적으로 남아있도록 허용되지 않는 타자성은 폭포와 절벽, 심연, 혹은 추락으로서 재현되면서 지평의 이 편에 다시 나타난다. 좀 더 급진적으로 말해서 그러한 초월성은 알레고리에 의해 그리고 알레고리로서 재현될 것이다.[366)] 벤야민은 신학이나 철학이 아니라 우선 독일 바로크 비애극을 분석하고 해석하면서, 그것이 초월성의 부정이 아니라 그 전형을 확인하고 있다. 이신론을 이해할 때, 신은 절대적으로 숨어 있다는 점을 벤야민은 확인한다. "초월성을 비게 함으로써" 바로크 비애극은 내재성을 표상하는데, 이

365) 아감벤 2009b: 108-109.

366) Samuel Weber, "Taking Exception to Decision: Walter Benjamin and Carl Schmitt", in: Harry Kunneman(ed.), *Enlightenments: encounters between critical theory and contemporary french thought*, Kok Pharos Pub. House, 1993, pp.141-161. Weber 1993: 155-156.

내재성은 일상적 언어 밖에 있다고 파악하는 듯하다. "절벽, 심연"은 갑자기 나타난다. 그런 한에서, 역사철학적 연속성과는 질적으로 다르다. 내재성은 초월성을 대신하여 스며들지만, 그것은 기존의 초월성과는 다르면서도 초월성 전체를 부정하는 것은 아니다. 역사 속에서 그것은 없지도 있지도 않다. 그것은 돌연하게 역사의 끝에서 나타난다. 마치 절벽 앞에서 심연처럼. 이러한 관점에서 벤야민에서 예외상태를 배제하는 주권자의 기능은 초월성을 배제하려는 독일 바로크의 시도를 완전히 확고히 다지고 있는 것이다.[367]

슈미트와는 달리 벤야민에서 예외상태를 배제하는 것이 주권자의 기능이다. 이 경우 주권자는 어떠한 자인가? 예외는 내재하는 것으로 이해된다. 그 예외는 어떻게 있는 것인가? 우리는 이 맥락에서 벤야민은 군주정이 아니라 민주정(민주주의)을 생각하고 있는 것으로 파악할 수 있다. 그리고, 벤야민에서는 초월성을 배제하려는 바로 그 동일한 욕망은 웨버가 지적하고 있듯이 기능 부조화에 대한 주권자의 기능을 비판할 수 있는 길이 열린다. 비판받는 군주는 이미 슈미트가 얘기하는 그 주권자와는 질적으로 다르다; 벤야민에서는 슈미트의 정치신학적 비유와는 다르게 독일 바로크 주권자는 그의 신으로부터의 차이에 의해서, 규정되고 있는데 그것은 바로크 내재성이 신학적 초월성에 대한 대조되는 구별 속에서 설정되고 있는 것과 똑같다.[368] 아감벤은 벤야민의 주권론을 정확하게 포착하고 있지 않다.

벤야민이 주권론을 군주정의 맥락에서 논의하는데 그것은 독일 바로

367) Samuel Weber 1993: 154.

368) Samuel Weber 1993: 154.

크 비애극을 연구대상을 삼고 있기 때문이다.

“군주가 역사를 대표한다. 그는 역사적 사건을 마치 왕홀(笏)을 쥐고 있는 것처럼 손에 쥐고 있다. 이러한 견해는 극작가들이 지니고 있었던 특권이 아니었다. 국가법적인 사상들이 그 바탕에 깔려 있는 것이다. 17세기에는 중세의 법이론과 최종적인 논쟁 속에서 새로운 주권개념이 형성되었다.(……) 근대적인 주권개념이 군주가 가지고 있는 최고의 행정력에 귀결되는 반면, 바로크 시대의 주권개념은 비상사태(Ausnahmezustand)에 대한 논의에서 전개되었으며, 비상사태를 배제하는 일을 군주의 가장 중요한 일로 만들었다. 지배하는 자는 처음부터 전쟁이나 반란 또는 그 밖의 파국으로 인해 비상사태 발발 시 독재적인 지배권의 소유자가 되도록 정해져 있다. 이러한 설정은 반종교개혁적인 것이다. 완전한 안정상태의 이상, 즉 교회와 국가에 의한 질서회복의 이상을 철저하게 펼치기 위해 르네상스의 풍부한 삶의 감정으로부터 세속적이고 전제정치적인 것이 해방된 것이다. 그 결과 가운데 하나가 군주권의 요구인데, 그 군주권이 지니는 공법적인 위치는 군사, 학문, 예술 그리고 교회에서 번창하는 공동체의 지속성을 보장한다. 이 시대에 특징적인 신학적이고 법률적인 사유방식 속에서 표현되는 것은 바로크 시대의 모든 도발적인 현세강조의 바탕에 깔려 있는 것으로서 과도하게 긴장된 초월성이 지연되는 현상이다. 이 점이 바로크 시대의 모든 도발적인 현세강조의 기반을 이룬다. 왜냐하면 복고(Restauration)라는 역사이상에 파국의 이념이 대립해 있기 때문이다. 그리고 이러한 대립에 맞춰 비상사태의 이론이 생겨났다. (……) 바로크 시대의 종교적 이상은 세상을 꼭 붙잡는데, 그 이유는 자신이 세상과 함께 폭포 쪽으로 떠밀려간다고 느끼기 때문이다. 바로크적인 종말론은 존재하지 않으며, 바로 그렇기 때문에 지상에 있는 모든 것들을 그것이 종말에 다다르기 전에 쌓아놓고 강하게 흥분시키는 메커니즘이 있다. 조금이라도 속세의 숨결이 남아 있는 모든 것들은 피안에 비워내며, 바로크는 이것들에서 통상 형상화의 대상이 되지 않았던 사물들의 충만(eine Fülle von Dingen)을 추출해 내어 그것을 자신의 정점에서 대담한 형태(in drastischer Gestalt)로 드러낸다. 이는 마지막 하늘(einen letzten Himmel)을 텅 비워 그 하늘을 진공상태(Vakuum)로 만듦으로써 언젠가는 지상을 파국적 폭력으로(mit katastrophaler Gewalt) 소멸시키기 위해서이다.[369)]

슈미트가 정치신학적으로 그리고 군주론의 맥락에서 주권론을 전개하고 있고 그 속에서 주권론 일반에 대한 그의 이론이 구성되고 있는데, 벤야민이 독일 바로크 비애극을 분석하면서 주권과 군주에 대해 분석하고 해석하는 것은 기본적으로 역사적 사례 분석의 맥락이다.

주권자의 폭력(Gewalt)은 물리적 폭력과 정신적인 가상(Schein)이다. 후자의 빈곤은, 전자의 강화로 떨어진다: 독일 바로크 시대의 참주의 길(the dictatorial tendency of the sovereign).[370)] 참주는 쉽사리 희생자(a martyr)가 된다. 가상의 세계에서 독일 바로크 비애극은 특별했다.[371)]

바로크시대에서 주권자의 결단불능성 명제는, 주권자에게 결정할 진리이론적 논거가 확실하게 주어져 있지 않기 때문이다. 주권자는 결단을 내릴 수가 없는데, 왜냐하면 결단은 엄격한 의미에서 이질성을 위한 어떠

---

369) 벤야민, 『독일비애극의 원천』, 최성만 역, 한길사, 2008b, pp.92-95. 번역은 가볍게 수정했다. [Benjamin, *Trauerspiel*, 원문, pp.55-56] Samuel Weber 1993: 153에서 Benjamin, p.56 재인용.

370) Weber 1993: 155.

371) Samuel Weber, "Taking Exception to Decision: Theatrical-theological Politics, Walter Benjamin and Carl Schmitt", in: Uwe Steiner (ed.), *Memoria 1992, Walter Benjamin 1892-1940*, Bern et.al, Peter Lang, 1992, pp.123-137.

한 장소도 남아 있지 않은 세계에서는 불가능하기 때문이다: 바로크의 비본래적 자연사는 어떠한 개입도 허용하지 않거나 결단의 계속 반복되는 영속적인 개입들의 급진적인 중지/정지/유예도 허용하지 않는다.[372]

새무엘 웨버는 벤야민의 『독일 비애극의 시원』에서 무대성, 연출성에 대한 논의에 주목한다. 그것은 가상의 세계로서 바로크 궁정의 정치성을 표현하는데, 슈미트의 예외상태를 규칙의 무대로 전형시킨다.[373] "무대의 이미지, 정확하게 말해서, 궁정의 이미지가 역사적 이해의 열쇠가 된다. 궁정은 가장 내적인 무대이며 …… 궁정에서, 역사 전개의 영원한, 자연적 무대장치를 비애극은 보여준다."[374]

연출자(plotter)가 바로크 비애극 무대를 연출하는데, 그는 궁정은 결코 총체화될 수는 없고 오직 다소간에 예술상의 기법과 더불어 무대로 펼쳐지는 행위들의 무대라는 것을 알고 있다.

"오직 플롯만이 장면들의 조직을 이끌어가면서 알레고리적 총체성으로 안내할 수 있었다."[375]

웨버는 이렇게 잇는다: 대조적으로 "독일 바로크 드라마의 알레고리적 플롯은 어떠한 총체성도 알지 못했고", 독일 바로크 드라마가 펼치는 것은 전체가 아니라 오직 연극적 무대와 그 장면적 기구이다.

"바로크 플롯은 열린 무대들에서 장면들의 변화가 일어나듯이 전개된

---

372) Samuel Weber 1993: 155.

373) Samuel Weber, "Taking Exception to Decision: Theatrical-theological Politics, Walter Benjamin and Carl Schmitt", in: Uwe Steiner (ed.), *Memoria 1992, Walter Benjamin 1892-1940*, Bern et.al, Peter Lang, 1992, pp.123-137. Weber 1992 참조.

374) Benjamin, *Trauerspiel*, p.90을 Weber 1993: 159에서 재인용.

375) GS I,1, 409

다."[376]

비애 연출을 위한 장면을 설치하는 무대는 한 영혼의 내면성에 의해서도 한 국민국가의 총체성에 의해서도 규정되지 않았고, 오히려 궁정의 환원불가능한 지역적 정치적 공간에 의해서 규정되었다: 연출자[기획자]는 예외상태가, 어느 정도까지는, 계산가능적임을 확신해야 한다.

발터 벤야민의 바로크 정치 유형론이 제시하는 것은, 슈미트 자신의 정치주권성에 관한 이론이 함의하는 어떤 무엇이 있기는 하지만 그러나 이와 동시에 슈미트의 이론을 계승하여 발전하려는 것이 아니다. 벤야민에서는 결단의 에니그마는 결단의 단독자적 주체나 심급에 준거하여 단순하게 해결될 수 없다. 그것은, 슈미트가 정치신학에서[377] 주장하고 있는, 법적 삶의 현실에서 관건은, 누가 결정하는가 하는 문제가 아니라 그러한 결정이 무대에서 펼쳐지는 장소의 문제를 제기함으로써 풀어질 수 있다.[378]

바로크 군주가 어떠한 결정을 내리는 것 자체가 불가능했다고 해석할 수는 없다. 이신론적 세계의 심화 과정에서 그는 고심하고 있다. 또한, 결정을 내리지 않아도, 비결정논쟁에서 확인할 수 있듯이, 결정으로서의 비결정을 논증하고 있듯이, 비결정은 결정에 속한다. 그리고 군주의 비결정 속에서도 군주의 내심을 읽고 알아서 집행했던 것은 아닌가? (그리고 여전히 프랑스 혁명 전의 군주정 시대라는 사실을 잊어서는 안된다.)

독일 바로크 시대의 군주의 결단론이 벤야민의 고유한 자기 주장은 아니다. 그리고, 아감벤은 바로크 군주의 결정불능을 긍정하는 것도 아니다.

---

376) GS I, 1, 254. (Weber 1992: 134.)

377) Schmitt, *Political Theology*, p.34; Weber 1992: 137.

378) Samuel Weber 1992: 135-136, 137.

우리가 이미 앞에서 논의한 바 있듯이, 아감벤은 실체적으로는 주권개념 그 자체를 거부한다. 정치철학의 기초로서 행복론이 무엇을 말하는지, 행복에 대해 아감벤이 논의하는 맥락에서 이 점은 가장 분명하게 드러난다. "행복한 삶" 개념을 규정하는 과제는 도래하는 사유가 해결해야 할 중대한 과제 중 하나이고, 행복한 삶은 정치철학의 기초인데 오늘날, 그것은 주권성에 기초한 주체성을 헌정하는 벌거벗은 생명일 수 없고, 절대적으로 독신화된 세계의 삶에서 가능하며, **이 삶에는 "주권도 법도 그 어떤 영향을 미칠 수 없다."**[379]

그리고 그는 이러한 입장에 벤야민이 속해 있다고 해석한다. 벤야민은 「신학적-정치적 단편」에서 "세속적인 것의 질서는 행복이라는 관념으로 향해야만 한다."고 적었다고 밝히면서,[380] 이것을 시사한다.

아감벤의 **무위의**, 행복한 삶은, "목적 없는 수단"을 주장하는 철학적, 정치신학적 논거도 이 맥락에서 분명하게 밝혀진다.

"또한 무언극의 사례에서 그렇듯이, 몸짓이 가장 친숙한 목표로 제시될 때 이런 몸짓은 그 자체로서 전시된다. 따라서 '욕망과 실현, 범행과 그것의 회상 사이에', 즉 스테판 말라르메가 '순수한 사이'(milieu pur)라고 부른 것 속에 멈춰 있게 된다. 이와 마찬가지로 몸짓에 있어서 인간들끼리 서로 소통하는 곳은 그 자체가 목적인 목적의 영역이 아니라 목적 없는 순수한 매개성의 영역이다."[381] 몸짓 역시 의미론적 매개의 예외는 아

---

379) 조르조 아감벤, 『목적없는 수단: 정치에 관한 11개의 노트』, 김상운·양창렬 역, 난장, 2009a. 아감벤 2009a: 125. 강조는 인용자.

380) 아감벤 2009a: 125.

381) 아감벤 2009a: 70. 목적 없는 수단, 언어의 순수매개성에 대해서는 이 책에서 I.4.1) 순수매개성의 문제를 참고하라.

니다. 몸짓 역시 인간들 사이의 표현이다.

3) "바로크 종말론은 없다"

아감벤은 문헌학적 엄밀함을 살려 벤야민의 텍스트 편집 과정에 중대한 오류가 있었다고 지적한다. 그것은 "Es gibt eine"[있다]를 "Es gibt keine"[없다]로 잘못 읽었다는 것이다. 벤야민의 원래 텍스트는 Es gibt eine barock Eskatologie[일종의 바로크 종말론이 있다]였는데, "바로크 종말론은 없다"고 현재 잘못 오식했다는 것이다.[382)]

> "'그런 까닭에 지상에 태어난 모든 것을 모아 종말 앞에 내어 바치는 메커니즘이 있다.' 바로크는 에스카톤, 즉 시간의 종말을 알고 있다. 그러나 벤야민이 즉각 분명하게 말하고 있듯이 이 시간의 종말은 공백일 뿐이며, 구원[회복]도 피안도 모른 채 이 세상에 내재할 따름이다. '피안에는 가장 희미한 현세의 숨결이 이르기까지 일체의 것이 비워져 있다. 바로크는 형상화를 벗어나기 십상이었던 사물들의 풍요로움을 피안으로부터 탈취해 그것을 지상에서 강렬한 형태의 최정점으로 드러낸다. 그래서 최후의 하늘을 일소하고, 진공 상태가 된 이 최후의 하늘이 언젠가는 파국적인 위력을 발휘해 지상을 파멸시킬 수 있는 그런 상태로 만들어놓는다.'(같은 책). / 이러한 '하얀 종말론' — 지상을 구원된 피안이 아니라 완전히 텅 빈 하늘에 바치는 — 은 바로크적 예외상태를 파국으로 형상화한다. 그리고 **슈미트가 정치적-신학적인 것으로 정의하고 있는 주권과 초월, 군주와 신 사이의 일치**를 분쇄해 버리는 것 또한 이 '하얀 종말론'이다."[383)]

---

382) 아감벤 2009b: 110.

383) 아감벤 2009b: 110-111. 강조는 인용자.

주권과 초월, 군주와 신 사이의 차이에서 슈미트와 벤야민의 차이를 아감벤은 확인한다. 벤야민의 독신화 사유에서도, 벤야민은 『폭력비판론』(*Zur Kritik der Gewalt*)에서 신의 폭력(divine Gewalt), 순수한 폭력(reine Gewalt)은 절대적으로 부정되지도 않고, 부재하는 것도 아니다. 자연의 순수한 폭력을 완전히 대체할 수 있는 국가와 사회의 폭력은 없다. 그렇지만 그것을 부정하고서는 후자가 정당성을 얻을 수 없다.

새뮤얼 웨버가 짚었던 벤야민의 『독일 비애극의 시원』에 있는 그곳을 다시 읽어보자.

> "**근대적 주권개념이 군주의 최고 집행권에 주력했다면, 바로크적 주권개념은 예외상태에 관한 논의에서 발전해 나온 것으로서 이 예외상태의 배제**를 군주의 가장 중대한 기능으로 삼았다. 전쟁, 반역, 혹은 여타의 재난이 예외상태를 유발할 경우 통치하는 자는 바로 그 예외상태 속에 독재적인 폭력의 영유권자이도록 사전에 이미 규정되어 있다는 것이다. 이 조항은 분명 반개혁적이다. 르네상스의 풍부한 생활 감정에서 벗어나게 되면서 현세적·폭군적 요소가 완전한 안정이라는 이상, 그리고 교회에서나 국가에서나 등장하게 된 복고주의의 이상을 모든 방면에서 철저하게 관철하게 된 것이다. 그 중 하나가 바로 이 군주권의 요구로서, 군주권의 국법적인 위상은 — 군사, 학문, 예술, 교회의 발전에서 정점에 도달하게 되는 — 공동체의 연속성을 보장한다는 데에 있게 된다. 이 세기의 특색을 이루는 이러한 신학적-법학적 사고방식 속에서 바로크가 도발적으로 현세성을 강조하는 형태를 띠면서도 초월성을 향한 과도한 긴장이 표명되고 있다. 왜냐하면 여기에는 복고주의의 역사 이상에 대한 반명제로서 파국의 이념이 자리를 잡고 있기 때문이다. 그리고 바로 이 반명제와 관련해서 예외상태, 비상

사태의 이론이 주조되는 것이다. 그래서 '17세기의 자연법에서 지배적이었던 그 예외상태의 의미에 대한 생생한 의식'이 그 다음 세기에 이르면서 어떻게 사라지게 되는가라는 문제를 설명하고자 한다면, 18세기에 이룩된 정치상황의 안정만을 지적해서는 안 될 것이다. '칸트에게서 비상조치법 일반은 더 이상 법이 아니었다'고 한다면 그것은 칸트의 신학적 합리주의와 관련된 문제가 되는 것이다. **바로크의 종교적인 인간이 현세를 그렇게 고수하는 이유는, 자기가 현세와 함께 폭포를 향해 흘러가고 있다고 느끼기 때문이다. 물론 바로크적인 종말론이란 존재하지 않는다. 그리고 바로 그렇기 때문에 지상에 태어난 모든 것을 쌓아두고 종말에 넘겨주기 전에 그것에 열광하는 어떤 메커니즘이 존재하게 된다.** 피안에는 가장 희미한 현세의 숨결에 이르기까지 일체의 것이 비워져 있다. 바로크는 형상화를 벗어나기 십상이었던 사물들의 풍요로움을 피안으로부터 탈취해서 그것을 지상에서 강렬한 형태의 최정점으로 드러낸다. 그래서 최후의 하늘을 일소하고, 진공 상태가 된 이 최후의 하늘이 언젠가는 파국적인 위력을 발휘해서 지상을 파멸시킬 수 있는 그러한 상태로 만들어놓는다."[384]

(1) 문맥으로 보아, 아감벤의 문헌학적 독해가 주장하듯이 '바로크적인 종말론이 있다'는 문장으로 읽는 것이 바른 것인지 잘못 읽은 것인지 판단하기 쉽지 않다. 벤야민의 『독일비애극의 시원』 전체를 읽어보아야 한다. 아감벤이 인용한 그 부분 뒤에서는 벤야민이 다음과 같이 좀 더 분명하게 말한다:

"생성되고 있던 비애극의 형식 언어는 전적으로 그 시대의 신학적 상황 속

---

384) 발터 벤야민, 『독일 비애극의 원천』, 조만영 역, 새물결, 2008b[*Ursprung des deutschen Trauerspiels*, in: Walter Benjamin, *Gesammelte Schriften, I.1*, Ffm, 1974]. 벤야민 2008b[1974]: 68-69. 강조는 인용자.

에 담겨 있었던 명상의 필요성이 펼쳐진 것으로 간주될 수 있다. 그런 명상의 필요성 중의 하나는 온갖 종말론 신학이 탈락할 때 뒤따라오게 된 것으로서, 그것은 은총의 상태를 포기하고 단순한 피조물 상태로 퇴행하는 데에서 위안을 찾으려는 시도로 나타난다. 바로크의 여타 생활 영역에서처럼 여기에서도 원천적으로 시간적인 자료들을 공간적인 비유와 공간적인 동시성으로 전환한다는 사실이 결정적으로 중요하다. 중세가 현세적 사건의 무력함, 피조물의 덧없음을 구원의 도정 중에 잠시 머무는 체류지로서 보여주는 반면, 독일 비애극은 전적으로 세속적 질서의 암담함에 천착하고 있다. 만일 어떤 구원이 존재한다면 그것은 신적인 구원 계획이 완수된다는 데에 존재하기보다는 오히려 바로 이 암담한 운명 자체의 심층에 존재한다. 종교극에서 종말론의 거부는 전 유럽의 새로운 드라마의 특징이다."[385]

그러므로 바로크에서는 종말론이 없다고 읽은 벤야민 전집 편집자들의 독해가 정당하다.

(2) "피안에는 가장 희미한 현세의 숨결에 이르기까지 일체의 것이 비워져 있다"는 진술은, 피안에 대한 일체의 상상을 현세에 옮겨오기 때문이다.

(3) 바로크에서도 주권과 군주와 신은 내재적으로 연관되어 있다. 벤야민은 루벤스의 군주 행렬도에서 비어켄의 설명을 인용하고 신과 군주 사이의 연관성에 대해 설명한다.

"사람이 고귀한 위치에 있으면 있을수록 '그 무엇보다도 하느님과 경건한 지상의 신들에 마땅히 돌아가야 할' 찬미가 그 고귀한 사람에게 돌려진다.

---

385) 벤야민 2008b[1974]: 90.

> 이것은 루벤스의 군주 행렬에 대한 소시민적인 대비상은 아닐까? '군주는 행렬에서 단지 고대적인 개선 영웅으로서 나타나는 것만은 아니다. 동시에 또한 신적인 존재들과 직접적으로 연결되며, 신적인 존재들로부터 섬김을 받고 이들로부터 찬미를 듣게 된다. 그래서 군주는 심지어 신격화되기도 한다. 군주의 행렬 속에서는 지상과 천상의 형상들이 섞여 있으며, 양자 모두는 동일한 찬미의 이념을 따르고 있다.' 그러나 이는 이교적이다. 비애극에서 군주와 순교자는 내재성을 벗어나지 않는다 — 신학적인 과장법 가운데 가장 애호되었던 것으로는 우주론적 논법이 있다. 제후와 태양의 비교는 수도 없이 반복되면서 이 시대의 문학 전반을 관류하고 있다. 여기에서 모든 것은 이 최종적인 결정권자가 유일무이하다는 데에 맞춰져 있다."[386)]

(4) "통치자의 권력과 통치 능력 간의 반명제적인 대조(안티테시스)는 외견상 장르적인 요소라고까지 할 정도로 비애극의 고유한 특징을 이루었다. 그러나 이 특징도 주권론을 배경으로 할 때에만 비로소 명백하게 조명된다. 전제군주의 우유부단한 면모가 바로 그러한 경우이다. 예외상태에서 결단을 내리게 되어 있는 군주는 최상의 호조건에서도 어떤 결단을 내리는 것 자체가 거의 불가능한 모습을 보여준다. 매너리즘 회화가 안정된 조명을 받은 화면 구성을 전혀 알지 못했던 것처럼, 그 시대 연극의 등장인물들은 결단을 서로 상대방에게 전가하면서 서로를 조명하는 식으로 불안하게 번쩍이는 조명을 받고 있다. 이러한 등장인물들에게서는 금욕주의적 화법이 보여줄 법한 주권성보다는 로엔슈타인의 인물들이 그러한 것처럼 마치 펄럭이는 찢어진 깃발처럼 항거하면서 격정의 폭풍이 쉴 사이 없이 휘몰아치는, 그러한 격렬한 자의성이 밀려나온다. 이들은 또한 머리가 작다는 점에서 — 이런 회화적인 표현이 허용된다면 —

---

386) 벤야민 2008b[1974]: 70-71.

엘 그레코적인 인물들과 그렇게 거리가 멀지 않다. 왜냐하면 이들을 결정하는 요인은 사상이 아니라 동요하는 육체적 충동이기 때문이다. '그 시대의 문학은, 나아가 구속으로부터 비교적 자유로운 서사사마저도, 심지어 지극히 순간적인 몸짓까지도 놓치는 법이 없었지만 인간의 얼굴 표정에 관한 한에서는 속수무책이었다'는 지적은 바로 그러한 특성을 정확하게 지적한다."[387]

아감벤이 이 맥락을 들어 군주의 비결정이 마치 공백에서 연유하는 것처럼 독해하고 있으나, 이 우유부단은 군주의 폭군과 순교자의 양면성 그 자체를 표현하려는 것에 다름 아니다.

4) 군주의 멜랑콜리

벤야민이 『독일비애극의 시원』에서 뒤러의 〈멜랑콜리아 I〉을 해석하는 맥락은 바로 이 같은 창의성사유와 연관되어 있다.

> "군주는 우울한 인간의 모형이다."[388]

햄릿의 우유부단은 결정하지 않는 비결정의 능력이다. 그것은 비결정을 통한 시간의 지속성을 말한다. 벤야민이 「독일비애극의 시원」에서 우울한 인간의 우유부단을 부각시킨 것은 슈미트의 결단주의에 대한 비판에서 나온 것으로 해석할 수 있다.

---

387) 벤야민 2008b[1974]: 75-76.
388) 벤야민 2008b[1974]: 181.

아감벤이 호모 사케르에서 드 사드의 사도마조히즘을 끌어들일 때, 그리고 뒤르켐의 종교생활론을 끌어들일 때 우리는 그의 사유 전통을 추론할 수 있다.

칼뱅주의와 루터주의는 달랐다. 칼뱅주의의 개혁성에 대하여 루터주의는 대항했다. 이 과정에서, 중세의 멜랑콜리가 수용된다.

> "독일 비애극에서 인물 유형의 구성은 어디에서든 반종교개혁적인 반동 특유의 태도로 스콜라적 도식의 우울을 추구했다. 그렇지만 이러한 스콜라적 유형학과는 근본적으로 상이한 드라마 형식, 그것의 양식과 언어는, 대담한 방향 전환, 즉 르네상스의 사변이 눈물에 젖어있는 관조의 모습들 속에서 그 침잠의 밑바닥으로부터 희미하게 되비쳐오는 어떤 먼 반조를 감지하면서 바로크가 우물가에서 목도했던, 그 새로운 고대적 조명과 중세적 조명의 분열상에 부합하는 인물형을 불러오는 데에 그 시대에 한 번은 성공했다. 물론 독일은 이런 일을 해낼 수 없었다. 그 인물형은 햄릿이다. 이 인물의 비밀은 우울이라는 그 지향적 공간 속에 존재하는 모든 국면들을 연극적으로, 그러나 바로 그렇기 때문에 신중하게, 빠짐없이 모두 밟아간다는 데에 숨겨져 있다. 마찬가지로 이 인물의 운명의 비밀도, 그 운명이 햄릿이라는 인물의 시선과 전적으로 동일적인 사건이라는 데에 숨겨져 있다. 비애극에서 햄릿만이 신의 은총을 받는 관객이다. 물론 이 신의 은총이 햄릿 앞에서 연극적으로 펼쳐지는 바가 아니라 오직 유일하게 이 햄릿 자신의 운명만이 햄릿[이라는 비애극]을 충족시킬 수 있을 뿐이다. 전범적으로 비애에 양도된 대상으로서의 햄릿의 삶은, 삶의 불꽃이 모두 소등되기 직전에 기독교적인 섭리를 보여준다. 이 섭리의 품안에서 햄릿의 비애에 젖어 있는 형상들은 어떤 복된 존재로 반전된다. 이러한 군주적 삶의 방식을

지닌 생애에서만 우울은 [삶으로서] 상환된다. 우울이 우울 자신을 대면하기 때문이다. 그 외의 나머지는 모두 침묵이다. 왜냐하면 삶으로 살아보지 못한 모든 것이 이 우울의 공간에서는, 지혜의 공간에서는, 구출될 여지도 없이 쇠락하고 말기 때문이다. 오직 유일하게 셰익스피어만이 우울가의 바로크적 — 즉 비기독교적이면서 비금욕주의적이고, 유사경건주의적이면서 유사고대적인 — 경직 상태를 기독교적 불꽃으로 점등할 수 있었다. [……] 오직 이 왕자에서만 우울한 침잠은 기독교성에 도달한다. 독일 비애극은 한 번도 스스로에게 영혼의 생명력을 불어넣지 못했으며, 사색적인 자기 반조의 눈부신 은빛 휘광이 자기 내부에서 흘러나오게 할 수가 없었다. **독일 비애극은 그 스스로도 놀랄 만치 어두웠으며, 우울가를 그저 중세 기질론 서책들의 그 빛바랜 과장된 색깔로 그릴 줄만 알았다. 그렇다면 그 보론 책은 왜 쓰였는가? 독일 비애극이 세워놓은 형상들과 인물들은 뒤러의 그 날개를 단 우울의 수호신에게 헌정된다. 독일 비애극의 그 다듬어지지 못한 무대는 이 우울의 수호신 앞에서 은밀한 삶을 시작한다.**"[389]

뒤러의 멜랑콜리아는, 결코 중세를 초월한 모던한 독신적 예술가는 아니었다.

그런데 벤야민은 뒤러의 〈멜렌콜리아 I〉 에서 바로크적 인간의 전형을 읽어낸다.

"알브래히트 뒤러의 〈멜랑콜리아〉 에서 땅바닥 여기저기에 용도를 잃은 채 널려 있는 일상 활동의 도구들이 사색의 대상이 된다는 사실은 이러한 병적 상태의 비애 개념에 잘 부합된다. 이 판화는 많은 점에서 바로크를 선취하고 있다. 이 판화에서 번민에 빠져 있는 천착가(그뤼블러)의 앎과 학자의

---

389) 벤야민 2008b: 203-204.

탐구는 바로크적 인간에서 그런 것처럼 긴밀하게 융합되어 있다. 르네상스가 우주 공간을 깊이 탐색했다면 바로크는 도서관을 섭렵했다. 바로크적 상념(Tiefsinn)은 책의 형식을 취했다. 세상은 자신보다 더 큰 책을 알지 못한다. 그러나 그 큰 책에서도 가장 탁월한 부분은 하느님이 아름다운 표지 그림 대신 비할 바 없이 자신과 똑같은 모습으로 찍어놓은 인간이다. 게다가 하느님은 그 큰 책의 나머지 부분들의 요약이자 핵심이요 또 보석으로서 인간을 만들었다. '자연의 책'과 '시간의 책'은 바로크적 상념의 대상이다. 바로크적 상념은 책에서 자신의 거처와 안식처를 발견한다."[390]

바로크에서 신과 인간은 동형적이다. 이 사유 역시 중세적인 것이 아닌가.

물론 바로크의 이 책이 총체적으로 해석될 수 있는 종류의 것인가? 이 물음이 중요하다.

"음모가들의 공허한 분망함은 열정적인 명상에 대한 품위없는 대조상으로 간주되었다. 바로크에서 정치를 보는 관점이기도 했지만, 정치란 역사의 악마적인 착종이었다. 그리고 고관대작들을 이 악마적 착종으로부터 벗어나게 해줄 수 있는 유일한 능력으로 인정되었던 것이 바로 이 명상이었다. 다만 침잠은 너무 쉽게 바닥을 알 수 없는 나락으로 이끌곤 한다. 우울형 기질의 이론이 바로 이 점을 가르쳐 준다."[391]

명상, 관조는 군주의 우울로 나타나고, 그것은 정치가들의 잡담과 소란을 잠재울 수 있다.

390) 벤야민 2008b: 179-180.

391) 벤야민 2008b: 181.

(1) 군주의 멜랑콜리아가 나태로 나타날 경우가 있다:

"나태로 인해서 토성의 희미한 빛과 완만한 운행은 우울가와 연관을 맺게 된다. 이 점은 — 점성술에 토대를 둔 것이든 아니면 다른 데에 토대를 둔 것이든 — 이미 13세기의 기록에도 나타난다. '나태에 관하여, 이 네 번째 대죄는 하느님을 섬기는 데에 있어서 나태함이다. 내가 수고스럽고 힘들지만 좋은 일에 등을 돌리고 무익한 휴식을 취하는 것이 그런 것이다. 힘들다고 해서 좋은 일에서 등을 돌리면 내게 마음의 괴로움이 찾아온다.' 단테에서 나태는 대죄의 순서에서 다섯 번째 자리를 차지한다. 지옥에서는 얼음처럼 차가운 한기가 지배한다. 그리고 이것이 체액 병리학적 사실, 즉 지구의 차갑고 메마른 특성을 시사한다. 나태로서의 전제군주의 우울도 새롭게 예리한 조명을 받게 된다. 알베르티누스는 우울한 자의 징후군을 분명히 나태에 포함시킨다. [……] 군주의 우유부단함도 토성적 나태와 다를 바가 없다. 토성은 '무감정하고 우유부단하고 굼뜨게' 만든다. 마음의 나태로 인하여 전제군주는 몰락하게 된다." 392)

(2) 우울의 명상은 죽은 사물을 구출한다:

"충성은 사물 세계보다 더 상위의 법칙을 알지 못하며, 자신이 유일무이하게 복종하는 대상으로서 사물 세계 이외의 것을 알지 못한다. 사물 세계는 언제든 충성심을 자기 쪽으로 소환한다. 그리고 충성의 서약이나 충성의 기념은 모두 사물 세계의 단편들로써 — 충성심을 과도하게 요구하지 않으며 충성심에 딱 어울리는 대상으로서 — 장식된다. 졸렬하기는 하지만, 아니 분명 정당하지 못한 방식이기는 하지만 불충성은 자기 나름의 방식으로 진리를 표현하며, 바로 이 진리를 위해서라면 세계마저도 배신하는 것이다. 우울은 지식을 위해서 세계를 배신한다. 그러나 우울의 끈질긴 침잠

392) 벤야민 2008b: 199-200.

은 죽은 사물들을 구출하기 위해서 그것들을 자신의 명상 속으로 끌어올린다."[393]

5) 아감벤의 한계

(1) 아감벤은 캠프 내에서의 저항과 저항을 위한 연대에 대해서, 캠프의 안과 밖 사이의 좁은 문들에 대해서도, 캠프 밖에서 캠프의 야만적 폭력을 통찰하고 심려하고 행동하는 자들의 연대에 대해서도 침묵한다. 그리고 캠프와 예외상태를 규정하는 물적 조건들에 대해서 말하지 않는다.

아감벤의 사상의 한계는 분명하다. 아감벤의 관점에서는, 생정치적 장의 실재를 무한한 부정적 존재론의 직물같은 편재 속으로 흩어져 버리고, 그리고 생정치적 맥락에서부터 생산이 혁신, 진보적 발전 등 이러한 것들이 배제되어 버린다. 삶의 생산적 잉여는 무용한 것으로 파악되고 넌더리나는 것이 된다. 만약 새로운 무엇인가를 원한다고 한다면 존재의 주변들에서 그것을 찾고자 해야 한다. 사건은 존재 내에서 어려운 자력 고행이라기보다는 신비적인 종류의 것이 된다. 활동과 구성보다는 비전과 사념에 남아야 한다; 향유의 장소에는 황홀경이 있을 것이다, 저항의 고양은 아감벤에서는 항거보다는 수동성으로 해석되고 있다. 그러므로 아감벤의 호모 사케르는 노예나 프롤레타리아트와는 다른 종류이다. 그것은 맬컴 엑스(Malcolm X) 보다는 바틀비(Bartleby)가 그 대표적 전형인물이다. 아감벤의 생정치는 그것이 존재의 부정적 형이상학으로 흩어지면서, 정치적으로 입장을 취하는 주체가 되지 못할 뿐만 아니라 역사의 배제 속에서 구체적 모습을 드러낸다. 아감벤에서는 집단수용소인 캠프 혹은 예외상태는 이것들을 기획하고 건설한 세력들과 이데올로기 주체들과는

393) 벤야민 2008b: 201.

어떠한 공통점도 없는 것처럼 전개된다.[394]

(2) 아감벤은 국민국가의 한계를 넘어서려는 에세이적 산문을 전개한다.

> "다가오는 정치의 고귀성은 그것이 국가의 정복이나 통제를 위한 투쟁이기를 그만 두고자 하는 것이며 국가와 비국가(휴매니티) 사이의 투쟁이고자 하는 것이며, 그 어떠한 종류의 것이든 개별성(singularity)과 국가 조직 사이의 능가할 수 없는 분리이고자 하는 것이다."[395]

"outside[밖]"은 얼굴, 얼굴은 "밖"이다.

> "많은 유럽의 언어들에서 '밖'(outside)이라는 관념은 '문에'(at the door)(라틴어에서 fores는 집의 문이고 그리스어에서 thyrathen의 축자적 의미는 '문턱에서'라는 뜻이다)라는 표현이 의미하는 단어에 의해 표현되어 있다는 것은 여기에서 중요하다. 밖은 확정적 공간을 넘어서 정주하는 다른 공간이 아니라, 오히려 그것은 그것에 접근을 제공하는 통로, 외부이다 – 한마디로, 그것은 그것의 얼굴, 그것의 아이도스(eidos)이다. / 문턱은 이러한 의미에서 한계(테두리)를 고려하는 다른 사물이 아니다; 말하자면 그것은 한계(테두리) 그 자체의 경험이고, 바깥(밖, outside) 내에서 존재의 경험이다. 이 탈-정주(ek-stasis)는 단독성(singularity)이 휴머니티의 빈 손들에

394) Antonio Negri, "Giorgio Agamben. The Discreet Taste of the Dialectic," in: 2007, pp.109-125, 여기에서는 p.123.

395) G. Agamben, *The Coming Community*, University of Minnesota Press, sixth printing, 2007[이탈리아 초판 1990, 영어본 초판 1993], p.86.

서 결집하는 선물이다.[396]

안과 밖이 아니라 안과 밖 그리고 그 사이, 경계, 파사주, 요컨대, “outside”. “세계는 어떻게 존재하는가 – 세계는 세계라는 밖이다.”[397]

> “잠재성(potentiality)과 활재성(actuality) 사이의 관계를 생각하는 것이 가능하다면 — 심지어는 이들 사이의 관계를 넘어서 생각하는 것이 가능하다면, 주권적 방기(ban)로부터 완전히 풀어진 헌정하는 권력을 생각하는 것이 가능하게 될 것이다. [이것이 일어나기 전까지] 지금까지는 주권성의 아포리아들로부터 벗어난 정치이론이 생각할 수 없는 것으로 남아 있다.”[398]

> “방기/포기의 대존재(Being)를 법의 모든 이념을 초월하여 생각하는 것이 가능하기만 하다면, 우리는 주권성의 패러독스로부터 모든 방기(ban)로부터의 자유의 정치를 향하여 움직여가고자 했을 것이다.”[399]

> “아감벤에게 있어서는, 주권성의 패러독스는 최종적 권위는 그것을 선행하는 어떠한 법에 의해서도 충분하게 제시되어 있지는 않으면서도, 국가는 법의 문제들을 해결하는 최종적 권위를 요청하고 있다는 사실에 남아 있다. 모던 주권성은 호모 사케르의 이교도적 논리, 혹은 신성한 자에게도 이월되고 있다. 호모 사케르는 희생될 수는 없지만 살해될 수는 있는 생명이

---

396) Agamben 1993: 68. threshold의 뜻은 다음과 같다. 1 문지방; 입구; 2 [보통 the threshold] 발단, 시초; 3 [심리 · 생리]《자극에 대해 반응하기 시작하는 분계점》; 4 경계, 종점; (활주로의) 맨 끝; 5《영》물가 상승분 지급 협약.

397) Agamben 1993: 106.

398) Agamben 1998[Homo Sacer]: 44.

399) Agamben 1998[Homo Sacer]: 59.

다.”[400]

국가가 법의 문제들을 해결하는 ‘마지막 권위’(a final authority)를 요구한다는 것(모던 국가의 정체성이 국가의 폭력의 독점에 있는데, 이 폭력 독점을 정당화하게 하는 그것은 어디에 있는가. 신(God)이 신으로 유일하게 존재하는 것이 아닌 현대에서. “주권성의 패러독시!” 아마도 국제 정치의 현실적 조건들을 고려할 때 아감벤은 주권성 그 자체의 사멸을 주장하는 것은 위험한 발상이라고 생각하는 듯하다. 그러나 주권성은 나생의 시원에서 벗어날 수 없으며 그의 대안은 주권성의 부정에 근거하는 무위의 행복론인데, 이 후자를 인정한다고 할지라도, 후자로 나아가는 구체적 과정을 그의 정치철학은 방기하고 있는 한에서, 인간은 늘 행복할 수 없는 상태에 있는 것에 다름 아니다.

§ **보론 데리다론** : 데리다는 주권성 개념을 그의 해체주의적 논리에 따라 폐기해야 한다고 주장한다. 아감벤과 데리다의 유사성이 있는 지점이다. 여기에서 데리다의 주권성해체론[401]을 구성하는 그의 발언들 몇 가지를 들어보자.

데리다는 주권성 개념의 신학적 시원에 주목하고 그것을 해체하는 전략적 사고를 펼쳐보인다. 불량하다는 것은 신의 권위에 도전하기 때문이다.

---

400) Agamben 1998[Homo Sacer]: 8; William E.Connolly, “The Complexities of Sovereignty,” in: M. Calarco and S. DeCaroli(ed.), *Giorgio Agamben: Sovereignty and Life*, Stanford University Press, 2007, pp.23-42, p.26.

401) 데리다의 주권성해체론에 대해서는 별도의 깊이 있는 연구가 필요하다.

> "불량배는 또 벤야민이 「폭력(Gewalt)의 비판에 대하여」에서 우리에게 설명하는 이 '대역죄인들'(grosse Verbrecher) 가운데 한 사람일 수 있습니다. 그 대역 죄인들은 국가에 도전하기 때문에, 다시 말해서 법을 대표하면서 폭력의 독점권을 점하고, 사실상 확보하고 있는 심급에 도전하기 때문에 권력을 매혹시킵니다. 그래서 '대역죄인'인 불량배는 반(反)주권의 반란 속에서 주권국가의 수위로 들고 일어납니다. 그리고 헤게모니를 독점하고 있는 합법적인 국가, 또는 소위 정당성이 있는 국가의 주권과 경쟁하기 위해 그는 하나의 반(反)국가가 됩니다."[402]

기존의 정치레짐을 혁명적으로 전복하려는 자들이 혁명에 실패할 경우 그들은 대역죄인들로 처벌받게 되는데, 신적 폭력(Gewalt), 신적 권위에 기초하는 국가의 주권성, "법"에 대한 불량한 도발로서 처벌을 받는다. 그런데, 국가의 주권성은 벤야민이 『폭력의 비판에 대하여』(*Zur Kritik der Gewalt*)에서 궁극적으로 해체되고 있는 것은 아닌데, 데리다는 신의 존재를 급진적으로 거부하는, 부정하는 해체주의 전략을 개진한다. 국가의 불량성 여부는 궁극적으로 신적 폭력의 존재 여부에 달려 있다. 데리다는 이렇게 말한다:

> "그러므로 이제는 불량국가들밖에 존재하지 않으며, 더 이상 불량국가는 존재하지 않습니다. 개념은 그것의 한계, 어느 때보다 더 끔찍한, 그것의 시대의 끝에 봉착하게 도착하게 될 것입니다. 이 끝은 처음부터 항상 가까이 있었습니다. 제가 조금 전에 그것으로 부각시켰던 이를테면 개념적인 모든 기호들에, 어떤 다른 질서의 징후를 나타내 보이는 불량국가를 덧붙여야

402) 자크 데리다, 『불량배들-이성에 관한 두 편의 에세이』, 이경신 역, 휴머니스트, 2003, p.154. 번역을 수정했다.

합니다."[403]

데리다는 불량성 그 자체를 인정해야 하는 정치신학적 인식론 그 자체를 해체하고 있기 때문에 국가가 자신의 주권성을 주장하는 그것의 실체는 오히려 불량하다고 지적한다.[404]

> "게다가 모든 주권국가는 잠재적으로, 또 선험적으로 어떤 불량국가처럼 자신의 권력을 악용하며, 국제법을 위반할 수 있습니다. 모든 국가 속의 불량국가가 문제입니다. 여기서 국가 권력 사용은 원래 과도하며 도를 넘습니다. 게다가 항상 존재했던 공포나 두려움에의 의존이 그러했듯이, 그것은 세계만큼이나 오래되었으며, 홉스는 그것을 아주 제대로 이론화했는데 — 아무리 그것이 계약적이고 보호자인 척하더라도, 암묵적이거나 분명한, 거칠거나 세심한 형태 하에서 — 국가의 주권적 권력의 궁극적인 원동력입니다. 반대되는 것을 주장하는 것, 그것은 항상 어떤 부인, 합리화이며, 때때로 우리를 속임에 분명한 어떤 추론입니다."[405]

---

403) 데리다 2003: 222.

404) 국민국가 형식의 주권성을 대신하여 하나의 세계국가의 주권성을 대안으로 제시할 수도 없다. 아렌트는 그것의 위험성에 대해서 이미 경고한 바 있다. "단일주권의 세계국가를 세운다는 것은 세계시민권의 형성에 꼭 필요한 것이 결코 아니라 모든 시민권의 종언을 뜻한다. 그것은 세계정치의 최고 정점이 아닌 글자 그대로 종말인 것이다."(한나 아렌트, 『어두운 시대의 사람들』, 인간사랑, 2010. 아렌트 2010: 126); "야스퍼스는 『역사의 기원과 목표』(*Origin and Goal of History*, 1955)에서 세계국가와 세계제국의 의미를 폭넓게 논의하고 있다. 지구 전체를 중앙집권적으로 통치하는 세계정부가 어떤 형태를 유지하든지 간에 지구 전체를 지배하고 다른 주권국가의 견제나 통제를 받지 않은 채 모든 폭력수단을 독점하고 있는 단일주권의 세계국가는 가공할 만한 폭정의 형태를 띨 수 있을 뿐만 아니라, 우리가 알고 있는 모든 정치적 삶을 종식시킬 수도 있다." 아렌트 2010: 125-126.

405) 데리다 2003: 314.

데리다가 인터뷰에서 목적론 그 자체를 겨냥하고 있음을 밝히고 있는 맥락이 핵심적이다. 물론 그의 해체 대상인 그 목적론은 역사의 시원에서 역사의 최종 목적으로 역사철학적 연속성을 존재론적으로 정초한 고전적 목적론이다.

> "예측불가능한 이 이름에 걸맞는 사건은 모든 목적론적 관념론, 자신에 도달해, 자가면역적인 방식으로 자신의 자기성에 영향을 줄 수 있는 것을 스스로 숨길지 모르는 목적론적 이성 ― 그리고 어떤 모호한 비합리주의가 있는 사건에 대한 이 생각을 포기하기는커녕, 우리에게 그것을 말하라고 명령하는 것도 이성 자체입니다 ― 의 모든 간계를 초월하기만 해서는 안 됩니다. 사건은 불가능한 것으로 알려져야만 합니다. 따라서 그것은 예고 없이 알려져야 하며, 기대의 지평 없이, 텔로스 없이, 형성 없이, 목적론적 형태나 사전(事前) 형성 없이, 알려짐이 없이 알려져야만 합니다. 그로부터 보여줄 수 없는 것으로 보여줄 수 있는, 소개될 수 없는, 항상 괴물 같은 그것의 특징이 나옵니다. 그러므로 결코 그 자체로(comme tel)는 아닙니다."[406]

마침내 데리다는 자신의 사유에서 결정은 일종의 광기에 다름 아니라고 고백한다. 슈미트가 결단주의적 결단이 인간의 합리성과는 질적으로 다른 것이라고 고백하는 차원에 데리다의 결정이 있다. 단지 슈미트의 결단주의는 정치신학적 사유 범위 내에 있다면, 데리다의 그것은 그냥 순간의 결정에 불과하다.

> "물론 앎이 필요합니다. 앎은 필요불가결하고, 어떤 결정을 하거나 어떤 책

406) 데리다 2003: 291.

임을 질 때 가능한 한 많이, 또 제대로 알아야 합니다. 그러나 '해야 한다'와 더불어 **책임감 있는 결정의 순간과 구조는 앎에 이질적이고, 이질적인 채로 있어야 합니다.** 사람들이 항상 '미쳤다고' 판단할 수 있는 절대적 중지는 그것들을 분리시킴에 틀림없습니다."407)

데리다에게 주권은 무조건적-절대적이고, 이러한 주권은, 텍스트의 언어를 해석하는 텍스트주의적 해체주의에서 해체되고, 조건적-상관적인 정치의 놀이가 펼쳐진다.

"계산하는 이성(라티오, 지능, 오성)은 그것이 기초하는 계산을 초과하려는 경향이 있는 무조건성에 결합되고 종속되어야 할 것입니다. 주권과 무조건성 간의 이 불가분성이나 연합은 영원히 환원불가능한 것처럼 보입니다. 그것의 저항은 절대적으로 보이지만, 분리는 불가능합니다. 정확히 말해 무조건적-절대적, 그 때문에 특히 불가분적인 것은 사실상 주권에 속하기 때문이며, 특히 보댕에서부터 루소나 슈미트에 이르기까지 사람들이 그것에게 인정하는 모던 정치 형태들[형식들] 속에 속하기 때문은 아닐까요? 예외로의 권리, 즉 예외를 결정할 권리와 권리를 중단시킬 권리인 한에서 예외적으로 최고 권한이 있는(souverain) 것이 주권에 고유한 것이기 때문은 아닐까요?"408)

데리다는 보댕에서부터 슈미트까지의 군주주권론과 루소의 인민주권론 사이에 본질적 차이는 없다고 파악한다. 주권의 헌정에 인민이 참여하여 결정하는 루소의 직접민주주의 모델은 데리다에 의하면 보댕에서부

407) 데리다 2003: 293. 강조는 인용자.

408) 데리다 2003: 288; Derrida, *Rogues*, p.141.

터 슈미트까지의 군주정 모델과 실체적으로는 다르지 않다. 루소의 정치 사상은 "전체주의적 민주주의"라는 매우 오래된 해석과 비난이 데리다에서 반복되고 있는 셈이다. 데리다는 그의 저서 『그라마톨로지에 대하여』에서 루소의 언어론이 플라톤이래의 음성중심주의적 형이상학에 여전히 빠져 있다고 해석함으로써 그 비난에 합류한 셈이었다.[409)]

데리다는 벤야민의 폭력비판론에 대한 독해를 통해서 홀로코스트(Holocaust)가 신적 게발트의 발현(Manifestation der göttlichen Gewalt)이라고 매우 도발적으로 해석하려 했는데, 이는 잘못이다. 신에 대한 속죄의 예로서 Rotte Korah의 경우에 피를 흘리지 않고 죽이는데, 이것과 홀로코스트 사례가 다르지 않다는 해석이다. 데리다는 피만 흘리지 않으면, 모든 죽음의 Gewalt를 벤야민이 정당화한 것으로 해석하지만, 벤야민은, 피의 의미를 그렇게만 이해하는 것은 아니었다.

순전한 생명[생활](das blosse Leben)은 "인륜적이거나 자연과는 다른(übernatürlich) 내용(Qualität)을 제거한" 생활을 뜻한다. 이것은 로젠츠바이크(Franz Rosenzweig)의 유대교론에서 온 것으로 보인다. 피는 이 순전한 생명의 상징이다. 신화적 세계에서 피의 희생자는 벤야민이 보기에 바로 이 때문에 어떠한 묵시론적 기능도 행사할 수 없다. 순전한 생명, 피는, 히틀러의 인종적 쇼비니즘이 아리언족의 피를 강조한 것과 조응하는 것으로서, 그것은 신화적 세계를 넘어서는 것은 아니었다.[410)]

벤야민에서는 인간은 언제 순수한 Gewalt가 특정한 사례에서 현실적

---

409) 이에 대한 비판은 서규환, 『비판적 위기학의 정치와 정치적 이론』, 다인아트, 2012를 참조하라.

410) Winfried Menninghaus, "Das Ausdrucklose: Walter Benjamins Kritik des Schönen durch das Erhabene," in: Uwe Steiner(Hg.), *Memoria 1992*, pp.33-76; Menninghaus 1992: 66-67.

이었는지에 관해 어떠한 "결단"도 가능하지 않다는 점을 데리다는 지적하면서, 신적 Gewalt와 홀로코스트 사이의 경향적 비구별가능성(einer tendenziellen Ununterscheidbarkeit)을 그가 주장할 때의 배경으로 삼고 있다. 벤야민이 언제 특정한 사례에서 순수한 Gewalt가 현실적이었는지에 대해서 어떠한 결단도 가능하지 않다고 말했던 것은 사실이지만, 언제 순수한 Gewalt가 현실적으로 아니었는지를 결단[결정]하는 것이 가능한 많은 사례들이 있다는 점을 부인하지 않았다. 이것은 벤야민이 신화적인 것에 속하는 것으로 생각했던 저 살해적 Gewalt의 사례들 모두에 해당한다. 신화 속에서는(im Mythos) "일의성"과 인륜적 결정이 거의 없지만, 신화에 대해서는(von ihm[Mythos]), 일종의 비판적 "인식", 곧 진리에 대해서 무차별적인 무화하는 것[바로 그 진리라는 것을, 확고한 하나의 그 진리가 있다는 것을, 무화시키려는 무차별성의 인식](von seiner vernichtenden Indifferenz gegen die Wahrheit)의 "인식"은 있다.[411]

(3) 아감벤의 존재개념은 하이데거에게서 온다. 하이데거의 존재개념이 주어져 있고 숙명적이듯이, 아감벤 역시 그러하다.[412]

언어는 존재의 집이라고 말했던 하이데거와 아감벤의 차이는 있다. "사물들의 장소를 취한다는 것은 세계 속에서 장소를 취한다는 것이 아니다. 유토피아는 사물들의 바로 그 장소/위상이다."[413] 하이데거에서는 실체적으로는 장소가 세계에 있으나 아감벤에서는 장소가 세계 밖에 있다고, 비장소에 있다고 적는다.

---

411) Menninghaus 1992: 67.

412) Negri 2007: 117.

413) Agamben 1993: 102.

IV

언어의 죽음

1. 언어의 이념

1) 개방/열린 것

동물과 인간, 무엇이 어떻게 다른가? 하이데거에게서 인간은 권태의 기분을 느끼는 존재이다. 권태는 하이데거의 『존재와 시간』 18-39절이나 될 정도로 가장 길게 논의하는 주제이다. 즉, 『존재와 시간』에서 불안(anxiety) 논의는 단지 8페이지. 기분(attunement; 조음)와 같은 것이 현존재(Dasein)가 항상 이미 배치/처분되어 있는(predisposed) 근본적 양식인데 우리가 우리 자신과 타자들에게 물음을 제기하는 가장 독창적인 방식이 되는데, 이것에 대해 논의한 다음, 하이데거는 권태에 대해 논의한다. 그가 깊은 권태(tiefe Langeweile)라고 규정하는 상에 이를 때까지 권태는 점차적으로 강화되어가는 세 형식 또는 정도를 따라가면서 그는 분석하고 있다. 그 세 형식은 두 특징 혹은 구조적 계기(Strukturmomente)에서 서로 수렴한다. 하이데거에 의하면, 두 특징 혹은 구조적 계기가 권태의 본질을 규정한다. 그 첫째는 비어두게 함(Leergelassenheit), 비어있음(being-left-empty), 공허에 방기함(abandonment in emptiness)이다. 하이데거는 권태 경험의 일종의 고전적 자리(locus classicus of the experience of bordom)로서 그의 눈에 나타났던 바를 기술(記述)하는 것에서 시작한다.[414]

그리고 동물과의 차이를 논증하는 사유의 길 위에서 권태론이 전개되고 있다.

> "우리는 사물들에 의해 포획되어 있고, 설사 우리 모두 완전히는 아니라 할지라도, 사물들 속에서 상실되어 있으며, 그리고 때로는 사물들에 의해 처분되어 있다(benommen]."[415]

이 권태 속에서 우리는 우리 자신이 공허(emptiness)에 포기되어 있음을 갑자기 발견한다. 그러나 이 권태 속에서, 사물들은 단순하게 우리로부터 달아나거나 무화되는 것이 아니다. 사물들은 그곳에 있지만, 사물들은 우리에게 줄 어떠한 것도 가지고 있지 않다. 사물들은 완전히 우리에게 무차별적으로(indifferent) 떠난다/우리를 버리지만 우리는 사물에서부터 우리를 자유롭게 할 수 있는 것은 아니다. 우리는 우리를 권태롭게 하는 바에 못 박혀 있으며 그곳에 넘겨지게 된다.

하이데거에서 개방(open) 개념의 규정은 존재와 세계를 논의하는데 기본적인 것이다: "개방은, 이 속에 모든 존재가 자유롭게 있고", 개방은

---

414) Heidegger, *Fundamental Concepts*, 93; 독일어 원본, 140을 참조하라.

415) Heidegger, *Fundamental Concepts*, 101; 독일어 원본, 153; Giorgio Agamben, *Infancy and History: The Destruction of Experience*, translated by Liz Heron, Verso: London/NY, 2007[이탈리아 초판 1978]. 그런데 Preface. Experimentum Linguae(1-11)는 영역판을 위해 새로 쓴 것이다. Agamben 2007: 64에서 재인용.

"존재 그 자체이다."[416)]

이 맥락에서 하이데거의 릴케론이 전개된다. 릴케의 『두이노의 비가』(Duino Elegy) 제8번에서, 동물은 "개방/열린 것"(the open)을 자신의 눈으로 보는데, 이와 대조되게 인간은 되돌아보게 되어 있다. 인간의 눈은 자신을 둘러싼 덫처럼 위치해 있다. 인간은 자신 앞에 세계를 항상 가지고 있지만, 밖의 순수한 공간(pure space of the outside) 속으로 결코 들어갈 수 없으며, 그것에 대면하여 위치해 있을 뿐이다. 반면에 동물은 "열린 것"(the open) 속으로, "부정이 없는 비장소"(nowhere without the no) 속으로 들어간다. 하이데거가 문제로 제기하는 것은 인간과 동물 사이의 위계 질서적 관계의 전도에 관한 것이다. 개방/열린 것은 철학이 알레테이아(aletheia), 즉 존재의 비은폐성-은폐성(the unconcealedness-consealedness of being)으로서 생각해왔던 바의 이름으로 생각한다면, 이는 일종의 전도라고 말할 수 없는 성질의 것이다. 릴케가 말하는 개방/열린 것과 하이데거의 사상이 사유에 되돌아가서 부여하고자 하는 개방/열린 것 사이에는 공통된 것이라고는 아무것도 없기 때문이다. 릴케의 경우, 비은폐적인 것이라는 의미에서 the open이 아니다. 릴케는 알레테이아의 어떠한 것도 알지 못했으며, 그래서 도전하는 것이 아니다. 니체도 그러했듯이 말이다. 니체와 릴케가 주목했던 것은, 19세기 생물학주의와 정신분석학의 기초에 놓여 있었던 존재의 망각(oblivion of being)이었다. 그것의 궁극적 귀결은 동물의 기괴한(monstrous) 인간화와 이와 동시에 인간의 기괴한 동물화였다.[417)]

---

416) Martin Heidegger, *Parmenides*, Bloomington: Indiana University Press, 1992, p.150; 독어 원본, *Parmenides, Gesamtausgabe*, Ffm: Klostermann, 1993, p.224를 Agamben 2007: 57에서 재인용.

417) Heidegger, *Parmenides*, 152[독일원본 226].

아감벤은 하이데거의 개방론을 수용하여, "오직 인간만이, 참으로 본래적 사상의 본질적 응시가 존재들의 비은폐성을 이름으로 명명하는 개방을 볼 수 있다"라고 말한다.[418]

하이데거는 "종달새마저 개방/ 열린 것을 보고 있지 않다"[419]라고 썼다. 막힌 곳이 없는 넓은 하늘에 종달새가 날아오르면서도 열린 것을 볼 수는 없다는 것이다. 종달새는 자신의 모든 것을 바쳐서 태양을 향해 돌진하는 그 순간에서조차 태양을 볼 수는 없다. 종달새는 존재로서의 태양을 비은폐할 수는 결코 없다. 또한 태양의 은폐성을 향해 자신을 처신할 수도 없다.[420] 릴케의 시에서는 살아있는 존재(식물이거나 동물)의 신비와 역사적인 것의 신비 사이의 본질적 경계(border)는 경험될 수도 없으며 주제로 설정되어 논의될 수 없는 것이며, 시적 말(the poetic word)은 역사를 정초할 수 있는 결단력에 미치지 못하고 동물의 무제한적이고 기초 없는 인간화 위험에 끊임없이 노출되어 있다. 때로는 동물이 인간 위에 위치하고 있으며, 그래서 때로는 특정한 방식으로 동물이 인간의 슈퍼맨으로 나타나게 된다.

하이데거에 의하면, 동물은 닫힌 것 그 자체 속으로 들어갈 수도 없고, 은폐된 것을 향해 자신을 처신할 수도 없다. "동물은 비은폐성과 은폐성 사이의 갈등의 본질적 영역에서 배제되어 있다. 그러한 배제의 기호는 어떠한 동물이나 식물도 '말을 가지고'(has the word) 있지 않다는 것이다."[421]

418) Agamben 2007: 58.

419) Agamben 2007: 57에서 재인용.

420) Agamben 2007: 59.

421) Heidegger, *Parmenides*, 159-60[237]; Agamben 2007: 58.

인간의 조건에 관한 철학적 논의에서 인간이 언어적 존재라 파악하는 것 그 자체를 넘어서 그가 말하는 말(word)을 가진다는 것의 의미에 우리는 주목해야 한다. 아감벤은 오늘의 사상에서 가장 시급한 과제의 하나는 초월적인 것의 개념을 그것이 언어와 맺는 관계와 관련하여 재정의하는 것이라고 자신의 과제를 밝힌 바 있다.422)

경험할 수 없는 것을 경험하는 것. 경험의 한계(Grenze)를 경험하는 것. 죽음을 경험할 수 있는가? 죽음이라는 언어?

하이데거는 언어의 본질(Essence of Language)에 대한 강연에서 "언어와 더불어 경험하는 것[만드는 것](mit der Sprache eine Erfahrung machen)"에 대해 얘기했다. "이 경험을 가질 때는 오직 우리가 이름들을 결여하고 있는 곳에서만, 말이 우리의 입술에서 멈추는 곳에서 만이다"고 그는 썼다.423)

아감벤은 "개방의 길"에서 상상의 사유 흔적을 탐색한다. 그가 지적하고 있는 바에 의하면, 상상력은 오늘날에는 지식에서 비현실적인 것으로 지식에서 배척되고 있는 경향이 있지만 고대에서는 지식의 지극한, 최고의 매개였다. 감각들과 지성 사이를 매개하는 것으로서, 감각적 형식과 잠재적 지성 사이의 통일을 환상(phantasy) 속에서 가능하게 하는 것으로서, 상상력은 고대와 중세에서는 오늘날 서양문화에서 경험이 차지하는 만큼의 역할을 가지고 있었다. 상상계(mundus imaginablilis)는, 비현실적인 무엇이라는 것과는 매우 먼 것으로서, 감각계(mundus

---

422) Agamben 2007: 5. 세계와 대지(지구)에 대해서는 Agamben 2007: 71-73.

423) Agamben 2007: 7.

sensibilis)와 지성계(mundus intellegibilis) 사이에 자신의 온전한 현실성을 가지고 있으며, 이 양자 사이의 소통의 조건, 말하자면 지식의 조건이었다. 고대에서는 상상력은, 꿈과 이미지들을 형성하는 것인 한에서, 고대 세계에서 꿈들이 가지고 있는 진리(like divination per somnia)와 맺는, 그리고 효과적인 지식(efficacious knowledge)과 맺는 특별한/특수한 관계를 설명한다. 원시적 문화들에서도 이는 여전히 나타나고 있다.[424] 예컨대 샤머니즘의 지식권력은 꿈들에서 획득된다.

중세에 프로방스와 청신체파(stilnovo) 시인들의 작품들에서 사랑이 나타나는데, 이는 사랑이 그 주제로서 즉각적으로 감각적인 사물이 아니라 환상을 취하고 있다는 발견, 즉 사랑의 환상적/환영적 성격을 발견한 것이었다. 그런데 상상력이 매개하는 본질이 주어져 있었고, 환영/환상은 에로스의 주체이지, 대상만은 아니었다. 사실상 사랑은 자산의 유일한 자리를 상상력에서 가지고 있었던 한에서, 욕망은 결코, 육체에서 대상을 직접적으로 만나는 것이 아니었고(이 때문에 청신체파 시인과 음류시인(troubadour) 시[창작]에서 에로틱한 것의 '환영/환상'이 표현되었다.), 주관적인 것과 객관적인 것, 육체적인 것과 비육체적인 것, 욕망과 그 대상 사이의 경계들이 사멸되는 이미지, 욕망의 산물인 노바 페르소나(nova persona)(Cavalcanti)를 만난다. 여기에서 사랑은 욕망하는 주체와 욕망의 대상 사이의 대립이 아니며, 환상 속에서, 말하자면 그 주체-객체[대상], 시인은 자신의 인물을 일종의 충족된 사랑(a fullfilled love[fin' amors])으로서 규정했으며, 그 환희는 결코 그 끝을 몰랐다.

아베로에스(Averroes)의 이론은 환상에서(in the phantasm) 개인과 능동적 지성(the active intellect) 사이의 완전한 통일의 자리를 보았는데, 이 이론과 이것이 결합함으로써, 사랑이 구원학적(soteriological) 경

424) Agamben 2007: 27.

험으로 전형되게 되었다.[425)]

상상력이 비현실적인 것으로 간주되고 경험 범주에서 떨어져 나가면서, 그 자리를 "에고가 사유한다"(ego cogito)는 철학이 차지하게 된다. 이제는, 욕망의 주체[라이프니츠의 용어로 말하면, ens percipiens ac appetens]. 욕망의 위상(status of desire)은 급진적으로 변동된다; 그것은 본질적으로 만족을 모르는 것(insatiable)이 되고 있다. 이와 동시에, 환상/환영은 욕망의 대상의 완성태/성숙태 도달 가능성(attainability)을 매개하고 보증했었는데, 이제는 욕망의 완성태/성숙태 도달 불가능성(unattainability)(욕망의 완전한, 성숙한 경험의 불가능성)의 총합이 되고 있다. 드 사드(de Sade)의 사례는 이 전환 과정의 한 극단을 표현하고 있다.

아감벤은 바타이유의 무두인(acephalous)론에 주목한다.[426)]:

바타이유는 국가도서관의 메달 보관소에서 볼 수 있었던 동물의 머리를 아르콘[427)]의 영지주의적 복제품에 충격을 받았다. 그는 1930년에 그의 저널 Documents에 이런 것들에 대해 논의하는 논고를 실었다. 영지주의적 신화론에서는, 아르콘들은 물적 세계를 창조하고 통치하는 악마적 실체들(the demonin entities)이다. 물적 세계 속에서 밝고 정신적인 요소들은 혼합된 것/순수하지 않은 형태로 나타나고, 그러한 어둡고 육

425) Agamben 2007: 29.

426) Agamben 2007: 5-8.

427) 아르콘(archon)은 집정관인데, "고대 그리스 도시 국가의 행정을 맡아보았던 최고 책임자. 아테네에서 귀족 정치 초기에 나타나 민주 정치 시대로 계승된 관직으로 페르시아 전쟁 후에 전 시민에게 개방되었으나 클레이스테네스 헌법이 시행되는 동안(B.C.508~B.C.487년) 추첨으로 선출됨으로써 그 실권이 약하여졌다." 네이버에서 검색.

체적인 요소들 속에서 갇혀 있다. 바타이유가, 인간형태와 동물 형태를 뒤섞어 놓은 영지주의적 "토대 유물론"(base materialism)의 경향을 논증하는 것으로서 다시 부각시킨 그 이미지들은, 바타이유 스스로 붙인 표제어들에는 다음과 같다: "오리 머리들을 가진 세 아르콘들, 하나의 팬모르포스, 인간의 다리들을 가진 신, 뱀의 몸, 그리고 닭의 머리 그리고 최종적으로는 두 동물 머리들을 가진 무두적 신."[428]

6년 뒤에 "무두인"(Acéphale)의 첫 호 표지화는 나체의, 머리가 없는 인간 형상을 보여주고 있는데, 이 "신성한 영감"(sacred conspiracy)의 휘장(insignia)은 바타이유가 친구들로 구성된 소집단으로 구성되어 있다. 프로그램 텍스트는 "인간은 자신의 머리로부터, 사형수가 감옥에서 탈출하듯이, 탈출해 왔다"[429]라는 것이었다. 그것은 동물성에로 회귀를 주장하는 것은 아니다.

아감벤은 바타이유가 헤겔주의자였음을 통찰하고 있고, 바타이유는 코제브(A. Kojéve)의 헤겔강의에 포함되어 있는 주제의 하나가 역사의 종언(the end of history) 문제였음을 잘 알고 있다. 그리고 바타이유의 사상이 헤겔주의인 한에서 그 위험을 벤야민을 통해서 파악한다. 『호모 사케르』에서 그는 바타이유의 사상에 대해 경계하고 있었다.

> "시원적인 정치적 요소가 신성한 생명(life)이라면, 우리는 바타이유가 주권자의 충족된(fulfilled) 형상을 어떻게 죽음, 에로티시즘, 초과(excess) 그리고 신성한 것(the sacral)의 극단적 차원에서 경험되는 삶(life) 속에서 찾아낼 수 있었는지를, 그리고 그렇지만 그 삶을 주권적 권력과 연결시키는

---

428) 영어로는 다음과 같다: "three archons with duck heads, one panmorphous Iao, a god with the legs of a man, the body of a serpent, and the head of a cock, and, finally, an acephalous god topped with two animal heads."

429) 영어로는 다음과 같다: "Man has escaped from his head, as the condemned man from prison."

연결 고리를 어떻게 고려하지 못했는지를 이해할 수 있을 것이다. 바타이유는 『저주받은 몫』(*Accursed Share*)의 3부로 구상된 책에서 이렇게 말하고 있다: '내가 말하려고 하는 것은, 국가들의 주권과는 거의 아무런 관계도 없다'(Bataille, 〈La souveraineté〉). 바타이유가 여기에서 사유하려는 것은, 분명히 금제/방기(Ban)의 관계 속에서 주권의 즉각적인 참조 대상인 벌거벗은 생명(혹은 신성한 생명)이다. 그리고 누가 뭐라고 해도 이처럼 벌거벗은 생명의 극단적인 경험을 제시하고 있는 것이 바타이유의 작업을 모범적으로 만들어준다. 바타이유는 부지불식간에 생명 자체를 정치 투쟁의 쟁점으로 만들려는 모더니티의 충동을 그대로 좇아, 벌거벗은 생명을 주권의 형상으로 격상시키려고 했다. 하지만 그는 벌거벗은 생명의 명백히 정치적인(더 정확하게 말하자면 생명정치적인) 특성을 인식하지 못하고, 벌거벗은 생명의 경험을 한편으로는 신성함의 영역 — 친구인 카이유와가 주장하고 있던 당시 인류학의 지배적인 주제에 따라 그는 그것을 시원적인 양가성, 즉 순수하면서도 불결하며, 혐오스럽지만 매혹적인 특성으로 이해하였다 — 속으로, 다른 한편으로는 신성한 생명의 경험이 항상 특권적이고 기적적인 순간에 주어지는 주체의 내면성 속으로 잘못 편입시켰다. 바타이유에게 주권적 생명은 제의적 희생과 개인적인 지나침이라는 두 경우 모두에 있어서, 살해 금지의 순간적인 위반을 통해 정의되는 것이었다. / 이런 식으로 바타이유는 절대적으로 살해 가능하지만 절대적으로 희생물로 바칠 수는 없으며, 또한 예외의 논리 속에 편입되는 신성한 인간의 정치적 신체를 그와는 반대로 위반의 논리를 통해 규정되는 희생 제의적인 신체의 위엄과 즉각 혼동해버린다. 그의 사유는 비록 부지불식중에 벌거벗은 생명과 주권 사이의 결속 관계를 조명해준 장점을 가지고 있으나, 그의 사유 속에서는 생명은 여전히 신성함의 모호한 순환 구조에 주술적으로 사로잡혀 있다. 그가 개척한 길을 따르게 되면 주권적 금제의 실제적인 또한 그로테스크한 반복만이 가능할 따름이며, 따라서 (클로소프스키 Pierre Klossowski)의 증언에 따르면) 벤야민이 '무두'(Acéphale) 그룹의 연구를, '당신들은 파시즘에 부역하고 있소'라는 단호한 정식으로 규탄했던 이유를 이해할 수 있을 것이다."[430]

그런데, 탈역사적(posthistorical) 세계에서 인간과 자연은 어떻게 전형되는가? 노동과 부정의 고통 있는 과정을 거쳐서 호모 사피엔스(homo sapiens)라는 인간 동물은 인간이 되고 완성을 이룬다. 코제브는, 1938-1939 강의에서 단지 한 주석에서만 이 문제에 대해서 언급하고 있지만 의미는 중대하다.[431] 코제브에서 그는 결정적인 내용을 확인한다: "이 에필로그의 불확실한 빛 속에서, 주권적이며 자기의식적인 현명한 사람은, 자신의 눈 앞에 다시 지나가는 동물의 머리들이 아니라 종교적인 비사교적 인간(hommes farouchement religieux)의 무두적 형상들, '연인들', '마법사의 계시들'(sorcerer's apprentices)이다."[432] 현재의 인간을 부정하는 고통스런 과정의 끝에, 현자의 얼굴이 나타난다. 일종의 동물의 얼굴(an animal snout)로 얼굴이 바뀌어 나간다. 탈역사에서 남는 것은 무엇인가? 바타이유에서는 예술, 사랑, 놀이라고 아감벤은 확인한다.

그렇지만, 마르크스의 경우 비판(Kritik)도 있다.[433] 그 비판은, 소극적 자유가 아니라 적극적 능동적 자유의 실현을 지향한다.

본체적 정치적 목적으로서의 자유는 다의적이다. 자유주의의 자유론을 파악하고자 할 때, 이른바 부정적/소극적 자유개념과 긍정적/적극적

430) 아감벤, 『호모 사케르』, 박진우 역, 새물결, 2008a. 아감벤 2008a: 227-229. 번역을 약간 수정했다.

431) Agamben 2007: 6을 참조하라.

432) Agamben 2007: 7.

433) 이와 관련하여 서규환, 『비판적 위기학의 정치와 정치적 이론』, 다인아트, 2012.

자유개념의 벌린(I. Berlin)의 구별을 기억할 필요가 있다. 자유주의는 부정적 자유개념을 우선시하는데, 개인들이 행동할 때 가능한 한 타인들에 의해서 설정되는 제한들에 덜 영향을 받는 것을 지향한다. 긍정적 자유개념은 두 유형으로 나뉜다. 그 하나는 개인적 개념이고 다른 하나는 사회적 개념이다. 긍정적 의미에서의 사회적 자유는, 사회의 정치적 자치 및 자기 행정이고, 개인적 자유는, 자율적 개인의 특성들에서 확인될 수 있다. 자기관할(Selbstbeherrschung), 성숙성, 자율성, 자기책임. 물론 자유의 역사적 실현화는 개인들의 임의적 행위에서 일어나는 방해들의 최소화라는 부정적, 소극적 자유에 국한되지 않는다. 자유의 역사적 과제에는, 사회의 민주적 제도들의 강화라는 사회적 의미에서의 긍정적 자유와 개인의 자기관할과 자율성의 지지라는 개인적 의미에서의 긍정적 자유도 설정된다.[434] 소극적 자유에 적극적 실천원칙을 설정하는 자유주의에서 자유는 정치로부터의 자유를 강조하고 행복은 여기에서 부차적이거나 간과되고, 자유주의 정치철학은 정치와 행복 사이의 관계에 대해서 깊게 천착하지 않는다.[435] 행복은 자유주의에서 사사화된다.

우리는 또한 여기에서 행복론의 세 사상사적 유형론을 식별할 필요가 있다. 하나는 행복의 객관주의적 발상으로서 매우 오래된 유형인데 이 발상은 인간은 생물학적 유기체이고, 생존하기 위해서는 특정한 방식으로 기능해야 하며, 건강은 여기에서 기능력으로 이해되고 행복은 건강 모델에 따라 파악된다. 행복한 인간은 모든 견지에서 건강한 사람이고, 생활에 필요한 모든 기능들을 수행할 수 있는 자이다. 욕구와 만족의 상관

434) Andrea Kern/Christph Menke(Hrsg.), *Raymond Geuss. Glück und Politik*. Potsdamenr Vorlesungen, BWV, Berliner Wissensschafts-Verlag, 2004에 포함되어 있는 Geuss의 논의(pp. 30-31)를 참고.

435) 자유주의는 행복이 가능한 선조건들에 대해서 관심을 기울인다는 주장이 있다. Bruno Rey and Alois Stutzer, *Happiness and Economics*, Princeton, 2002.

관계로 파악하는 이러한 관점은 아리스토텔레스의 『니코마코스 윤리』(*NIkomachische Ethik*)가 대표한다. 그리고 또 하나는 욕망중심주의적 행복론 발상인데, 이 유형은 욕망을 객관주의적으로 파악하지 않고, 그 주관성을 강조하는 입장이다.[436] 인간 생활에서 가능한 규범적 목적으로서의 충족된 행복감(Glückseligkeit)을 기획하기 위해서 충족된 행복감 개념의 불확정성/비규정성을 논거로서 활용한다. 가능한 해결방안은 '이성적인' 욕망, 기대와 '이성적인' 만족이다. 그리고, 자유와 행복을 상관적 관계 속에서 파악하는 긍정적 자기평가 행복론 발상은 청년마르크스에서 나타나는데 자기 긍정(Selbstbejahung)에 기초한다. 자유로운 사회에서 구속받지 않고 자아를 발전시킬 수 있는 노동에 참여함으로써 자기 긍정과 자기 실현을 개진한다는 발상이다.[437]

아감벤의 infancy론은 이 맥락에서 재조망된다. 그것은 미성숙, 미성년, 그러니까 불완전성을 가리키는 말이다. 아감벤에서 인간의 조건이 infancy이다. 그리고 in-fancy로 읽어서, 환영, 환상, 상상, 공상 속에 있음을 이끌어낸다. 인간은 본질적으로 미성년이다.

레비스트로스가 인간행위를 개념규정할 때 순수 언어(pure language)의 층위에서 인간행위를 파악하고자 했다. 언어와 논술(discourse), 기호론과 의미론 사이에 어떠한 논증 중단(hiatus)도 환영/미성숙(infancy)도 없는 층위에서. 그의 연구 모델이 음성학에서 도출된 것은 결코 우연이 아니다. 음성학은 랑그(langue)의 층위에서만 자리하고 있는 학문이다. 언어와 논술 사이의 어떠한 단절도 없다는 것은 사유하는 주체를 준

436) Kant, *Kritik der praktischen Vernunft*, Hamburg, 1967, pp.28-29.

437) Marx, *MEW, Ergänzungaband* 1, p.511ff..Andrea Kern/Christph Menke(Hrsg.) 2004를 참고.

거하지 않는 범주적 시스템, 프로이트보다 칸트적으로 무의식의 사유에 의해 구조들을 얘기하여 항구적 규칙을 탐색한다는 것이다. 시원의 원천이 데카르트 이래의 철학자들은 언어의 주체에서 발견된다고 했는데, 그는 자연의 순수언어에서 찾았다. 그렇게 하기 위해서 그는 인간의 논술(human discourse)을 순수한 언어(pure language)로 번역함으로써 전자에서 후자로 나아갈 수 있다고 믿었다. 하나의 균열도 없이 말이다. 신화는 레비스트로스에게 그렇게 할 수 있게 한 엔진이었다. 신화 속에서 그는 언어와 말 사이의 중간 매개 차원(an intermediary dimension between language and speech)을 보았다.[438)]

그가 신화를 논술양식으로 파악하고 제시하려 했던 것은 신화가 기호론과 의미론의 대립(방브니스트는 두 영역 사이의 번역의 가능성과 불가능성의 대립으로 특징지었다) 사이의 매개 영역을 담고 있다는 것이다.

레비스트로스의 전 저작은, 인간언어를 전 바벨 언어로, 역사를 자연으로, 전형시키는 엔진이었다. 이는 그가 논술에서 언어로 이행해가는 것을 주제로 삼았던 이유이기도 했다. 인간 속에 들어 있는 자연(nature in man).

아감벤은 이러한 레비스트로스의 사유를 전도시킨다. 그리하여 "엄밀히 말해 상상/미성숙은 바벨 이전의 순수언어(pure pre-Babel language)를 인간의 논술로, 자연을 역사로 전형시키는 전환 엔진(the reverse engine)이다"라고 한다.[439)]

infancy가 인간의 원천이라는 관점에서, 고대에서 신비 경험의 본질은 지금까지 학자들이 연구해온 것보다 더 복합적이다. 그것은 죽음의 예

438) Agamben 2007: 68.

439) Agamben 2007: 69.

감(anticipation of death)이었다.

mystery라는 이름은 침묵(silence)에서 나왔다. mu는 입을 닫았을 때 나는 신음 소리를 가리킨다. 인구어에서 mu는 닫힌 입. bha는 열린 입.

신비의 경험의 심장에는 아는 것이 아니라 고통(suffering)이었다. 파테마(páthêma)는 그 본질에서 말로 표현할 수 없는, 입이 닫힌 신음소리(un-speakable, a closed-mouthed moaning)이다. 신비의 경험은 이런 맥락에서 infancy의 경험과 친화적이다.

기원 후 4세기 이후부터 신비경험은 높게 조망받았다. 이보다 더 이른 시기, 고대세계에서도 신비적 infancy를 말로 표현할 수 없는 지식, 지켜야 할 침묵으로서 해석했다. 그 시대에는 이암블리코스(Giamblico)의『데 미스테리스』(*De Mysteriis*)에서 볼 수 있듯이 신비들은 심령/요술(teurgia), 본질적으로 신들에게 영향력을 주는 기술이었다. 여기에서 파테마는 마테마máthêma, infancy의 말할 수 없는 것(un-speakable), 내밀한 침묵의 맹세(an oath of esoteric silence)에 의해 압력을 받은 비밀의 강령이 된다.[440]

시원에서 인간의 원천으로서의 infancy의 진리를 지니고 있는 것은 말해져서는 안 되는 신비가 아니라 서사될 수 있을 뿐인 우화(fable)인 이유가 여기에 있다.

동화를 만들면서 사람들은 신비의 '침묵의 의무'에서 풀려나서 신비를 황홀감(enchantment)으로 전형시켜나갔다; 사람들로 하여금 말없게 만드는 것은 지식의 예찬에의 참여가 아니라 마법, 황홀경(bewitchment)이었다. 마술사들, 말없이 오직 몸짓언어로 마법을 보여준다.

---

440) Agamben 2007: 70.

"신비의 침묵"과 더불어, 자연의 순수한, 무언적 언어 속으로 사람들은 들어가게 되었던 시대가 끝나고, 동화 얘기에서, 사람들은 벙어리가 되어 입을 닫고, 동물들이 말하기 위해 자연의 순수언어에서 나오게 된다.

2) 언어의 이념

동물과 인간, 무엇이 어떻게 다른가? 그것은 언어의 이념에 관한 물음으로 논의된다.

아감벤은 "언어의 이념"(the idea of language)이라는 단장에서 다음과 같이 적었다: "아름다운 얼굴은 아마도 진정으로 침묵이 있는 유일한 장소일 것이다." 아감벤에 의하면, 아름다운 얼굴이 진정한 침묵이 있는 유일한 장소, 그러므로, 얼굴의 침묵은 얼굴이 아름다울 때를 말한다. 인간과 동물을 구별하는 침묵이 있게 하는 이 아름다움은 어떠한 종류의 것인가? "동물의 얼굴은 항상, 단어들을 표명하는[표명하는 단어들의] 경계(on the verge of uttering words)에 있는 것 같다"[441]고 한다면, 그 경계는 아름다움을 판단하는 경계에 다름 아니다. 동물들은 타자의 미를 판단하는 한계를 넘어서지 못하는 존재이다. 인간의 얼굴은 이 동물과 달리 "얼굴을 침묵에 열어놓는다." 입이 다물어지게 하는 아름다움은 자연과 그 미를 넘어서는 초월이다. 여기에서 미[아름다움]는 무엇인가? 침묵은 직접 대면의 언어? 그는 "얼굴의 침묵 속에서야 사람은 진정으로 집에 있다"고 또한 적었다. word, 발언 그 자체가 침묵하는 것은, 언어의 이념인 word(발언) 그 자체가 가시적이 되었기 때문이다. 그러나, 언어의 이념은 언제 침묵에 도달하는가. 동물의 얼굴은 항상 낱말들을 표명

441) Giorgio Agamben, *Idea of Prose*, translated by Michalel Sullivan and Sam Whitsitt, State University of New York Press, 1995[이탈리아 초판 1985] 강한 자극을 받는다. Agamben 1995: 113. 강조들은 인용자.

(uttering)하려는 때에 직면에 있는 것 같다(on the verge of). 침묵할 수 없는 동물들은 자연의 언어적 발언에서, 그 경계에서 벗어날 수 없다. 동물들에게는 미의 얼굴이 없기 때문이다.

얼굴을 침묵에 열어놓게 하는 인간의 얼굴은 미의 얼굴인데, 이 때의 미란 무엇인가?

장미의 이념, 더럽혀지지 않은/손상당하지 않은/신성한(inviolate) 장미란, 인간에게만 있다. 그렇다면, 침묵의 얼굴은, 장미의 이념과 맞닿아 있다. — 아감벤은 아마도 릴케의 '장미'를 상상하고 있는 듯하다.

아감벤은 "유일성의 이념"('the idea of the unique')이라는 단장에서 산문과 시를 논한다. 먼저 파울 첼란(Paul Celan)을 끌어들인다.

시인 파울 첼란은 1961년, 파리의 서적상 칼 플링커(Karl Flinker)로부터 이중언어주의 문제(the problem of bi-lingualism)에 관한 문의(an inquiry)를 받고 다음과 같이 답했다. "그렇습니다. 이중언어는 존재하지 않고요, 그리고 (……) **시는** 그것이 **언어의 숙명이라는 점**에서 유일성입니다."[442]

첼란은 단순하게 이렇게 응답했다. "우리가 진실을 말할 수 있으려면 우리의 모국어 속에서일 뿐이다. 외국어 속에서는 시인은 거짓말을 하고 있다."[443]

나치 집단살해장소에서 그의 부모들이 살해당했던 경험이 있는 첼란은 살해자들의 언어로 시를 쓰지 않겠다고 말했다고 한다. 그래서 그는 루마니아 시인이 되고자 했다. 그 당시 그가 그렇게 쓴 시가 남아 있다.

---

442) Agamben 1995: 47. 강조는 인용자.

443) Agamben 1995: 47.

하지만 파울 첼란은 이렇게 불어로 답한다: "시는 부과하는 것이 아니고 전시한다."(la poésie ne s'impose plus, elle s'expose).

형식상의 단일언어주의(mono-lingualism)를 주장하는 문제는 아니다. 아감벤은 단테를 끌어들이면서 이렇게 말한다.

> "그것은 처음으로 마음에 있는 하나의 그리고 오직 유일한 사물이라는 것은 다름 아니라 단테(Dante)가 모국어로 썼을 때 그가 마음에 가지고 있었던 경험의 사안이다. 우리가 말하자면 말하고 있는 단어들을 선제하고 있는 언어의 경험이 있다는 것은 사실이다 — 단어들 속에서 우리는 말하고 있는데 말하자면, 우리는 항상 그 단어를 위한 단어들을 이미 가지고 있는 것처럼, 마치 우리는 항상 하나의 언어를 가지기 이전에 이미 언어를 가지고 있는 것처럼 (우리가 말하는 그 언어는 결코 유일하지 않고, 오히려 항상 메타언어의 무한한 침체 속에 잡혀서는 이중적이고, 삼중적이다) 언어의 얼굴 속에서는 단어들 없이 절대적으로 남아 있는 다른 경험이 있다. **우리가 어떠한 낱말들로 가지고 있지 않은 그 언어는, 문법적 언어처럼, 존재 이전에 현존하는 것처럼 위장하는 것이 아니라 '마음 속에 홀로 그리고 처음으로 있는' 언어인데, 그것은 우리의 언어 속에, 즉 시의 언어 속에 있다.**"[444)]

언어의 얼굴은 유일성을 가진다.

> "번역은 보편사의 그리고 산문의 이념의 세계에서, '메시아니즘의 세계'에서 끝에 이르고 그리하여 마침내 언어는 통합적 활재성에 도달한다 — 이러한 길에 자신을 표현한 자가 다름 아니라 벤야민이며, 통합적 활재성

---

444) Agamben 1995: 47-48. 강조는 인용자.

에 관해 말하는 자가 다름 아니라 벤야민이다: 메시아니즘 세계는 일반적 [allseitig, 모든 쪽의] 그리고 통합적 활재성이다. 보편사는 오직 이러한 세계에서만 현존한다. 그러나 이러한 보편사는 쓰여져 있지 않다; 그것은 하나의 축제로서 행사되는 하나의 역사이다. 그런데 그것은 순화된 축제로서, 의례의 성격을 가지고 있지 않으며 어떠한 예찬송도 알고 있지 않다. 그것의 언어는 자유로운 산문이고, 글쓰기의 연쇄들을 끊어버렸다."[445)]

해석학적 보편성은 산문의 이념으로서 이해될 수 있다. 그것은 쓰여질 수 있는가?

아감벤은 마르크스의 실재적 해석학적 순환(a real hermeneutic circle)을 지적한다: "한편에서 생산, 인간의 의식적 활력적 활동이 인간을 유(genus) 능력이 있는 존재로 헌정하게 하는데 다른 한편으로 그것은 자신의 생산자를 만드는 유(genus)를 가질 수 있는 자신의 능력이다." 이 순환은 모순도 아니고 엄격함이 결여된 생산자도 아니고, 마르크스 스스로 자신의 성찰에서 본질적 계기가 그곳에 포함되어 있는데, 그 스스로가 실천과 종으로서의 삶, 유적 삶의 상호적 관계를 알고 있었던 것으로 보인다. 그는 노동의 대상은 유적 삶의 대상화라고, 소외된 노동은 자신의 생산의 대상을 인간으로부터 분리해내어가는 것이라는 것, 인간 자신으로부터 자신의 유적 삶(Gattungsleben), 자신의 활동적 유적 대상성 [Gattungsgegenständlichkeit]을 분리해 내어가는 것이라는 것을 밝히고 있다. 그러므로 실천과 유적 삶은 서로에게 상호적으로 귀속되고 있는 순환을 그리고 있으며 그 순환 속에서 하나가 다른 하나의 시원이며 기초

445) Benjamin I. 3, p.1235. Alexander G. Düttmann, "Integral Actuality," in: Giogio Agamben, *Idea of Prose*, translated by Michalel Sullivan and Sam Whitsitt, State University of New York Press, 1995[이탈리아 초판 1985], pp.1-28, 여기에서는 p.18.

이다.[446)]

마르크스의 유적존재(Gattungswesen)는 인간은 대화적 존재임을 암시한다. 그의 유(Gattung)는 자연과학적 개념이 아니라, "실천, 자유로운 그리고 의식적인 활동이다."[447)] 아감벤은 여기에서 실천의 구체적 역사적 진화과정에 대해서는 세밀하게 논술하지 않는다.

마르크스에서 유적존재 개념이 생물학적으로 인간이라는 확정적 동일성을 기초로 삼아 이미 있는 그것을 확인하는 것이라기보다는 민주주의라는 정치적 실천의 자유로운 의식적인 활동에 의해서 정착된 것이다. 역사적으로는 인간이라는 유 범주에 포함되지 못했던 다양한 사람들이 있었다. 자신과는 다른 종족들, 민족들, 국가들뿐만 아니라 자신의 정치공동체 내에서 정주하고 있는 사람들 중에서도 배제의 정치적 폭력은 있다. 제국주의 시대의 학문적 연구들은 과학적 사고의 이름으로 식민지와 그 사람들을 지배하는 폭력을 정당화했다.

> "마르크스는 실천을 다른 동물들의 활력적 활동을 고려해서 다음과 같이 개념규정한다: '인간은 자신의 활력적 활동 그 자체로 자신의 의지와 자신의 의식의 대상으로 만든다'; '자유롭고 의식적인 활동이 인간이 인류라는 종으로서 갖는 특징이다.'"[448)]

아감벤은 자신의 비체계적인 마르크스론에서 의지를 부각시키려 한다. "'인간'이라는 살아 있는 존재의, 생산하는 살아있는 존재의 시원적 담

446) MEGA, p.370. 그리고 G. Agamben, *The Man without Content*, Stanford University Press, 1999[이탈리아 초판 1994], Agamben 1999: 79-80.

447) Agamben 1999: 81.

448) Agamben 1999: 84.

지체는, 의지이다. 인간적 생산은 실천이다."[449)]

아감벤의 마르크스론에서는 마르크스의 혁명개념은 역사사회학적, 경험적이기 보다 진리정치적이다; 그의 "헤겔법철학비판 서문(Einleitung)"에서 종교비판으로 시작하는 까닭은 혁명개념과 직접적으로 관련된다; "서문"에서 마르크스는 종교를 부정하지는 않는다.

그런데, 아감벤 역시 이렇게 지적한다.

"생산적 조처에서, 인간은 자연주의적 연대기가 인간의 본질적 시원인 한에서는 그 어떠한 자연주의적 연대기일지라도 그것에 접근할 수 없는 차원에 갑자기 빠져들게 된다. 인간은 자신을 (제일창조주로서의) 신에서 그리고 또한 자연(인간은 이 자연에 대하여 동물들과 동일한 요구를 부분적으로 가지고 있는)에서 한꺼번에 자유롭게 하면서, 인간의 시원과 자연/본질(nature)로서, 생산적 조처에 자신을 설정한다." 이 문장 끝에 아감벤은 각주를 붙인다.

> "이것이 마르크스가 신학적 문제, 인간의 창조주로서의 신의 문제를 부인하는 것이 아니라 그것을 그 어떠한 무신론보다 훨씬 더 급진적으로 전제한 이유이다. …… 그리하여 그는 '무신론은 의미를 더 이상 만들지 못한다. 왜냐하면 무신론은 신의 부정이고, 그리하여 이것의 부정을 통하여 인간의 실존을 설정하기 때문이다; 그러나 사회주의로서의 사회주의는 이러한 신의 부정을 위한 어떠한 필요성도 가지고 있지 않다.' (MEGA, vol.2, p.398.)"[450)]

---

449) Agamben 1999: 85.

450) Agamben 1999: 126. Marx는 『경제철학수고』에서 "der Atheismus als Aufhebung Gottes das Werden des theoretischen Humanismus, der Kummnismus als Aufhebung

2. 전통과 혁명

	정상상태	예외상태
"전통"	a	b
"혁명"	c	d

아감벤에 특별하게 주목해야 하는 이유가 있다면, 그것은 항구적 예외상태를 주장하기 때문이다. 항구적, 영구적 "혁명"론을 일단 연상할 수 있다. 하지만 그것은 역사의 진보를 실현하는 장의 현실화라는 장대한 과정을 믿는 사상과는 거리가 있다. 그는 본질적으로 비관주의를 극복하지 못한다.

예외상태 유형에서의 전통이란 무엇인가. 예외들로 가득한 전통? 모든 종류의 불연속성을 예찬하는 전통을 예찬하는 일종의 아방가르드주의와 유사한 사유인데, 전통은 전통을 거부하는 한에서 인정되며, 그것은 실체

---

des Privateigentums die vindikation des wirklichen Lebens als seines Eigentums ist,……"(Landshutt 판, p. 281.)라고 서술했을 때 이러한 의미에서 무신론을 긍정하는 것이 아니다. 그런데 아감벤의 Marx해석을 내가 전체적으로 받아들이는 것은 아니다. 그의 해석은 Marx의 실천개념을 열정론으로 환원시키려 한다. "Man's characteristic as a living being is, for Marx, longing or drive(*Trieb*) and passion(*Leidenschaft, Passion*). 'As a natural being, as a living natural being, [man] is partly endowed with *natural forces[natuerliche Kraeften]*, with *vital forces*[*Lebensfraeften*], that is, he is an active[*taetiges*] natural being; and these forces exist in him as dispositions and faculties, as drives[*Triebe*]' (MEGA, p.408); 'man as objective, sensuous being, is therefore *passive*[*leidendes*], and since he feels his suffering[*Leiden*], he is a *passionate*[*Leidenschaftliches*] being. Passionality, passion[*die Leidenschaft, die Passion*] is the essential *force* of man that tends enernetically toward its object'(MEGA, p.409). (……) Man's productive activity is, at bottom, vital force, drive and energetic tension, passion. The essence of praxis, the genetic characteristic of man as a *human* and historical being, has thus retreated into a naturalistic connotation of a man as *natural* being." Agamben 1999: 84-85. 아감벤의 마르크스의 해석에 나는 깊은 의문이 있지만 더 이상 구체적으로 개진하지는 않겠다. 나의 마르크스이해와 관련해서는 서규환, 『비판적 위기학의 정치와 정치적 이론』, 다인아트, 2012를 참조하라.

적으로 전통을 부정하는 것에 다름 아니다.

정상상태에서도 전통은 하나가 아니다. 하나의 메타전통은 있는가? 가다머의 해석학적 정치철학에 대한 하버마스의 비판에 대하여 내가 논의한 바에서 확인할 수 있듯이 전통들이 있다. 아도르노의 용어로 말하여 "전통의 비판"과 더불어 전통은 의미론적 맥락과 더불어 진리를 헌정하는 데 참여한다.[451)]

3. "언어의 죽음"

아감벤이 지적하듯이, 중세철학자들은 거울에 매혹했다. 그들은 자신에게 나타나는 이미지의 본질을 탐색했다. 그들의 물음들을 그는 다시 복원한다: 이미지의 존재, 혹은 비존재(nonbeing)는 무엇인가? 이미지는 몸체(body)인가, 아니면 비몸체인가, 본체(substance)인가 아니면 사건(accident)인가? 이미지는 색, 빛, 그림자 그 어느 것으로 확인되어야 하는가? 이미지는 구체적 장소에서 움직이는가? 거울은 이미지의 형태를 어떻게 받아들이는가? 분명, 이미지들의 존재는 특별/특수/특이(peculiar)하다. 이미지들은 몸체이거나 본체라면, 이미지들은 이미 거울의 몸체에 의해 이미 점령된 공간을 점령할 수 있는가? 그리고 이미지들의 장소가 거울이라면, 우리는 거울을 탈장소화함[displacing, 연출함]으로써 이미지들을 탈장소화하지는 않는 것인가?

아감벤은 이미지는 본체가 아니라 거울 속에서 발견된 하나의 사건이며, 그것이 그러한 것은 장소에서가 아니라 주체에서 그러하다고 말한다. 중세철학자들에 의하면, 주체 속에서의 존재는 본체 없이 존재하는 바,

---

451) 서규환, 『열린총체성의 해석과 정치』, 다인아트, 2009, pp.9–14를 참조하라.

즉 그 자체 속에서 현존하는 것이 아니라 그것과는 다른 무엇 속에 의해서 가정되는 존재의 양상이다. 단테(Dante)와 칼발칸티(Cavalcanti)가 사랑을 본체 없는 사건("accident without substance")이라고 정의했다는 점에서 다르지 않았다.[452]

이미지의 두 특징이 이미지의 비본체적 본질에서 도출된다.

(1) 이미지의 첫 번째 특징: "이미지가 본체가 아닌 한에서는, 그것은 어떠한 연속적인 실재도 갖지 않고 있으며, 어떠한 논리적 운동에 의해서 운동하는 것으로 기술될 수 없다. 오히려 이미지를 사념하는 자의 운동이나 현전에 따라 각 계기마다 이미지는 발생하게 된다: '빛이 조명자(illuminator)의 현전에 따라 항상 새롭게 창조되듯이 거울 속의 이미지는 보는 자의 현전에 따라 각 시점에 따라 발생하게 된다고 우리는 말한다.' 이미지의 존재는 연속적인 발생(semper nova generatur)이고, 본체가 아니라 발생의 존재[essere]이다. 각 계기마다, 탈무드에 따르면 신을 예찬하는 노래를 부르고 그리고서는 곧바로 무(nothing) 속으로 내려앉게 되는 천사들과 같이, 각 계기마다, 이미지의 존재는 새롭게 창조된다."

(2) "이미지의 두 번째 특징은 그것이 양(quantity)의 범주에 따라 결정될 수 없다는 것이다; 더 적절하게 말하자면, 그것은 형식이나 이미지가 아니라 오히려 '이미지나 형태의 측면'(species imaginis et formae)이다. 이미지는 그 자체에 있어서는 길이나 넓이로서 기술될 수 없으며, 오히려 단지 '길이나 넓이의 측면을 가지고 있는 것'으로 기술될 수 있다. 그러므로 이미지의 차원들은 측정가능한 양들이 아니라 종들(species)의 측면들, 존재의 양태들 그리고 '관습들'(habitus vel dispotitiones)이다.

452) Agamben 2007: 55. the unsubstantial nature of the image; Giorgio Agamben, *Profanations*, Zone Books, New York, 2007[이탈리아 초판 2005]. Agamben 2007: 56.

이러한 특징 — '하나의 관습 혹은 에토스(ethos)를 준거할 수 있는 있음 — 은, 주체 속에 있음이라는 표현의 가장 흥미로운 의미지시이다. 주체 속에 있음이란, 종, 용례, 몸짓의 형태를 가진다. 그것은 사물이 결코 아니며, 항상 그리고 오직 사물의 종류'[specie di cosa] 이다."[453)]

라틴어 species는 현상/외양(appearance), 양상(aspect), 비전(vision)을 의미하는데 그 의미의 뿌리는 to look, to see에서 나왔다. 이 뿌리는 speculum(mirror), spectrum(image, ghost), perspicuus(transparent, clearly seen), speciosus(beautiful, giving itself to be seen), secimen (example, sign), 그리고 spectaculum(spectacle)에서도 발견된다.

아감벤은 종의 정체성이 그 실체에서는 겉으로 나타나 있는 것에서 발생한 것임을 어원학적으로 추적하고, 그것은 또한 특수적인 내용을 기초로 하고 있다고 파악한다:

> "이미지는 그 본체(본질)essence가 종, 가시성 혹은 현상(appearance)이 본체인 일종의 존재이다. 그 본체가 보여질 수 있도록 주어져 있는 그것의 존재와, 그것의 양상(외양)과 상호일치하고 있다면 특수적이다. 특수적 존재는 절대적으로 비본체적(insubstantial)이다. 그것은 하나의 적합한 장소를 가지고 있지 않고, 그것은 하나의 주체 속에 등장하며, 그리고 이러한 의미에서 습관이나 존재의 양식처럼, 거울 속의 이미지처럼 존재한다. 각 사물의 **종**(species)은 그것의 가시성, 즉 그것의 순수한 지성적 명료성(intelligibility)이다. 존재는 그 자신의 고유한 가시적이 되는 과정과, 그 자신의 고유한 계시와 상호일치한다면 특수적이다. 거울은 우리가 이미지

453) Agamben 2007: 56.

를 가지고 있다는 것을 그리고 이와 동시에 이 이미지가 우리로부터 분리될 수 있다는 것을, 우리의 **종**(species)혹은 이마고(imago)가 우리에게 속하고 있지 않다는 것을, 우리가 발견하는 장소이다. 이미지의 지각과 이미지 속에서 우리 자신을 인정하는 것 사이에는 간격이 있으며, 이 간격이 중세의 시인들이 사랑이라고 불렀던 것이다. 이러한 의미에서 나르시스의 거울은 사랑의 원천이고, 이미지가 우리의 이미지이고 그리고 우리의 이미지가 아니라는 난폭하며 충격을 주는 현실화이다."[454)]

종의 정체성이 볼 수 있는 것과 관련되어 발생했다면 그 기원에서는 한계가 있고, 그것은 특수적인 것임이 분명하다. 종과 인물적인 것(인성적인 것)과 분리되어 있지 않았다: 이 과정에서 인물적인 것의 전형이 일어나는 것에 대해서 아감벤은 예리하게 파고든다:

"모든 곳에서 특수적인 것은 인물적인 것으로 환원되어야 하며 그리고 인물적인 것은 본체적인 것으로 환원되어야 한다. 종이 동일성과 분류화의 하나의 원리로 전형된 것이 모든 문화의 시원적 죄이며, 그것의 가장 화해할 수 없는, 용서할 수 없는 장치[dispositivo]이다. 어떤 무엇이 그것의 특수성(specialness)을 희생하는 대가를 치르고서 인물화된다 — 동일성(정체성)으로서 준거된다. 존재 — 얼굴, 몸짓, 사건 — 는 그 어떠한 다른 것을 기억하는 것 없이 특수적이며, 존재는 다른 모든 것들을 기억한다. 특수한 존재는 유쾌한데 그 이유는 그것이 자신에게 공통의 사용에 탁월하게 자신을 제공하고 있기 때문이지만 그러나 그것은 인물적(개인적) 재산(적합성)의 대상일 수는 없다. 그런데 사용도 향유도 인물적인 것과는 가능하지 않

454) Agamben 2007: 57.

다; 오직 자신의 것으로 소유하고 질투하는 것만이 있을 뿐이다."[455]

"질투"는 이미 가능한 타자를 확인하고 적으로 투쟁의, 전쟁의 대상으로 삼을 가능성을 예비하고 있다.

> "질투하는 것은 특수적인 것을 인물적인 것과 혼동한다; 잔혹한 육욕적인 것은 인물적인 것을 특수적인 것과 혼동한다. 방탕한 여자(jeune fille)는 그녀 자신을 질투한다. 아내라는 모델은 그녀 자신을 잔혹하게 한다. / 특수적 존재는 그 자신의 고유한 소통성과 소통한다. 그러나 이 소통성은 그 자체로부터 분리되게 된다. 특수적인 것은 광경적인 것으로 전형된다. 광경적인 것은 유적 존재의 분리, 즉 사랑의 불가능성 그리고 질투의 승리이다."[456]

이 질투의 전형과정에서 아감벤은 인물적인 것의 내부에서 정체성의 균열이 일어남을 읽는다. 자기 자신과의 전쟁이 일어나는데 그것의 매체는 거울이다. 거울 속의 그 광경적인 것(스펙타클한 것)은 종이 유로 전형되는 것을 방해할 뿐만 아니라 종의 내적 분절화를 증폭시킨다. "시원적으로 **페르소나**(persona)는 '가면', 즉 탁월하게 '특수적인' 어떤 것을 의미한다"고 아감벤은 지적한다.[457]

그러므로, 가면을 벗고 원래의 모습으로 되돌아가려는 회귀의 시적 사유가 등장한다. 그것은 페르소나의 부정, 곧 죽음의 언어이다. 죽은 파스

455) Agamben 2007: 59.

456) Agamben 2007: 60.

457) Agamben 2007: 59. 강조는 인용자. 얼굴이 가면으로 전형되는 과정에 우리는 주목해야 한다.

콜리, 바흐만, 그리고 플라톤을 그는 다시 불러낸다.

(1) "**파스콜리**(Pascoli)는 '시인들의 언어는 항상 죽은 언어이고' 그리고 곧이어 붙이기를 '기묘한 것 ― 죽음 언어는 사상에 더 위대한 생명을 부여하곤 했다는 것'이라고 쓴다."[458]

> "여기에서 이름들의 순수한 언어, 이 속에서는 기명된 속에서 죽은 자가 음성을 내고 있는데, 이름들의 순수한 언어는 썩어 문드러지며, 자신들의 의미를 '베일 속에 감추고' 어둡게 하는 낱말들의 알아들을 수 없는 말(glossolalia)에서 분리될 수 없다. 이러한 '경계를 넘어섬'의 경험이 파스콜리의 시적 구술의 장소(site)를 헌정하고 있는데, 이 경험이 죽음의 경험이다. 동물의 음성이, 글 속에서, 의미를 지시하는 순수한 의도로서 의미를 지시하는 언어로 들어가도록 되어버리는 것은 오직 죽어가는 것 속에서이다; 그리고, 분절된 언어가 음성의 불분명한 흐릿한 자궁 ― 이 속에서 그것이 시원적으로 발생한다 ― 속으로 되돌아갈 수 있는 것은 오직 죽어가는 것 속에서이다. 시는 글의 경험이다, 그러나 글은 죽음에서 자신의 장소를 가진다: 음성의 죽음(onomatopoeia) 혹은 언어의 죽음(glossolalia)은 문법의 개요적 반짝임 속에서 상호 일치하는 둘이다."[459]

> "파스콜리에게 있어서는 항상 인간의 언어는 살아 있는 자의 입술에서 소리가 더 이상 나오는 것이 아닌 언어인데 그 의미는 이중적이다. 하나는 그것은 필연적으로 죽음 언어 혹은 죽은 음성이라는 것이며 다른 하나는 그것은 결코 인간의 살아있는 음성이나 어떠한 살아 있는 피조물의 말이 아

458) Giorgio Agamben, *The End of the Poem. Studies in Poetics*, 1999[이탈리아 초판 1996], Stanford University Press. Agamben 1999: 62.

459) Agamben 1999: 71.

니다는 것이다."[460]

"이러한 관점에서는, 말한다는 것, 시화한다는 것, 사유한다는 것은 오직, 글을 자신의 언어의 그리고 자신의 음성의 죽음의 경험으로서 경험한다는 것이다."[461]

(2) **잉게보르크 바흐만**(Ingeborg Bachmann)은 엘사 모란테(Elsa Morante)와 아감벤(G. Agamben)과 자주 만났는데, "언어는 벌이다. 모든 물들은 언어로 들어가야 하며 그것들의 죄책의 정도에 따라 그곳에 있어야 한다."라고 말했다. 아감벤은 이 말을 이어 말한다: "이러한 의미에서 말이 진지해야만이, 언어가 벌이며 우리 모두는 말하거나 글을 쓰면서 죄의 고통을 겪는다는 것을 망각하지 않는 것이다. / 이 벌에서 구원되는 곳이 있는가? 시에서. 잉게보르크는 구원을 요청하기 위해서 말하기(speech)로, 벌 그 자체로 향한다. '오 나의 말하기, 나를 구하소서!' 그러나 엘사에게서는, 언어의 벌로부터 벗어날 출구도 없고 구원도 없는 것 같다. 내가 몇 년이 지난 뒤에 그녀에게 내가 〈언어와 죽음〉이라 이름 붙인 책 한권을 쓰고 있다고 말했을 때 그녀는 이렇게 코멘트했다: '언어와 죽음? 언어가 곧 죽음이지!'(Il linguaggio e la morte? Il linguaggio è la morte!)"[462]

(3) 또한, **플라톤**의 경우는 어떠한가? "의미와 외연/지시(denotation)는 언어학적 의미지시작용의 모든 것을 설명하는 것이 아니다. 사물 그 자체, 존재 그 자체는 외연/지시되는 바도 아니고 의미되는 바도 아니다.

---

460) Agamben 1999: 74.

461) Agamben 1999: 74.

462) Agamben 1999: 131.

(이것이 플라톤의 관념들에 대한 이론의 의미이다)."[463] 아감벤은 여기에서 하나의 이데아가 아니라 이념들(ideas)에 대한 이론이 서구사상사의 정점, 플라톤의 "이론"(theoria)의 의미라는 것을 함축하는데, 이것에서 우리는 그가 의미론에 대한 강한 회의론적 시선을 던지고 있음을 알 수 있다.[464]

4. 예술과 진리: 니힐리즘

예술은 진리 밖에 있다는 명제를 아감벤은 노발리스(Novalis), 니체(Nietzsche), 아르토(Artaud), 상황주의자(situationist) 등에서 확인한다.

> "노발리스는 시를 우리의 기관들을 의지적으로, 능동적으로 그리고 생산적으로 사용하는 것으로 개념규정하고 있으며, 니체는 예술을 세계의 이념(the idea of the universe)을 '그 자신에게 탄생을 부여하는' 예술작품으로서 파악하는 가운데, 권력에의 의지와 동일시하고 있으며, 상황주의자들은 소외된 유행 속에서 예술에서 표현되어 있는 창조적 충동들의 실천적 활재화에 근거하는 예술을 극복하려고 기획했는데, 이러한 사상들은 모두 인간의 활동의 본체를 의지와 활력적 충동으로 결정하는 것에 봉헌하는 것이고 그러므로 예술작품이 진리의 장소의 정초로서 가지는 시원적 생산적 지위

---

463) Agamben 1993: 100.

464) 아감벤의 이 진술에 대해서는 플라톤의 사상에 대한 별도의 깊은 연구가 필요하다. 그렇지만 그가 주목하고 있지 않은 장 자크 루소의 경우의 사회계약의 시원은 플라톤과는 근본적으로 다르며, 우리는 이 사상에 주목해야 한다. 루소의 시원은 폭력만도 아니며 진리만도 아닌 합의다. 그것은 idea. 그렇지만 플라톤적 idea와는 다른 종류의 것이다. 이에 대해서는 서규환, 『비판적 위기학의 정치와 정치적 이론』, 다인아트, 2012를 참조하라.

를 망각하는 것에 기초되어 있다. 서구 미학의 도착지는 의지의 형이상학, 즉 삶을 에너지와 창조적 충동으로 이해하는 형이상학이다."[465]

그 중에서도 니체. 니체의 예술개념에 대해서:

"니체는 니힐리즘의 예찬과 카오스의 구원이라는 관점 내에서, 갑자기 예술을 미학적 차원 밖에 설치하고서 그것을 영구회귀와 권력에의 의지의 순환 내에서 생각한다. 이러한 순환 내에서, 예술은 권력에의 의지의 근본적 성향으로서 니체의 매개에 자신을 맡기게 한다. 이 속에서 인간의 본질과 영원한, 되어가는 과정의 본질은 서로에 대해서 다르지 않게 된다. 니체가 예술이라 부르는 것은 이러한 형이상학적 숙명 내에서 인간의 경향을 두고 한 말이다. 예술은 인간의 권력에의 의지의 실존적 성향에, 부과하는 이름이다: 세계 속에서의 모든 곳에서 의지가 자신을 확인하고, 그리고 모든 사건을 그것의 성격의 근본적 성향으로서 느끼는 의지는, 니체에게서, 예술이라는 가치 속에서 표현되어 있는 바 그것이다."[466]

아감벤이 실천(praxis)과 창조(poiesis)의 구별에 착안하는 까닭은 진리존재론 문제를 파악하는 문제 때문이다. "그리스인들이 창조와 실천 사이의 구별로써 의미하고자 했던 바는 창조의 본체가 의지의 표현과는 아무런 관련도 없다는 것이었다(이러한 것과 관련해서는 예술은 결코 필요가 없다).: 창조의 이 본체는 진리의 생산에 그리고 인간의 실존과 행위를 위해서 세계를 진리에 따라 개시하는 것에 기초해 있다."[467]

465) Agamben 1999: 71-72.

466) Agamben 1999: 92

467) Agamben 1999: 72.

니체는 능동적 니힐리즘과 수동적 니힐리즘을 구별한다.

> "예술의 '가치'는 모든 가치들의 탈가치화로부터 시작하지 않는 한 인정받을 수 없다. 니체에서는 모든 가치의 탈가치화라는 이것은 — 니힐리즘의 본체를 헌정하는데 — 두 가지 서로 대립하는 의미를 가진다. 하나는 '정신의 증대된 권력'에 그리고 활력적 풍요에 조응하는 니힐리즘(니체는 이것을 능동적 니힐리즘이라 부른다)이고, 다른 하나는 'deline'의 기호, 그리고 삶의 빈곤인 니힐리즘(니체는 이것을 수동적 니힐리즘이라 부른다)이다. 의미들의 이러한 이원성에는 삶의 초풍요에서 탄생하는 예술과 삶에 복수를 취하는 예술 사이의 비유적 대립이 조응하고 있다. 이 구별은 즐거운 학문에서, '낭만주의란 무엇인가?'라는 단장에서 충분하게 표현되어 있다 — 이 텍스트는 니체가 그것을 몇 년 뒤에 아주 몇 가지만을 수정하여 '니체 대 바그너' 속에 재수록할 만큼이나 중요하게 간주했던 것이다."[468]

468) Agamben 1999: 86.

V

“얼굴”에 대한 노트

서양 문화에서 얼굴은 탁월한 표현의 장소이다. 오랫동안, 얼굴은 내면이 외부로 향하여 드러나는 표시, 징후, 기호였다: 노출, 벌거벗음, 누드. 여기에서 아감벤의 얼굴론을 읽어보고자 한다.[469)]

1. [아감벤] 모든 살아있는 존재들은 열려있다[개방적 것에 있다]: 모든 살아있는 존재들은 자신들의 현상(appearance)[외양]에서 자신을 현시하며 가시적이게 한다(shine). 그런데 오직 인간[인간존재]만이 이 개방적인 것을 소유하길 원하고, 자신의 현상과 자신의 현시됨(being-manifest)을 붙잡기를 원한다. 언어는 이러한 전유(appropriation)이며, 이것이 자연을 얼굴로 전형시킨다. 이것이 현상[외양]이 인간[존재]의 문제가 되는 까닭이다: 그것은[언어, 얼굴, 혹은 현상[외양]] 진리를 위한 투쟁의 정주지가 되고 있다.[470)]

---

469) 아감벤, 「8. 얼굴」, 『목적없는 수단-정치에 관한 11개의 노트』, 김상운 · 양창렬 공역, 난장, 2009, pp.102-111; “The Face,” in: Agamben, *Means without End. Notes on Politics*, trans. by Vincenzo Binetti and Cesare Casarino, University of Minnesota Press, 2000[이탈리아 초판 1996], pp.91-100. 영어본을 중심으로 한국어본을 수정하고, 해석하는 방식으로 논의해 나간다. 각 문단별로 논의하는데 역시 영어본을 기준으로 삼는다. 번호는 내가 편의상 각 문단에 붙인 것이다.

470) 번역을 수정했다.

[서규환] 인간은 언어적 존재. 인간과 다른 생명체들 사이의 차이는 자신을 개방하는 양식의 차이에 있다. 인간만이 가진 그 언어의 독특성이 그 개방의 특성을 규정한다. 여기에 얼굴은 언어적 얼굴이다. 그러므로 얼굴은 내면의 겉모습이라 '번역' 되어서는 안된다. 뒤에서 얘기되고 있지만, 얼굴은 "outside", "파사주", "전이과정의 길"이다. 언어와 얼굴, 그리고 의미지시작용(signification)이야말로 레비나스의 글 중심에 있는데 아감벤에도 중심에 있다. 아감벤이 레비나스를 직접 거론하지 않는 까닭은 "영향의 불안"(블룸)에서 온 것인지 모르겠다. 혹은 철학보다는 문학적 에세이 경향이 강한 자들에게 나타나는 현상인지도 모르겠다. 비겁한 문학자들. 그러나, 철학과 문학 사이.

2. [아감벤] 얼굴은 인간들의 수정불가능한 노출됨(irreparable being-exposed)이며 동시에 인간들이 숨어들게 하고 숨어 있게 하는 바로 그 열림(the very opening)이다. 얼굴은 공동체의 유일한 장소, 유일하게 가능한 도시이다. 그리고 그런 까닭은, 개별적인 각 개인들에게 있어서(in single individual), 정치적인 것을 활짝 열어지게 하는 그것은, 진리의 비극적 희극(tragicomedy of truth)인데, 진리 속에서 그들 각자는 항상 이미 빠져 있으면서도 그 진리로부터 빠져나올 길을 발견해야만 하기 때문이다.[471)]

[서규환] (노출[exposedness, expose, nudity, nude]이라는 단어가 레비나스의 중심어의 하나이다.) 인간은 옷을 입는다. 물론 크리스텐튬 문화와 문명에서는 성기를 감추는 옷이 감추는 시원이다. 그렇지만 인간의 얼굴은 누드성이다. 레비나스도 이 점에 착안한 듯하다. 타자에게 노출되

471) 번역을 수정했다.

어 있음. 레비나스는 그 어딘가에서 눈의 누드성을 지적한다. 화장할 수 없는 마지막 한계. 얼굴의 누드성은 다른 부분들을 감추어놓을 수 있게 한다. 수치감은 얼굴에 드러나기도 한다.

개방성이 없이는, 서로가 만나는 광장과/혹은 시장의 공간이[정치적인 것의 공간] 없이는 '공동체'는 없다. 닫지 않고 드러냄의 신체, 얼굴은 이런 한에서 공동체를 가능하게 하는 "유일한 장소", "유일하게 가능한 도시"라 말할 수 있다. 그런데 정치적인 공간에서 각자는 자신의 사적 공간으로 되돌아가야 한다. 그것은 일종의 부정이다. 여기에서 "끝"은 원어가 무엇인가? 정치적인 것, 정치성을 향해 나아가지만 최종적인 목표는 정치의 종말. 그런 한에서, 그것은 희비극.

아감벤이 주장하는 개방성, 노출/전시(exposition)는 어떤 성질의 것인지 진지하게 검토해야 한다. 그것은 내가 말하는 개방성과는 근본적 차이가 있다. 아감벤은 심미주의적 차원에서 가시성과 비가시성의 내밀한 연관에 빠져 있다.

3. [아감벤] 얼굴이 노출하고 드러내는 바는, 의미지시작용 명제 류로 정식화될 수 있는 **어떤 것(something)**이 아니며, 영원히 소통불가능하게 남아있도록 운명지어진 비밀 류도 아니다. 얼굴의 드러냄(revelation)은, 언어 그 자체의 드러냄이다. 그러므로 그런 드러냄은, 어떠한 실재적 내용을 가지는 것도 아니며, 존재의 이런 저런 상태에 대한, 그리고 인간 존재들과 세계의 이런 저런 측면에 대한 진리를 말해주는 것도 아니다: 그것은 단지 열림이고, 단지 소통가능성이다. 얼굴의 빛 속에서 걷는다는 것은, 그런 열림임을, 그리고 그런 열림을 고통으로 겪는다는 것임을, 그리고 그런 열림을 참고 견디어 냄을 뜻한다.[472]

472) 번역을 수정했다.

[서규환] 얼굴의 누드성은 언어의 의미지시작용(signification). — 아마도 후자에서 얼굴로 그 해석의 놀이가 나아갔을 것 같다. 그것은 객관적 세계의 인지작용으로 충분하게 설명되는 것이 아니다. 그것을 초월하여 아마도 aesthetical한 것. 여기에서 아감벤의 정치적 미학의 실체가 가늠된다. "얼굴의 드러냄은 언어 자체의 드러냄이다." 'A is A.'라는 언어 자체. 그러나 우리는 이렇게만 말할 수 없다. 'A is B'라고 말한다. 이 때는 이미 그저 열림이 아니며 그저 소통가능성도 아니다. 그것에 정치적인 것, 정치성이 개입할 가능성이 열린다. 우리는 정치적 존재이다. 아니 정치적 존재가 된다. 그리하여 'A is A.'라는 언어도 시간이 있다. 'A is A.'라고 말할 때, 우리는 사실상(de facto) 'A is B.'라고 말한 것이다. 이 때의 B는 A와 닮은 것이리라. 그러면, 우리는 시간을 초월하는 이미지를 대안으로 생각할 수 있을지 모른다. 그렇지만 A를 그저 복제할 수는 없다. 그리고 어떤 대상은 이미지 그 자체로 존재하지도 않는다. 이미지들을 탈시간적으로 파악, 통찰(insight)할 수도 없다.

"얼굴의 빛 속에서 걷는다는 것은", 타자의 고통을 함께 하는 것이다. 여기에서 아감벤은 완전히 레비나스적이다. "얼굴의 빛 속에 걷는다는 것"의 표현은 매력적이다. 그 그늘에서 걷는다는 표현과 연결되어 있다.

4. [아감벤] 그러므로, 얼굴은, 특히, 드러냄의 고통/열정(passion)이고, 언어(language)의 고통/열정이다. 정확히, 자연은, 자연이 언어에 의해 드러내어 진다고 자연이 느끼는 순간/계기에서 얼굴을 획득한다.[473]

[서규환] 언어활동, (파롤이 아닌가?), 그렇다. 의미지시작용이 얼굴을 얼굴이게 한다. 그리고 다시 얼굴에서 언어의 '본질'을 설명하려 한다. 언

---

473) 번역을 수정했다.

어의 표정들, 언어의 '관상학'. 죄의식과 수치에 관한 고전적인 주제.

5. [아감벤] 얼굴(volto)은 안면(viso)과 일치하지 않는다.[474] 노출되기에 이른 어떤 것이 자신의 노출됨을 붙잡으려고 하는 곳이라면 어디든, 겉으로 드러난 존재가 그 겉모습 속에 파묻히고, 그 끝에 도달해야 하는 곳이라면[그것에서 벗어날 수 있는 길을 발견해야 한다면] **어디든 얼굴이 있다**(따라서 예술은 움직이지 않는 대상과 정물에도 얼굴을 부여할 수 있다. 안식일 동안 사탄의 똥구멍에 입맞춤을 했다고 심문관에게 기소당한 마녀들은 심지어 거기에도 얼굴이 있다고 대답했다. 그리고 오늘날에는 인류의 맹목적 의지 탓에 사막으로 바뀌어버린 지구 전체가 단 하나의 얼굴이 되고 있다고 할 수 있다).[475]

[서규환] 얼굴은 신체의 특정한 한 부분을 물리적으로 가리키는 것이 아니다. 인간의 내면이 드러나는, 감추어지지 않는 그 모든 곳에 얼굴이 있다. "사탄의 똥구멍"은 또 다른 섹슈얼리티의 기관이며 육체적 접촉 기관이다, 입처럼.

예리한 표현, "지구 전체가 단 하나의 얼굴이 되고 있다"는 이 표현이 아감벤의 강력한 판단의 언어이다. 인류 모두는 이제 자신의 내면을 들여다보고, 스스로 부끄러워해야 한다. 수치감을 배양해야 한다. 사막의 이미지. 생명이 없고 오직 죽음만이 있다. — 사막을 건너갈 수 있는 낙타가 되어야 할지 모르겠다. 아감벤은 왜 낙타를 말하지 않는가.

---

474) 들뢰즈와 카타리는 머리(tete)와 안면/얼굴(visage)을 대비시킨 적이 있다(질 들뢰즈, 펠릭스 가타리, 「0년: 얼굴성」, 『천 개의 고원』, 김재인 역, 새물결, 2001, 321-364. 프랑스어의 안면(표정)이나 얼굴이나 모두 "보다"(videre)라는 뜻을 지닌 라틴어의 과거분사(visus)에서 파생된 단어이기 때문에 들뢰즈, 가타리는 양자를 큰 구분 없이 혼용해서 쓴 듯한데, 아감벤은 이 안면과 얼굴을 더 명확히 구분해 사용하고 있다. 아감벤이 안면과 대비해 사용하고 있는 얼굴(volto)의 어원은 "A에서 B로 변하다"(-이 되다)를 뜻하는 라틴어 "볼게레"(volgere)의 과거분사와 철자가 동일하다. 역주.

475) 강조는 인용자. 번역을 수정했다.

6. [아감벤] 나는 눈들[눈은 일반적으로 두 개의 눈. 그런데 단수 눈과 복수 눈은 그 의미가 심대하게 다르다.] 속에 있는 누군가를 본다(I look someone in the eyes): 이 눈들은 내리 깔려 있거나 — 그리고 이것은 수줍음, 곧 응시(gaze) 뒤에 숨어있는 텅빔에 대한 수줍음(modesty for the emptiness lurking behind the gaze) — 이거나 그 눈들은 나를 되받아 본다(they look back at me). 그리고 그 눈들은 수치 없이[부끄럼 없이] 나를 볼 수 있고, 그리하여 마치, 이 텅빔을 알고 있으며 그것을 침범할 수 없는 숨은 장소로서 그 텅빔을 이용하는, 그 텅빔 뒤에 또 다른 심연의 눈(eye)이 있었다는 듯이 그 눈들 자신의 텅빔을 전시한다. 또는, 그 눈들은 부끄럼 없이 품위 있고 여지없이(without reserve). 나를 바라볼 수도 있으며, 그리하여 우리의 응시들(gazes)의 텅빔 속에서 사랑과 말(word)이 일어날 수 있게 된다.

나는 타자를 보고 있는데 그 눈들을 본다. 그 눈들 속에 그 눈들을 보는 내가 있다. 결국 내가 보고 있는 것은 타자가 아니라 내 자신이 아닌가. 그것은 궁극적으로는 공허에 다름 아니다. 응시하는 내 눈이 내리감긴다. 물론 이 과정은 상호적일 수 있다. 응시들이 있는데, 그것들은 모두 공허를 경험하고, 사랑과 말이 일어나게 한다. 나르시시즘과 피그말리온 사이에서.[476)]

[서규환] (얼굴, 안면, 응시, 시각, 시선, …… 등 시각언어들의 섬세한 차이를 잊지 않아야 한다.)

응시하는 눈은 타자를 정면에서 응시할 수 없다(a); 타자의 얼굴, 눈은 자신의 얼굴, 눈을 반영하고 있는데 그 곳에서, 그 순간에, 나의 수치를 깨

---

476) 번역을 수정했다.

달았기 때문이다. 이 수치의 자각, 깨달음. 그렇지만 그것과 다른 행태도 있다. 나를 응시하는 타자의 얼굴, 눈은, "심연의 눈"일 수 있다. 이러한 것들은 말없이 일어나는 사건들이다. 그리고 사랑과 말이 이어질 수 있다.

7. [아감벤] 노출은 정치의 정주지(location, 법률용어에서는 임대)이다. 동물의 정치라는 것이 존재하지 않는다면, 그 이유는 동물들은 항상 이미 열려 있는 것(the open)[개방적인 것] 속에 있고, 동물들 자신의[고유의] 노출을 소유하려고 하지 않으며, 그것에 개의치 않고 그것 속에 단순하게[그냥] 살기 때문이다. 바로 이 때문에 동물들은 거울들에, 이미지로서의 이미지에 흥미를 느끼지 않는다. 반대로 인간 존재들(human beings)은 스스로를 재인하고(recognize) 싶어 하기에, 즉 자신의 모습[현상 appearance] 자체를 소유하고 싶어 하기 때문에, **이미지를 사물(things)과 분리해 이름을 붙인다.** 그러므로 인간존재들은 열려있는 것[개방적인 것]을 세계로, 즉 처소(quarter) 없는 정치투쟁의 전투장으로 전형시킨다. 진리를 대상으로 삼는 이 투쟁은 역사(Storia)[History]라고 불린다.[477)]

[서규환] 인간존재의 조건, 인간의 조건이 무엇인지를 아감벤은 여기에서 말한다. 인간존재와 동물의 차이는 인간은 처음부터 "개방적인 것"이 아니라는 데 있다고 한다. 게엘렌 등의 철학적 인간학에서 말하는 바, 인간의 조건에 관한 규정을 연상케 한다. 여기에서 "거울"은 인간이 자신을 확인할 수 있는, 인간의 자기정체성을 확인할 수 있는 은유이다. 거울 속의 이미지는 사물(thing) 자체를 그대로 반영하는 것은 아니다. 사물과 이미지 사이의 분리, 차이가 있다. 이 분리는 이미지의 항구적 변화를 함

477) 번역을 수정했다. 강조는 인용자.

축하고 있다. 이름은 그것의 순간성을 일단 정지시키는 힘이다. 정치는 여기에 있다. 거울에 노출되는 그것에서, 현상(Appearance)에서, 정치는 정주한다.

동물의 세계는 얼굴의 누드성이 아니라 온 몸의 누드성. 인간에게 거울이 있는 까닭을 해명하는 아감벤은 역시 하이데거식 언어론을 수용하는 듯하다. 언어는 드러냄(탈은폐)과 감춤(은폐)(Entdecken und Verdecken). 동물은 열림, 드러냄 속에 머물러 있다. 끊임없이, 아마도 순간적으로, 감추어지는 그것의 본성 때문에, 이름, 명명이 등장한다.[478)]

8. [아감벤] 포르노그래피 사진에서는 피사체가 계산된 전략에 따라 렌즈를 쳐다보고, 그럼으로써 자신이 응시에 노출됐다는 것을 의식하고 있음을 보여주는 경우가 더 자주 발견된다. 이런 예기치 못한 몸짓은 그런 이미지의 소비에 암묵적으로 존재하는 허구(보는 자는 들키지 않고 배우들을 놀랜다는 허구)를 강력하게 부인한다. 배우들은 시선을 의식적으로 부추기면서 보는 자가 자신을 응시하게 만든다. 이 순간 인간의 얼굴이 지닌 비실체적인 본성이 갑자기 백일하게 드러난다. 배우들이 렌즈를 쳐다본다는 사실은 그들이 가장하고 있는 중임을 보여준다는 뜻이다. 하지만 역설적이게도 배우들은 [스스로] 위조를 [하고 있음을] 보여주는 한 더 진실하게 보인다. 오늘날에는 똑같은 절차가 광고에서도 사용되고 있다. 이미지는 그 허구성을 공개적으로 보는 자는 원하지 않게 얼굴의 본질, 즉 진리의 구조 그 자체를 명확히 건드리는 어떤 것과 마주치게 된다.[479)]

---

478) 아감벤은 인간은 "phantasm"의 존재이다. Agamben, chapter 12 Eros at the Mirror, in: Giorgio Agamben, *Stanzas: Word and Phantasm in Western Culture*, trans. by Ronald L. Martinez, University of Minnesota Press: Mineapolia and London, 1993[이탈리아 초판 1977], pp.73-89.

479) 번역 적절성이 의심된다.

[서규환] 아감벤의 예리한 관찰이 잘 드러난다. 카메라를 의식하지 못하게 배우들은 카메라를 보지 않는다는 영상(사진과 영화)법칙은 연출하지 않았음을, 본래성을, 역설적으로, 연출하고 있음을 노골적으로 드러냄으로써 자신의 전달력(의도)을 높이려 한다. 자연스러움, 리얼리티 그 자체를 담아내는 것인 양 꾸민다. 말하자면 환영을 불러 넣는다. 그러나, 바로 이것 자체야말로 진리의 구조 그 자체가 내재적으로 비진리, 조작성도 가지고 있다는 것을 말하고 있다. 아감벤의 진리론. 아감벤은 이렇게 자신의 진리론을 표현한다.

그의 에세이즘 스타일은 벤야민을 닮았다. 또한 마약을 경험했던 것을 드러내었던 벤야민처럼 포르노그래피를 예리하게 보고 있음을 드러낸다.

9. [아감벤] 얼굴은 얼굴이 감추는 한에서만 그리고 그런 만큼만 드러내며, 드러내는 한에서만 감춘다는 사실을 우리는 현상[모습]의 희비극[비극적 희극]이라고 부른다. 이런 식으로, 스스로를 현시해야 하는 현상[모습]은 인간존재들에게는 자신의 정체를 드러내는 동시에 자신이 스스로를 재인할 수 없는 현상[모습]이 된다. 정확히 말하면 얼굴은 진리의 정주지(location, 처소)라는 바로 그 이유 때문에, 직접적으로 가장의 장소이자 환원불가능한 비고유성의 정주지(location, 처소)이기도 하다. 이것은 현상이 실제로는 그렇지 않은 것을 그렇게 보이게 만듦으로써 그것이 드러내는 바를 숨긴다는 뜻이 아니다. 오히려 실제로 인간존재들이라는 것은 현상[모습] 속에서 시치미를 떼고, 현상[모습] 속에서 불안해한다. 왜냐하면 인간존재들은 어떤 본질·본성·종적 운명도 아니고 또 그런 것을 갖고 있지도 않기 때문이며, 인간의 조건은 가장 공疎하고도 비실체적인 것, 즉 진리이기 때문이다. 인간존재들에게 있어서 감춰진 채

있는 것은 현상[모습] 뒤의 어떤 것이 아니라 나타난다는 사실 자체, 자기 자신이 얼굴과 다르지 않다는 사실이다. 정치의 과제는 현상 그 자체를 현상으로 되돌리고, 현상 그 자체를 현상하게 하는 것이다.[480]

물 그 자체가 거울에 그대로 반영되지 않으므로, 현상은 물을 감추면서 물을 드러낸다.

[서규환] 얼굴은 하이데거의 언어론처럼 은폐와 탈은폐로 전개된다.

아감벤이 왜 정치적인 것의 이론, 정치적 이론을 주장하는지를 알 수 있게 하는 문면의 하나이다. 얼굴은 내면의 드러냄으로 말할 수 있지만 내면은 진리 그 자체가 아니다. 그런 한에서 얼굴은 '내면'으로, '양심'으로, 환원될 수 있는 성질의 것이 아니다. 언어가 말한다는 하이데거의 정언에 대항하여, 대조하여, 맞서서, '얼굴이 말한다'는 레비나스의 정언이 여기에서도 반복된다. 그렇지만 레비나스가 파시즘의 사상가 하이데거를 넘어섰는지 하는 의문은 있다.[481]

10. [아감벤] 진리, 얼굴, 노출[exposition, 전람회, 박람회, 전시 일반을 말한다. 영어번역본에는 얼굴, 진리 그리고 노출로 되어 있다.]은 오늘날 지구적 내전(civil war)의 대상이다. 그[이 내전의] 전쟁터는 사회적 삶 전체이고, 그 돌격대원은 미디어들이며, 그 희생자는 지구상의 모든 인민이다. 정치인들·미디어 통치가들·광고업자들은 얼굴, 그리고 이 얼굴이여는 공동체의 비실체적 성격을 이해했다. 그들은 얼굴을 어떤 대가를 치러서라도 확고하게 통제해야 할 참혹한 비밀(a miserable secret)로 전형

480) 번역을 수정했다.

481) 우리는 데리다와 레비나스를 읽어야 한다. 『글과 차이』에 있는 「폭력과 형이상학」, 『아듀 레비나스』, 『죽음의 선물』 등등. 그리고 레비나스의 저술들을. 서규환, 『정치적 모랄리아 1: 레비나스』, 다인아트, 2017을 참조하라.

시킨다. 오늘날 국가권력은, 더 이상 정당한 폭력 사용의 독점(각 국가가 UN(United Nations)이나 테러리스트 조직과 같은 여타 비주권적 조직과 점점 더 기꺼이 공유하고 있는 독점)에 기반을 둔 것이 아니라, 무엇보다도 (**속견doxa**의) 현상[모습]에 대한 통제에 기반하고 있다. 정치가 자율적 영역으로 구성되는 것은 스펙터클의 세계에서 얼굴이 [얼굴 그 자체로부터] 분리되는 것과 한 짝을 이룬다 ─ 스펙터클의 세계에서는 인간의 소통이 인간의 소통 그 자체에서 분리되고 있다. 그러므로, 새로운 관료계급(A new class of bureaucrats)은 노출의 관리에 대해 지켜보고 있는 반면에, 노출은 노출 그 자체를 이미지들 속에서 그리고 미디어들 속에서 축적되는 가치로 전형시킨다.[482]

[서규환] 아감벤은 오늘날 범지구화 경향의 원인에 대해서는 말이 없지만, 범지구화의 문제를 전제하고 논술을 전개한다. 오늘날 국가권력, 더 정확하게 말하면, 막스 베버적 의미에서의 국민국가의 권력이 행사하는 Gewalt의 독점적 사용이라는 정치이론의 기초가 이제 의문시되었는데, '억견(doxa)의 외양에 대한 통제'가 이제 중요하게 되었다고 아감벤은 주장한다. 논술적 전략과 전술이 이미지의 범지구화 차원에서 일어나고 있다는 것이다. 아감벤은 여기에서, 아주 약하게, 자본의 국제적 확산을 강조하는 제국주의적 주장에 대해서 저항하는 것처럼 보인다. 곧 아감벤이 여기에서 정치의 자율성을 주장하는 것은, 범지구적 차원에서 논술의 정치가 중심에 자리잡고 있음을 시사하는 듯하다. 오늘의 세계가 '스펙터클'이, 이미지가, 상대적으로 더욱 중요해지고 있는 것은 분명하지만, 그것이 곧바로 정치자율성명제를 정당화하는 것은 아니다.(아감벤의 서술이 조심스럽지 않다.) 스펙터클한 이미지를 생산하고 유통, 매개시

482) 번역을 수정했다.

키고 소비하는 그 과정에는 그람시적 헤게모니 권력이 개입하고 있음을 우리는 직시해야 한다. 그런 '[노출의] 지배'를 경계하는 자가 왜 '새로운 관료계급'인가? ("노출", exposition?, 만국박람회(universal exposition)는 '노출'[박람]의 역사적 원형이며, 그 속에 상품성의 페티시즘의 논리가 있다.)

오히려, 내가 보기에는, '새로운 인터내셔널'이 필요한데, 그것은 범지구화를 지배하는 권력의 실체를 파악하는 그것과 무관하지 않다. 내가 비판시민사회(Critical Civil Society)라고 명명한 실천주체들의 범지구화와 연대 속에서 새로운 인터내셔널 속에서 노동자계급의 역사적 전형과 그 연대가 '경계의 눈'을 넘어서 몸의 실천을 해야 한다.

11. [아감벤] 인간존재들이 서로 소통해야 했던 바가 항상 그리고 단지 어떤 것(something)이었다면, 엄밀히 말해 정치란 결코 없었을 것이고, 오로지 교환과 갈등, 신호와 응답만 있었을 것이다. 하지만 인간 존재들이 서로 소통해야 하는 바는, 무엇보다 순수한 소통가능성(즉, 언어활동[language])이기 때문에, 정치는 소통적 텅빔(communicative emptiness)으로서 등장하고, 이 소통적 텅빔 속에서 인간의 얼굴이 그 자체로 부상한다(emerge). 정치가들과 미디어 당국자들(establishment)[미디어 군단]은 이 텅 빈 공간을 확실하게 통제하려고 하며, 그것의 장악불가능성(unseizability)을 보장해주는 영역 속에 이 텅 빈 공간을 분리시켜 유지하면서, 소통가능성 자체가 백일하게 드러나는 것을 방해하면서 말이다. 이것은 칼 마르크스의 분석이 통합력을 얻고자 한다면, 자본주의(혹은 뭐라고 부르든 간에 오늘날 세계사를 지배하고 있는 흐름)는 생산적 활동의 착취를 지향할 뿐만 아니라, 무엇보다도 언어 활동 자

체를, 인간 존재들의 소통적 본성 자체를 소외시키는 것을 지향하고 있다는 사실을 고려해야 한다.[483]

[서규환] 인간은 소통적 존재이지만, 무엇을 소통하는 것인가. 아감벤은 특정한 구체적인 "어떤 것", 즉 물적인 구체적 사물이 아니라 "순수한 소통"이라 판단한다. 여기에서 순수하다는 것은, 소통 그 자체를 성립시키는 조건 그 자체일 것이다. 그것은 구체적으로 "어떤 무엇"이 아니라, 일의적으로 규정될 수 없는 것이다. 그것은 "소통적 공허"(emptiness)이다. 이 빈 공간을 어떤 것으로 채우려는 시도들이 있다. 마르크스의 자본주의에 대한 비판적 분석을 아감벤은 불러온다. 생산주의를 넘어서서, 문화적 헤게모니에 대한 비판적 분석도 요청된다.

여기에서는 마르크스의 분석 그 자체를 부정하지 않고 그것에 '보충'해야 한다고 아감벤은 주장한다. 소통과 정치의 상호배타성? 그렇게 소통될 수 없음을 '존재론적'으로 논증해야 한다. 사유에 본질적으로, 내재적으로, 작용하는 범주화 문제틀에서도 정치는 필연적이다. "자본주의(혹은 뭐라고 부르든 간에 오늘날 세계사를 지배하고 있는 흐름)는 생산활동을 수용할 뿐만 아니라 무엇보다도 언어활동 자체를, 인간의 소통적 본성 자체를 소외시키는 방향으로 간다는 사실 말이다." 아감벤도 오늘날의 범지구화 경향에 작용하는 자본주의의 문제를 잊지는 않고 있다.[484]

12. [아감벤] 모든 인간의 얼굴은 순수한 소통가능성일 뿐인 한, 인간

---

483) 번역을 수정했다.

484) 그런데 그가 마르크스를 해석하는 내용은 그렇게 비판적이지 않다. 예컨대, Giorgio Agamben, "chapter 7 Marx or, The Universal Exposition," in: Giorgio Agamben, *Stanzas: Word and Phantasm in Western Culture*, trans. by Ronald L. Martinez, University of Minnesta Press: Mineapolia and London, 1993, 이탈리아 초판은 1977, pp.36-40.

의 모든 얼굴은 가장 고귀하고 아름다운 얼굴임은 물론이지만, 항상 심연의 각에 아슬아슬하게 매달려 있다(is always suspended on the edge of an abyss). 정확하게, 바로 이것이, 가장 우아하고 품위 있는 얼굴들이 때로는 마치 갑작스럽게 형상 왜곡되는 (decompose)듯이 보이며, 그런 얼굴들을 위협하는 비형상적이고, 무정형적이고 전라의 배경(the shapeless and bottomless background)이 부상하게 하는 이유인 것이다(letting). 하지만 이런 무형의(amorphous) 배경은, 그 얼굴들이 스스로를 마치 하나의 사물(a thing)인 양 그 얼굴들 고유의 전제들로서 헌정되는 만큼 열림 그 자체, 소통가능성 그 자체에 다름 아니다. 소통가능성 자체의 심연을 감수한 채 두려움이나 자기만족 없이 그 심연을 드러내는 데 성공하는 얼굴만이 무사할 수 있다.[485]

[서규환] "순수한 소통가능성"은 없다. 말없는 소통에서도 순수성은 없다. 얼굴은 화장과/가면을 쓰고 있다. "심연 위에 아슬아슬하게 매달려 있다"는 그 얼굴이 설령 있다손치더라도 누가 볼 수 있는가.

13. [아감벤] 바로 이것이 얼굴이 하나의 표현으로 수축되고[contract, 긴장되고], 캐릭터로 굳어지며, 이런 식으로 자신 속에 스스로를 끼워 넣고 파묻히는 이유이다. 자기 자신은 오로지 소통가능성일 뿐이지 자신이 표현해야 할 것이라고는 그 무엇도 없다는 것을 깨달을 때, 그래서 말(word)을 하지 않는다는 자신의 정체성으로 조용히 물러날 때의 얼굴 찌푸림이 곧 캐릭터이다. 캐릭터란 인간존재들이 말(word) 속에서 구축하는 과묵함이다; 그러나 여기에서 우리가 포착해야 하는 것은 잠복해 있지 않음, 순수한 가시성, 즉 오로지 안면[표정]뿐이다. 얼굴은 안면(visage)

485) 번역을 수정했다.

을 초월하는 어떤 것(something)이 아니다. 얼굴은 자신의 벌거벗음(nudity) 속에서 안면을 노출하는 것이며, 캐릭터에 대한 승리이다. ― 그것은 말(word)이다.[486)]

[서규환] 아감벤은 얼굴이 언어/말과 다르지 않다는 것을 얘기한다. 그런 한에서, 얼굴을 이해할 때, 표현, 캐릭터, 등이 얼굴의 시원이 아님을 말한다.

레비나스의 얼굴론이 다시 여기에서 등장한다. 아감벤은 이따금 레비나스 사상 속으로 들어간다. 얼굴의 누드성이 정말 말에 대해서 승리할 수 있는가? 설사 그렇다고 할지라도 그렇게 승리하는 얼굴의 누드성은 사실상으로 면대면의 경우에서이다. 그런데 오늘날 우리는 미디어의 범람 속에서 매개된 현장 속에서 얼굴을 드러내지 않거나 매개된 가면을 쓰고 화장한 얼굴로 타자를 만난다. 얼굴의 "순수한 가시성"? 얼굴의 순수한 누드성을 믿고 있는 한에서, 아감벤은 문자 언어에 대해서 시각 언어의 우월성을 주장하는 것에 다름 아니다. 그러나 시각언어 역시 문자언어만큼 순수할 수는 없다. 아감벤은 이렇게 일관성을 이따금 잃고 있다. 그는 자신의 주관성을 드러내기 좋아하는 문학적 에세이스트이다.

14. [아감벤] 인간존재들에게 모든 것은 고유한 것과 비고유한 것, 참과 거짓, 가능한 것과 현실적인 것으로 나뉜다[분할된다]: 이것이 인간존재는 얼굴이고 오로지 얼굴이어야만 하는 까닭이다. 그러므로 인간존재들을 현시하는(manifest) 모든 현상[모습]이, 인간 존재들에게 비고유하고 허구적이게 되며(improper and factitious), 그것은 인간존재들로 하여금 진리를 그들의 자신의 **고유한 것으로 만드는** 과제에 직면하게 만든

486) 번역을 수정했다.

다. 그러나 진리 그 자체는 우리가 소유[possession, 고유화] 할 수 있는 어떤 것(something)이 아니다. 진리는 현상[모습]이나 비고유한 것 이외의 다른 대상을 갖지 않는다: 진리는 단지, 현상[모습]과 비고유한 것의 포착이자, 그것들의 노출이다. 오히려 모던의 전체주의적 정치는 총체적인 자기-소유에의 의지이다: 이 경우에, (선진 산업민주주의에서처럼) 비고유한 것은 반증화(falsification)와 소비에의 억제할 수 없는 의지를 통해 자기 자신의 지배를 도처에 부과한다. 아니면 (이른바 전체주의적 국가들에서처럼) 고유한 것은 자신에게서 모든 비고유한 것을 배제하기를 열망한다. 얼굴의 이들 그로테스크한 위조의 두 경우에 있어서, 유일하게 진정으로 인간적인 가능성은 상실되어 있다: 즉, 비고유성을 그 자체로 고유화할 수 있는 가능성, 자신의 **고유하고** 단순한 비고유성을 얼굴에 노출할 수 있는 가능성, 얼굴의 빛의 그늘 속에서 걸어갈 수 있는 가능성이 상실되어 있다.[487]

[서규환] 이분법과 인간의 얼굴은 내재적으로 연결되어 있다. 인간의 얼굴, 곧 모습, 형상은, 환상을 가진다. 아감벤이 환상을 인간존재의 필수적 구성요소로 이해하고 그것을 문제삼는 근거도 여기에 있다. the improper, 그러나 인간존재들의 자신의 고유한 비고유한 것(improper). "고유한 것"은 고유하지 않는 것과의 관계에서 성립하는 한에서 비고유한 것이 처음부터 있었다면, 진리는 비고유한 것이다.

아감벤은 반증화와 소비를 동일한 논리에서 비판한다. 기존의 것들이 진리로서 인정되고 있는 한에서, 그 진리를 근거로 다른 것들을 반증화하고, 기존의 것들을 반증화하고, 소비해나가는 과정이 전개된다. 아감벤은 전체주의에 대한 비판을 전체성의 존재론에 대한 비판으로 전개하는 지

487) 번역을 수정했다.

적 흐름에 합류하면서도, 포퍼와 다른 논리를 보여준다.

각자의 얼굴은 얼굴의 각자성, 고유성. 여기에서도 레비나스의 유니크성론을 읽을 수 있다. 전체주의 정치는 전체성 속에서 이 각자성을 죽이는 폭력이다.

15. [아감벤] 인간의 얼굴은 자신의 구조 자체에서 자신을 헌정하는(constitute) 이중성을, 다시 말해서 고유한 것과 비고유한 것, 소통과 소통가능성, 잠재성(potentiality)과 행위(act)의 이중성을 재생산한다. 얼굴은 수동적 후면에 의해 형성되는데, 이 수동적 후면 위에서 능동적인 표현적 특질이 부상한다.(The face is formed by a passive background on which the active expressive traits emerge.) [프란츠 로젠츠바이크는 이렇게 적고 있다.][488]

[서규환] 아감벤이 인간의 얼굴에 특별히 의미를 부여하는 것은 얼굴의 이중성, "고유한 것과 비고유한 것, 소통과 소통가능성, 잠재성(potentiality)과 행위(act)의 이중성"이라 부를 수 있는 그것 때문이라고 말할 수 있다. 헤겔로 대표되는 닫힌 총체성[=전체성]의 존재론과는 다르게 얼굴은 이 이중성 때문에 항상 열려 있다.

레비나스가 전체성을 거부하는 사유에 이르게 한 결정적 사상가가 바로 프란츠 로젠츠바이크였다고 고백한 바 있는데, 아감벤은 레비나스는 말하지 않고 '구원의 별'을 쓴 로젠츠바이크를 거명한다. 그런데 여기에서도 수동성(passivity)론이 지적되고 있다.

16. [아감벤] 별이 자기를 이루고 있는 요소들과 그 요소들이 하나의

---

488) 번역을 수정했다.

통로를 통해 두 개의 포개진 삼각형 속에 응집하는 모습으로 [마치 거울에서처럼] 반영하듯이(mirrors), 얼굴표정(countenance)의 기관들도 두 층위로 나뉜다. 결국, 얼굴표정의 생활/생명 점들(life-points)은, 얼굴표정이 위의 세계(world above)와의 수동적이든 능동적이든 접촉 속으로 들어가게 되는 바로 그 지점들이기 때문이다. 바탕 층위는 수용기관에 따라 배열된다. 이는 이른바 얼굴을 구성하는 주춧돌로서 이마와 뺨이 여기에 해당된다. 뺨에는 귀가, 이마에는 코가 속한다. 귀와 코는 순수한 수용성의 기관이다...... 얼굴 전체를 지배하는 지점인 이마의 중심과 뺨의 가운뎃점으로 이뤄진 이 첫 번째 삼각형 위에 이제 두 번째 삼각형이 펼쳐진다. 이 두 번째 삼각형은 첫 번째 삼각형의 엄숙한 가면(rigid mask)에 활기를 불어넣는 표현놀이를 하는 기관, 즉 눈과 입으로 이뤄져 있다.[489)]

[서규환] 스콜라철학과 기하학적 질서. 얼굴의 인상학을 이렇게 로젠츠바이크가 진술하고 있었다. 흥미로운 것은, 아감벤이 이 문장을 인용하고 있다는 사실 그 자체이다. 별과 얼굴의 비유. 물론 여기에서 별은 '구원'의 그것이다. 중세의 얼굴도상들을 보라. 삼각형과 원의 조합(사각형은 삼각형의 변형태에 불과하다.)

아감벤은 프란츠 로젠츠바이크의 이 글에서 얼굴 그 자체에서 수동성과 능동성의 공존을 읽어낸다. 두 귀와 코가 수동적 얼굴기관이라면, 두 눈과 입은 능동적 기관인 셈이다. 아마도 레비나스의 수동성 우위 테제에 대한 비판으로 보인다. 두 층위(level).

17. [아감벤] 광고와 포르노그래피(소비사회)에서는, 눈과 입이 전면

---

489) Franz Rosenzweig, *Der Stern der Erlösung*, Frankfurt am Main: J. Kauffmann, 1921, S.422-432.

에 나온다(the eyes and the mouth come to the foreground); 이와 달리 전체주의적 국가(관료제)에서는 수동적 후면(the passive background)이 지배적이다(사무실에 [있는] 독재자의 비표현적 이미지)(the inexpressive images of tyrants in their offices). 그러나 오직 이런 두 층위 사이의 상호적 게임만이 얼굴의 삶을 헌정한다.[490]

[서규환] 아감벤은 전체주의적 국가들이 기존의 진리를 지키는 가운데 그것과 다른 "비고유한 것"을 배제하려는 폭력을 후면에서 행사한다. 그것은 진리 자체를 능동적으로 헌정하려는 것이 아니라 수동적으로 기존의 진리를, 정치를 유지하려는 것이다. 전체주의국가란 여기에서 스탈린주의체제를 겨냥하고 있다. 독재자는 사무실에서 차가운 진리를 실행하는 기계처럼 있다. 그 비표현적 이미지의 표현성에 아감벤은 주목하고 있다. 관료주의에 대한 비판. 이에 반해서, 오늘날 선진 산업 민주주의 국가들에서, 곧 소비사회에서는, 시각적인 것과 언어적인 것이 능동적으로 전면에서 자신의 진리를, 정치를 행사한다. 소비사회에 대한 비판.

전면과 후면의 상호적 게임을 분석해야만, 얼굴의 삶, 생활을 분석할 수 있다. 달리 말해서 수동성과 능동성이 인간의 얼굴의 삶이다.

18. [아감벤] 라틴어에는 '하나'를 뜻하는 인도-유럽어의 어근에서 파생된 단어가 두 개 있다. 하나는 유사성을 뜻하는 시밀리스similis이고, 다른 하나는 '동시에'를 뜻하는 시뮬simul이다. 따라서 '유사성' similitudo 옆에는 함께-있다simultas는 사실(또한 이로부터 '경쟁', '적의'가 나온다)이 있다. 그리고 '비슷하다'similare 옆에는 복사/모방하다 simulare(또한 이로부터 '꾸미다', '흉내내다' 나온다)가 있다.

490) 번역을 수정했다.

19. [아감벤] 얼굴은 진리를 숨기거나 가리는 어떤 것이라는 의미에서 모상simulacro이 아니다. 얼굴은 시뮬타스simultas, 즉 그것을 구성하는 여러 안면들이 함께-있음이다. 그 안면들 중 어떤 것도 다른 것보다 더 참된 것이 아니다. 얼굴의 진리를 파악한다는 것은 **유사성**이 아니라 안면들의 **동시성**을 포착한다는 것, 즉 안면들을 한데 묶고 결합하는 염려스런 역량이다. 그래서 신의 얼굴은 인간 얼굴들의 시뮬타스이다. 단테 알리기에리가 천국의 '생생한 빛' 속에서 봤던 '우리의 초상'처럼 말이다.

[서규환] 데리다가 레비나스를 비판하면서 얘기했던 그것. 인간과 신은 닮았는가? 그리고 얼굴의 진리를 파악할 수 있는가? 아감벤은 염려스럽다고 답한다; 불가능하다. 그리하여 얼굴의 진리는? 오직 정치적으로 결단[결정]된다. 아감벤은 여기에서 슈미트주의적이다.

20. [아감벤] 내 얼굴은 나의 **바깥**이다: 즉, 내 모든 고유성, 고유한 것과 공통된 것, 내적인 것과 외적인 것이 차이나지 않는 하나의 지점이다. 얼굴에서 나는 내 모든 고유성과 더불어 존재한다(갈색 머리칼에 키가 크고 창백한 얼굴에, 자부심으로 가득 차 있고, 감정적이며…). 하지만 이 고유성 중 그 어떤 것도 나의 정체성을 식별해주거나 나에게 본질적으로 속하지 않는다. 얼굴은 모든 양태와 성질을 탈-고유화하고 탈-정체화하는 문간이다 — 그 문간에서만 모든 양태와 성질은 순수하게 소통가능해진다. 그리고 내가 얼굴을 발견하는 곳에서만, **바깥**이 나에게 도래하며, 나는 외부성(exteriority)과 마주치게 된다.[491]

[서규환] 아감벤의 바깥/밖(outside)개념 — 이탈리어 자체에서 이 의

491) 번역을 수정했다.

미[안과 대립하는 밖이 아니고 경계]가 들어 있다. "바깥"은 안과 밖의 밖이 아니다. 얼굴은 outside, 달리 말하여, 경계(threshold). 그 경계를 통하여 사람들은 들어오고 나간다. 아감벤도 읽었을 벤야민의 파사주.

아마도 우리는 얼굴의 탈고유화, 탈정체화 주장을 이해하기 위해서는 시간론을 이해해야 하리라. 나는 매순간마다 변모한다.

21. [아감벤] 오로지 당신의 얼굴로 있어라. 문간(threshold)으로 가라. 당신의 고유성이나 능력의 주체로 머물지 말라. 그것들 아래 안주하지도 말라: 오히려, 그것들과 함께, 그것들 속에서, 그것들을 넘어서 가라. [문간을 향해, 도취상태에서.][492)]

[서규환] 안과 밖의 이분법이 아니다. 문간은 이행과정들(Übergänge, 모리스 메를로-퐁티, 전이의 통과로들)이다.

492) 프랑스어판에는 있으나 이탈리아어판에서는 삭제된 구절. 번역을 수정했다.

VI

사물들의 시원은 확정적 점이 아니라 복합적 성좌

1. 얼굴 없는 몸의 그림?

아감벤에 의하면, 얼굴 없는 몸의 그림은 누드화에서도 없지만 몸 없는 얼굴 작품은 있다:

> "우리 문화에서 얼굴은 늘 거의 노출하지만(naked) 육체는 보통 가리고 있다는 점에서 이 둘의 관계에는 근본적인 불균형이 있다. 이 불균형에 상응하는 것이 머리의 우월성인데, 이는 거의 모든 분야에서 다양한 방식으로 항상 나타난다. (최고 권력자가 보통 머리라고 불리는) 정치에서 종교까지(바울이 사용하는 예수에 대한 머리 은유), 예술부터(몸 없이 머리만 있는 초상화는 그릴 수 있으나 **누드화에서도 머리 없이 몸만 있는 사람을 그리지는 않는다**) 일상의 삶에 이르기까지, 얼굴은 탁월한 표현의 장소이다. 이는 다음 사실에서도 뒷받침된다. 동물들은 종종 몸에 매우 선명하고 표현이 풍부한 기호들을(표범 가죽의 무늬, 개코원숭이 성기의 불타는 듯한 색깔, 나아가 나비의 날개와 공작의 깃털) 지니고 있다. 이에 반해 특이하게도 인간의 몸에서는 어떤 표현적 특징도 전혀 찾아볼 수 없다."[493]

493) 아감벤 2014a『벌거벗음』: 141-142. 강조는 인용자.

몸을 예찬하는 미학의 실체는 얼굴의 미에 대한 미학적 수사법 속에서 등장한다.

> "플라톤은 아름다움이라는 주제에 천착한 대화편인 〈카르미아데스〉에서 매우 분명히 아름다운 신체의 벌거벗음이 얼굴을 무색하게 하거나 보이지 않게 한다고 말한다. 대화편의 제목인 카르미아데스는 아름다운 얼굴을 가진 청년이다. 그런데 대화자 중 한 사람이 카르미아데스의 몸이 너무나도 아름다워, '만약 그가 옷을 벗는다면, 당신은 그가 얼굴이 없다고 해도 믿을 것이다'라고 말한다. (그는 문자 그대로 얼굴 없는 aprosōpos이가 될 것이다. 154d) 벌거벗은 육체가 얼굴의 우월성과 경쟁할 수 있으며, 스스로를 하나의 얼굴로 제시한다는 생각은 마녀재판에 회부되었던 여성들의 항변에서도 찾아볼 수 있다. 안식일에 사탄의 항문에 입맞춤한 이유가 무엇이냐 추궁하자 그녀들은 그곳에도 얼굴이 있었다고 변명했다."[494]

몸을 예찬하는 수사법에서 몸의 미에 대한 예찬이 얼굴이 없다고 해도 믿는다는 표현이 등장하는데 이것은 실체적으로는 얼굴에 대한 예찬에 다름 아니다. 그리고 항문에 키스하는 일종의 도착적 섹슈얼리티에서도 여전히 얼굴은 그 곳에서 핵심적 역할을 수행하고 있다.[495]

그런데 아감벤은 오늘날 누드, 더 정확히는 포르노에서 알 수 있듯이 수치를 모르는 얼굴이 확산된다는 데에 주목하는데 그 까닭은 얼굴은 수치의 표현 장소이기 때문이다.

494) 아감벤 2014a: 142.

495) 몸의 문신, 그리고 보디빌딩은 인간의 얼굴 표정 없는 육체의 대체적 추구라기보다는 여전히 얼굴의 미와 관련된 변형으로 해석될 수 있다.

"이제 얼굴의 유일한 과제는 시선을 받으면서 벌거벗은 몸을 드러내는 일이 부끄럽지 않다는 표정을 짓는 것이다. 벌거벗은 얼굴[sfacciataggine, 어원적으로 얼굴의 상실을 의미]은 이제 베일 없는 벌거벗음의 필수적 대응물이다. 얼굴은 벌거벗음의 공범자로 렌즈를 통해 보거나 관객에게 윙크를 하며 비밀의 부재를 밝힌다. 얼굴은 거저 보이도록 하는 것, 순수한 전시를 표현할 뿐이다."[496]

얼굴의 의미론이 서구에서 신학적 사상과 깊게 관련되어 있다는 것은 분명한데, 의상 역시 그러한 발생에서 근본적 전형을 거쳐서는 탈의의 옷이라는 급진화된 의상의미론이 등장한다. 이를테면, 20세기 초 이른바 나체주의는 은총의 옷을 입자는 운동이었다. 그리하여 그들은 포르노와 매춘의 외설적인 벌거벗음과는 다른 자신의 입장을 빛으로 만든 옷, 빛옷(Lichtkleid)을 입는 것으로 생각했다. 그것은 "은총의 옷으로서의 순수한 벌거벗음이라는 오래된 신학 개념을 되살렸기에 가능했다."[497]

아담과 이브는 은총의 비가시적인 옷을 입고 있었으나 그것을 벗게 되는 죄를 저지르게 된다. 그러므로 아담과 이브는 자연 속에서 옷을 입지 않고 있었던 것이 아니라, 신학적 옷을 입고 있었다고 의미론적으로 해석된다.[498]

---

496) 아감벤 2014a: 143.

497) 아감벤 2014a: 110.

498) 의상의 의미론은 서구에서 신학적으로 구성되어 있었는데 가죽 옷 역시 그러한 예에 속한다. 성 닐로나, 테오도레트 그리고 제롬으로까지 거슬러 올라갈 수 있는 고대 전통에서 동물 가죽으로 만든 옷은 죽음을 상징한다. 70인역 성경에서는 가죽옷을 키토나이 더마티노(chitonai dermatinoi)라고 부른다. 불가타 성서는 이를 tunicae pelliceae로 번역했다. 가죽코트를 뜻하는 pelliccia는 여기에서 유래한다. 죄라는 의미론이 들어 있다. 조직폭력배가 검은 가죽옷을 입는 전통에는 이런 죽음 의미론이 들어 있는가? 그런데 검은 가죽옷을 입는 경찰 사례 역시 이러한 맥락에서 기능주의적 사유를 넘어서서 논의

2. 벌거벗음을 입다

1) 옷을 입는다는 것

"벌거벗은 생활(생명)"론에서 법의 옷을 입고 벗는다거나 아니면 처음부터 법의 옷을 입은 적이 없이 나체로 살아가는 문제들이 함축되어 있다고 파악할 수 있다.

아감벤은 누드 사진의 역사에서 누드와 수치(부끄러움)의 관계에 대해 논술한다.

> "유사하게 초창기 누드 사진에서 모델들은 낭만적이며 백일몽에 잠긴 표정을 지어야 했다. 여기서 카메라의 목적은 몰래 은밀한 내실에 있는 그녀들을 놀라게 하는 것이었다. 그러나 시간이 지나면서 이러한 표현방식은 완전히 역전되었다."[499]

이제 얼굴이 해야 하는 과제는 자신의 벌거벗은 몸에 대해 전혀 수치를 느끼지 않는다는 내면을 드러내는 또 하나의 장치로 작동하는 것이며, 그 가운데 렌즈를 정면으로 응시하거나 관람자에게 직접적으로 신호를 보내는 것이다. 우리는 아감벤이 말하는 수치가 단순한 의미에서 윤리성을 함의하지 않는다는 것을 통찰해야 한다. 그것은 유럽의 기독교 문화권 국가들에서 신체의 일부를 감추는 것은 에덴동산 이래 수치감 때문이지

될 수 있다. 또한, 세례 후, 흰옷을 입는 전통 역시 신학적 색채 혹은 의상 의미론의 맥락에서 연구되어야 한다. 현대의상에서 반투명의상 사례 역시 역사적으로 연구될 필요가 있다. 그리고 다른 한편, 한국의 고려 불화에서 투명성이 높은 의상 역시 종교학적 관점에서 연구되어야 한다.

499) 아감벤 2014a: 142-143.

만 그것은 죄악 의식과 관련된다.

아감벤은 벤야민의 감수성 높은 산문을 여기에서도 끌어들인다.

> "슈파이어 부인의 말에 따르면 에바 헤르만은 깊은 우울증에 빠져 있던 시절에 놀랍게도 다음과 같은 말을 했다. '비록 지금 내가 불행하다고 해서 구겨진 얼굴로 돌아다녀야 하는 것은 아니야.' 이 말은 내게 많은 것을 알려주었다. 무엇보다 최근에 게르트, 에비 헤르만과 같은 여성들과의 만남은 내 삶에 있어 가장 근본적인 경험과 뒤늦게 공명하는 애잔한 울림과 같다. 이 경험은 외양(Schein)에 대한 경험인데 나는 이에 대해 어제 슈파이어와 이야기했다. 그도 이 여성들에 대한 흥미로운 생각을 들려주었다. 슈파이어에 따르면, 이 여성들은 체면이라는 감각이 없거나, 그것이 아니면 모든 것을 생각한 대로 말하는 것이 자신들의 신조인 듯 보인다. 그의 관찰은 매우 정확한데, 이는 그녀들이 **외양에 대해 느끼는 의무감이 얼마나 깊은지** 증명한다. '왜냐하면 모든 것을 말하기'는 무엇보다 지금껏 말한 것을 파괴하거나 파괴한 후 오히려 그것을 목표로 하는 것이 목적이기 때문이다. 오로지 이것이 외양(scheinhaft)인 경우에만 그녀들은 이와 동화할 수 있다."[500]

---

500) Walter Benjamin, "May-June 1931", *Selected Writings*, vol.2, part 2, ed. M. W. Jennings, H. Eiland,d and G. Smith (Cambridge, MA: Harvard University Press, 2005), p.480을 아감벤 2014a: 139-141에서 재인용. 강조는 인용자. [화장을 하지 않는 이른바 민낯에 대해 부끄러워하는 오늘의 여성들은, 외양에 대한 의무감을 강하게 실행하고 있는가? 은총의 옷을 속에 입고 있지 않음을 감추기 위해서 몸 전체를 화장하고 있는가? 다른 한편으로 오늘의 여성들은 신체를 그 이전보다 더 강하게 노출하는 경향을 보이는데, 이것은 신체를 감추려는 의도인가 아니면 벌거벗고자 하는 전략의 일부인가?]

2) 헬무트 뉴튼

우리는 이 맥락에서 아감벤이 헬무트 뉴튼(Helmut Newton)의 사진 작품(《White Women, Sleepless Nights, Big Nudes》)에 대해 논평하는 의미론적 맥락에 주목해 보자.

> "헬무트 뉴튼(Helmut Newton(1920-2004))은 1981년 11월에 두 폭 제단 사진을 〈보그〉에 게재했다. 이 작품은 곧 '그들이 오고 있다'는 제목으로 유명해졌다. 잡지의 왼쪽 페이지에는 완전히 벌거벗은 네 명의 여성들이 (신발은 신었는데 이마저 없었다면 사진작가는 이 작품을 찍지 못했을 것이다.) 차갑고 당당한 태도로 패션쇼 모델처럼 걷고 있다. 반대편 페이지에는 동일한 모델들이 같은 포즈를 취하고 있는데, 이번에는 아주 우아한 옷을 깔끔히 차려입고 있다. 이 두 폭의 사진이 일으키는 특이한 효과는 겉모습은 대조되지만 사실 이 두 이미지는 동일하다는 점이다. 모델들은 옷을 입는 것과 완전히 동일한 방식으로 스스로의 벌거벗음을 입는다."[501]

뉴튼이 벌거벗은 네 명의 여성들이 오직 신발만 신고 워킹하고 있는 장면을, 의상을 입고 있는 동일한 네 명의 여성들과 대조되게 찍어 작품으로 제시한 그것에 대해 아감벤은 통찰력 있게 의상의 신학적 시원을 상기한 다음에 말을 이어간다.

> "모델들은 옷을 입는 것과 완전히 동일한 방식으로 스스로의 벌거벗음을 입는다. 사진작가에게 신학적 의도가 있었다고 생각하긴 어렵지만, 분명 이 사진은 우리에게 벌거벗음/옷이라는 장치를 떠올리게 하고, 어쩌면 이

---

501) 아감벤 2014a: 127-128.

는 무의식적으로 이 장치를 문제 삼는 듯하다."[502]

신학적 시원에서 벌거벗음과 의상의 단순대조를 넘어, 벌거벗음 그 자체도 의상에 속한다는 사유를 이 뉴튼의 사진작품에서 읽어내려 한다. 그리하여 우리는 '벌거벗음을 입는다'는 형용모순의 표현을 읽는다.

벌거벗음을 입는다는 주장이 타당하기는 한가 하고 의심을 하는 형식논리학자가 있을 것이다. 투명한 옷을 입는다는 주장으로 말하지 않는 한에서, 이 주장은 모순이라고 주장할 논리학자도 있을지 모르겠다. 투명한 옷? 그렇다면, 옷의 정의는? 기능적으로 신체를 보호하는 것과 미학적으로는 미학적인 것을 표현하는 것.(신발을 신고 있지만 신체의 부끄러운, 감추어야 하는 부분들을 드러내고 있는 고전적 예술작품은 마네의 〈올랭피아〉이다. 올랭피아는 침대에 비스듬하게 누워 있기 이전에 신발을 신고 타인의 시선 앞에서 워킹했을 가능성은 열려 있다.) 뉴튼의 사진은 패션쇼라는 일종의 예술적 무대에서 일어나는 장면을 담고 있지만, 패션쇼에서 일어나는 예술적 사건이 현실에서 일어날 가능성은 열려 있다.

아감벤은 신발을 신고 있다는 사실을 애써 의미론적으로 무시하려고 하지만, 이 사실 때문에 벌거벗음을 입는다는 형용모순어법이 성립할 여지가 생겨난다. 의상은 대체로 감추고 드러내며, 그리고 그런 한에서는 벌거벗음을 입는다고 말할 수 있다. 얼굴은 대표적인 그런 범주에 속한다.

그런데 아감벤은 뉴튼의 이 작품 사례에서 의상을 입고 있지 않음이 아니라 벌거벗고 있음을 입고 있다는 논법으로 자신의 해석을 넓혀갈 수 있듯이, "벌거벗은 생명"은 사실에 있어서는 법의 옷을 입고 있다는 해석으로 나아가지 않은 것은 이해하기 어렵다.

---

502) 아감벤 2014a: 128.

3) 클로에 데 뤼세

클로에 데 뤼세(Chloë des Lysses)의 사진작품에 대한 해석 사례에 대해서도 아감벤은 관심을 표명하여 논평을 제시한다. 그 작품은 남성조력자로 보이는 남자가 여자가 자신의 음부를 노골적으로 외설적 사진에서 볼 수 있는 식으로 벌리게 하는 장면에서도 정작 그것을 의식하지 않는다. 아감벤은 이렇게 분석한다:

> "자신은 예술적 퍼포먼스를 행할 뿐이라고 말하는 한 포르노 스타는 최근 이런 방법을 극단으로까지 밀어붙였다. 그녀는 가장 외설적인 행위를 수행하거나 당하면서 사진에 찍히는데, 그래서 그녀의 얼굴은 늘 정면에서 똑바로 보이게 된다. 하지만 이 장르의 관례에 따라 쾌락을 가장하는 대신에 그녀는 가장 절대적인 무관심(indifference), 가장 스토아적인 아타락시아를 — 마치 패션모델처럼 — 꾸미며 전시한다. 클로에 데 뤼세(Chloë des Lysses)는 누구에게 무관심할까? 자신의 파트너에게 무관심하다는 것은 확실하다. 하지만 관객에게도 무관심하다. 관객들은 자신이 시선에 노출되어 있음을 알고 있음에도 스타인 그녀가 자신들과 최소한의 공모관계조차도 갖고 있지 않다는 것을 발견하고는 놀라게 된다. 전혀 감정이 실리지 않은 데 뤼세의 얼굴은 산 경험과 표현의 영역 사이의 모든 연결을 끊어버린다. 뤼세의 얼굴은 더 이상 아무것도 표현하지 않으며, 그 어떤 표현의 암시도 없이 하나의 장소로서, 하나의 순수한 수단으로서의 자신을 보여준다. / 포르노그래피라는 장치가 중립화하려고 하는 것이 다름 아니라 이러한 독신적 잠재력이다. 이 장치가 포획하는 것은 에로틱한 행태들을 그 즉각적인 목적으로부터 떼어내 헛돌게 만듦으로써 그 행태들을 독신화할 수 있는 인

간의 능력이다."[503)]

아감벤은 포르노 여배우(데 뤼세 자신이다)가 남배우에게 시선을 던지지 않는다는 점에, 카메라를 직시한다는 점에 착안하여, 남배우에게도 관객에게도 무관심하다고 해석하는데, 이 해석은 정당한가? 섹스를 판매하는 전시가치(벤야민)가 매체의 특성에 기반하여, 실현되고 있을 뿐이다. 이러한 전시가치를 기획하는 저자는, 자신의 신체를 판매하는 그 시장 전략을 극단적으로 실현하고 있을 뿐이다. 무엇을 판매하지 못하는가? 무엇을 보여주어서는 안되는가? 음부의 내면까지를 드러내어 보여줄 수 있다는 것. 이 맥락에서 성은 결코 성스러운 것과 어떠한 관계도 맺지 않는다.

그런데, 연출된 사진에서 포르노 여배우가 중심이며, 남배우는 조력자(조수)이다.(철저하게 연출된 공간으로서 포르노그래피의 그것은 전개된다. 그러므로 그 연출의 기획, 의도 같은 것에 우리는 주목해야 한다.) 남성배우는 흑인인데, 안경을 쓰고 여성배우의 그 어떠한 섹스 기관이 아니라 여성배우의 시선을 향하여 응시하고 있다. 섹스에서 이 둘은 결코 평등한 쌍방이 아니라 주인과 노예의 관계이다. 이 관계를 이 포르노그래피는 표현하고 있다. 아감벤은 데 뤼세의 사진에서 여성배우가 취하는 얼굴의 무표정에서 표현성의 부재를 읽고 있는데, 잘못이다. 데 뤼세에서는 여성배우의 시선이 관객을 향하게 하는 장치를 통해서, 남성배우가 실체적으로 그 섹스 상황에서 어떠한 주체적 위치에도 있지 않는 조력자에 불과하다는 것을 표현하고 있는 것이다.

아감벤은 데 뤼세의 사진에 대해서 이렇게 해석한다:

503) 조르조 아감벤, 『세속화 예찬. 정치미학을 위한 10개의 노트』, 김상운 역, 난장, 2010. [원문 2005, 영역본 2007]. 2010: 132-134; Agamben 2007: 90-91에 따라 번역을 수정했다.

> "그녀의 무감각한, 감동이 없는 얼굴은 살아 있는 경험과 표현적 영역 사이의 모든 관계를 단절한다; 그러한 얼굴은 그 어떠한 것도 표현하지 않고, 표현의 그 어떠한 힌트도 없는 한 장소로서, 순수한 수단으로서 자신을 보여준다."[504)]

우리는 장소의 구체성을 확인할 수 있는 그 어떠한 미장센도 없다는 사실에서 역설적으로 미장센을 의도적으로 총체적으로 삭제하였다는 것을 추론할 수 있으며, 따라서 그 장소는 인위적인 스튜디오임을 더욱 분명하게 식별할 수 있다. 그것은 등장인물들을 위한 수단이고, 그런 한에서 상상의 공간에서 실행할 수 있는 경험이자 표현적 영역이다.

포르노그래피의 장치에서 우리는 다양한 의미들을 읽어낼 수 있다. 데 뤼세에서는 여성배우(데 뤼세)가 강력한 주권적 위치를 차지하고 있고, 그것이 보이는 것과 보이지 않는 것 사이에서 표현되고 있다. 그것은 전도된 또 하나의 가부장주의이자, 남성주의자이다. 포르노그래피에서 폭력과 섹스는 긴밀하게 연관되어 나타나는데, 데 뤼세에게도 그렇다.

우리는 아감벤 스스로가 "목적 없는 수단"이라는 그 자신의 사상의 예로 들고 있는 이 사례에서 역설적으로 목적 없는 수단, 순수한 수단은 없다. 목적은 감추어져 있을 가능성이 있다는 것을 읽어낼 수 있다.

얼굴을, 카메라를 응시하는 것과 얼굴을 감추는 부르카는, 목적과 수단의 관계에서는 의미론적 논리에서는 다른 것은 없다.

504) Agamben 2007: 91.

4) 욕망의 매체

아감벤에서 욕망은 인간적이다. 욕망이 자연적인 것은 아니다. 인간의 욕망은 겉으로 노골적으로 드러내놓지 못하는가? 인간의 욕망은 문자적 언어(words)로 표현되기가 그렇게 어려운 이유는 무엇인가? 아감벤에 의하면, 우리가 우리의 욕망을 이미지화해 왔기 때문에 우리의 욕망을 문자적 언어로 적어내기가 어렵다: "욕망의 몸은 이미지이다." 아감벤의 시각중심주의는 욕망의 이미지론으로 전개되면서, 욕망은 마치 지하에 있는 식별하기 어려운 공간에 있는 것으로 서술되고 있다: 그것들은 오직 이미지들로만 되어 있다; 아직 글을 읽을 수 없는 어린이용 그림책처럼, 문맹자를 위한 에피날 판화처럼 이미지만으로 되어 있다. 그리하여 그는 이렇게 논술한다:

> "자신의 욕망을 이미지 없이 누군가에게 전달하는 것은 잔혹하다(brutal). 자신의 이미지를 자신의 욕망 없이 누군가에게 전달하는 것은 지루하다(tedious)(자신의 꿈이나 자신의 여행을 자세히 말하는 것처럼). 하지만 이 둘은 모두 쉽게 할 수 있다. 다른 한편, 이미지화된 욕망과 욕망된 이미지를 전달하는 것은 훨씬 어려운 과제이다. 그리고 바로 이 때문에 우리는 그것을 뒤로 미룬다. 욕망이 영원히 충족되지 않은 채로 남아 있을 것이라는 점을 이해하기 시작할 때까지. 그리고 이처럼 노골적으로 공언되지 않는 욕망이 바로 우리 자신, 즉 그 지하에 있는 암호 공간의 영원한 죄수라는 점을 이해하기 시작할 때까지."[505)]

서양의 시각중심주의에서 이미지와 욕망은 아감벤이 지적하듯이 역

---

505) 아감벤 2010: 80; 영역본 53-54에 따라 번역을 수정했다.

사적으로 연결되어 있다. 그렇지만 욕망은 모두 정말 이미지적일까? 내가 판단하기에는 오감 모두, 아니, 그것 이상의 정신이 작용하는 것 같다. 아감벤이 욕망들의 환원 중심지 시각 역시 정신이 없으면 지각 자체를 중지한다. 그리고, 욕망을 전달하는, 소통하는 길은 시각의 길만 아니라 다양하다. 욕망의 매체는 또한 다양하다. 청각, 촉각, 미각, 후각, 그리고 시각의 매체들 그리고 그 종합, 조합이 있다. 물론 이미지 없이 욕망을 전달할 때조차 이미지는 작용하는데 그것은 다른 감각들과 그 종합인 정신의 활동 때문이다.

3. 징표론: 파라켈수스

1) "어떤 것도 징표[기호, 표시] 없는 것은 없다"

파라켈수스에 의하면, "어떤 것도 징표[기호, 표시] 없는 것은 없다(nichts ist ohne ein Zeichen). 왜냐하면 자연은 제 안에 있는 것에 표식하지 않고는 어떤 것도 자기 밖으로 나오게 놔두지 않기 때문이다."[506)]

『발 통풍에 관한 책』에서 파라켈수스[507)]는 "외부의 것 중에 내부를 알

---

506) Paracelsus, "Von dem natürlichen Dingen"(1525?), *Bücher und Schriften*, Bd. III-7, Hrsg. Johannes Huster(Basel: Conrad Waldkirch, 1589; Hildesheim/New York: Gerg Olms, 1972), p.131을 아감벤, 『사물의 표시. 방법에 관하여』, 난장, 2014b[이탈리아 초판 Signatura retum Sul metodo, 2008], 아감벤 2014b: 51에서 재인용.

507) 파라켈수스(Paracelsus)는 '로마의 히포크라테스'라는 명성을 얻었던 의사였다. 그는 이십 대 중반 자신의 이름을 파라켈수스라고 바꾸었다. 파라켈수스란 '켈수스(Celsus)를 넘어선다'는 의미인데, 켈수스는 1세기 무렵에 활동한 로마의 명의였다. 의사이자 연금술사. 그러니까 마술과 과학의 경계선을 넘나들던 인물이자 의학과 화학이라는 학문의 기초를 닦은 인물 파라켈수스(Paracelsus, 1493-1541)는 스위스 출신이었다. 그의

아버지가 의사였으나 집안은 가난했다. 사실 그의 아버지는 의대를 나오기는 했으나 마지막 학위를 받지 못했다. 공인된 의사가 아니었으니 가난할 수밖에. 그렇다면 왜 우리는 파라켈수스를 주목하는가? 수많은 과학자가 인류 문명사를 수놓고 있는데도 왜 이 인물을 지목해서 알아보고 있는가? 이는 그의 독특한 사고와 행동 때문이다. 우선 독특함은 그의 이름에서 드러난다. 사실 그의 본명은 필립푸스 오레올루스 테오프라스투스 봄바스트 폰 호헨하임이다. 좀 긴가? 그러나 그렇다면 왜 그는 히포크라테스 같은 인물을 제쳐 두고 켈수스를 뛰어넘겠다고 선언했을까? 켈수스는 1500년 전 인물임에도 파라켈수스가 활동하던 무렵 최고의 의학자로 여겨지고 있었다. 이는 그가 남긴《의학》이란 저작물이 그 무렵 막 보급되던 인쇄술에 의해 널리 읽혀졌고, 그 가운데는 상처의 소독과 방부제를 이용한 치료, 다른 피부를 이용한 성형수술 등의 놀라운 내용이 담겨 있었던 까닭에 '로마의 히포크라테스'라는 명성을 얻고 있었기 때문이다. 그렇다면 그가 이런 오만무도한 선언을 하게 된 것은 또 왜일까? 열네 살 무렵 그는 아버지가 화학을 가르치던 학교에서 광물과 금속에 대한 수업을 마치고 유럽 전역의 대학들을 방랑하기 시작했다. 그 무렵 많은 젊은이들이 더 나은 스승, 더 나은 배움을 위해 이런 방랑길에 나섰는데, 그는 좀 심했다. 그 또한 연금술에 많은 관심을 기울였지만 독일의 수많은 대학을 전전한 끝에 '대학은 바보를 만들어 내는 곳'이라는 결론에 도달하고, '지식은 경험에서 비롯된다'는 신념 아래 수많은 사람들을 찾아다니기 시작했다. 그 가운데는 길거리의 부랑자로부터 집시, 도둑, 마녀, 주술사 등 사회에서 버림받은 자들이 많이 포함되어 있었다. 제도권 교육을 비판하고 대신 이런 자들을 찾아다니던 그가 환영받을 리는 없었다. 그러나 그 와중에도 그는 빈 대학교에서 의학사 학위를 받고, 후에 페라라 대학교에서 의사 자격을 취득했다(고 주장했다). 그가 자신의 이름을 바꾼 것이 바로 이 무렵이었다. 배울 만큼 배웠다는 의미이자 기존의 의학계를 넘어섰다는 선언이기도 했을 것이다. 이때부터 그는 유럽 전역을 돌아다니며 의사로서 활동했다. 그리고 그럴수록 그의 명성은 높아만 갔다. 그는 그 무렵 유럽에서 활용되던 전통적 치료법 외에 저잣거리에서 습득한 수많은 의술을 실천에 옮겼고, 그 결과는 놀라웠다. 서른세 살, 그러니까 의사 자격을 취득했다고 주장한 해로부터 10년 후, 그는 바젤 대학교의 의학 강사이자 시의(市醫)에 올랐다. 재야의 의사가 제도권마저 장악한 것이다. 이때부터 수많은 학생과 환자들이 그를 좇아 이곳으로 몰려들었다. 그는 상처를 아물게 하기 위해서는 건조시키는 것이 중요하다고 주장하면서 이전의 치료법을 거부했고, 온갖 전통 약제들을 거부했다. 체액설 등 전통의학 대신 외부에서 병의 원인이 몸 안으로 침투한다는 그의 주장은 학생들에게서 선풍적인 인기를 끌었다. 이러한 근거 하에 수은화합물을 이용해 그 무렵 불치병으로 알려져 있던 매독 치료법을 주장하기도 했으며(1900년대 들어 그의 이론대로 매독은 비소화합물인 아르스페나민(상표명 살바르산)에 의한 치료법이 개발되었다), 그를 추종하는 자들은 도시에 페스트가 창궐할 때도 도망치는 의사들과는 달리 파라켈수스가 다양한 광물질을 합성하여 만든 화학적 약품들을 들고 환자들을 찾아다녔다. 그뿐만이 아니었다. 그는 납의 체내 축적이 결과적으로 종양을 가져온다는 이론을 펼치기도 했다. 하지만 혁명가는 어떤 분야에서건 환영받지 못하는 법. 그는 겨우 1년여의 제도권 생활 끝에 의사와 법관들의 공격을 받아 바젤 시에서 도망쳐야 했고, 이후 자신의 의학적 성과를 집필하는 데 몰두했다. 이렇게 해서 탄생한 책자가《대려주지 않는 것은 없다"고 적었다. 인간은 각 수술 내부를 외부의 징표를 통해서 인식할 수 있다는 것이다.

아감벤은 파라켈수스를 계속 인용하여 가시적으로 볼 수 없는 내부를 겉으로 드러나 있는 표시, 징후, 표징 등의 독해를 통해서 읽어내려는 해석 틀을 상기한다:

> "이런 뜻에서 만일 '모든 사물, 식물, 씨앗, 돌, 뿌리가 그것들의 성질, 모양, 형태(Gestalt)에서 그것들 안에 있는 것을 드러낸다면, 만일 그것들이 표시된 것(signatum)을 통해 모조리 알려진다면", "표시(signatura)는 감추어진 것을 모조리 찾을 수 있게 해주는 과학이요, 이 기예 없이는 우리는 깊이 있는 어떤 것도 해낼 수 없다."[508)]

토점, 손금, 관상, 수점, 화점, 강신술, 천문 같은 점술학 등 이 표시의 과학은 신학적이었다. 에덴 동산에서 아담은 그 처음에는 전혀 표식되지 않았다. 그 후에서야 아담은 표식되지 않은 채로 그냥 두지는 않았던 "자연"에로 아담은 원죄로 떨어지게 된다.

외과서》다. 이 책은 파라켈수스의 옛 명성을 단번에 되찾아 주었고, 그는 다시 황제의 부름을 받게 되었다. 그러나 명성이 돌아오자 그의 적들 또한 돌아왔다. 그는 다시 수많은 자들로부터 공격을 받았고, 1541년 대주교와 만나기로 약속한 장소에서 마흔여덟의 한창 나이로 숨을 거두었다. 그리고 그가 그저 죽었다고 믿는 사람은 썩 많지 않은데, 아마도 독살되었을 것이다. 사실 파라켈수스는 전통적인 연금술이나 점성술, 신비주의 등에서 완전히 벗어나지 못했다. 그러나 그는 질병에 대한 전혀 새로운 개념을 확립했다. 외부의 독성 물질로 인해 질병이 발생한다고 주장하고, 이러한 이론 하에 새로운 치료법 즉 무독성의 광물을 이용한 화학 요법을 창시하기도 했다. 따라서 그의 활동으로 인해 의학은 화학과 자매결연을 맺게 되었고, 정신과 치료를 비롯한 새로운 의학이 널리 발전하기 시작했으니 그야말로 진정한 의미에서 근대 의학의 개척자라 해야 할 것이다. [네이버 지식백과] 파라켈수스 [Paracelsus] (세상의 모든 지식, 2007. 6. 25. 서해문집)

508) Paracelsus, "Von dem natürlichen Dingen"(1525?), 위의 책, p.133을 아감벤 2014b: 51-52에서 재인용.

파라켈수스에 의하면, “하늘의 천체들만이 아니라 ‘인간 안에 있는 별들’도 ‘저 위 창공의 별들처럼, 시시각각 그의 몽상과 상상의 산물들과 함께 그의 영혼 속에서 뜨고 지며’, 몸에 그것들의 징표[기호, 징후]를 남길 수 있다. 예를 들어 임산부의 공상(Fantasey)은 태아의 살에 그것의 괴물 같은 징표(monstrosiche Zeichen)를 그린다.”[509]

하늘의 대우주에 조응하는 인간의 소우주가 있다는 사유가 파라켈수스에게 지배적이다:

> “현자가 별을 다스리고 지배할 수 있는 것(Regieren und Meystern)이지, 별이 현자에게 그리하는 것이 아니다. [다시 말해] 별이 현자에게 굴복하고 따라야 하는 것이지, 현자가 별에게 그리하는 것이 아니다. 반대로 도둑이 교수대를, 살인자가 차바퀴를, 어부가 물고기를, 새 잡는 사람이 새를, 사냥꾼이 사냥감을 따르듯이, 짐승 같은 인간은 별을 따라야 할 정도로까지 별의 다스림과 통치를 받는다. 그 이유인즉 짐승 같은 인간은 자기 자신을 인식하지 못하고 자기 안에 감춰진 힘을 쓸 줄도 모르기 때문이다. 온 창공이 모든 힘과 더불어 인간 안에 있는데도 인간은 자신이 소우주임을 알지 못하며 자기 안에 있는 별도 인식하지 못한다.”[510]

파라켈수스에게 있어서 이러한 표식 학의 기원은 아담의 언어였다. 아담은 최초의 표시자[표식자]였다. 명명은 표식이었다:

> “[표시술은] 만물에 올바른 이름을 부여하는 법을 가르쳐준다. 우리의 아

509) 아감벤 2014b: 52-53.

510) Paracelsus, “Die 9 Bücher De Natura rerum”, p.334를 아감벤 2014b: 53에서 재인용.

버지 아담은 이 기술에 정통했으며, 창조 직후 그는 각 존재에 그것의 개별 이름을 지어줬다. 모든 동물에 그것의 이름을, 각각의 나무와 각각의 식물, 각각의 뿌리, 각각의 돌, 각각의 광물, 각각의 금속, 각각의 액체에 상이한 이름을; 그리고 아담이 만물에 세례를 주고 이름을 지어주자 신은 그에 흡족해 했는데, 그 까닭은 그 이름짓기가 올바른 근거로부터(den rechten Grund), 즉 제멋대로가 아니라 예정된 기술인 표시술에 따라 이루어졌기 때문이다. 아담은 그 기술의 최초의 표시자(signator) 였다."[511)]

파라켈수스의 의학서에 의하면, 난초의 뿌리는 남성의 고환과 비슷하게 생겼는데, 남성에게 잃어버린 정력과 색욕을 돕는다고 해석된다; 눈 모양 얼룩을 한 좁쌀풀은 시각 장애를 치료하는 효능이 있다; 석류나무 씨앗과 잣은 치아 모양이기 때문에 치통 치료 효능이 있다; 뾰족한 가시 모양의 엉겅퀴는 급성의 자극적인 고통을 완화해준다; 잎이 뱀모양으로 보이는 마편초는 온갖 독의 해독제이다; 자연의 상형문자인 표시에서 신은 우리에게 식물계에 감추어져 있는 치료의 효력(덕)을 드러내고 있다는 것이다. 이 논리적 사유에 의하면, "왜 좁쌀풀은 눈을 치료할까? 왜냐하면 좁쌀풀은 그 자체로 눈의 해부구조를 하고 있기 때문이다." 좁쌀풀은 그 자체로 눈의 모양과 이미지를 하고 있다. 따라서 좁쌀풀은 온전히 눈이 된다.

파라켈수스는 이렇게 진술한다:

"아담이 '이것이 돼지, 말, 소, 곰, 개, 여우, 양, 기타 등등이다'라고 말하자, 그 이름은 돼지를 슬프고 더러운 동물로, 말을 기운 세고 격정적인 동물로,

511) Paracelsus, "Die IX Bücher De Natura rerum", p.356를 아감벤 2014b: 54에서 재인용.

소를 탐욕스럽고 만족할 줄 모르는 동물로, 곰은 강한 무적의 동물로, 여우를 믿을 수 없는 교활한 동물로, 개를 같은 종에 대해서는 불충한 동물로, 양을 온화하고 유용하며 무해한 동물로 나타낸다."[512]

그런데 파라켈수스는 이른바 모든 표시[기호]의 패러다임을 이루는 표시술(Kunst Signata)이 존재한다는 사실을 환기하고 있다. 그 근원적 표시[기호]는 언어이다.[513]

2) 세계의 숨어 있는 로고스

야콥 뵈메는 파라켈수스에게 영향을 받았지만 그 이상으로 나아간다. 뵈메는 『사물의 표시에 관하여』(1621)에서 서로 다른 사물들 사이의 유사를 통해서, 사물의 의술적 효능을 밝혀내는 이상으로 나아가면서, 세계의 숨어 있는 로고스(logos)를 읽어낼 수 있다고 믿는다. 뵈메의 말을 들어보자:

> "우리가 신에 대해 말하거나, 쓰거나, 가르친 모든 것은 표시에 대한 인식 없이는 말이 없고 아무런 이해도 없다. 왜냐하면 그것들은 역사의 덧없음에서, 어느 다른 입술(거기서 인식 없는 정신은 입을 다문다)에서만 유래하기 때문이다. 그러나 만일 정신이 거기서 표시를 반쯤 열어젖히면, 그것은 다른 입술을 이해하게 되고, 그것에 더해서 정신이 어떻게 목소리를 가지고 음성 속에서 본질로부터 원리(Principium)를 통해 드러났는지를 이해하게 된다."[514]

512) 아감벤 2014b: 54-55에서 재인용.

513) 아감벤 2014b: 54

514) 뵈메; 아감벤 2014b: 62-63에서 재인용.

뵈메는 내적인 것을 읽는 탐구의 길을 밝힌다.

"(그 안에서 정신이 선 또는 악으로 창조되는) 말 속에서 [서로에게] 이해될 수 있기 위해, 정신은 동일한 징표를 가지고 타인 안에 존재하는 형태(Gestatnis) 속으로 나아가고, 그런 형상을 표시 속에서 타인에게 일깨운다. 그렇게 함으로써 두 형태는 서로에게 성질을 부여하고 실재성을 주면서(miteinander inqualieren) 하나의 형상이 된다. 이 하나의 형상은 그런 식으로 개념, 의지, 정신, 그리고 이성이 된다."[515]

뵈메는 내부와 외부 사이의 조응 표시를 류트 악기의 연주에 비유하여 주장한다:

"표시는, 본질 속에 존재하며, 소리가 나지 않는 류트와 비슷하다. 그 류트는 말이 없고 이해받지 못하고 있다. 그렇지만 어느 누군가가 그 류트를 튕기기만 한다면, 우리는 그것의 소리를 들을 수 있다. …… [이와 마찬가지로] 자연의 징표도 말 없는 존재의 형태를 하고 있다. …… 인간 영혼에서 표시는 각 존재의 본질에 따라 능란하게 마련된다. 인간에게는 자신의 악기를 튕길 수 있는 연주자만 없을 뿐이다."[516]

계몽주의 시대에서 이 표시 패러다임은 타당성을 점차 잃어가는 듯했다. 〈백과전서〉 제 15권에서 "식물의 모양과 효용 사이의 터무니없는 관계. 이 기상천외한 체계는 너무 유행했다."[517]

515) 뵈메; 아감벤 2014b: 63에서 재인용.

516) 뵈메; 아감벤 2014b: 64에서 재인용.

517) 아감벤 2014b: 100에서 재인용.

3) 벤야민과 표시론의 전통

아감벤은 벤야민을 독해하면서 벤야민의 사유에서 숨어 있는 전통을 복구해 내고자 한다. 이 맥락에서 그는 역사와 전통이 무엇인지를 다시 검토하려 한다.

역사와 전통은 오히려 숨어들게 되는 과정을 밟는다고 경고성 발언을 남겼던 오버벡을 아감벤은 불러온다:

> "전통 없이는 역사도 없다. 이런 의미에서 모든 역사에 하나의 전통이 따라붙는다면, 이는 …… 전통이라 불리는 것이 항상 같은 것으로 남아 있다는 말이 아니다. …… 역사를 서술하는 자는, 전통비판이라는 끈질긴 사전 작업을 통해서만 역사를 설명하는 데 이를 수 있다. 역사서술이 이 비판을 전제하며, 비판이 요구하는 자율이 정당화되는 한에서 각 시대를 뒤로 거슬러 그것의 전통에까지 이르러야 한다는 요청이 근거를 갖게 된다. 선사의 전통의 성격이 각각의 다른 시대의 전통에 앞서 규정되는 것은 아닌지 자문하는 것은 당연하다."[518]

그리고 오버벡의 예리한 판단은 이어진다:

> "지배적 전통은 그 전통이 전승하는 것을 우선 대개 접근할 수 있게 하기는커녕 도리어 은폐한다. 전통은 전승된 것을 자명성에 맡기며, 거기에서부터 전승된 범주들과 개념들이 부분적으로는 진정한 방식으로 길어내어지는 그 근원적인 '원전들'(Quellen)로 가는 통로를 막아버린다. 전통은 심지어는 그런 유래 자체를 망각하게끔 만든다. 전통은 그런 소급의 필요성을

518) 오버벡; 아감벤 2014b: 130에서 재인용.

이해하는 것조차 불필요하게 만든다."[519]

"우리는 뒷걸음치며 미래로 들어간다"라고 한 폴 발레리의 말은 이러한 맥락에 있다.[520]

아감벤은 표시론에서 벤야민이 바로 이 전통에 있었다는 점을 짚는다. 벤야민이 미메시스 능력에 할애한 두 개의 단편 논고에서 이 맥락을 알 수 있다. 표시라는 용어는 나오지는 않지만, 벤야민의 미메시스 요소(das Mimetische) 혹은 비물질적 유사성(비감각적 유사성) 개념은 표시론 전통을 보여준다. "파라켈수스와 뵈메의 경우처럼, 미메시스 능력 분야는 점성술, 그리고 대우주와 소우주의 대응만이 아니라 우선 언어활동이다(숄렘과의 서신에서, 문제가 되고 있는 단편 논고들은 새로운 언어론으로 소개되고 있다).[521]

우리가 표시와 기호 사이의 관계에 대해서 보았던 것처럼, 벤야민에서 비물질적(비감각적) 유사성은 언어의 기호론적 요소와 환원불가능한 보충물로서 기능한다. 그것 없이는 담론으로의 이행을 이해할 수 없다. 바르부르크에서 점성술 표시가 그러했듯이, 언어의 주술적-미메시스적 요소에 대한 이해야말로 종국에 가서는 주술을 극복할 수 있게 해준다.[522]

벤야민의 논술을 그는 반복한다.

---

519) 오버벡; 아감벤 2014b: 131에서 재인용.

520) 아감벤 2014b: 145에서 재인용.

521) 아감벤 2014b: 105-106.

522) 아감벤 2014b: 106-107.

“이처럼 언어는 미메시스적 태도의 최고 단계가 되었고, 비감각적 유사성의 완벽한 서고, 미메시스적으로 생각하고 파악하는 이전의 능력들이 그 안으로 남김없이 전이되어 들어가서는 마법의 힘들을 해체하는 정도에까지 이르게 된 매체가 되었을 것이다.”[523)]

『파사젠베르크』 N 3, 1:

“이미지들은 역사적 색인을 갖고 있다는 말은 단순히 이미지가 특정 시대에 고유한 것이라는 것뿐만 아니라 무엇보다 특정 시대에만 해독 가능하게 된다는 것을 의미한다. …… 모든 현재는 이 현재와 동시적인 이미지들에 의해 규정된다. 모든 ‘지금’(jetzt)은 특정한 인식이 가능한 지금인 것이다. …… 과거가 현재에 빛을 던지는 것도 그렇다고 현재가 과거에 빛을 던지는 것도 아니다. 오히려, 이미지란 과거에 있었던 것이 지금과 섬광처럼 한 순간에 만나 하나의 성좌를 만드는 것을 말한다. 다시 말해, 이미지는 정지 상태의 변증법이다.”

이것은 『역사개념에 대하여』 제5명제에서 반복된다.

“과거의 진정한 이미지는 휙 지나간다. 과거는 인식 가능한 순간에 인식되지 않으면 영영 다시 볼 수 없게 사라지는 섬광 같은 이미지로서만 붙잡을 수 있다. ‘진리는 우리에게서 달아나지 않을 것이다’라는 켈러의 말을 역사주의가 추구하는 역사의 이미지를 표현해주는 데, 바로 이 지점이 역사적 유물론자에 의해 혁파되는 장소이다. 왜냐하면 과거의 진정한 이미지는 매 현재가 스스로를 그 이미지 안에서 의도된 것으로 인식하지 않을 경우 그

523) Benjamin, Über das mimetische Vermögen(1933), *Gesammelte Schriften*, Bd.II-1, Ffm., p.213.

현재와 더불어 사라지려 하는 과거의 복원할 수 없는 이미지이기 때문이다."[524]

표시론의 전통에서 벤야민은 정지상태의 변증법으로서의 이미지를 주장했다.

"역사적 대상은 결코 중립적으로 주어지지 않는다. 그것은 그것을 이미지로 구성하며 그것의 독해가능성을 시간적으로 결정하고 조건 짓는 색인이나 표시를 항상 수반한다. 역사가는 생기 없고 끝없는 문서고 더미에서 우연히 혹은 자의적으로 자신의 사료를 선택하는 것이 아니다. 역사가는 지금 여기서 독해를 요구하는 표시들의 아주 가느다랗고 거의 보이지 않는 실을 추적한다. 벤야민에 따르면, 연구자의 급은 바로 본성상 하루살이 같은 이 표시들을 읽을 수 있는 능력에 달려 있다."[525]

4. 페티시즘과 수집의 논리

1) 수집의 논리

프로이트는 1927년에 페티시즘(Fetischismus)이라는 타이틀을 붙인 한 논문을 발표하는데,[526] 그것은, 아감벤이 지적하듯이, 페티시(fetisch)

524) 발터 벤야민, 『역사의 개념에 대하여/폭력비판을 위하여/초현실주의 외』, 최성만 역, 도서출판 길, 2008a, pp.333-334.

525) 아감벤 2014b: 108-109. 그리고 아감벤의 유행론에 대해서는 아감벤 2014b: 109ff.을 참조하라.

526) Freud, "Fetischismus", in: *Internationale Zeitschrift für Psychoanalyse* vol. 13, 1927, p.152-153.

적인 것에 지배되는 그러한 인물의 문제를 다룬 매우 드문 논문의 하나였다. 페티시즘에 대한 프로이트의 정신분석론을 끌어들이면서 아감벤은 프로이트의 페티시즘론을 다음과 같이 정리한다:

"프로이트에 의하면, 패티시즘적 고착화는, 여성(어머니)에게 남근(페니스)의 부재를 인정하기를 소년(the male child)이 거부하는 것에서 일어난다. 소년은 실재를 인정하기를 '거부/부인'(Verleugnung, disavowal)한다. 그렇게 인정한다면, 자신의 남근의 제거, 거세를 받아들여야 하는 것으로 그 소년이 생각하기 때문이다. 페티시적인 것은 여성의(어머니의) 남근의 대체인데 어린 소년이 한때 여성의(어머니의) 남근의 존재를 믿었었고 그리고 — 우리에게 친숙한 이유들 때문에 — 포기하기를 원하고 있지 않는 그런 것이다."

"프로이트의 이 거부론은 단순하지 않다. 본질적인 양의성을 이론화한다. 소년은 실재의 지각, 수긍과 대항욕망(counterdesire) 사이에서 갈등한다. 한편에서는 자신의 환영(phantasm)을 그만 두기를 강요하는 실재의 지각이 있으면서도 다른 한편에서는 자신의 지각을 부정하도록 강요하는 대항욕망이 있는 것이다. 소년은 이 중 어느 하나를 선택할 수 없다. 오히려 양자를 동시에 가진다. 그것은 오직 무의식의 법칙들의 규칙 아래에서만 가능하다. 한편에서는 특정한 메커니즘에 따라 소년은 자신의 지각의 명증함을 거부/부인하고, 다른 한편에서는 소년은 자신의 실재를 인정한다."[527)]

"페티시적인 것은, 육체의 어느 한 부분이든 신체가 아닌 비유기체적 어떤 한 대상이든지간에 **어머니의 남근인 그 무성(nothingness)이라는 현전**

527) Agamben 1993[1977]: 31-32.

(presence)인 동시에 그것의 부재의 기호이다. 페티시적인 것은 어떤 것의 상징이며 그것의 부정 모두인데, 자신을 유지하는 것은 오직 본체적인 일종의 분열 덕분이며 그러한 균열 속에서 서로 대립하는 반작용들이 에고의 본래적 분열(나의 분열)의 핵을 헌정한다는 것이다."[528]

이 두 상반되는, 모순되는 반작용들이 에고의 본래적 균열의 핵을 헌정하는 본체적 고뇌(laceration, 균열)에 의거하여, 페티쉬는 자신을 유지한다. 페티시즘에서 일어나는 "부분이 전체를 대체하는 제유(synecdoche)는, 육체의 한 부분이 전체 섹슈얼리티 파트너를 대체하는 것에 조응하는"[529] 것이다.

아감벤은 페티시즘의 계보학을 추적하여 그것에 붙어 다니는 윤리적 퇴폐성이라는 비난을 벗어나게 하려 한다:

페티시즘(fetishism)이 성적 도착(sexual perversion)을 지칭하기 위해 처음으로 사용된 예는 알프레드 비네(Alfred Binet)의 연구서 『사랑에서의 페티시즘』(*Le fétishisme dans l'amour*, Paris, 1888))이었는데, 프로이트가 『섹슈얼리티의 이론에 대한 세 편의 논고들』(*Three Essays on the Theory of Sexuality*, 1905)을 집필하는 동안에 주의 깊게 읽었다. 이 용어의 심리학적 connotations가 이 용어의 원래의 종교적 의미보다 오늘날에는 더 친숙하게 되었다. 이 용어의 종교적 의미로 사용된 사례는, 샤를 드 브로스(Charles de Brosses), 『페티시적 신 숭배에 대하여』(*Du culte des dieux fétiches, ou parallèle de l'ancienne religion de l'Egypte avec*

528) Agamben 1993[1977]: 31-32. 강조는 인용자.

529) Agamben 1993[1977]: 31-32.

la religion actuelle de Nigritie, Paris, 1970) 였다. 레스티프(Restif de la Bretonne)의 신발의 페티시즘을 중심적으로 논의하는 그의 〈팡쉐트의 발 또는 장밋빛 구두〉도 드 사드(Marquis de Sade)도 작품들에서 성적 페티시즘의 사례들을 많이 언급하고 있지만 페티시즘이라는 이 용어를 사용하지 않았다. 심지어는 샤를 푸리에(Charles Fourier)도 사용한 적이 없다.[530)]

아감벤은 프로이트의 페티시즘론에서 환상성이 인간의 욕구에 기본적인 것임을 논증하려 한다. "페티시적인 것은 우리로 하여금 인간의 욕구를 정확하게 그것의 획득 불가능한 것을 통해서 만족시키는 획득 불가능한 대상의 패러독스(the paradox of an unattainable object)와 마주하게 한다. 페티시적인 것은 현전인 한에서, 페티시적 대상은 사실상 구체적이고 만질 수 있는(tangible) 어떤 무엇이다; 하지만 그것은 부재의 현전인 한에서, 그것은 비(非)물적인(immaterial) 동시에 만질 수 없는 것이다. 왜냐하면 그것은, 실재로는 결코 소유될 수 없는 어떤 무엇을 그 자체를 초월하여(beyond itself) 끊임없이 넌지시 주목하고 있기 때문이다."[531)]

패티쉬는 그 성격이 애매하다(ambiguity). 패티쉬 수집가가 패티쉬 물건들로 수집하는 그것들은 비수집가들은 패티쉬로서의 그 실체를 파악할 수 없는 것들이다. 그것들의 물적 측면과는 패티쉬성과는 관련이 없다.

---

530) Agamben 1993[1977]: 33-34.

531) Agamben 1993[1977]: 33.

"페티시적인 것은 부재의 부정이고 기호이기 때문에, 페티시적인 것은 반복 불가능한 유일한 대상(an unrepeatable unique object)이 아니다; 오히려 반대로, 페티시적인 것은 그것이 상징이 되게 하는 정지성(nullity)을 끊임없이 소진시켜나가는 가운데에 그것의 성공적인 화신으로 고착화되지 않고서, 대체가 무한하게 가능한 어떤 무엇이다."[532]

아감벤은 페티시적인 것의 수집가가 사실은 페티시적인 대상들을, 즉 물건들을 수집하고 소유하려는 것이 아니라 결코 소유할 수 없는 환영을 탐색하는데 그것은 처음부터 결코 소유하여 페티시적인 것의 수집가의 욕구를 만족시켜줄 수 없는 성질의 것이라 말하고 있다.

그런데 우리는 여기에서 어떠한 수집가인지에 대해서 수집의 유형에 대해서 살펴보아야 한다. 아감벤은 수집의 논리 일반에 대해서 논술하면서 페티시적인 것과 수집이 다르지 않다고 판단하고 있다. 그리고 이 맥락에서 그는 "인간의 욕구"를 끌어들이고 있다. 인간의 욕구는 개인의 미학주의적 해소의 차원에 있지 않다.[533] 19세기 부르주아지가 공적인 생활과 분리된 사적 삶에서 이익 범주를 초월하려는 맥락에서, 페티시즘적 취향이 일어날 수 있다. 페티시적인 것은 섹슈얼리티를 추구하는 욕망에서 물건 대상들을 수집하는 과정에서 발생할 수 있다. 성적인 것의 욕망 탐색에서, 페티시스트는 사람들마저 자신과 동등한 인격체가 아니라 수집의 대상으로 삼는다. 그리하여 인간의 객체화가 이러한 대상화 과정에서 심화된다.

아감벤은 환영예찬론자, 환영페티시스트이다. 페티시스트의 인간대상화 전략에 대한 비판이 부재하다.

532) Agamben 1993[1977]: 33.

533) 욕구 문제에 대해서는 서규환, 『비판적 현대성의 정치적 이론』, 다인아트, 2011(개정증보판)에서 아그네스 헬러에 대한 논의를 참고하라.

자본주의 사회에서는 상품에 대한 욕구를 조작하여 욕구의 무한한 확장을 실행하는 자본권력과 정치권력 사이의 자본축적 논리가 작동한다. 이 가운데 환영들이 등장하는데, 아감벤은 이 정치경제학비판의 맥락을 등한시한다.

마르크스에게서 페티시즘(fetishism)은 프로이트와 일치하지 않는다. 그런데, 아감벤은 프로이트의 페티시즘과 마르크스의 그것을 환영론의 관점에서 다르지 않게 파악한다. 아감벤은 후자를 어떻게 논의하는지를 좀 더 구체적으로 살펴보자.

『자본』 제1권 제1장 제4절에서 마르크스는 '상품 페티시즘과 그 비밀'을 말한다. 상품성의 논리가 등장하면서 교환가치와 사용가치로 이중화되면서, 상징가치도 스며든다. 상품의 페티시즘은 이를 말한다. 오늘날에는 매우 친숙하게 된 그 비밀은 광고[의 조작]에서 매우 친숙하게 나타난다. '획득 불가능한 것의 에피파니'(the epiphany of the unattainable)라 아감벤은 명명한다.[534)]

'보편적 노출', '만국박람회'는 이것의 보편적 노출 양식으로서 처음으로 대중에게 등장한 사례이다. 그것은 제국주의의 헤게모니를 실행하는 한 방편이었다.

아감벤은 마르크스가 1851년 런던에서 열린 만국박람회 전시장 현장에 있었다는 사실을 확인한 다음에, 마르크스가 『자본』에서 말하는 그 페티시즘론이 이 현장 경험을 반영하고 있다고 판단한다.

---

534) Agamben 1993[1977]:38. Giorgio Agamben, "chapter 7 Marx or, The Universal Exposition," in: Giorgio Agamben, *Stanzas. Word and Phantasm in Western Culture*, trans. by Ronald L. Martinez, University of Minnesta Press: Mineapolia and London, 1993[이탈리아 초판 1977], pp.36-40.

> "상품이 환상[고혹감]의 대상(enchanted object)으로 전형된다는 것은, 교환가치가 사용가치를 이미 제거시키기 시작한다는 것이다. 처음부터 예술작품들을 위해 한 장소는 확보되어 있었던 신비한 수정궁전(Crystal Palace)의 갤러리들과 임시건물들에서, 상품은 오직 환상[고혹성]에 걸린 장면(enchanted scene)을 통해서만 즐길 수 있도록 전시되어져 있었다."[535]

아감벤은 마르크스가 상품성의 논리를 분석할 때 상품성의 욕구 차원에 조작되는 상징적 가치를 이미 통찰하고 있었고, 그것을 비판의 대상으로 삼고 있다는 것으로 나아가지 않는다. 마르크스의 페티시즘개념은 자본주의 사회에서 상품성의 논리는, 물신주의, 주술성과 더불어, 의식의 물화(Verdinglichung)와 더불어 전개되고 있음을 비판하는 데에 그 핵심이 있는데, 아감벤은 그것이 프로이트의 경우에 확인할 수 있는 섹슈얼리티 문제 틀에서 일어나는 페티시즘과는 질적으로 다른 것임을 통찰하지 못한다.

우리는 마르크스의 핵심 사상이 의식의 물화에 대한 이데올로기비판으로 전개된다는 것을 통찰한 루카치의 연구를 기억하고 있다.

루카치는 마르크스의 정치경제학비판이 분화된 상태에서의 경제에 대한 비판이 아니라 인간관계의 물화에 대한 비판으로 전개되며, 그것은 고대사회 이래의 페티시즘, 물신주의에 대한 비판과 더불어 인간들 사이의 관계성을 민주주의에 따라 구성하는 과제로 나타난다고 주장한다.

---

535) Agamben 1993[1977]: 38; 아감벤 2015: 38. 영어본에 따라 번역을 수정했다.

"경제형태가 물신주의적(fetischistisch) 성격을 띠고 모든 인간관계가 물화(Verdinglichung) 되며, 생산과정이 추상적·합리적으로 분해되고 직접 생산자들의 인간적 가능성과 능력에 무관한 분업이 끊임없이 확대됨에 따라, 사회현상과 사회현상에 대한 의식적 지각(Apperzeption)이 동시에 변화된다. 이리하여 '고립된' 사실, 고립된 사실복합, 고유의 법칙을 가진 부분영역들(경제, 법 등)이 발생하는데, 이것들을 그 직접적 현상형태에서 이미 그러한 [자연]과학적 탐구를 위해 준비되어 있는 듯이 보인다. 그래서 사실들 자체에 내재하는 이러한 경향을 끝까지 사고해서 과학으로 끌어올리는 일이 특별히 '과학적'이라고 여겨질 수밖에 없다. 반면에 이 모든 고립되고 또 고립시키는 사실들과 부분적 체계들에 대비해서 전체의 구체적 통일성을 강조하고 이 가상이 가상임을 — 물론 자본주의에 의해 필연적으로 산출된 가상임을 — 폭로하는 변증법은 단순한 [자의적] 구성(Konstruktion)인 듯한 인상을 준다. / 따라서 겉보기에 그토록 과학적인 듯한 이런 방법의 비과학성은, 그것이 자기의 근거에 놓여 있는 사실들이 지니는 역사적 성격을 간과하고 등한시한다는 데에 있다."[536]

루카치의 물화에 대한 비판은 마르크스가 지금까지의 경제학, 과학, 법, 그리고 철학이 역사성을 망각하고 있는 상태를 각성하는 과제를 자신의 비판이론의 중심에 설정하고 있다는 것을 파악하고 있었다.[537]

마르크스/루카치에서는 "자연은 하나의 사회적 범주이다."[538]

마르크스/루카치는 여기에서 "범주들의 영원성"이 껍질임을 주장하고, 그 껍질 속의 본질에 주목할 것을 요청하고 있다. 범주화 그 자체는 어

536) 루카치, 『역사와 계급의식』, 거름, 1993. 루카치 1993: 62. 번역을 수정했다.

537) 루카치 1993: 73를 함께 읽어보라.

538) 루카치 1993: 326. 인용문 전후를 참조하라.

떻게 일어나는가? 역사적으로 그것은 사건적이다(geschehen). 그리고 자본주의의 오늘에서는 계급 범주라는 정치적 결정을 내리고 있는 것이다.[539]

> "모든 사회현상의 대상성형태는 현상들이 끊임없이 변증법적으로 상호작용하는 가운데 끊임없이 변화된다. 또한 대상에 대한 인식가능성은 대상이 속한 특정한 총체성 내에서의 그것의 기능을 파악할 때 발생한다. 바로 이 때문에 변증법적으로 총체성을 고찰하는 것은 — 그리고 이것만이 — **현실을 사회적 사건(Geschehen)으로서** 파악할 수 있다. 왜냐하면 여기에서만 자본주의적 생산이 필연적으로 산출하는 물신주의적(fetischistisch) 대상성형태가 해체되어 가상 — 비록 필연적인 것으로서 인식되는 가상이긴 하지만 어디까지나 가상인 — 으로 되기 때문이다. 그 형태의 성찰연관 및 '법칙성'은 이 [자본주의적] 토대로부터 필연적으로 발생하긴 하지만 대상들의 진실한 연관을 은폐한다. 그것들은 자본주의 생산질서의 대리인들이 필연적으로 갖는 표상임이 증명된다. 따라서 그것들은 인식의 대상이긴 하지만 그것들 속에서, 그리고 그것들을 통해서 인식되는 대상은 자본주의적 생산질서 자체가 아니라 이 생산질서 내에서 지배적인 계급의 이데올로기이다."[540]

현실이 사회적 사건이라는 이 언명은 현실을 파악하는 그것에 (무의식적인) 정치적인 결단이 들어 있다는 것을 함의한다.[541]

---

539) 그렇지만 루카치는 계급 범주화가 정치적이라 말하지 않고, 보편적 진리라는 맥락에 위치시키고 있다. 이 이론적 전략은 정당한가?

540) 루카치 1993: 72.

541) 루카치 역시 통상적 의미에서 헤겔마르크스주의자와 다른 측면이 있다.

물화의 극복은 인간들 사이의 관계를 정립하는 것에 달려 있다.

> "결국 사회적 대상들은 사물(Ding)이 아니라 인간들 사이의 관계들이라는 인식만이 비로소 사물들을 완전히 과정으로 해소시키는 데에까지 이른다."[542]

마르크스/루카치에 의하면, "폭력과 경제의 개념이 엄격하게 기계적으로 분리되어 온 이유는, 한편으로는 경제적 관계가 띠는 순수한 즉물성(Sachlichkeit)이라는 물신주의적 가상(Schein)이 경제적 관계가 갖는 인간들 사이의 관계라는 성격을 은폐시키고 경제적 관계를 인간을 숙명적·법칙적으로 둘러싸고 있는 제2의 자연으로 바꿔 놓기 때문이다."[543]; "폭력과 경제를 엄격하게 개념적으로 분리시키는 것은 허용될 수 없는 추상화라는 점, 은연중에 또는 공공연히 작용하는 폭력과 결부되지 않는 경제적 관계란 결코 생각할 수조차 없다."[544]

마르크스/루카치가 경제에 작용하는 폭력을 얘기할 때, 경제라는 이름으로 확정적인 경제법칙성 같은 것을 주장할 수 없다는 것을 짚고 있다.[545]

루카치 역시 닫힌 총체성을 넘어서려는 시도를 하고 있었던 것 같다. 그런데 그 대안은 마르크스의 "구체적 총체성". "총체성으로서의 사회"[546]라고 말하고 있는데, 루카치가 여기에서 말한 사회란 무엇인가? 어

---

542) 루카치 1993: 276.

543) 루카치 1993: 333. 번역을 수정했다.

544) 루카치 1993: 333.

545) 루카치는 『역사와 계급의식』에서 마르크스와 엥겔스의 차이를 간과하고, 양자를 동일시하면서 논의를 전개하고 있다.

546) 루카치 1993: 200.

떻게 파악되고 있는가? 루카치가 마르크스의 총체성론을 읽고 그것을 구체적 총체성으로 말하고 있는데, 그 실체를 분명히 하지는 않는다. "마르크스는 인간을 역사적으로 그리고 변증법적으로 파악한다. 양자는 이중적 의미에서 파악된다. 첫째, 마르크스는 결코 단적인 인간, 즉 추상적으로 절대화된 인간을 말하지 않고 항상 인간을 구체적 총체성의 구성원으로서, 즉 사회의 구성원으로서 사유한다는 점이다. 이 구체적 총체성[사회]은 인간으로부터 설명되지 않으면 안 되지만, 이는 인간 자신이 이 구체적 총체성 속에 포함되고 진정한 구체화로 고양되었을 때에만 비로소 가능하다. 둘째, 역사변증법의 대상적 기반이며 그 바탕에 깔려 있는 주객동일자로서의 인간 자체가 이 변증법적 과정에 결정적인 방식으로 참여한다는 점, 즉 우선 변증법의 추상적인 시원 범주를 인간에게 적용해서 표현한다면, 이는 곧 '**인간은 존재하면서 동시에 존재하지 않는다**'는 점이다. 마르크스가 『헤겔 법철학 비판』에서 말하듯이 종교는 '인간적 본질의 환상적 실현이다. 왜냐하면 **인간적 본질은 여기에서는 진정한 현실성을 지니지 못하기 때문이다.**' 그리고 이 비존재의 인간이 모든 사물의 척도, 역사의 진정한 조물주로 화하기 때문에, 인간의 비존재가 곧장 현재 — 즉 인간에게 필연적으로 비존재의 유죄판결이 내려진 현재 — 의 비판적 인식에 있어서 구체적인 역사변증법적 형식으로 비화한다."[547)]

구체적 총체성은 범주 없는 총체성으로 성립하는 것 같다. 사회계약의 시원에 성립하는 그것과 같다. 루카치는 이 맥락을 충분하게 논증하고 있지는 않다.

마르크스/루카치는 당시의 사회학적 시대상황 조건들의 파악에 주목하여 계급이론을 주장한다.

---

547) 루카치 1993: 288.

"대상의 총체성은 오직 [대상을] 정립하는 주체 자체가 하나의 총체성일 때에만, 따라서 주체가 자기 자신을 사유하기 위해서는 대상을 총체성으로서 사유할 수밖에 없을 때에만 비로소 정립될 수 있다. 근대사회에서는 유일하게 계급만이 이러한 주체로서의 총체성이라는 관점을 대변한다."[548]

"주체의 총체성"이란 무엇을 의미하는가? 원칙상 그것은 인류(Menschengattung)일 것이다. 그런데 마르크스/루카치에서 이 인류를 대변[대표, 재현]하는 것이 계급 범주이고, 그 담지체는 프롤레타리아트이다.

"한편에서는 사회적 존재가 인간으로서의 인간을 파괴했음이 인식된다. 다른 한편에서는 사회적으로 파괴되고 파편화된 인간, 부분체계들 사이에서 분해된 인간이 사상적으로 어떻게 복구되어야 할 것인지 하는 원리가 제시되었다."

이 고전철학의 근본의문에 대해 루카치는 마르크스주의의 프롤레타리아트 계급 독재론에서 찾으려 했다.

루카치는 프롤레타리아트의 자기혁명 가능성[549]을 소박하게 믿으면서 노동자 계급이 인간들 사이의 관계를 대표할 수 있다고 판단했다. 제2인터내셔널 논쟁에서 베른슈타인, 카우츠키와 대결하면서 루카치는 "프롤레타리아트가 정치적으로는 완전히 자본주의 국가의 깃발 아래에 있으면서도 그들이 자본주의에 대한 경제적 투쟁의 필연성을 의식·각성할 수 있다는 사실을 강조하였다."[550]

548) 루카치 1993: 87.

549) 루카치 1993: 351를 참조하라.

550) 루카치 1993: 353.

루카치는 헤겔의 역사철학을 완전하게 벗어나 있지 않고 그런 한에서 역사의 혁명적 비약과 가속화를 정당화하는 입장을 취한다.[551] 또한, 루카치의 숨어 있는 정치학은, 폭력론에 기초한 계급독재 혁명론을 비판하지 않는다. 그것은 당 엘리트주의를 주장하는 것에 다름 아니다. 그것은 특히 절차적 민주주의를 존중하고 민주주의를 철저하게 실현하는 입장을 유보하는 입장이다.[552]

> "변증법적 방법의 기본명제, 즉 '인간의 의식이 그 존재를 규정하는 것이 아니라 거꾸로 인간의 사회적 존재가 그 의식을 규정한다'고 하는 명제가 바로 ― 올바로 이해된다면 ― 다음과 같은 결과를 낳게 된다. 즉 혁명적 전환점에서는 근본적으로 새로운 것, 경제구조의 전복, [사회] 과정의 방향변화 등의 범주를, 따라서 비약이라는 범주를 실천적으로 진지하게 받아들일 수 밖에 없다는 결과를 낳게 된다."[553]

비약은 역사의 불연속성을 의미하는 것이 아니라 역사의 필연적 과정을 이해하는 수준의 차이에서, 그 판단에서, 일어난다.[554]

"변혁 그 자체는 오로지 인간들을 통해서만 완수될 수 있을 뿐이다. 더욱이 ― 정신적으로도 감정적으로도 ― 기존 질서의 세력으로부터 자기를 해방시킨 인간들을 통해서만 완수될 수 있을 뿐이다."[555] 마르크스/루

---

551) 루카치 1993: 344.

552) 평의회민주주의와 노동조합과 의회 사이의 문제틀을 어떻게 보는가? 로자 룩셈부르크의 문제제기에 대한 논의는 별도의 심도 있는 사회사적 연구가 필요하다. 루카치 1993: 407를 참조하라.

553) 루카치 1993: 343. 루카치는 이렇게 말한다: "폭력에 의해서만 해결될 수 있는 상황이 발생한 것이다." 루카치 1993: 333.

554) 루카치 1993: 343-344를 참조하라.

555) 루카치 1993: 351를 참조하라.

카치의 이 주장은 적어도 오늘날에는 정치사회학적으로 정당하지 못한 판단임이 분명하다. 물화이론을 정초하면서 루카치는 계급이론의 틀에서 벗어나지 않는다. 이런 한에서, 그는 여전히 토대상부구조론의 틀을 넘어서지 않았다. 그리고 그는 생산관계론을 우선시하는데, 여기에서도 생산 범주는 생산주의 패러다임의 흔적을 그대로 보여주는 예증이다. 계급 밖의 범주들이 정치적으로 중요해 지고 있으며 계급 내의 내적 분절화 역시 심화되고 있고, 국가는 민주주의적 정당성을 얻기 위해 능동적 역할을 수행하고 있다.[556] 그리고 정당의 당내민주주의 문제 역시 극복해야 할 과제의 하나이다. 당내 민주주의를 루카치는 어떻게 실현하려고 하는가?[557]

관료제에서 일어나는 물화 현상을 극복하기 위해서 사람들의 총체적 파악능력을 배양하는 것이 관건이라고 그는 주장한다.[558] 분업화된 특정한 직무에 전문화되어 인간의 전인격적 교양이 약화되고, 심지어는 물화되는 경향을 극복해야 하는데, 그것은 총체성을 지향하는 교대이다.[559] 인간의 장기적인 인성적 전형과정, 영구혁명이 논거되고 있다.

우리는 여기에서 아감벤이 거의 모든 맥락에서 불러들이고 있는 벤야민의 역사철학에 대한 명제를 다시 상기시키고자 한다. 벤야민은 역사철학에 대한 제12명제에서, "역사적 인식의 주체는 투쟁하는, 억압받는 계

556) 자본주의 국가를 어떻게 이해하는가? 이 점에서 루카치와 하버마스는 근본적인 차이를 보인다. 하버마스는 오페의 국가론을 수용하여 자본주의와 민주주의, 자본축적과 민주적 정당성 사이의 모순에서 그것을 이해하고 있다면, 루카치는 마르크스레닌주의의 도구주의적 국가론에 기울어져 있다.

557) 루카치 1993: 454-455를 참조하라.

558) 루카치 1993: 453를 참조하라.

559) 루카치 1993: 455.

급 그 자신이다"고 말한다. 여기에서 중요한 것은, 인식 주체를 말하는 것이지, 사회운동의 주체를 일차적으로 지칭하는 것이 아니라는 점이다. 인식의 차원에서 해방의 주체가 노동자 계급임을 선언하고 있다; 계급투쟁은 지배하는 사상/담화에 대한 투쟁으로 일차적으로 전개된다; 마르크스에서는, 이 계급은 노예상태/사슬상태에 있는 마지막/궁극적인 계급으로서, 복수/보복하는 계급으로서, 등장하고 이 계급은 세대들의 이름으로(im Namen von Generationen) 심한 충격을 받은/정치적·경제적으로 실패한 자들의 해방의 작업(Werk)[작품][과제]을 완성하도록 이끈다; 이러한 의식은 최근에는 'Spartacus'[로자 룩셈부르크]에서 다시 한번 타당성을 얻고 있는데, 당시의 사회민주주의와 모든 면에서 충돌하고 있다. 벤야민은 베른슈타인, 카우츠키 그리고 룩셈부르크 사이의 차이를 정확하게 통찰하고, 룩셈부르크 노선에 의미를 부여하고 있다; 지난 30년 동안에/30년이 지나는 동안에, 사회민주주의자들이 일종의 블랑키(Blanqui)[폭력을 우선하는 혁명주의파]의 이름/이데올로기를 완전히 제거하는 것이 사회민주주의자들에게 가능하게 되었는데, 블랑키 이름/블랑키의 이데올로기가 내는 광석 소리(Erzklang)가 지난 100년을 뒤흔들었었다; 사회민주주의가 선호했던 것은, 노동자 계급에게 미래적 세대들의 구원자/해결자/해방자(Erlöserin)의 역할을 하게 하는 데 있었다. 카우츠키에서는 아직 노동자 계급의 절대다수가 확보되지 않은, 말하자면 자본주의 발전이 아직 발전하고 있지 않은 상태에 있으므로, 해결자/해방자[여기에서 여성형을 부여한 까닭은 경제적 법칙성을 실행에 옮기는[담지하는] 역할만 하는 것으로 파악되기 때문이다]; 그리하여 사회민주주의는 [해방을 위한] 최선의 힘의 현[해방의 사회를 울리는 현(die Sehne der besten Kraft)을 끊어놓는다; 이 파에서, 즉 당시의 사회민주주의에서 보는 노동자 계급은 희생의 의지(Opferwillen)뿐만 아니라 증오/분노(Hass)를 (역사에서 배웠던 것을) 잊어버리고 있다는 것이다. 현재의 당면성에 대한 강조하는 가운데, 베른슈타인, 카우츠키 등의 사회민주주의파에 대해서 벤야민은 비판하는 것이다; 사회민주주의는 경제적 계급조건에 몰두하여, 현재의 문제들에 대해서 결과적으로 은폐하는 셈이다.

마르크스/루카치의 물화비판론에서 완전분화론은 결정적인 맥락이다.[560] 완전 분화 모델에 대한 비판은 속류 토대상부구조론의 경제결정주의 사상에 대한 비판과 더불어 전개된다. 물화비판론에서 경제적인 것이 압도해간다는 주장은 완전분화 속에서 경제적인 것이 지배적인 것으로 성립하여 확장되는 경향 속에 인간의 의식이 왜곡되는 것을 비판해야 하는 논리와 맞물려 있다. 경제적인 것의 압도는 자본주의의 성립과 연관된다.[561] 루카치의 대안은 구체적 총체성 주장인데, 그것은 완전 분화된 속에서 각 개별 시스템의 문제틀을 비판하며, 추상적 총체성주장의 추상성을 비판한다. 물화는 완전분화된 속에서 각 개별 시스템의 과학성 주장에서 성립한다. 그런데 각 개별 시스템들 사이의 관계는 방기되고 있는 것이다. 각 시스템에 추상적 총체성이 작동하고 있다면, 추상적 총체성들 사이의 관계는 방기되고 있다. 완전분화 주장의 실체는 사회적 총체성 문제 틀을 포기하고, 그에 따라 인류의 역사에 대해 급진적 비관주의 속에서 방기하는 것이다.

마르크스/루카치는 물화 극복을 미학적 모델에 따라 시도하는 입장

560) 루카치 1993: 199.

561) 오늘날 법 역시 경제적인 것의 압도 아래 있다고 단정할 수는 없다. 1970년대의 독일 국가론 논쟁은 이러한 맥락에서 등장했다.

을 비판하는데[562] 미학적 모델은 "본래적 문제의 회피를 의미하거니와, 또 다른 방식으로 주체를 다시 순수 정관적 주체로 전환시켜서 '행사'(Tathandlung)를 무화시키는 꼴이 된다. 그렇지 않다면 미적 원리가 객관적 현실의 형상화 원리로 고취되어야 한다. 이 경우 직관적 오성의 발견은 신비화로 떨어질 수밖에 없을 것이다."[563]

마르크스가 『자본』에서 상품의 물신성에 대한 비판적 연구를 수행할 때 1855년의 만국박람회라는 사건에 대한 반응으로 이해하는 것도 잘못 파악하는 것이다. 마르크스는 청년 마르크스 이래로 이데올로기비판적 사유를 전개하고 있었다.

프로이트는 소포클레스의 오이디푸스 신화를 해석하여 정신분석학을 정초했는데 민주주의적 계약이론적 사상을 비판하고 군주정의 사유를 복원하려 시도했는데, 그것은 남성중심주의를 강화하는 사상이었다.[564] "어머니의 남근"이라는 표현 자체가 남성중심주의를 드러낸다. 남성과 여성은 서로 다른 성기를 가지고 있는 것이지 여성에게 남성 성기를 찾는 자체가 폭력이 진리를 구성한다는 최강자의 정체구성론을 반복한 것이었다. 아감벤은 페티시즘 사상을 프로이트에 대한 해석과 더불어 개진하고 있는데 프로이트의 사상사적 맥락을 간과하고 있다.

1855년의 만국박람회에 대한 반응에서, 아감벤은 마르크스보다는 보들레르를 높게 평가한다.

---

562) 루카치 1993: 224-225, 하버마스 역시 그러하다.

563) 루카치 1993: 225.

564) 서규환, 『비판적 현대성의 정치적 이론』, 다인아트, 2011(개정증보판)에 포함되어 있는 프로이트에 대한 비판적 연구를 참고하라.

"전통적으로 예술작품에만 국한되었던 관심의 종류를 상품을 향하여 부여하기 시작했던 만국박람회의 **환상세계**(enchantment, féerie) 앞에서, 보들레르는 상품 그 자체의 토대에 대한 도전을 취했고 전투를 수행했다. 이국적인 생산품이 '보편적 미의 본보기'라고 말했을 때 그가 암묵적으로 인정한 바 있듯이, 그는 상품화가 대상에 가하는 새로운 상들을 깨닫고 있었고, 그리고 그는 그러한 새로운 상들이 예술작품에 대하여 불가피하게 가지는 매력의 힘에 대해서 의식하고 있었다. 상품의 침범과 관련한 보들레르의 위대성은 그가 예술작품을 상품으로 그리고 일종의 페티시한 것으로 전형시킴으로써 상품의 그러한 침범에 대해 대응했다는 데에 있다. 즉, 그는 예술작품 그 자체 내에서, 사용가치를 교환가치로부터 분리시켰고, 작품의 전통적 권위를 그것의 본래성으로부터 분리시켰던 것이다. 그래서, 예술작품과 그 맹수와 같은 맹렬한 목표의 모든 공리주의적 해석에 대항하는 그의 신랄한 논전, 이 논전과 더불어 그는 시는 시 그 자체 이외의 어떠한 목적도 가지지 않는다고 주장했던 것이다. 또한 그래서, 그는 미학적 경험은 붙잡을 수 없는(intangible) 성격이라고 확고하게 주장했으며, 그리고 미적인 것을 즉각적이고 순간적인(instantaneous) 그리고 파고들 수 없는(impenetrable) 에피파니(epiphany)로 이론화했던 것이다. 이 순간부터 예술작품을 에워싸기 시작한 얼어버린 붙잡을 수 없음(intangibility)의 아우라는, 교환가치가 상품에 가하고 있는 페티시즘적 성격의 동등한 것이다."[565]

마르크스의 상품성분석은 예술작품의 예술성 논의에 국한되는 것이 아니다. 자본주의적 사회에서 자본의 논리가 인간의 의식을 마비시키는 총체적 과정을 그는 겨냥하고 있다면, 보들레르는, 시가 추구해야 한다는

565) Agamben 1993[1977]: 42; 아감벤 2015: 97. 영어본에 따라 번역을 수정했다.

그 예술작품이 모더니티 속에서 할 수 있는 바를 지적하는 차원에 있다. 그것은 순간의 에피파니이고, 그것은 시 자체 이외의 어떠한 목적도 설정하지 않는다. 더 정확하게 말하면 어떠한 목적도 설정하지 못할 것이다. 마르크스는 자유의 현실화를 위한 장대한 역사적 과정을 위해 장기 지속의 시간을 이론화하고 있다면 보들레르는 순간의 시 창작이다. 마르크스는 인민이 진리를 생산하고 매개하고 수용하는 진리의 역사적 순환과정을 상품성 사회의 비판을 통해서 이론화하고 있다.

> "보들레르의 발견에 진정으로 혁명적인 성격을 부여하는 바는, 보들레르가 사용가치와 교환가치 사이의 분리(scission)를 예술작품 내에서 재생산하는 데 자신을 제한시키지 않고, 가치의 형식이 사용가치와 총체적으로 일치하는 일종의 상품을 창조하는 것을 제안했다는 데 있다."[566]

보들레르에서 사용가치개념은 어떠한 것인가? 아감벤은 이와 관련되어 있다고 그가 판단하는 보들레르의 텍스트를 구체적으로 언명하지도 않은 채, 마르크스의 그 개념과 동일한 내용을 가진 것처럼 논의를 전개하고 있다. 보들레르의 시가 순간의 에피파니인 한에서 그런 종류의 사용가치는 오직 그 고독한 개인의 그것일 따름이다. 아감벤/보들레르는 이 점에서 고독한 개인의 심미주의에 속하며, 마르크스의 가치, 사용가치 개념이 사회의 총체성과 관련하여 구성되는 것과는 질적으로 다른 것이고, 더구나 유토피아를 향한 정치적 사회운동의 주체들의 소통 능력적인 것과는 종류가 다른 것이다. 보들레르/아감벤은 페티시즘의 환상을 추구하는데 반하여 마르크스는 자본주의 사회의 상품물신주의를 비판하면서도 사회적 유토피아를 희망한다.

---

566) Agamben 1993[1977]: 42; 아감벤 2015: 96. 영어본에 따라 번역을 수정했다.

아감벤은 보들레르의 페티시즘이 "절대적 상품을 창조하려는 시도"[567]라고 의미를 부여하고 있다. 아감벤은 보들레르의 "절대적 상품은, 말하자면 그 속에서는 페티시즘화의 과정이 상품 그 자체의 실재를 무화하는 지점에까지 밀어 나아가게 된다."[568] 보들레르의 절대적 상품 속에서는, "사용가치와 교환가치가 상호적으로 서로를 폐기하게 되고, 따라서 그것의 가치는 그것의 무사용성(uselessness)에 있으며, 그리고, 그것의 근접 불가능성(intangibility)에서 절대상품의 사용은 더 이상 상품이 아니다."[569]

자본주의에서 상품은 시장에서 구매자가 돈을 지불하고 구매했을 때에서야 상품의 본래성이 완성된다. 순간의 에피파니에서 어느 한 고독한 페티시스트가 시장에서 구매한 그 상품은 시장에서 다시는 판매될 수 없는, 말하자면 교환가치를 총체적으로 상실하게 된다. 페티시스트는 상품의 교환가치의 총체적 상실에 이르면 상품으로서의 가치 일반을 상실하게 하는 것에 다름 아니다. 그렇다면 보들레르의 철저한 페티시즘에서 그렇게 순간의 에피파니에서 구매한 상품은 고독한 시인에게 사용가치를 가지고 있는가? 전혀 그렇지 않다. 순간의 에피파니는 근본적으로 불연속성이다. 교환가치가 사용가치를 상호적 차원에서 폐기시키는 것이 아니라 시인에게 그 상품은 사용가치의 맥락에서 시장에서 구매되었으며, 그렇지만 사용가치조차 완전히 무화된다. 그렇다면 시인은 그 무사용성의 상품을 이제 어떻게 할 것인가? 그는 다시 시장에 나가서 그것의 원래의 위치 즉 자본주의 시장에서 교환가치를 선택해야 할 것이다.

다른 한편, 아감벤 스스로 밝히고 있듯이 페티시즘과 수집은 친화성이 있다면, 페티시스트는 상품의 사용가치는 수집된 상품들의 배열의 정

567) Agamben 1993[1977]: 42; 아감벤 2015: 96.

568) Agamben 1993[1977]: 42; 아감벤 2015: 96.

569) Agamben 1993[1977]: 42; 아감벤 2015: 96.

치 속에서 살아갈 수 있을 것이고, 그 역시 그러한 수집의 논리에 내재하는 그러한 지속적인 의미론 맥락 속에서 시장에서 상품을 구매했을 것이다. 아감벤은 이 의미론적 맥락을 망각하고 있다.

아감벤은 페티시즘과 수집의 논리는 친화성을 보인다고 지적하고 있는데, 이것은 벤야민 논고들을 철학적으로, 문헌학적으로 그리고 에세이즘적으로 수집하고 해석해온 아감벤에게는 특별한 것은 아닌 것 같다. 벤야민은 『파사주-작품』에서 수집 항목을 할애하고 있을 뿐만 아니라 그것이 이 미완성 작품의 논리이며 자신이 펼쳐놓은 사유임을 전시하고 있다: 땋은 머리와 신발에 반한 한 페티시스트가 있었는데, 그의 집에서 실제로 그런 물건들을 수집하여 보관하는 창고가 발견되었다. 페티시스트는 수집가와 닮은 점이 있다. 수집가는 보통 퇴폐적 인물로는 평하지 않지만, "대상 속에서 찾는 것이, 같은 물건을 가지고 있고 사용하면서도 수집과 거리가 먼 사람은 절대로 근접할 수 없는 성격의 것이듯이, 페티시적인 것 역시 객관적인 대상의 실체와는 어떤 식으로든 일치하지 않는다."[570)]

페티시즘의 페티시적 사유가 객관적 대상의 실체와 일치하지 않는데 그것은 수집의 논리와 친화성이 있다.[571)] 후자 역시 객관적 논리를 단순하게 수행하는 것과는 거리가 있다.[572)] 페티시적 사유 역시 단순하게 고

570) 아감벤, 『행간』, 윤병언 역, 자음과모음, 2015a. 아감벤 2015a: 83-84.

571) 벤야민의 수집의 논리에 대해서는 서규환, 『열린총체성의 해석과 정치』, 다인아트, 2009, pp.12-14를 참고하라.

572) 주술은 닫힌 경직된 객관성을 추구하는 합리주의와는 대조적이며 페티시즘의 사유와 친화성이 있다. 모스는, 『주술의 일반이론에 대한 개요』(1902-1903)에서, 마나(mana)에 대해 이렇게 말한다: "주술 실험의 조건 자체요", "모든 경험에 앞서 선험적으로 주어진다. 정확히 말하자면, 마나는 공감, 영, 주술적 성지들 같은 주술의 표상이 아니다. 마나는 주술적 표상들을 좌우하는, 그것들의 조건이자 필수적이 형태이다. 마나는 하나의 범주처럼 기능한다. 범주들이 인간의 관념들을 가능하게 하듯이, 마나는 주술적 관념들

정된 성적 도착성에서 발원하는 것이 아니라 페티시적 사유의 결집이 객관성에서 벗어나 더 나아가기 때문에 페티시즘의 도착성이 나타난다.

아감벤은 섹슈얼리티 영역에서 페티시즘이 퇴폐성과 친화적이라는 관찰을 의식하고 있는데, 페티시즘은 성적인 것에 국한되는 것은 물론 아니다. 섹슈얼리티 영역 밖에서 일어나는 페티시즘이 퇴폐적이라 비난받을 수 없다는 주장이 성적 페티시즘이 퇴폐적일 수 있다는 주장을 거부하는 논거일 수는 없다.

아감벤은 행간을 이어간다:

> "페티시적인 것이 가지고 있는 이러한 본질적인 모호함이 오히려 완벽하게 설명해 주는 것은 이미 오래전에 관찰된 바 있는 한 가지 사실, 즉, 페티시스트는 결국 페티시적인 것들을 수집하고 그 수를 배가시킨다는 사실이다. 퇴폐적인 주체는 퇴폐적인 욕망의 대상이 동일한 특징을 보이는 한, 그것이 어떤 모양새를 하고 있든 속옷이든 가죽 장화든 여성의 헤어스타일이든 모든 대상으로부터 똑같은 만족감을 얻는다(아니면 똑같이 불만족스러워한다고 할 수도 있다). **주물은 부재의 부정인 동시에 기호다. 바로 그런 이유에서, 주물은 복제가 불가능한 유일무이한 사물이 될 수 없고, 반대로 무한한 대체가 가능한 사물이다. 복제되는 대용품들 중에 어느 것도 주물이 상징하는 무(nothing)를 완전히 해소시키지는 못한다.** 페티시스트가 아무리 페티시적인 것의 존재에 대한 증거를 배가시키고 그의 하렘(harem)을 대용물로 채워 넣는다 해도, 페티시적인 것은 숙명적으로 그의 손아귀에서 빠져나간다. 그리고 자신의 모습을 드러낼 때마다 항상 오로지 스스

을 가능하게 한다." Marcel Mauss, "Esquisse d'une theorie generale de la magie"(1902-03), in: *Sociologie et anthropologie*, Paris, PUF, 1950, p.111을 아감벤 2014: 139에서 재인용.

로의 신비로운 유령을 칭송할 뿐이다. / 페티시적인 것은 그렇게 해서 사물의, 인간이 창조해낸 Facticia의 새롭고 무시무시한 존재방식으로 떠오른다. 이런 현상들을 조금만 세심히 관찰해 보면, 우리는 페티시적인 것이 처음에 상상했던 것과는 달리 우리와 훨씬 더 친숙하다는 사실을 깨닫게 된다."[573)]

페티시적인 것은 결코 완결되지 않는다. 수집의 논리처럼. 페티시적인 것은 부재에 기초하면서도 부재를 부정하는 또 하나의 미궁이다. 그것은 결코 만족 상태에 이르지 못한다. 수집의 논리는 수집의 깊이와 넓이가 발전할수록 처음의 논리적 분류는 해체되고 새로운 분류가 들어서듯이, 페티시적인 것 역시 닫힌 합리주의를 넘어선다. 그리고 그것들은 합리성이 발전하지 않았던 고대사회들에서 대개의 일반인들에게는 일상생활에서 일어나는 사유 활동에 매우 친숙하다.

아감벤은 파편성의 미학이 페티시즘적이라 파악한다. 이러한 파악 속에서 사상사의 섬세한 시대적 차이를 조망하지 않은 채 파편성 미학의 사례로 그가 이해한 사례들을 거칠게 나열하고 논평을 붙여 나간다.

이를테면, 그에 의하면, 미켈란젤로(Michelangelo)의 '미완성' 조각상과 관련하여 바사리(Vasari)와 콘디비(Condivi)가 처음으로 서로 다른 논점들을 제시한 이래, 심각한 인정(critical recognition)론을 제시한 이래로, 미완성작은 부분이 전체를 대신하는 환유로서 페티시즘의 성격을 드러내는 사례로 자리잡는다. 환유라는 양식이 모던 예술에서는 양식론상의 본질적 수단의 하나가 되고 그것은 페티시즘에 속한다는 것이다. 바사리(Vasari)는 메디치가 소성당에 있는 성모상(the Virgin in the

573) 아감벤 2015a: 81-82.

Medici Chapel)에 대해서 스케치의 비완성에서 작품의 완성을 알 수 있다고 논평했고, 콘비디(Condivi)는, New Sacristy의 조각과 관련하여, 거친 스케치는 작품의 완성과 미의 방향으로 가고 있지 않다고 논평했다.[574)]

미완성에 대한 선 낭만주의적 취향은 팔라디오 빌라들을 부분적으로 파괴하여, 인위적으로 폐허로 만드는 것, 이를 길핀(Gilpin)은 천재의 간결이라 불렀다.

아감벤은 또한 낭만주의의 파편성 미학이 페티시즘과 친화성이 있다고 본다. 낭만주의의 문을 연 슐레겔은 "고대인들은 처음부터 파편으로 탄생한다"고 발언했다. 노발리스는 완성된 작품이야말로 모두 필연적인 한계를 노정시키고 있으며, 오히려 파편적인 작품이야말로 완성된 작품의 그런 한계를 넘어설 수 있다고 했다. 낭만주의의 파편성 미학은 이렇게 하여 확산된다.

그러나 이러한 미켈란젤로에서 낭만주의에 이르기까지 환유 양식은 전체를 확실하게 믿는 사상과 관련되어 있는데, 그 전체가 시각적으로 온전하게 포착될 수 없는 종류의 것이라는 판단이 그렇게 표현하게 한 것이다.[575)] 그것은 대체로 전체의 무한성과 관련되어 있다.

---

574) 레나토 보넬리(Renato Bonelli), 〈미켈란젤로의 미완성 작품〉(Il non-finito di Michelangelo) 그리고 피에로 산파울레지(Piero Sanpaolesi)의 〈미켈렌젤로와 미완성〉("Michelangelo e il no-finito"), in: *Atti del Convegno di studi michelangioleschi*, Rome: Editore dell' Ateneo, 1966. 문학과 예술에 있어서 미완성에 대해서는 J. Adorf Eisenwerth(eds.), *Das Unvollendete als kunstlerische Form*, Bern: Francke, 1959, Edgar Wind, Art and Anarchy, London: Faber and Faber, 1963; Agamben 1993: 32 및 해당 각주를 참고하라. 아감벤 2015a: 82 노트 "미완성"을 참고.

575) 아감벤은 말라르메(Mallermé) 이래의 모던 시는 통합이 아니라 통합의 부정을 지향한다고 주장하는데, 이는 물론 잘못된 관찰이다. 그렇지 않은 사례들이 있다. 아마도 닫힌

아감벤은 궁극적으로는 언어는 존재의 집이라는 하이데거의 사유를 거부하고 있지 않고서, 언어 의미지시작용에서 "은유의 규칙"[576]을 잘못 파악하고 있다. 그는 이렇게 말한다:

> "전체를 대체하는 부분. 언어적 환유(metonymy). 그런데, 대체되는 그것, 전체는, 어머니의 남근(maternal penis)과 같이, 부재하거나 더 이상 있지 않다. 그러므로 끝나지 않는다는 것은, 페티시즘적인 거부의 완전한 그리고 어김없는 부속물로서 자신을 드러낸다."[577]

전체는 정치적으로 민주주의적 주체들 사이의 대화론적 합의로 매듭지어진다. 매듭은 최종적인 끝이 아니다. 이 과정에 이데올로기비판이 있어야 한다.

오르테가 이 가세트는 은유는 한 가지를 또 다른 것으로 교체하지만 그것은 후자에 도달하기 위해서라기보다는 전자로부터 도망치기 위해서라고 주장한 바 있는데 아감벤은 이를 수용한다; 은유는 원래 명명될 수 없는 대상을 부르기 위해 고안된 대체의 표현이라면, 은유와 페티시즘 사이의 연관성은 환유의 경우 보다 훨씬 더 분명하다는 것이다.[578] 은유적 맥락 속에 들어오는 것은 열려 있지만 제한되어 있다. 그것은 순수하게 언어학적 유희일 수 없는 구체적 역사적 맥락이 있다. 그러므로 양자 사이에는 일종의 "친족적 관계"를 넘어서는 "우애적" 관계가 있고, 그것은 서로 배타적으로 도망치는 적의 관계가 아니라 우애의 관계이며 우애의

진리론을 그대로 믿고 그것에 기초하여 통합을 지지하는 시는 약화된다고 말할 수는 있을 것이다.

576) 리쾨르의 표현이다.

577) Agamben 1993[1977]: 32.

578) Agamben 1993[1977]: 32.

정치가 있다.

2) 주술과 종교적인 것

아감벤은, 페티시적인 것의 어원론적 탐색과 더불어, 그것은 우리에게 친숙하며, 그것은 궁극적으로는 일종의 종교적 활동에 속한다는 것을 주장한다.

> "포르투갈 단어 Feitiöço(주물을 뜻하는 이 단어를 토대로 페티시즘이라는 용어가 만들어졌다)의 어원은, 드 브로스가 믿었던 것처럼 라틴어 어근 fatum, fari, fanum('마법에 걸린' '마술적인' 이라는 뜻을 가진 단어들)에 있지 않고, 라틴어 facere('만들다')와 같은 어근을 가지고 있는, '인위적인' 이라는 뜻의 facticius에 있다(성 아우구스티누스가 세인들의 우상이 '일종의 인위적 신 genus facticiorum deorum' 이라고 말할 때 facticius는 의심할 여지없이, 수 세기를 앞선 현대적 의미로 사용되고 있다). 어쨌든 **facere의 어근인 dhe-는 실제로 fas, fanum feria의 어근과 직접적으로 연관되며 원래 종교적인 의미를 가지고 있었다. 이는 '번제를 드리다'라는 뜻으로도 사용되던 facere의 고어적인 의미 속에서 발견된다. …… 이런 의미에서, '인위적인' 모든 것은 종교적 영역에 포함될 권리를 가지고 있다.**"[579)]

페티시즘은 원래 종교적 의미로 사용되었다. 그 사례는 샤를 드 브로스(Charles de Brosses)의 『페티시적 숭배에 관하여』(1760)이다. 드 브로스의 이 연구가 발표된 지 9년 뒤에, 레스티프는, 신발의 페티시즘을 중점적으로 논의한 그의 논고 『팡쉐트의 발 또는 장밋빛 구두』가 나왔는데,

579) 아감벤 2015a: 84. 강조는 인용자.

성적 페티시즘의 사례들을 많이 언급하고 있으나, 페티시즘이라는 용어를 직접 언급하고 있지는 않다. 사드 역시 그러하다. 푸리에 역시 사랑의 집착에 관한 마지막 장에서 (《사랑의 새로운 세계》), 발뒤꿈치에 매료당한 어느 페티시스트의 경우를 몇 번씩 언급하면서도, 주물이라는 단어는 한 번도 사용하지 않았다.

드 브로스의 용어를 받아들인 인류학자들이 있었는데, 모스가 신랄하게 비판한 이후에는, 이 용어가 무시되었다.[580]

5. 페티시즘과 장난감

무덤 발굴에서 대량으로 쏟아져 나오는 소형 조각품들이나 이미지들을 어떻게 이해해야 하는가? 행간에서 던지는 아감벤의 독창적이고 예리한 답[581]에 그 고고학적 논증의 과학적 타당성을 떠나서 우리는 주목할 가치가 있는 듯하다.

> "실물을 가지고 있는 고분들에 비해 축소 모형을 가지고 있는 고분들 대부분이 보여주는 것은, 축소 모형들이 '경제적인' 이유로 대치된 물건들이 결코 아니었다는 점이다. / 이것이 사실이라면, 팽쿠크 부인의 방에 보전되어 있던 보물들은 사물의 보다 근원적인 상황, 즉 이에 대해 죽은 자들, 아이들, 또 다른 페티시스트들이 귀중한 정보를 제공해 줄 수 있을 근원적인 상황의 지표를 남긴 셈이다. 위니콧이 유아가 외부세계와 접촉하는 초기 단계의 연구를 통해 그가 '과도기적 대상'이라고 부른 사물들, 즉 아이가 외부

580) 아감벤 2015a: 82.

581) 아감벤 2015a: 118-127. "5 팽쿠크 부인 혹은 장난감 요정".

현실 속에서 가장 먼저 식별해내고 점유하는 사물들이 (침대보나 천 조각 등) 어떤 것들인지 밝혀냈다. 이 사물들이 차지하는 공간은, '곰 인형과 엄지 사이, 사물과의 실질적인 관계와 구강성애 사이에서 일어난 경험의 영역'이다. 따라서 이들은 내면적이고 주관적인 영역에 속하는 것도 아니고, 외부적이고 객관적인 영역에 속하는 것도 아니다. 이들은 위니콧이 '환영의 영역'이라고 부르는 것에 속한다. 이어서, 이 환영의 '잠재력' 속에 자리잡을 수 있는 것이 바로 유희를 비롯한 문화적 경험이다. 문화와 유희의 공간은, 따라서 인간의 내부도 외부도 아닌 '내면적이고 심리적인 사실로부터 구별될 뿐만 아니라 개인이 살아가는 실질적인 현실세계로부터도' 구별되는 '제3의 영역'에 존재한다. / 페티시스트들을 비롯한 아이들, '미개인들', 시인들은 이 심리학적 언어 속에서 떠듬떠듬 표현되는 위상학이 무엇인지 항상 알고 있다. 19세기의 모든 종류의 선입견으로부터 정말 자유로운 인문학이 있다면 그것이 탐구의 대상으로 삼아야 할 것은 바로 이 '제3의 영역'이다. 사물들은 우리 밖에 있지 않다. 즉 사용과 교환을 위한 중립적인 대상(ob-jecta)처럼 측량 가능한 외부 공간에 위치하지 않는다. 사물들은 우리에게 근원적인 공간을 열어 보인다. 이 공간에서 출발할 때에만, 외부 공간에서의 측량과 경험이 가능해진다. 다시 말해, 사물 자체는 처음부터, 우리의 세상에 — 존재하는 — 경험의 공간, topos outopos 속에서 유지되고 이해된다. '사물은 어디에 있는가?'라는 질문은 '인간은 어디에 있는가'라는 질문과 분리될 수 없다. 주물처럼, 장난감처럼, 사물들은 본질적으로 어디에도 위치하지 않는다. 이들의 공간은, 대상과는 가깝고 인간과는 멀리 떨어진 영역, 더 이상 객관적이지도 주관적이지도, 개성적이지도 비개성적이지도 않고 물질적이지도 비물질적이지도 않은, 다만 외관상으로는 그토록 단순해 보이는 '인간'과 '사물'이라는 미지의 세계로 우리 앞에

느닷없이 등장하는 공간이기 때문이다."[582]

6. 오이디푸스 신화에서 스핑크스의 풀 수 없는 물음

아감벤은 오이디푸스 신화를 다르게 해석한다. 그에 의하면 이 신화에서 스핑크스의 풀 수 없는 물음에 대해 오이디푸스의 해답은 서구사상사에서 매우 중대한 패러다임이다. 스핑크스 얘기가 오독되어온 그것에 그는 다음과 같이 상기하고 있다:

"기표와 기의의 표현단위 속에 깃들어 있는 현존의 파열이 은폐되기 시작한 이유는, 문화사를 통해 특별한 매력을 발휘해온 한 그리스 신화의 원형 속에 숨어 있다. 오이디푸스 신화의 정신분석학적 해석에서 스핑크스의 에피소드는, 비록 그리스인들에게는 빼놓을 수 없이 중요한 요소였지만, 집요하게 간과된 채 어둠 속에 묻히고 말았다. 하지만 바로 그러한 특징이 지금은 가장 중요하게 다루어져야 할 문제로 떠오른다."[583]

아감벤은 오이디푸스 신화에서 본질적 문제는 근친상간이 아니라고 본다.

"**오이디푸스의 잘못**은 근친상간이라기보다는 **상징적인 것이 가지고 있는 힘**을 (스핑크스는, 헤겔의 지적에 의하면, 바로 '상징적인 것들을 상징하는

582) 아감벤 2015a: 125-126. 금관총에서 금관은 무덤의 주인공이 평소에 사용했던 것을 그대로 매장했던 것이 아니라, 인형성의 사물로, 그것은 사물보다 더 친숙한 물건이자, 그 삶을 드러낸다.

583) 아감벤 2015a: 277. "오이디푸스와 스핑크스".

존재'이다) **무시하고, 오만함을 드러냈다는 데에 있다.** 오이디푸스가 상징적인 것을 오해하는 이유는, 퇴마의 의도를 비뚤어진 기표와 숨겨진 기의의 관계로 잘못 해석했기 때문이다. 오이디푸스가 자신의 행위를 통해 시작을 알리는 것이, 언어의 파열이다. 이 파열의 후예를 우리는 오랜 형이상학의 역사를 통해 만나게 된다. 한편에는 숨기기와 코드화를 본질로 하는 스핑크스와 부당한 언어로 만들어진 상징적 담론이 있고, 다른 한편에는 표현 혹은 해독을 본질로 하는 오이디푸스의 정당한 언어로 만들어진 명료한 담론이 있다. 따라서 자신의 대답을 통해 오랫동안 지속될 상징 해석의 표본을 제시한 오이디푸스는 서양문화 속에서 한 '문명화의 영웅'으로 나타난다. …… 의미작용을 기표와 기의 사이의 표현이나 전시의 관계로 (혹은 반대로 코드화와 은폐의 관계) 보는 모든 해석은 (상징의 정신분석이론이나 언어기호학 이론 모두 이런 종류에 속한다) 필연적으로 오이디푸스의 영향 아래 놓이는 반면, 필연적으로 스핑크스의 영향 하에 놓이는 것은, 이러한 모델을 거부하고, 무엇보다도 모든 의미작용의 근본적인 문제를 구축하는 기표와 기의 사이의 저항선에 관심을 집중하는 상징이론이다."[584]

기표와 기의 사이는 열려 있다. 아감벤은 오이디푸스의 오만은 이 열림을 닫히게 만들었다는 데에 잘못이 있다는 것이다. 그런데 오이디푸스가 어떻게 닫히게 만들 수 있었을까에 대해서 그는 상세하게 설명하지 않는다. 스핑크스의 물음을 풀어낼 수 있는 힘이 있었기 때문이 아니라 이미 폭력을 행사하는 강력한 지배권력을 소유하고 있었기 때문에 결코 풀 수 없는 스핑크스의 물음에 대해서 하나의 정답을 제시하여 그것을 관철할 수 있었을 것이다. 여기에서 우리는 오이디푸스가 강력한 이데올로기의 헤게모니 전략을 구상하여 행사하는 정치가이라고 해석할 수 있다.

584) 아감벤 2015a: 279-280. 강조는 인용자.

아감벤은 “서구사상의 전통 속에는, 이 현존의 원천적 파역에 대한 오이디푸스적 해석 옆에, 이를테면 여분으로 남아 있는 또 다른 해석이 존재한다.” 헤라클레이토스. “감추지도, 드러내지도” 않고, 다만 현존과 부재, 기표와 기의의 동일한 연결고리, 그 의미할 수 없는 것을 의미하는 말하기를 통해서.[585)]

아감벤에 의하면, 아리스토텔레스의 『시학』(58a)에서 수수께끼는 일종의 ‘불가능한 것들을 연결하기’라고 정의하는데, 이는 헤라클레이토스를 연상하게 한다.

> “모든 의미작용은 연결이 불가능한 것들을 연결하는 행위이며 진정한 의미에서의 의미 작용은 언제나 수수께끼로 남는다. 헤라클레이토스가 남긴 단상 93번째 구절이 암시하고 있는 신성한 ‘뜻하기’(semainein)를 우리는 우리에게 익숙한 형이상학적인 의미, 즉 기표와 기의, 외부와 내부의 전시 혹은 은폐의 관계로 이해해서는 안된다. 반대로 그것을 하나의 시선으로, 다름 아닌 ‘legein’(말하기)과 ‘kryptein’(감추기)에 대항하여, 기표와 기의 사이에 펼쳐진 심연을, 그 위로 ‘신’이 등장할 때까지 응시하는 하나의 시선으로 이해해야 한다. / 이 시선은, 오이디푸스의 자취로부터 자유롭고, 소쉬르의 모순에 충실한 기호학이 드디어 ‘의미작용에 저항하는 저항선’ 위로 가져가야 할 시선이다. 결코 언어화되는 법 없이 기호에 대한 서구사상의 성찰을 지배해온 것이, 이 저항선이며 바로 이것의 제거를 기초로 성립된 것이, 형이상학을 기반으로 하는 기표와 기의의 최초의 위치였다. 표징적인 형식의 어두움(ainos)이 끌어당기는 미로 속에 기꺼이 끼어들어, 파열된 현존의 심장 속에서, 언어가 원래 가지고 있던 제령의 영역을 향해 방향을 제시하려는 것이 이 논문의 목적이었다. 그곳에서, 스핑크스와의 채무를

585) 아감벤 2015a: 280.

청산하는 문화가 '의미'의 새로운 모델을 발견할 수 있을 것이다."[586]

오이디푸스는 닫힌 형이상학의 원형이었다.

7. "영웅적(비범속적) 사랑"

사랑과 시각(vision) 사이의 연관성은 아감벤이 지적하듯이 오래되었다.[587] 이미 플라톤의 『파이드로스』(*Phaedrus*, 255c-d)에서 사랑은 눈의 질병(disease of the eyes)(ophthalmia)과 비교되고 있다. 이로부터 플로티노스(Plotinus)에 오면, 엄밀한 어원학이 뒤흔들리게 된다. 에로스, 그 이름은 그 실존이 시각/비전(vision, orasis) 덕분이라는 사실에서 온 것이다. 이 관점으로부터, 사랑의 고대적 개념에서 중세적 개념으로 넘어가게 된다; 곧, 보는 것의 질병(disease of the sight)에서 상상력의 질병(disease of the imagination)으로 이행한다; 『장미의 이야기』(*Roman de la Rose*)(v.4348)에서는 사랑은 사유의 병(maladie de pensée, disease of thought)으로 규정된다.[588]

플라톤의 텍스트에서 예술가는 영혼 속에 든 사물들의 이미지들(eikonas)을 눈으로 보고 그리는(draw) 자이다. 그러한 이미지들, 상들은 환영들(phantasms, phantasmata)(40a)이다. 그런데, 플라톤의 『필레부스』(*Philebus*)의 핵심적 테마는 환상(phantasy)이 아니라 쾌

586) 아감벤 2015a: 280-281.

587) 아감벤은 플라톤의 Philebus(39a)를 인용하면서 논의를 시작한다. Agamben 1993: 73을 참고하라.

588) Agamben 1993[1977]: 87의 각주 12.

락(pleasure)이다. 플라톤이 여기에서 기억과 환상(phantasy)의 문제를 제기하고 있다면, 그것은 욕망과 쾌락이 이 영혼 속에서의 페인팅(painting)이 없이는 불가능하기 때문이고 또한 순수하게 육체적인 쾌락은 존재하지 않는다고 판단하고 있기 때문이다. 플라톤의 이같은 판단를 두고, 아감벤은 "거울 앞에서의 에로스"라는 에세이에서(Eros at the Mirror)에서 라캉(Lacan)의 thesis, 곧 "환상이 욕망에 적합한 쾌락을 만든다."(le phantasme fait le plaisir propre au désir/phantasm make the pleasure suites to the desire.)라는 명제를 예견한 것으로 읽는다. 그리하여 아감벤은 "유령은 욕망의 기호 아래 놓여 있다"고 라캉적 사유를 수용한다.

그리고 아감벤은 플라톤의 다른 대화록에서 내면적 이미지라는 은유라는 또 하나의 맥락을 지적한다. 그것 역시 프로이트의 기억론과 관련되어 있다고 그는 파악하고 있다. 이것은 아감벤이 페티시즘에 대해 논의하는 맥락과 연관된다.

아감벤이 중세의 유령론을 복원하려는 시도를 하는데 그 가운데 아리스토텔레스가 있다. 아감벤은 플라톤에서 나타나는 환상과 기억이라는 두 은유가 아리스토텔레스에서 재발견된다는 점을 확인한 다음에,[589] 아리스토텔레스가 플라톤과 다른 점에 특별히 주목해야 한다고 강조한다.

아리스토텔레스의 환영/유령(phantasm)론에서 중요한 또 하나의 차원에 주목해야 한다는 것이다: 언어에서의 환영/유령의 기능을 말한다. 『영혼에 관하여』(*De anima* 420a)에서 그는 소리와 연관하여 모든 소리들이 언어(말, words)인 것은 아니라는 것, 오직 환영/유령에 의해 수행된 소리들(meta phantasias tinos)만이 말/언어(words)라고

589) Agamben 1993[1977]: 75-77.

주장한다.[590] 말/언어는 의미지시하는 소리들이기(words are sounds that signify) 때문이다. 요컨대, "언어의 의미론적 성격은 환영/유령(phantasm)의 현전과 긴밀하게 결합되어 있다."

감각에서 환영/유령이 도출하고, 환영/유령은 ①언어, ②지성, ③꿈과 예견, ④기억, 데자뷰, 착기억, 황홀경의 중심에 있거나 그것으로부터 파생되어 나간다.

아감벤이 이렇게 복잡한 계보학적 연구를 언급하는 까닭은, 지성주의(intellectualism)에 대한 비판을 자신의 과제 중심에 설정하고 있기 때문이다; 지성주의는 이 중에서 오직 지성(intellect)만을 중심에 세우는 입장이다.

단테의 3행연시 하나를 아감벤은 인용하고 깊게 해석한다.

> "그리고 나는 그에게: '나는 사랑이 나에게 영감을 불러일으킬 때, 노트를 하고,
> 그가 속을 구술하는 방식에서
> 내가 지시해가는 그런 사람이다.'"[591]

단테의 『신곡』(*Divine Comedy*) 제2부, 〈연옥〉Purgatorio (XXIV.52-54)의 이 터시트(tercet, 삼행연구)는 매우 자주 인용되고 다양하게 해석되어 왔다. 그런데 그것은, 낭만주의의 즉각적 표현의 이론이나 감정의 객체화의 모든 시학(the modern poetics of the objectification of

---

590) *De anima* 424a, *De memoria* 450a, *De anima* 429a 등을 참조.

591) And I to him: "I am one who, when Love inspires me, takes note, and in the manner that he dictates within I go signifying." Agamben, "Chapter 16 The 'Joy That Never Ends'", in: *Stanzas*, ibid., pp.124-131.

feelings)을 선취하는 것으로 해석될 수는 없다고 아감벤은 주장한다. 이 터시트는 전체 영술학적·환상론적 발상의 핵심인 시적 기호 개념에서의 영술학/성령론적 강력의 엄격한 발전으로 읽어야 한다.

"Amor mi spira"(Love inspires me)["사랑이 나를 불러일으킨다"]라는 표현에 아감벤은 주목한다. 동사 ispirare(to inspire)를 은유적이고 모던한 의미를 준거로 삼아 해석하는 경향을 비판하면서 아감벤은 은유적인 의미가 고유의 의미와 아직은 분리되지 않은 채로 남아 있었던 중세의 프네우마적인 문화의 맥락에서 해석되어야 한다고 주장한다. 즉, 그는 단테와 스틸노보 시인들에 주목한다. 단테는 이탈리아어 동사 spirare를 어떻게 사용했는지. to breathe[숨을 쉬다, 공기를 마시다], 혹은 Love breathes[사랑이 숨쉬다, 사랑이 영감을 불러일으키다]로 사용된다. 그것은 본질적으로 spiritual motion[정령적 움직임]인데, spirit(spirito)[정령, 정신]는 영술학적·환상적 어의(pneumo-phantamatic)를 가지고 있다는 것이다.

언어를 기호로 규정하는 입장은 모던 기호론의 발견이 아니다. 스토아학파의 사상가들도 이미 그러했지만, 사실상 아리스토텔레스가 인간의 목소리를 의미지시적 음성(semantikos psophos, significant sound)으로 규정한 곳에서 이미 함축되어 있었다. 『영혼에 관하여』(*De anima*)(420b)에서 그는 이렇게 말한다. "동물에 의해 만들어지는 모든 소리(sound)가 목소리(voice)는 아니지만(소리는 혀와 함께, 또는 심지어는 기침소리로써, 만들어질 수 있다.), 공기를 진동시키는 누구나 분명 생명을 불어넣을 수 있으며(animate), phantasm들을 가지고 있다; 목소리는 사실상 의미지시적 소리(a significant sound)이며, …… 숨 쉴 때의 공기만은 아니다." 그러므로 아리스토텔레스의 인간언어의 "의미론적" 성격은 심리학적 이론에 의해 설명되는 것이다. 정신적 이미지나 환영/유령(phantasm)의 현전과 더불어, 기호를 표현하는 데 사용되는 알고리즘(algorism). S/s라는 정식에서 s는 지시하는 것(the signifier)이고, S는 지시되는 것(the signified)이며, P/s라는 정식에서 s는 소리(sound)이고 P는 환영/유령(the phantasm)이다.

아리스토텔레스의 이같은 언어개념규정은 그 후 『해석에 관하여』(*De interpretatione*)에서 반복된다. 서양 중세사상에 영향을 미친다. 중세 기호론의 모든 것이 이것에 관한 일종의 주석(a commentary)으로서 발전되었다고 해도 과언이 아니다.

아니키우스 보에티우스[592]에서 이 문면:

"목소리 속에 있는 모든 것들은 영혼 속의 고통/열정의 기호들이다." 이라는 표현은, 『영혼에 대하여』(*De anima*)의 개념규정에 의하면, 환상의 이미지(the image of the phantasy)를 말한다. 그런데 아리스토텔레스의 사상에서 환상의 위상이 애매한 점을 감안해보면, 영혹 속의 열정들

592) Anicius Manlius Severinus Boethius, 480?~524. "로마의 명문 집안 출신으로 아테네에 유학하여 일찍부터 고대의 교양을 쌓았다. 동(東)고트왕 테오도리쿠스에게 중용(重用)되었으나, 반역죄의 모함을 받아 투옥·처형되었다. 옥중에서 쓴《철학의 위안 *De Consolatione Philosophiae*》(5권)은, 철학의 여신이 상심한 보이티우스를 찾아와 이 세상의 행복의 덧없음과 참다운 행복은 최고선(最高善)인 신(神) 안에 있다고 말하여 위안해 준다는 내용으로, 고대문예의 교양을 바탕으로 그리스도교와 플라토니즘이 융합되었다. 그 밖에 아리스토텔레스의 논리학적 저작의 번역과 주석, 논리학적 저작 및《삼위일체론 *De trinitate*》 등의 신학적 저작이 있다. 이들 저작은 중세에 애독되었으며, 중세의 스콜라학(學), 특히 신학철학(神學哲學)의 용어 형성에 도움이 되었다." 네이버 인터넷 검색.

(passions in the soul)이라는 표현에 관한 논박, 논쟁이 격발이 일어났던 것은 전혀 놀랍지 않다. 『해석에 대하여』(*De interpretatione*)에 대한 자신의 주석서에서 보에티우스는 이 표현을 감각들로 읽는 자도 있고 환영/유령들로 읽는 자도 있다고 그 논쟁 사태에 대해서 일단 기록했다. 그리고는 그는 스콜라주의의 언어론을 특징짓는 지성주의적 전통을 따르면서, 아리스토텔레스가 passions in the soul이라고 표현하면서 의도한 것은 감각들도 환영/유령들도 아니며 지성이었다고 밝히고 논증하려 했다: "명사와 동사는 불완전한 어떤 것을 의미지시하는 것이 아니라 완전한 어떤 것을 의미지시한다. 그러므로 아리스토텔레스는, 명사와 동사와 관련된 모든 것은 느낌이나 상상의 기호가 아니라 지적 이해가 가능한 것들의 기호라고 말한다."[593)]

스콜라주의의 기호론에서 아리스토텔레스의 언어론을 이렇게 해석(주석)한 범례는 알베르투스 마그누스 [Albertus Magnus, 1193?-1280.11.15.]의 『해석에 대하여』(*De interpretatione*) 주석서에서 그 정점을 이룬다. 완성된다고 할 수 있다.

> "외적인 대상은 어떤 식으로든 영혼을 상대로 작용하고 그 위에 새겨지며 열정을 부여한다. 그것은 영혼이 정신과 지성을 따라 수동적이고 수용적으로 반응하기 때문이다. 그런 식으로 지성 역시 외적 대상에 대해 수동적이고 수용적인 자세를 취하기 때문에, 영혼 속에 생성되는 의도와 형상을 흔히 열정이라는 이름으로 부른다. 외적인 대상을 인식하고 인식한 대상의 형상에 따라 받아들이는 것에 의하지 않고서는 목소리의 음절이 조절될

593) In librum Aristotelis De interpretatione libri sex, Patrologia latina, 46, 406을 Agamben 1993[1977]: 126에서 재인용. 아감벤 2015: 257의 번역을 영어본에 따라 수정했다.

수 없기 때문에, 목소리는 지성에 의해 존재한다고 할 수 있다. 대상의 종류를 의미하고 대상을 통해 속으로 인식한 열정을 의미하기 위해서가 아니라면, 지성에 의해 음성의 조합은 이루어지지 않는다. …… 그렇게 해서 의미작용을 위해 지성에 의해 만들어진 목소리 속에 들어있는 것, 그것이 바로 영혼이 대상으로부터 받아들인 열정의 기호다. 대상은 그렇게 해서 스스로와 유사한 종류의 대상들을 영혼 속에 탄생시킨다. 그리고 이러한 종류의 대상들로부터 정보를 얻은 지성이 목소리를 주도하게 된다. 따라서 영혼의 열정 역시 일종의 대상이며 정보를 수집한 지성의 주도하에 의미를 가진 목소리가 영혼 속에 있는 열정의 기호를 표현하게 된다. 따라서 듣는 사람의 입장에서 목소리 자체는 대상의 기호이자 상사가 된다. 어쨌든, 말하는 사람의 입에서 열정의 기호인 것은 듣는 사람의 귀 속에서 대상의 기호이자 상사다. 그런 식으로, 목소리는 곧 영혼 속에 들어 있는 열정의 기호가 된다."[594)]

지성주의 학파는 지시되는 것[소기]의 영역에서 보에티우스(Boethius)로 하여금 환영/유령을 배제하도록 했고, 그 다음, 알레르투스 마그누스에 이르러, "정신의 열정"(passions of the mind)의 언어학적 기호이론에 관한 적실성을 부인하도록 하게 만들었다.[595)]

단테(Dante)는 이런 스콜라주의의 지성주의파와는 달랐다. 〈연옥〉(Purgatorio)의 삼행연시에서 단테가 말하려는 것은 무엇인가. 아감벤은 주의깊게 그 삼행연시를 읽는다. "내가 듣는다"(I take note)와 "내가 의미를 부여한다"(I go signifying)라는 표현은, 스콜라주의가 언어를 영혼

---

594) *De interpretatione*, treatise 2, chap.1, in Beati Alberti Magni, Opera omnia, Lugduni, 1651. 아감벤 2015: 257-258; Agamben 1993[1977]: 126에서 재인용.

595) Agamben 1993[1977]: 124-126.

이 가지고 있는 열정의 청취와 기호로 정의한 것을 연상하게 하지만, 더 주의 깊게 읽어보면, 스콜라주의 언어개념규정과는 급진적으로 다르다는 것을 알 수 있다는 것이다. 스콜라주의 언어론은 영혼의 열정(passio animae, passion of the soul)을 지성적인 종류(species intelligbilis, intelligible)로써 확인하고, 언어이론의 궤도/범주에서 정신/영혼의 움직임들(motus spirituum, movements of the spirit) — 분노, 욕망, 즐김, 등등 — 을 명시적으로 배제하고서는 언어학적 기호들의 지성적 기원을 확고히 했다. 단테는 이 스콜라주의 언어론과는 단절한다. 그는, 시적 표현을 영감을 주는/영감을 불러일으키는 사랑의 언표화로서 특징지었다. 그렇게 하면서도 그는 시의 개인적 직관이나 기예를 표현하려는 것이 아니라, 스콜라주의 기호론과 결별하면서, 언어이론에 사랑 서정시에서 본질적 부분을 형성하는 성령적·환영적/유령적 요소(pneumo-phantastic doctrine)를 도입시켰다.

단테의 이 이론 맥락에서 목소리는 후두(larynx)를 통과하면서, 혀의 자세(motion)를 자극하는 '마음'(심장)에서의 성령적 발원으로서(a pneumatic current originating in the heart) 나타난다. 갈레노스[596]의 『히포크라테스와 플라톤의 처방에 관하여』(*De Hippocritis et Platonis placitis*)[597]에서 목소리의 영성(vocal pneuma)의 발원기관이 심장이라고 주장하는 입장과 뇌라는 입장 사이의 논쟁에 대해 알려주고 있다. 환영/유령(phantasm)의 성령적 본질('환상적 정령', phantastic spirit), 에로틱 욕망(erotic desire)의 시원과 대상, 정령적 자세(spritual motion)로서, 언어가 사랑의 영감[사랑이 정령을 불러일으킴]과 연결됨은, 생리학에서, "사랑의 지복" 강령과 시적 기호의 이론의 강령(a doctrine of the

596) Claudius galen, 130-200, 그리스의 의사.

597) *De Hippocritis et Platonis placitis*, Book 2, 98ff (in: Operum); Agamben 1993: 127.

'beatitude of love' and a theory of the poetic sign)에서 일관되게 나타난다. 시적 언어와 사랑의 영감의 연결은 단테에서 분명하게 나타나지만 사랑 시인들(love poets) 사이에서도 공통된 내용이었다. 이제 목소리(voice)는 마음(심장)에서부터 발원하는 것을 명시적으로 인정하게 된다. 카발칸티(Cavalcanti)의 저작들에서, 단테의 사유/사상을 반영하고,[598)] 치노 다 피스토이아[599)]의 소네트(sonnet)에서 단테의 발상을 받아들이는 이유도 여기에 있다. "내가 내 음운(시)속에서 말하는 바는 내 안에서 말하는/그것의 영(spirit)으로부터 비롯되며".[600)]

성령적 강령은 정령은 영혼과 육체 사이의 quid medium으로 자리잡게 했으며, 형이상학적 한 파에서는 가시적인 것과 비가시적인 것 사이, 육체적인 것과 비육체적인 것 사이, 현상과 본질 사이를 가교시키는 것으로 이해된다.

---

598) Guido Cavalcanti, XXI and XXV(*Rimatori*, pp.39, 41. 카발칸티(Guido Cavalcanti, 1255?-1300.8.27.): 피렌체 출생. 대대로 겔프당(敎皇派)에 속하는 이름난 집안에서 태어나 단테와 친밀하게 지냈다. 현존하는 52편의 시 중에는 단테와 G.다레초에게 써 보낸 소네트(14行詩)도 수록되어 있다. 단테를 제외하면, 청신체파(淸新體派)의 가장 중요한 시인으로서, 단테는 친히 자신의 시집《신생(新生)》(1293?)을 카발칸티에게 바쳤다. 그러나 카발칸티는 '사랑(아모레)' 속에 지상(至上)의 기쁨과 이웃한 죽음의 존재를 인정하고 있어, 그의 작품에는 늘 어두운 그림자가 드리우고 있다. 피렌체시정(市政) 요직에 취임하여 드너티가(家)와 날카롭게 대립하다가 1300년 6월 사라차나로 유형(流刑) 되었으나 특사(特赦)로 2개월 후에 풀려났다. 네이버 인터넷 검색.

599) Cino da Pistoia, 1270?-1336, 본명은 'Cino Dei Sighibuldi'이다. 피스토이아의 귀족 출신으로, 단테와 더불어 '청신체(淸新體)'파에 속한다. 그는 볼로냐대학에서 법학을 배웠고, 기벨린당(황제파) 당원으로서 피스토이아의 정계에서 활약하였다. 교황권에 대하여 황제권의 우월을 주장하여《법전강해(法典講解) *Lectura in Codicem*》(1314)를 썼다. 한편 시에나·볼로냐·피렌체·페루자 등의 각 대학에서 법학을 강의하다가, 1334년에 다시 피스토이아로 돌아와 거기에서 여생을 보냈다. 시인으로서는, 세르바지아라는 여성에 대한 사모와 냉담한 그녀에 대한 한탄을 주제로 한《시집》이 대표작이다. 주요 작품은 G.콘티니가 편집한《13세기 서정시인집 *Poeti del Duecento*》(1360)에 수록되어 있다. 네이버 인터넷 검색.

600) "from its spirit proceeds/that speaks in me, what I say in rhyme."(Cino da Pistoia, CLX(*Rimatori*, p.212를 Agamben 1993[1977]: 130에서 재인용.

사랑을 중심으로 환영/유령에서 욕망으로 그리고 시적 기호 그리고 다시 환영/유령으로 순환하는 아감벤이 **프네우마 순환(a pneumatic circle)**이라고 부르는 것이 그려진다.[601] 에로스(Eros)와 함께 시, 욕망, 시적 기호의 순환.

> "단테가 사랑의 완성이 시어 속에 들어 있다고 말할 수 있고 동시에 시를 영적인 사랑의 전언으로 여길 수 있는 것은 이 해석적인 순환 속에, 바로 스콜라주의 철학의 기호학으로부터 떨어져 나와 프네우마 — 환영/유령에게 스스로의 왕관을 선사하는 '돌체 스틸노보'의 본질적인 진실이 담겨 있기 때문이다."[602]

> "'키스 속에서 혀가 섞이듯이' 유령과 욕망과 말이 섞여 들어가는 이 순환체계가 바로 '항상 끝없이 증폭될 줄 아는 사랑'과 이 땅에서 에덴동산의 달콤하고 순수한 유희에 가장 근접한 사랑의 순환체계이다."[603]

> "환영/유령과 욕망이 언어 속에 포함되는 것은 시가 사랑의 기쁨(joi d'amor, joy of love, love's joy)으로서 받아들여질 수 있기 위한 실체적 조건이다. 그리하여 시는 사랑의 기쁨이다. 왜냐하면 시는 사랑의 지복이 축복받는 방(stantia)이기 때문이다."[604]

단테는 사랑의 충만은 시적 언어에 있으며, 이와 동시에 시를 사랑의 안으로 파고들어오는 받아쓰기(love's (in)spiring dictation)로 이해했다.

---

601) Agamben 1993[1977]: 128. 도식그림을 참조하라.

602) 아감벤 2015a: 264.

603) 아감벤 2015a: 265-266; (Agamben 1993[1977]: 129)

604) Agamben 1993: 128.

이 사랑과 시의 해석학적 순환이 돌체 스틸 노보(dolce stil nuova)의 가장 본질적인 진리를 담고 있는데, 이것이 아감벤은 단테에서 프네우마 — 환영/유령학의 최고의 성취로서 나타난다고 아감벤은 본다.[605)]

단테는 전환점이었다. 단테에서, "시의 언어는 이제, 욕망과 그것(욕망)의 접근 불가능한 대상 사이의 특정한 장소/방(site)으로, (중세 심리학이, 깊은 직관력과 함께, 에로스를, 자신의 그림자를 너무 사랑했고, 죽었던 청년과 동일시하는 것을 통해서 표현했던 특정한 장소/방으로) 제시되며, 아울러 죽음에 이르는 '영웅적인 사랑'의 병, 즉 사랑이 우울증적인 망상의 가면을 쓰도록 하게 하는 질병이 스스로의 치유와 명예회복을 노래하는 장소/방"[606)] 으로 구축된다.

아감벤은 단테 이전의 아모르 헤레오스에 대해 어떻게 논의하는지 여기에서 좀 더 알아보자. "비범속적(영웅적) 사랑"은 "열정적 사랑"의 다른 이름이다. 이 사랑을 두고, 그 당시 의사와 시인은 서로 견해를 달리했다. 아감벤은 전자가 질병의 하나로 간주하였던 데 비하여, 후자는 그와는 달랐다.

"영웅적(비범속적) 사랑"에 대한 치유법이 있었다.

"아모르 헤레오스라고 하는 병은 한 여인을 향한 사랑에서 비롯되는 우울증이다.

원인: 이 병은 아주 강력히 각인된 하나의 이미지 내지 형상 때문에 일어나

605) Agamben 1993[1977]: 129.

606) Agamben 1993[1977]: 129.

는 판단력의 퇴화에서 비롯된다. 누군가 한 여인을 사랑할 때, 그는 아주 강렬히 그 여인의 몸과 얼굴과 자태를 떠올린다. 그녀가 세상에서 가장 아름답고 가장 추앙받을 만하고 가장 비범하고 육적으로나 영적으로 가장 뛰어난 존재라고 생각하고 또 믿기 때문이다. 때문에 자신의 욕망을 채우는 것이 축복과 행복을 쟁취할 수 있는 길이라 믿고 망설임 없이, 절제 없이 그녀를 타오르듯이 갈망한다. 그런 식으로 이성의 판단력은 변질되고, 그는 모든 활동을 전폐하고 그녀의 모습을 끊임없이 떠올리기 시작한다. 정도가 심해지면 누가 그에게 말을 걸어도 거의 알아듣지 못한다. 그가 처한 상황은 끊임없는 명상 속에 갇혀 있는 상황이므로 일종의 우울증이라고 할 수 있다. 이 우울증을 헤레오스(hereos)라고 부르는 것은 이 병에 걸리는 사람들이 흔히 행복에 겨워하는 기사들 혹은 귀족들이기 때문이다. / 감각을 주관하는 기량들 가운데 가장 우월한 기량인 판단력이 상상력에 명령을 전달하고 상상력이 정념에게, 정념이 충동에게, 충동이 근육 운동을 주관하는 기관에 명령을 전달한다. 따라서 몸 전체가 어떤 이성의 견제 없이 밤과 낮을 가리지 않고, 더위나 추위나 어떤 위험도 아랑곳하지 않고 길을 쏘다니며……."[607]

"치료: 두 종류의 환자, 이성에 굴복하는 환자와 그렇지 않은 환자가 있다. 첫 번째 경우에는 그가 두려워하는 한 남자의 도움으로 그를 허황된 상상으로부터 끄집어내야 할 필요가 있다. 말로서 그를 부끄럽게 하고 세기가 처한 위험과 심판의 날과 천국의 기쁨에 대해 설명하면서 경각심을 불러일으켜야 한다. 환자가 이성에 굴복하지 않을 경우, 만약에 환자가 소년이어서 여전히 채찍을 들 수 있는 경우라면, 그의 기력이 완전히 탕진될 때까지 집중적이고 강도 높은 채찍질을 가해야 한다. 그런 다음에 무언가 굉장히

607) 아감벤 2015a: 229-230.

슬픈 소식을 전해 더 큰 슬픔이 하찮은 슬픔을 이길 수 있도록 해야 한다. 아니면 굉장히 즐거운 소식을 전할 수도 있다. 예를 들어 그가 교수 혹은 관리가 되었다거나, 아니면 그에게 커다란 재산이 생겼다는 이야기 …… 혹은 그에게 크고 중대한 임무를 부여할 수도 있다. ……. 그를 먼 나라로 데리고 가서 전혀 다른 세상의 모습을 보여줄 수도 있고 …… 또 다른 여자들을 만나보라고 권할 수 있다. 한 여자의 사랑으로 또 다른 여자의 사랑을 식힐 수 있도록. 오비디우스가 말했듯이 두 여자 친구를 사귀어보라고 혹은 가능한 한 더 많은 여자들을 만나보라고 권할 수 있다. 분위기를 바꿔보는 것도 좋은 방법 중에 하나다. 친구들과 만나게 하거나 그를 꽃이 핀 들녘과 산과 숲으로, 볼 것도 많고 새와 악기 소리가 울려 퍼지는 곳으로 데려가는 것도 좋은 방법이다. ……. 끝으로 더 이상 방법이 없을 때, 나이 많은 여자들에게 도움을 요청해보자. 이 여자들이 환자의 여인을 모욕하고 명예를 실추시키도록 ……. 어쨌든 커다란 치아에 수염이 난, 지저분하기 짝이 없는 여자를 골라야 한다. 흉하고 더러운 옷을 입고 치마 밑이 생리적인 출혈로 더럽혀진 나이 많은 여자로 하여금 환자의 사랑하는 여인 앞에 나타나 그녀가 옷을 잡아당기면서 그녀가 치사한 술주정뱅이에 침대에 소변을 보기 일쑤이고 창피를 모르는 간질환자인데다 그녀의 몸에는 울퉁불퉁하고 썩은 냄새가 나는 혹들뿐만 아니라 늙은 여자들만이 아는 흉측한 것들이 달려 있다고 말하도록 시키는 것이다. 그래도 아무런 반응이 없으면, 나이 든 여자가 느닷없이 피 묻은 치마를 환자의 코앞에 들이대고 소리를 지르도록 하자. '네 여자 친구 년이 바로 이래!' 그렇게 말하는데도 환자가 연인 곁을 떠날 생각을 하지 않는다면 그는 사람이 아니라 악마의 현현일 것이다. ……."[608]

608) 아감벤 2015a: 231-232. 그런데, 왜 아감벤은 여성이 체험하는 "영웅적 사랑"의 예는 들고 있지 않은 것일까.

크게 두 가지 치유법을 구분했다.[609] 그런데 그 첫 번째 유형은 비체계적이다. 대체로는 경각심을 불러일으키는 방법인데 다양한 이질적인 방법들이 제시되고 있다. 다른 하나는, 여성에 대한 환멸을 불러일으키는 방법이다. 몽펠리에에서 1285년경에 교수 생활을 하던 베르나르도 고르도니오[610]는 그의 책 『의학의 백합』(*the Lilium mediciane*)에서 영웅적 사랑에 대해서 병으로 간주하여 설명한다.[611] "고르도니오의 묘사는 아르날도 다 빌라노바(Arnaldi Villanovani)의 그것과 대략 비슷하다. 의료실제(Praxis medicinalis)(Ludduni, 1586). 가장 오래된 묘사를 담고 있는 문헌은 아마도 코스탄티누스 아프리카누스의 〈판테히니〉(Pantechni)와 〈비아티쿰〉(Viaticum)일 것이다. 첫째는 할리 아바스의 〈리베르 레기우스〉(Liber Regius)의 번역서이고, 둘째는 10세기 중반에 아람어로 집필된 문헌의 번역서이다."[612]

> "의사들이 고집스럽게 권장하던 아모르 헤레오스의 치료법 가운데 프로방스 문학의 가장 지속적이고 표본적인 시의 공간 '로쿠스 아메누스(locus amoemus)'[문학 용어로, 문학적 상상력이 이야기의 일부가 진행될 무대로

609) 아감벤 2015a: 231f..

610) Bernard de Gordon (fl.1270-1330) was a French doctor and professor of medicine at the University of Montpellier from 1285. In 1296 he wrote the therapeutic work, *De decem ingeniis seu indicationibus curandorum morborum*. His most important work was the *Lilium mediciane*, printed in Naples in 1480, Lyon in 1491, and Venice in 1494. It describes plague, tuberculosis, scabies, epilepsy, anthrax, and leprosy. 저작으로는 De regimine acutorum morborum, 1294;Liber pronosticorum/Tractatus de crisi et de diebus creticis, 1295.; Liber de conservatione vitae humanae, 1308; Practica seu Lilium medicinae, 1303.) [From Wikipedia, the free encyclopedia]

611) 아감벤 2015a: 229. 백과사전에서 출판된 일자를 확인하니, 좀 다르다. 왜 그렇게 된 것인지 확인이 필요하다. 1480년에 나폴리, 1491년에 리옹, 1494년에 베니스에서 출간되었다.

612) 아감벤 2015a: 232 각주 5.

만들어내는 이상적이고 쾌적한 공간을 말한다. 미술 분야에서 널리 도용되는 테마이다]가 등장한다. 비근한 예로 의사 발레스코 디 타란타(Valesco di Taranta)의 권고를 들 수 있을 것이다. '정원과 풀밭과 숲 속에서, 새들이 지저귀고 나이팅게일이 우는, 꽃이 핀 정원에서 친구들과 함께 걸어야 할 필요가 있다.' 이러한 관점에서 보면, 로쿠스 아메누스와 음유시인들이 사랑의 기쁨을 극찬하던 경향의 조합은 마치 하나의 의식적인 전복이자 의사들이 권하는 사랑의 치유법에 대한 하나의 대담한 도전으로 느껴진다. 어쩌면 의사들의 허황된 치료법을 …… 비슷한 방식으로 폭로하기 위해 시인들이 어떤 종류의 기쁨도 어쩌면 황제의 그것도 사랑의 기쁨에 비할 수는 없다는 사실을 지치지 않고 반복해서 강조했는지도 모른다."[613]

아감벤에 의하면, "현대 유럽인이 가장 고귀한 영적 경험으로 여기는 사랑의 기원은 다름 아닌 상상력을 통해 죽음에 이르게 하던 병을 모델로 12세기의 시인들이 고안해냈던 영웅적 사랑이었다. 아니, '영웅적인 사랑'이 우울증과 본질적으로 유사하다고 볼 수 있는 만큼 우리는 오히려, 12세기 시인들이 '영웅적(비범속적)인 사랑'에 대한 의학 이론을 근본적으로 전복하려고 시도했다는 바로 그 논거가 있었기 때문에, 200년 뒤에 이르러서는 르네상스의 인문학자들 입장에서 사투르노적인 기질의 재평가를 시도하는 것이 가능했다고 주장할 수 있다."[614]

아감벤은 12세기 중세 시인들이 "영웅적(비범속적) 사랑"을 질병으로 간주하는 사상과는 대비되게 그것을 사랑의 기원으로 사유하게 했다고 해석한다; 사랑은 그 기원에서 범속성을 벗어나고 있다; 그것은 궁극적으

613) 아감벤 2015a: 234-235.

614) 아감벤 2015a: 237-238. 번역을 약간 수정했다.

로는 "죽음에 이르는 병"이다. 그는 시인의 사랑의 계보학을 그려나가는 자세를 보여준다.

> "영웅적(비범속적) 사랑은 원래 지고하고 귀족적인 사랑이 아니라 영웅(비범속) — 하늘의 악령으로부터 영감을 받은 어둡고 저속한 사랑이었다. 다름 아닌 우울증의 기질 이론이 '정오의 악령'(이를, 헤카테의 시녀들 중에 하나였고, 히포크라테스에 따르면 마찬가지로 악몽과 정신병의 원인이었던 엠푸사의 현현으로 볼 수 있었을 것이다)이 가지고 있던 기이한 영향력과 깊은 연관성을 가지고 있었던 것처럼, '아모르 헤레오스'의 의학 이론 역시 '에로스·영웅·하늘의 악령'이 가지고 있는 병리학적이고 부정적인 극성과 깊이 연관되어 있었다. 이 날카로운 송곳니와 발톱을 가진 에로스의 영웅적이고 악마적인 형상이, 바로 파노프스키가 조토(Giotto), 1267년경-1337의 우의화 〈순결〉과 사비오나라 고성의 프레스코화 속에서 발에 갈퀴를 달고 등장하는 에로스의 기원으로 보았던 '저속하고 신화적인' 큐피드에 도상적인 모델을 제공했던 것이 틀림없을 것이다. 프란체스코 다 바르베리노의 『사랑의 문서』에서 에로스는 갈퀴와 활을 가지고 달리는 말 위에서 있는 모습으로 등장한다. 파노프스키는 이 『사랑의 문서』를 통해 갈퀴 달린 에로스의 원형을 추적하지만 결국에는 실패하고 만다. 그가 내린 결론은 다음과 같다. '이 모델은 바르베리노가 『사랑의 문서』를 집필하기 상당히 오래 전에 고안된 것이 틀림없다. 하지만 분명히 13세기 이전으로까지 거슬러 올라가지는 않을 것이다.'[파노프스키, 『도상학연구』] 그러나 실제로 에로스의 악마적인 이미지는 …… 고대 말기에 신플라톤주의 주술 이론의 영역 속에서 이미 — 적어도 문헌들 속에서는 — 구체적인 모습을 드러냈었고, 플루타르크로 하여금 에로스에게 날카로운 송곳니와 발톱을 장

착시키도록 모습을 드러냈다."[615]

아감벤이 아모르 헤레오스를 중심으로 중세의 시인들에게서 찾아내려고 하는 것은 이성과는 다른 상상력의 힘이다. 상상력의 지위를 최상위에 설정하려는 시도를 그는 수행하고 있다.

"무엇보다도 시인들의 심리학이 가장 집요하고 열성적으로 받아들였던 에로스적인 경험의 유령적 성격이 이 설명 속에서 또렷하게 강조되고 있다. 고르도니오는 이 '영웅적(비범속적)인' 질병을 상상력 속에 위치시키고 있다. 아니, 좀 더 정확하게 말하자면 아비센나의 심리학 속에서 중앙에 있던 뇌실 정상에 위치한 기량, 즉 감각적인 대상들 속에 있지만 감각적으로는 파악하기 힘든 의도들을 이해하고 이러한 의도들이 가지고 있는 선함 혹은 악함, 유리함 혹은 불리함의 정도에 따라 결정하는 판단력 속에 위치시키고 있다. 우리는 위치가 이런 식으로 정확하게 언급되고 있다는 사실을 무의미하다고 볼 수 없다. 바로 단테가 〈연옥〉의 한 구절 속에서 베르길리우스의 입을 빌려 '모든 사랑의 감정이 그 자체로 좋은 것이라고 믿는 사람들'을 차갑게 비판하며 사랑의 '자유'와 '책임감'에 기초를 놓기 위해 기용하는 것이, 그가 정의내린 대로, '판단할 줄 아는 기량이자 선악의 선택을 눈여겨볼 줄 아는' 판단력이기 때문이다."[616]

이해하기 어려운 것은, 아감벤이 스스로 상상력의 지위를 높이기 위해 인용하고 있는 이 인용문이 사실에 있어서는 상상력은 결코 상위의 지위에 있지 않다는 것을 밝히고 있다는 것이다.

---

615) 아감벤 2015a: 248-249.

616) 아감벤 2015a: 232-233.

상상력은 선과 악을 구별하고 자유에 대한 책임을 관할하는 판단력의 지배를 받는다. 중세에서는 상상력이 관행, 전통, 범속성을 벗어나려 할 때 선과 악을 구별하는 판단력이 제어하고 제한한다는 것이다; 사랑은 상상력의 지배를 받는 것이 아니라 최종적으로는 상상력보다는 높은 상위의 판단을 받아야 한다.

아감벤은 의사와 시인을 여기에서 구별하고, 시인의 상상력에 특별한 의미를 부여하려 하는데 그 한계는 분명하고, 결코 오늘날 상상력에 부여하는 위상과는 다르다.

> "의사들이 아모르 헤레오스의 치료를 위해 육체적인 사랑을 권하고 환자를 그의 '거짓 상상'으로부터 돌이키기 위해 모든 방법들을 동원하는 반면 **시인의 사랑은 집요하고 엄격하게 유령의 순환체계 내부에 머물러 있어야 한다. 시인의 사랑은 피하지 말고 초월하지도 말고 끝까지 횡단해야 하는 상상력의 '죽음에 이르는 병'을 닮았다.** 상상력이 죽음에 이르는 병과 함께 바로 구원의 극적인 가능성을 품고 있기 때문이다. 이러한 관점에서 나르시스와 피그말리온은 두 개의 상반되는 표징처럼 나타난다. 우리는 이 표징들 사이에 놓인 영적 경험의 핵심적인 문제들을 다음과 같은 질문들로 요약해볼 수 있을 것이다. 유령의 순환체계를 위반하지 않고 아모르 헤레오스를 치료하는 것이 어떻게 가능한가? 소유할 수 없는 사랑의 대상을 (즉, 유령을), 나르시스(스스로의 이미지에 대한 사랑에 패배한 인물)나 피그말리온(생명이 없는 이미지를 사랑한 인물)이 되지 않고, 어떻게 소유할 수 있는가? 다시 말해 어떻게 에로스는 나르시스와 피그말리온 사이에서 자기만의 공간을 찾을 수 있는가?"[617]

617) 아감벤 2015a: 251-252. 강조는 인용자.

의사가 아모르 헤레오스라는 질병을 치료하기 위해서 제시하는 처방은 질병의 원인 그 자체를 제거하는 것이 아니다. 의사들은 이 질병이 뇌의 이상에서 발생한다고 믿었으나 뇌를 과학적으로 해부하여 관찰하고 뇌의 작동양식을 분석할 수 있는 수준에 있지는 않았다. 그러므로 의사는 질병에 대응하는 다양한 "임시방편적" 처방들을 제시하는 사례들을 볼 수 있다. 이 점은 아감벤이 열거하고 논의하는 사례들에서도 확인할 수 있다. 예컨대, 의사 발레스코 디 타란타의 처방에는, 우리가 이미 앞에서 언급한 적이 있듯이, "정원과 풀밭과 숲 속에서, 새들이 지저귀고 나이팅게일이 우는, 꽃이 핀 정원에서 친구들과 함께 걸어야 할 필요가 있다"는 처방안도 있었다.[618] 또한, 늙고 지저분한 여인을 등장하게 하여 여인을 과대평가하여 벌어진 사태임을 깨닫게 하는 처방안도 있었다.[619] 이러한 모든 처방안들은 상상력을 통제하는 판단력 영역의 문제였다. 그리고 시인 역시 시 창작은 궁극적으로 판단력 영역 밖에 있는 것이 아니었다. 그것은 환상과 직관, 상상력, 사상, 평가, 기억과 회상으로 분류하든,[620] 환상, 이성, 기억으로 분류하든,[621] 물질적 영역, 직감 영역, 상상 영역을 분류하든[622] 상상력은 다른 능력에 의해 안내받아야 하는 것에는 변함이 없었다.

아감벤이 의사와는 다른 시인의 세계에서 사랑의 두 범주, 곧 나르시스와 피그말리온에 대해 환영의 의미를 부여하는데, 이들 범주는 구체적 사람들 사이의 대화가 아니라 고독한 개인의 환상에 기초한다. 아감벤은

618) 아감벤 2015a: 234-235.

619) 아감벤 2015a: 235.

620) 아감벤 2015a: 163 참조.

621) 아감벤 2015a: 165 참조.

622) 아감벤 2015a: 168-169 참조.

『장미 이야기』 등을 중심으로 나르시스와 피그말리온을 이미지에 대한 사랑이라는 주제 아래 논의하는데, 후자에 대해서는 전자의 보족적 자원처럼 다룬다. "『장미 이야기』는 결론적으로, 나르시스의 거울에서 피그말리온의 아틀리에로 움직이는, 하나의 반사된 이미지에서 하나의 구축된 예술적 이미지로 움직이는 '사랑의 여정'이라고 할 수 있다. 반사된 이미지든 구축된 이미지든 모두 동일하고 광적인 사랑의 대상이다."[623)]

그러므로 우리는 나르시스에 대한 논의에 초점을 맞추어 논의해 나가고자 한다. 그는 다음과 같이 평가한다.

> "'살아 있는 자들을 죽음에 취하게 하는' 사랑의 연못, 그리고 나르시스의 거울은 모두 사랑의 실질적 대상인 유령이 사는 곳, 상상의 세계를 암시하고 있다. 아울러, 하나의 '이미지'에 반해버린 나르시스는 순수한 사랑의 표본적인 패러다임인 동시에, 중세의 심리학적 지혜를 특징짓는 극적인 면을 부각시키면서, 이미지를 하나의 실체로 여기고 그것을 획득하기 위해 유령적인 악순환의 고리를 부러트리는 광적인 사랑(fol amour)의 표본적 패러다임이다."[624)]

중세에서는 사랑의 장소(site of love)는 샘이나 거울이었다.[625)] 『장미 이야기』[626)]에서 사랑의 신은 위험한 거울(miroërs perilleus)에 다름 아

---

623) 아감벤 2015a: 142. 아감벤에서 나르시스에 비하면 피그말리온 논의는 상대적으로 매우 빈곤한 편이다. "나르시스와 피그말리온" 논고를 읽어보라.

624) 아감벤 2015a: 177.

625) Agamben, "Eros at the Mirror" in: Agamben, *Stanzas*, p.82.

626) Guillaume de Lorris and Jean de Meung, *Le Roman de la Rose*, edited by F.Locoy, Paris, 1970-73. 8음절 2만 1780행으로 되었다. 전반 4,058행은 기욤 드 로리스가 1240년 이전에(1225~30년)에, 후반 1만 7722행은 장 소피넬 드 묑 쉬르 루와르Jean Chopinel de Meaung sur Loire 가 1280년 이전에(1269~1278년)에 썼다. 궁정인(宮廷人) 기욤에 의한 전반(前半)은, 주인공인 '연애하는 남자'가 사랑하는 여성의 상징인 '장미'를 얻고

닌 샘 근처에 거주한다. 모던 심리학에서 이 신화의 해석에 의하면, 나르시스는 리비도(libido)의 자아(self)에서의 봉합(enclosure)과 취소/중지(withdrawal)로서 규정되고 있는데, 이렇게 되면 나르시스가 자신과의 사랑에 직접적으로 빠지는 것이 아니라 물 속에 반영된 자기 자신의 이미지와의 사랑에 빠지는 것임을 기억하지 못하게 된다. 우리시대와 다르게, 중세는 나르시스의 불행한 상황에서 두드러진 상으로 확인한 것은 자기사랑(love of self-filautia, self-love)이 아니라 이미지를 향한 사랑, 그림자를 매개로 하는 사랑에 빠짐(love for an image, an innamorarsi per ombra(falling in love by means of shadows))이었다. 중세의 이와 같은 나르시스의 해석은 "에로틱한" 과정의 환영적 성격의 시적 이론과 밀

자 하는 꿈이야기이다. '한가(閑暇)' '환대(歡待)' 등의 자기편과, '경계' '질투' 등의 적(敵)이 있어, 그것들을 통하여 연애심리를 설명하면서 여성 숭배 등의 궁정풍 연애범절을 가르친다. 12세기의 트루바두르(남프랑스의 음유시인)를 원조(元祖)로 하며, 북프랑스의 궁정풍 설화 작가에 의해 이루어진 '궁정취미'의 대표적인 작품이라 할 수 있다. 파리대학에서 배운, 백과전서적 지식의 소유자인 장에 의한 후반(後半)은 탈선이 많고 전반과는 달리 '자연' '이성(理性)' 등이 활개친다. 여성 찬미의 연애를 정면으로 부정하고, 작자의 풍부한 학식에 의거한 철학적·교화적 경향, 다변적 설교조가 두드러지게 나타난다. 장 드 묑에게 있어 사랑은 본능이고, 그 유일한 목적은 생식(生殖)이며 개(個)의 재생(再生)에 의한 종자(種子)의 보존이다. '자연'과 '이성'의 찬미자인 장은, 인간은 정신으로 자연 전체를 이해할 수 있으나, 자연법칙에는 복종해야 한다고 주장한다. 또 자연에 어긋나는 기성 도덕에 대한 비판과 여성 멸시의 사상도 보이지만, 이것들은 14~15세기에 많은 반향을 불러일으켜, 유명한 '장미설화 논쟁'을 야기했다. 여성에 대한 대담하고 통렬한 풍자는 크리스틴 드 피장 등과의 격렬한 논쟁을 초래했다. 장은 기사도와 금욕사상이 쇠퇴하기 시작한 13세기에, 새로운 행동원리를 탐구하던 부르주아의 전형적 대표자이며, 프랑스 사상문학(思想文學)의 창시자라고 할 수 있다. 현존하는 사본이 300 정도 있는 것으로도 알 수 있듯이, 《장미설화》는 일종의 사상의 교사, 교양의 보고로서, 르네상스시대에 이르기까지 서양 제국에서 널리 읽히고, 개작·번역되었다. 특히 영국의 시인 G.초서에 의한 영역(英譯)은 유명하다.(인터넷 네이버백과사전 참조. 오류가 있다. 수정했다. 김인환, 『장미 이야기 *Le Roman de la Rose*』에 나타난 사랑과 여성의 위치(Le theme de laour et la situation de la femme dans Le Roman de la Rose), 論叢, Vol.57 No.- [1990], 이화여자대학교 한국문화연구원, pp. 27-48 (22쪽), 1990. 참조. 한국어본으로는 『장미와의 사랑이야기』, 솔출판사, 1995. 이 책은 Roman de la Rose에서 기욤 드 로리스의 부분만을 번역한 것이다.

접하게 연관되어 있다. 그러한 만큼이나 단테의 중세의 독자들에게 나르시스의 잘못은 자기사랑이라기보다는 실재의 피조물 인물을 대신하여 이미지를 잘못 받아들이는 것이었다.[627]

중세에서 환상성은 "나르시스 우화(fable)"에 이렇게 표현되어 있었고, 바로 그 때문에, 중세의 사랑이념 형성에 지속적인 특성이 된다. 위험한 거울(miroërs perilleus)은, 사랑 의례(amorous ritual)의 필수불가결한 장식의 하나가 되었고, 샘가의 청년의 이미지는 중세적 에로틱한 도상지에서 선호된 주제의 하나가 되었다. 그림자를 매개로 하는 사랑, 형상을, 이미지를 통한 사랑.

아베로에스[628]에서는 "눈이 물이다."('aqua est oculus')(the eye is water)

---

627) 이는 오비디우스(43 B.C.-A.D. 17?)의 시대와 달랐다. Agamben, "Eros at the Mirror" in: Agamben, *Stanzas*, p.82 및 각주 14.

628) Averroës. 이븐 루시드(아랍어: ابن رشد, 라틴명은 아베로에스 Averroes, 1126년~1198년)는 에스파냐의 아랍계 철학자·의학자이다. 코르도바의 유명한 법학자 가문에서 출생하였고, 그곳에서 신학·법학·의학·철학 등과 같은 학문에 깊은 교양을 쌓았다. 세비야에서 법관을 지낸 일도 있으며, 이븐 투파일의 추천을 받아 알모하드 왕조의 시의(侍醫)에 등용되었으며, 또 코르도바의 법관에도 임명되었다. 그러나 그의 철학 때문에 정통파 신학자와 일반인으로부터 백안시당했고, 만년에는 마라케시(모로코)로 옮겨가 72세로 그곳에서 객사하였다. 장년 때부터 계속해서 아리스토텔레스의 모든 저작의 주해(註解)를 완성하였는데, 그 중에 현존하는 것도 적지 않다. 아리스토텔레스의 사상을 가장 바르게 복원(復元)하려고 한 것이 그의 일생의 목표였기 때문에 주해도 한 책에 대하여 대·중·소의 3부를 만드는 경우가 있었다. 또 이 일은 유럽의 르네상스에도 크게 공헌하여 단테도 그를 칭찬한 바가 있다. 알가잘리가《철학자의 부조리 *Tahāfut al-Falasifa*》를 쓴 데 대해 다시 그 반론으로서《부조리의 부조리 *Tahāfut al-Tahāfut*》를 저작하였다. '모순(矛盾)의 모순'이라고 하는 것과 같은 뜻이다. 이븐 루시드의 신념은 종교도 철학도 다 함께 동일한 진리에 도달함을 목적으로 하는 점에서 상호 모순이 아니라고 하는 데 있었다.

"태양은 모든 것을 보고 있고,

빛이 연못 위에 쏟아지고

그 빛이 바닥에까지 와 닿을 때

그 때에는 백 개가 넘는 색들이 드러난다

수정체 속에"[629]

중요한 것은 연못의 수면이 거울이라는 것이 아니라 눈이 물이라는 것이다. 그러므로 나르시스는 눈을 바라보고 있다는 환영/유령이다. 보는 눈과 보이는 눈이 다르지 않는 것이 아베로에스에서 사유된다.

양면의 수정(double crystal)은 정원을 한번은 한쪽 절반을, 한번은 다른 한쪽 절반을 반영하지만, 결코 한꺼번에 두 면 모두를 반영하지는 않는다. 이 2면의 수정, 이중적 수정은 감각력(sensitive power)과 상상력(imaginative power)으로 분할되어 이루어져 있다. 거울의 양면(two facets of the mirror)의 이미지. 양면을 동시에는 볼 수 없다. 환영/유령을 상상력 속에서 아니면 감각 속에서 대상의 형태를 관조하는 것은 가능하지만, 양자를 동시에 관조하는 것은 불가능하다.[630]

"생자를 사자(死者)로써 중독시키는/취하게 하는" 사랑의 샘, 그리고 나르시스의 거울 이 양자 모두 상상력을 넌지시 시사하고, 이곳에서, 사랑의 실재적 대상인 환영/유령은 남는다. 하나의 이미지와 사랑에 빠지는 나르시스는 순수한 사랑의 표본적 패러다임이며 동시에 광적인 사랑의 표본적 패러다임이다.[631] 아감벤은 환영/유령의 우주가 이 과정에서

629) "the sun, which sees all,/casts its rays in the fountain/and the light goes to the bottom/then more than a hundred colors appear/in the crystal". Agamben 1993[1977]: 82. eye는 단수이다. 그것은 상상의 눈이다.

630) Agamben 1993[1977]: 82-83.

631) Agamben 1993[1977]: 83.

완전히 독립적 영역으로 구성된다고 이해한다. 그는 이렇게 말한다:

> "에로스마저 환영/유령의 우주 속으로 끌어들였다는 사실, 에로스로 하여금 상상의 '위험한 거울'에 스스로를 비추어보도록 했다는 사실이 바로 중세 말기의 심리학에서 일어난 가장 커다란 변화였다. 그것이, 아마도 중세 심리학이 거의 의식조차 하지 못한 상태에서 아리스토텔레스의 환영론/유령론에 기여하며 이루어낸 가장 독창적인 성과일 것이다."[632)]

아감벤은 중세의 나르시스에서 발견하려고 하는 것은 거울도 빛도 아니고 유령성이다. "사랑을 하나의 유령적인 과정으로 보는 개념은 고대 전체를 통 틀어서 흔적을 찾아볼 수 없다."[633)] "중세의 인간은 항상 거울 앞에, 자신의 주변을 바라볼 때에도 스스로의 이미지를 바라보며 거울 속에 푹 빠져들 때에도, 언제나 거울 앞에 서 있다. 하지만 사랑 역시 필연적으로 하나의 사변일 수밖에 없다. 그 이유는 물론 시인들이 말하는 것처럼 '눈이 가장 먼저 사랑의 감정을 만들어내기' 때문이라든지, 혹은 카발칸티가 말하는 것처럼 사랑의 '이해'가, 바라본 것의 모양새로부터 오기 때문이라기보다는, 본질적인 의미에서, 중세 심리학이 사랑을 하나의 환상, 즉 인간의 내면에 그려지거나 반사되는 이미지를 에워싸고 끊임없이 타오르는 불꽃 속으로 상상력과 기억을 몰입시키는 하나의 환상적 과정으로 보았기 때문이다."[634)]

명상, 관조하려면 나도 정지해야 하고 거울도 거울로서의 수면도 정지해야 한다. 그러나 나르시스가 자신을 타자로 인식하는 데에는 이 정지

632) 아감벤 2015a: 177.
633) 아감벤 2015a: 172.
634) 아감벤 2015a: 170-171.

가 다시 중단되어야 한다. 아감벤은 중세의 시인들에게 나르시스가 이 맥락에서 어떻게 파악되고 있었는지를 조망했어야 했다. 그리고 그것은 태양은유학과 눈 중심주의의 세계 속에 있다. 이 속에서 나르시스의 유령은 자신의 또 다른 실체에 다름 아니다. 12세기 중세의 시인이 사랑한 나르시스는 블랑쇼의 나르시스와는 달랐다.

> "모든 시인들은 나르시스들이다."[635] 이 말에서는 "창조 — 포이지 — 는 절대적 주관성의 소산이고, 시인은 자신을 반영하는 시에서 살아 있는 주체가 되며, 또한 시인은 자신의 삶에 순수한 주관성을 육화시키면서 자신의 삶을 시적으로 만들고 변형시킴으로써 시인이라는 낭만주의의 자취만을 피상적으로 다시 발견하는 데에서 만족해서는 안 되며, 의심할 바 없이 그 말을 다르게 이해해야만 하는 것이다. 다시 말해 시인은 자신이 씌어지고 있는 시에서 자신을 알아보지 못한다. 쓰거나 '창조하면서' 시인은 스스로 겪었을 모호한 경험의 부분을 가장 고귀하게 의식화한다는 인본주의적인 안이한 희망을 상실한 채, 자신을 의식하지 못한다. 오히려 씌어진 것으로부터 내버려지고 배제되어, 그것에서 자신의 죽음 자체의 비-현전을 통해서도 스스로 현전하지 못한 채 그는 (살아 있고 죽어가는) 작가와, 이제 타자에 속해 있거나 어디에도 속해 있지 않은 것과의 모든 관계를 포기해야만 한다. 시인은, 나르시스가 반(反)-나르시스인 한에서, 나르시스이다. 즉 자기로부터 우회해서, 그 우회를 촉발시키고 견디면서, 자신을 다시 알 수 없기에 죽어가면서, 일어나지 않았던 것의 흔적을 남기는 한에서 나르시스이다."[636]

---

635) 슐레겔의 말이다. 모리스 블랑쇼, 『카오스의 글쓰기』, 박준상 역, 그린비, 2012, p.224에서 재인용.

636) 블랑쇼 2012: 224.

"나르시스가 보지 말아야만 할 것을 보고 있는 물은 명확하고 뚜렷한 어떤 이미지가 어려 있는 거울이 아니다. 그가 보는 것은 보이는 것 속에서 보이지 않는 것, 형상 속에서 형상화되지 않는 것, 현전하지 않는 어떤 표상(어떤 모델을 반영하지 않는 표상)에서 불안정한 알려지지 않은 것이다. 다시 말해 그것은 오직 그가 갖지 못한 이름만이 멀리서 붙잡아 놓을 수 있을 익명의 인간이다. 그것은 광기 그리고 죽음이다. (그러나 우리에게 그렇다. 나르시스의 이름을 부르는 우리는 그를 둘로 쪼개진 동일자로 간주하는데, 다시 말해 우리는 그가 모르게 — 그가 모른다는 사실을 알면서 — 동일자 내에 타자를, 살아 있는 자 속에 죽음을 숨겨둔다. 아마 그러한 비밀의 본질 — 하나가 아닌 분열 — 에 따라 우리는 그에게 나 없는 갈라진 어떤 나를 가져다주고, 그 나로부터 타인과의 모든 관계를 박탈시켜 놓는 것이다.) 샘물의 흐름은 명료한 어떤 것을, 어느 누구의 매혹적인 이미지를 보이게 만들었지만, 동시에 그것을 분명하게 흐려 놓으면서 깨끗이 보이는 어떤 것(우리가 전유할 수 있을 것)이 안정되게 고정되지 못하게 막으며, 모든 것 — 보도록 부름받은 자와 그가 본다고 믿는 것 — 을 욕망과 공포(감추어진 것을 다시 감추는 한계들, 한 번에 끝나지 않는 어떤 죽음)가 뒤섞여 있는 곳으로 가져간다."[637]

나르시스는 "거울단계"(라캉) 이후에도 그 이전으로 되돌아와 있다는 환상 속에 있는 어린아이이다. 나르시스는 자신을 알아보지 못하는 한에서, 자신을 타자로 파악하고 자신과의 사랑에 빠져들게 된다. 자신을 알아보지 못하게 하는 그 과정에 무엇이 작용하는가? 자신의 의식을 넘어서는 그 무엇? 수면의 작용? — 그렇다면 평온한 절대적 평정의 상태에서의 수면은 아닐 것이다. 바람이 일거나 일렁이는 수면의 불규칙한 흐름.

637) 블랑쇼 2012: 223-224.

8. 뒤러의 〈멜랑콜리아 I〉에 대한 해석논박

아감벤은 뒤러의 〈멜랑콜리아 I〉에서 주인공을 어떻게 해석하는가?

프네우마(pneuma)는 원래 숨, 공기, 입김 등을 뜻하는 그리스어인데, 철학 용어로 사용되기 시작하면서, 다양한 의미를 내포하는 용어로 전형되어왔다. 소크라테스 이전의 시대의 철학자들에게서 프네우마는 영혼과 존재의 기원으로, 스토아철학자들에게는 영으로, 르네상스 철학자들에게는 신들이 인간사에 개입하기 위하여 사용하는 일종의 도구로 파악되었으며, 그리스도교에서는 바람과 숨과 영을 동시에 뜻하는 유대교 용어 Rual의 번역어로 사용되면서 성령으로 사용되었다.[638)]

〈에로스의 유령들〉[639)]은 파노프스키의 뒤러 〈멜랑콜리아 I〉 해석에 대한 반론을 담고 있다.

> "파노프스키와 작슬의 전통적인 도상 해석방식을 치밀하게 재평가하려는 것이 이 연구서의 목적은 아니다. 그러나 여기에서 언급을 피할 수 없는 부분은 다음 아닌 뒤러의 수수께끼 같은 판화를 끊임없이 바라보며 탐구 영역을 넓히고 기준을 마련해온 연구들이, 지금까지 진행되어오는 동안 과연 파노프스키와 작슬의 해석이 가지고 있는 어떤 부분들이 위협을 받았는가 하는 질문이다."

아감벤은 이렇게 질문을 던진 다음에, 다음과 같이 말을 이어간다:

---

638) 아감벤 2015a: 64 각주 1.

639) 아감벤 2015a: 62-74.

"지속적인 연구를 통해 얻은 새로운 성과들 중에 가장 중요하다고 할 수 있는 것은, 우울증 신드롬을 재평가하기 위한 배경을 '환상적 영'을 다루는 중세와 르네상스 시대의 이론으로 변경시켰다는 점(우울증이 원래 의미하는 것은 '유령의 활동에서 비롯되는 무질서' '상상의 부패라는 악습'에 지나지 않는다), 결과적으로 우울증 신드롬을 '사랑의 이론' 영역 속으로 도입시켰다고 하는 점이다(유령은 사랑의 운반체인 동시에 사랑의 대상이며 사랑 그 자체는 우울증인 열정이다). 상상력과 우울한 기질 사이의 친화성에 대해서는 파노프스키와 작슬 역시 주목한 바 있지만, 이는 그들의 해석을 뒷받침하던 아그리파의 텍스트에 그것이 분명하게 명시되어 있었던 때문일 뿐, 전혀 심도 있게 다루어지지 못했다."[640]

아감벤은 뒤러의 그 판화에서 우울증과 사랑의 관계를 읽어내려 하는 것이다. 그런데 뒤러의 그 판화에서 사랑의 관계를 읽어낼 수 있는 도상들은 무엇인가? 아감벤은 도상들을 구체적으로 짚어가면서 해석하지 않고, 단정하고 있다.

뒤러의 〈멜랑콜리아 I〉에서 아감벤은 그가 '날개 달린 아기 천사'로 확인하고 있는 그 도상을 두고서 다음과 같이 해석한다.

"뒤러의 이미지와 유령이론의 합류가 가져온 첫 번째 결과는, 도상학적인 차원에서 날개 달린 아기천사가 이제는 더 이상 Brauch, 즉 '관습'을 상징하는 것으로 고려될 수 없다는 사실이다. 아기천사를 '구도'의 의인화로 바라보던 클라인(Klein)도 날개 달린 아기천사와 '관습'이 어울리지 않는다는 점을 이미 주목하고 있었다. '관습'을 상징하려면, 당연히 장님으로 날개

---

640) 아감벤 2015a: 71 각주 14.

없이 그려져야 했기 때문이다."[641]

이렇게 판단한 다음에 아감벤은, "이제 아기천사가 '환상적 영'을 상징한다고 편안하게 이야기"한다.[642]

"'환상적 영'은 환상 속에 유령을 그려 넣으려는 아기천사의 자세 속에 새겨져 있다. 이것은 왜 뒤러의 아기천사가 도상학적으로 분명하게 에로테스(에로스의 연인으로 등장하는 아기천사들)의 유형에 속하는지 설명해준다. 실제로 '환상적 영'은 우리가 살펴본 것처럼 사랑의 마술적 매개체인 동시에 스틸노보가 노래하는 '사랑의 영'과 동일한 계열에 속한다."[643]

아감벤은 박쥐의 의미에 대해서 파노프스키와 작슬과는 달리 해석한다.

"유령학적 관점이 뒤러의 이미지를 해석하면서 만들어내는 의미론적 회전, 즉 영역의 한계에서 (형이상학에 다다르지 못하는 기하학의 한계) 변증법적인 한계에 (환상의, 소유할 수 없는 것을 소유하려는 시도) 이르는 의미의 회전이, 반대로 무언가를 올바르게 해석할 수 있도록 해주는 것이 있다면, 그것은 표지판 '멜랑콜리아 I'를 들고 있는 박쥐의 의미이다. 여기에서 박쥐는 사실 커다란 표징 안에 있으면서, 그것의 열쇠를 쥐고 있는, 작지만 진정한 의미에서 표징이라고 볼 수 있다. 호라폴론(Horapollon)의 『신성문자학』(*Hieroglyphica*)에서, 하늘을 나는 박쥐는 불가능에 도전하며 스스로의 불행을 극복해보려는 인간의 과감한 시도로 해석되고 있다. '허약하고 음탕한, 하지만 여전히 과감하게 시도할 줄 아는 인간을 보여주고 싶을

---

641) 아감벤 2015a: 72.

642) 아감벤 2015a: 72 각주 14.

643) 아감벤 2015a: 72 각주 14.

때 그들은 박쥐를 그린다. 이것은 날개 없이도 날아가기를 계속해서 시도 한다.'"[644]

아감벤은 박쥐 도상에서 왜 그 표지판을 들고 날고 있는지를 설명하고 있지는 않다. 내가 보기에는 박쥐 도상이 있는 그 공간은 공간 속의 공간이다. 말하자면 그림 속의 그림이다. 뒤러는 이 작품에서도 하나의 원근법을 확고하게 수행하고 있지는 않다.

그리고, 아감벤은 파노프스키에 대항하여 달리 해석하고 있는 부분을 첨가한다. 그것은 슬픔·나태[=비노동]의 해석과 관련되어 있다.

"연구가 진행되는 동안 부상한 또 하나의 성과는, 교부들에 의해 진행되었던 '슬픔·나태[=비노동]'의 (파노프스키는 이것을 간단히 '게으른 자의 졸음'으로 해석하고 있다) 이론화가 르네상스 우울증 이론의 태동을 위해 수행했던 역할이 재평가되었다고 하는 점이다. 살펴본 바와 같이, '슬픔·나태[=비노동]'은 교부들이 생각했던 것처럼 게으름과 일치하지 않을 뿐만 아니라 우울증의 르네상스적인 개념을 특징짓는 모호한 양극성(건강한 슬픔과 유해한 슬픔)까지 지니고 있다."[645]

아감벤은 뒤러의 이 판화에서 "명상에 빠진 천사"를 보고 있다.

"명상에 빠진 천사는, 이미 일반적인 것이 되어 버린 해석에서처럼 '기하학'을 상징하고 그것을 기초로 하는 다른 모든 학문들이 결국에는 형체 없는

644) 아감벤 2015a: 72 각주 14.

645) 아감벤 2015a: 72 각주 14.

형이상학적 세계에 도달할 수 없다고 하는 불가능성을 상징하는 것이 아니라, 오히려 인간이 끝내는 본질적인 심리적 위험을 감수하면서 스스로의 유령에 형상을 부여하려는 시도, 그렇지 않고서는 붙잡을 수도 없고 알 수도 없는 그것을 기술적으로 정복하려는 노력을 상징한다."[646]

아감벤의 이 해석은 설득력 있어 보이지 않는다. 파노프스키가 밝히고 있듯이 뒤러는 기하학적 모델 내에 머물지 않았다. 질서와 체계 있는 공간에 주인공이 있지 않다. 뒤러는 확고한 원근법의 세계 속에 있지도 않았다. 비슷한 시점에 창작된 뒤러의 작품 〈성 히에로니무스의 서재〉는 두 개의 관점들이 공존하고 있다. 아감벤이 말하는 그 "유령"과 같은 내용과 형식으로 뒤러가 상상력의 세계를 주장했는지 의심스럽다.

아감벤은 위의 해석 주장에 이어, 건축학적 도상들에 대해서도 해석을 달리한다.

"우울증으로 인해 일상적인 용도의 의미를 고스란히 빼앗기고 그러한 상실에 대한 슬픔의 표징으로 전락해버린 이 컴퍼스, 공, 맷돌, 망치, 저울, 자와 같은 물건들은, 붙잡을 수 없는 것의 도래를 위해 이들이 차지하고 있는 공간 외에는 아무런 의미도 가지고 있지 않다. 그러나 우울증 환자가 편안한 마음으로 버려진 수수께끼들 사이에 혼자 외롭게 남아 있을 수 있는 것은, 여기에서, 정말 붙잡을 수 있는 것은, 붙잡을 수 없는 것뿐이라는 교훈이 있기 때문이다. 에덴동산의 비밀이 적혀 있는 과거의 유물들처럼 이 버려진 물건들 속에 각인된 것은 영원히 잃어버린 상태로만 가질 수 있는 것의 섬

646) 아감벤 2015a: 73.

광이다."[647]

아감벤이 말하는 바와 같이 "아기천사"가 움직이고 있는 가운데 옆에 있다면, 천사는 명상, 관조에 들어갈 수 있는가, 활동하는 천사와 같은 공간에서 천사가 외로울 수 있는가. 더구나 주인공은 나태에 빠져 들고 있지도 않다.

9. 막스 베버의 『프로테스탄티즘 윤리와 자본주의 정신』

1) 종교로서의 자본주의

아감벤은 종교의 관점에서 자본주의를 논의한 바 있는 베버[648]를 논

647) 아감벤 2015a: 73-74.

648) 유교와의 차이는 유교가 전문화를 거부하고, 교양(군자)론을 우선시했다는 데에 있다.(웨버, "유교와 도교", 막스 웨버, 『웨버: 세계의 대사상 12』, 휘문출판사, 1972, pp.403-572, 여기에서는 pp.498ff..) "인간은 다만 어떠한 하나의 일에 유능함으로써 그의 직무를 취득할 수 있다고 하는 확신을 출발점으로 하는 폴리스(Polis)의 지반 위에서 창작되어진 사회적 방향을 갖게 되는 플라톤적 이상과는 정면으로 반대되며, 또 금욕적 프로테스탄트주의의 직업개념과는 더 한층 뚜렷한 대조를 이루고 있다. 중국에서는 전면화되려는 교양을 지니게 된 유교적(군자) 군주적인 인물이라는 말을 드보르자크가 번역하여 말한 신사의 신분적인 고위함으로의 이상을 정립시키고 있었다. 이와 같은 전면성에 기틀을 두는 덕 이른바 자기 완성이란, 일면화에 의하여 얻어지는 부보다도 두드러지는 것이었다. 교양[전면적 교양을 갖춘 인격인, 곧 군자]으로부터 생기는 덕이 없다면, 세계 안에 있어서 유력한 지위를 갖는다고 하더라도, 어떠한 일도 해낼 수가 없는 것이었다. 그러나 그와 반대로, 어떠한 덕을 구유하였다고 할지라도, 유력한 지위를 갖지 못한다면 어떠한 일도 해낼 수는 없었다. 그렇기 때문에 이득 때문에서가 아니라 그 지위를 '고귀한'(höhere) 인물을 구하려 했던 것이다." 웨버 1972: 500. 고대 폴리스 시대에서도 서구에서는 전문성의 가치를 높이 평가하고 있었는데, 비하여 동양의 유교문화에서는 그렇지 않았다. 그런데 우리 시대는 어떠한가? 교양마저 부족한 자들이 돈과 권력 지위만을 추구하고, 그렇게 지위, 자리를 차지한 자들은, 고귀한 인물인양 행세한다.

의한 벤야민의 단편 하나에 응시한다. 그것은 베버의 종교사회학적 핵심 명제 프로테스탄티즘 윤리와 자본주의 정신 사이의 친화성에 대한 논의이다.[649] 아감벤은 이 명제에 대해서 개입한다:

> "'종교로서의 자본주의'는 벤야민의 대단히 깊게 파고드는 유고 단편들 중의 하나의 제목이다. 벤야민에 의하면, 자본주의는 막스 베버에게서처럼 프로테스탄트 신앙의 세속화일 뿐만 아니라 그리스도교에서 기생적으로 발전된, 본질적으로는 그 자체가 종교적인 현상이다. 모던 종교로서의 자본주의는 세 가지 특징에 의해 정의된다. 첫째, 자본주의는 이제껏 존재한 종교 중에서 가장 극단적이고 절대적인 예찬적 종교이다. 이 속에서 모든 것은 교리나 이념이 아니라 예찬의 실행과 관련해서만 의미를 갖는다. 둘째, 이 예찬은 영구적이다. 즉, '휴식도 자비도 없는 예찬' 되는 것의 축하이다. 여기에서는 평일과 휴일[노동일과 축제일]을 구별하는 것이 가능하지 않으며, 오히려 노동이 제의의 찬양과 일치하게 되는 단 하나이자 중단되지 않는 휴일이 있을 뿐이다. 셋째, 자본주의적 제의는 죄로부터의 구원이나 죄에 대한 속죄가 아니라 죄 자체를 향한다. '아마도 자본주의는 속죄(atonement)가 아니라 죄를 창조한 예찬의 첫 심급(the first instance of a cult that creates guilt, not atonement)일 것이다. …… 어떠한 구원

649) 베버에 의하면, 개신교윤리와 자본주의정신 사이에는 인과성이 아니라 선택적 친화성이 있다. 베버의 『세계종교의 경제윤리』 총서의 서문에서 베버는 이렇게 적었다: "종교에 의해서만 결정되는 경제윤리란 있을 수 없다. 종교적인 혹은 (우리가 말하고자 하는 의미에서) 기타의 '내면적인' 요인들에 의해 결정되는 '세계에 대한 인간의 태도'에도 불구하고, 경제윤리는 물론 고도의 순수한 독자성을 갖는다. 주어진 경제지리적, 역사적 요소들이 이 독자성의 정도를 크게 규정짓는다. 그러나 일상 생활 태도에 대한 종교적인 영향력 역시도 경제윤리의 결정요소들 중의 하나 — 이 점에 유의하라 — 단지 하나이다. 물론 종교적으로 결정되는 생활양식 그 자체는 주어진 지리적, 정치적, 사회적, 민족적 경제 속에서 작용하는 경제적, 정치적 요소들에 의하여 커다란 영향을 받는다. 만일 이러한 상호 의존관계의 특이성을 모두 살펴보려고 한다면, 우리의 논의는 혼란에 빠지고 말 것이다."(1948: 268)[*From Max Weber*]

도 알지 못하는 괴물적 죄책감(a monstrous sense of guilt that knows no redemption)은 예찬이 되고 있는데, 그 예찬 속에서 그 죄를 씻기보다 오히려 그러한 죄를 보편화하려고 하며 …… 이 죄 속으로 신을 일시에 전면적으로(once and for all) 포함시킨다. …… [신은] 죽은 것이 아니라 인간의 운명으로 통합되어져 왔다.'"[650]

자본주의적 사회가 발전하면서 사치에 대한 비난은 일상에서도 학문적으로도 폭 넓게 일어났다. 토마스 모어(Thomas More, 1478-1535)가 "양이 사람들을 먹어치운다"고 한 말은 의류 사치(양모 소비)를 겨냥한 표현이었다.[651]

사치는 프로테스탄티즘의 윤리를 구성하는 근검절약의 생활양식을 위반하는 행위로서 적어도 서구에서 특별하게 비난의 대상이 되는 것은 사치행위가 종교적 위반으로 해석될 수 있기 때문이다. 사치론에서 자주 거론되고 있는 사례는 퐁파두르 부인이었다.

"퐁파두르 부인은 구체제(Ancien régime)의 모든 문화의 대표자였으며, 특히 취향과 외적 생활양식의 대표자이기도 했다. 그녀는 경제생활을 자신의 취향에 맞게끔 만들어내기 위해서 경제생활의 흐름에 직접 개입했다. 그녀는 자기 동생을 로마로 공부하러 보낸 다음, 그를 건축, 정원, 예술 및 제조업에 관한 총감독으로 임명했으며, 나중에는 그를 마리니 후작으로 만들었다. 퐁파두르 부인은 자기 마음대로 궁전을 세웠다. 프티 샤토, 벨류 궁전, 그 외에 토디(나중에는 브림보리옹으로 개칭) 궁전을 추가했다. 그녀는 슈아시 궁전을 아름답게 단장했다. 그리고 그녀 자신이 샤토 드 벨류의 미

650) 조르조 아감벤, 『세속화 예찬. 정치미학을 위한 10개의 노트』, 김상운 역, 난장, 2010. [원문 2005, 영역본 2007]. 아감벤 2010:117; 영역본 p.80. 번역은 수정했다.

651) 좀바르트 1997: 226.

술관 계획을 세웠는데, 이 궁전은 반로(Vanloo), 부셰(Boucher), 부뤼네티(Brunetti)의 붓으로 장식되었으며, 쿠스통(Couston)은 그 곳에 루이 15세의 입상을 새겼다. 그 궁전에서 그녀는 축제를 열었는데, 그 때 그녀는 손님들이 입을 옷을 미리 만들도록 해서 손님들에게 선물로 주었다. 그러한 옷들 중에서 어떤 것은 그 비용이 1만 4천 리브르나 되었다. 또한 그녀는 슈아시 궁전에 오는 손님들에게 줄 내의에 60,452 리브르를 지출했다. 그녀가 쓴 비용 전부는 그 어느 왕비도 결코 만져 보지 못한 액수였다. 기록에 따르면 그녀는 루이 15세를 좌지우지한 19년 동안 그녀의 개인적인 욕구를 위해 36,327,268 리브르를 지출했다."[652)]

2) 나태와 사치

그러나 근면의 대항점에 있는 나태는 사치와 더불어 프로테스탄티즘의 윤리를 위배하는 행위이지만, 사치와는 다른 내용을 가지고 있는 것으로 파악되었다.[653)]

"나태의 본질은 게으름 범주보다는 슬픔과 절망 범주에 속한다고 중세의 교부들은 말한다. 토마스 아퀴나스의 『신학대전』(*Summa Theologica*)에서는 나태는 '일종의 슬픔'(species tristitae), 인간이 가지고 있는 본질적으로 영적인 자산 앞에서의 슬픔, 즉 신이 인간에게 부여한 특별한 영적 존엄성 앞에서의 슬픔이다. 나태한 인간을 괴롭히는 것은, 그러니까 악과 병에 대한 의식이 아니라, 반대로, 가장 위대한 유산에 대한 생각이다. 나태는 정확히 말해 신 앞에 선 인간이 그에 대한 의무로부터 두려움에 떨며 도망가는

652) 좀바르트 1997: 131.

653) 사치는 근검절약의 행위처럼 열정적으로 노력하는 외양을 가질 수 있다. 그리고 금욕은 선이나 혹은 악으로 발아할 수 있다. 빈자를 돕는 선행가 혹은 수전노.

현기증 나는 후퇴(recesus)를 의미한다. 즉, 어떤 식으로든 피할 수 없는 것 앞에서의 도주인 만큼, 나태는 곧 죽음에 이르는 병을 뜻한다. 아니, 그것으로는 부족하다. 나태는 죽음에 이르게 하는 가장 혹독한 병이다. 이 병의 처참한 이미지를 키에르케고르는 나태의 가장 무서운 결과를 묘사하면서 또렷하게 그려내고 있다. '스스로가 절망이라는 것을 의식하는 절망은, 자아 속에 무언가 영원한 것을 가지고 있다는 것을 알고 있다. 그리고 이제 절망적으로 자기 자신이지 않으려 하거나, 혹은 절망적으로 자기 자신이기를 갈망한다.'"[654]

아감벤에 의하면, 태만은 권태의 한 현상으로 나타나며, 그 자체가 전면적으로 부정적인 것은 아니었고, 이중적이었다. 자본주의가 강요하는 근면에 저항하는 정서로서 나태는 수용된다. 나태는 자본주의에 대한 저항으로 이해되는 경우도 있다.

또한, 베버의 칼뱅주의의 노동/직업윤리는 자본주의 동학에서 일면적이다. 좀바르트가 강조하듯이 소비 자본주의 측면이 있는 것이다.

좀바르트는 "비합법적인 사랑의 합법적인 사랑의 자식인 사치가 자본주의를 낳은 것"[655] 이라고 주장하고, 사치산업이 자본주의적 조직에 보다 더 적합한 이유를 다음과 같이 열거한다.[656]

첫째, 사치품의 우수한 성질은 노동과정이 협업과 전문화에 의해서 높은 단계에 오를 때에야 비로소 획득되는 경우가 많다. 뛰어난 가치를 지닌 작업의 분화는 자본주의적인 기업에 의해 생겨난 경영조직만이 만들어내는 보다 폭넓은 생산 기반 위에서만 가능하다.

---

654) 조르조 아감벤, 『행간』, 윤병언 역, 자음과모음, 2015a[*Stanze*, 2011]. 아감벤 2015a: 33-34.

655) 좀바르트 1997: 276

656) 좀바르트 1997: 275-276.

둘째, 판매의 성격상 유행에 민감하다. 불황을 견디어내고 호경기를 이용하는 데에 자본주의적 조직이 유리했다.

셋째, 유럽의 중세시대에 모든 사치산업이 왕후나 사업욕이 있는 외국인들에 의해 인위적으로 만들어졌다. 외국인들은 기존의 조합과는 상대적으로 떨어져서, 합리성을 추구하기가 용이했다.

그리고, 대량판매의 가능성이 사치산업에 자본주의 초기에 유리했다.

3) 크레시스

아감벤은 『남아 있는 시간』에서 제2일 크레토스(Klêtos)[소명받다]에서 바울로의 소명론에 대해서 논의한다.

고리토인들에게 보낸 편지 7: 17-22: "각각의 사람들은 주님께서 나누어주신 은총의 선물을 따라서 그리고 하느님께 부르심을 받았을 때의 모습대로 살아가십시오. 이것이 내가 모든 교회[ekklesias, 이것 역시 kaleo의 동족 언어이다]를 위하여 세운 원칙입니다. 부르심을 받았을 때 이미 할례를 받은 사람이면 그 흔적을 굳이 없애라 하지 마십시오. 그리고 부르심을 받았을 때 아직 할례를 받지 않은 사람이면 굳이 할례를 받으려고 하지 마십시오. 할례를 받았거나 받지 않았거나 그것은 문제가 되지 않습니다. …… 그러므로 각각의 사람은 부르심을 받았을 때의 상태를 그대로 유지하십시오. 부르심을 받았을 때에 노예였다 하더라도 조금도 마음 쓸 것이 없습니다. 그러나 자유로운 몸이 될 기회가 생기면 그 기회를 이용하십시오. 노예라도 부르심을 받고 주님을 믿는 사람은 주님의 자유인이 되고 자유인이라도 부르심을 받은 사람은 그리스도의 노예가 되는 것입니다."[657]

---

657) 아감벤, 『남겨진 시간』, 강승훈 역, 코나투스, 2008b. 아감벤 2008b: 40-41에서 재인용.

“크레시스라는 용어를 막스 베버의 『프로테스탄티즘의 윤리와 자본주의 정신』(1904)에서 전개하고 있는 전략적 기능과 대립시킬 필요가 있다. 베버의 테제에 관해서는 이미 알려져 있는 바와 같이 그가 ‘자본주의 정신’이라고 부르는 것 — 쾌락주의적 또는 공리주의적 동기와는 독립적으로, 이익 그 자체를 선으로 간주하는 마음 상태 — 은 그 종교적 근저로부터 해방된 칼뱅주의적이거나, 청교도적인 직업적 금욕의 기원을 내포하고 있다. 이를 다시 말하면, 자본주의 정신은 청교도들의 직업윤리의 세속화를 의미하고 있다. 이러한 사실은 우리들이 이미 읽은 크레시스에 관한 바울로의 구절로부터 출발하고 있으며, 이와 관련되어 문제가 되고 있는 메시아적 크레시스를 근대적인 Beruf의 개념, 즉 ‘소망’이며 ‘현세적인 직업’으로 변용시키고 있는 것이다.”[658]

크레시스는 신 또는 메시아가 어떤 사람을 향하여 이루는 소명을 의미했는데, 루터의 번역을 통해서, 그것은 직업이라는 근대적 의미까지 의미하게 되었다. 칼뱅주의자와 청교도는, 새로운 윤리적 의미를 크레시스에 부여한 것이다. “베버에 의하면, 바울로의 텍스트는 현세적 직업에 관한 어떠한 긍정적인 평가도 포함하지 않은 채 단지 초기 그리스도교도들의 공동체에 종말론적 무관심의 태도를 제시한 것일 뿐이라 한다. 모든 사람들은 주의 재림의 날을 기다리고 있기 때문에, 각자 주의 소명을 받았을 때와 같은 신분과 현세적 직업에 머물러 있는 지금처럼 노동해야 한다.”[659]

658) 아감벤 2008b: 41-42.

659) 아감벤 2008b: 42. Weber, Max. 2002. *The Protestant Ethic and the Spirit of Capitalism*. Ed., trans., and intro, Peter Bached as Die protestanstische Ethik: Eine Aufsatzsammlung, 8th ed., Johannes Winckelmann, Guetersloh: Guetersloher Verlaghaus, 1992, p.31.

베버의 『프로테스탄티즘 윤리와 자본주의적 정신』에서:

"바울로가 사용하고 있는 크레시스는 신에 의한 영원한 구제에 대한 소명이라는 의미이다. 그것은 예를 들면 고린도인들에게 보낸 첫째 편지 1:26, 에페소인들에게 보낸 편지 1:18, 4:1, 4:4, 데살로니카인들에게 보낸 둘째 편지 1:11, 히브리인들에게 보낸 편지 3:1, 베드로의 둘째 편지 1:10에서 발견할 수 있다. 이들의 경우, 크레시스의 개념은 순수하게 종교적이고, 사도들에 의해 전파되는 복음을 통하여 신의 행위로서 도래하는 소명을 가리키는 것에 불과하며, 오늘날의 의미로서의 현세적인 '직업'과는 아무 관계도 없다."[660]

고린토인들에게 보낸 첫째 편지 7장의 문구에서 크레시스라는 용어의 '순수한' 종교적인 의미와 beruf라는 용어의 근대적인 의미를 이어주는 것을 베버는 읽어낸다.

"Beruf에 관하여, 이처럼 루터가 사용했던 전혀 상이한 두 종류의 용어법을 연결해주는 것은 고린토인들에게 보낸 첫째 편지의 문구와 그 번역일 것이다. '루터역' 성서에 의하면, 문제의 문구가 위치해 있는 맥락 전체는 다음과 같다. '각 사람은 주님께서 나누어주신 은총의 선물을 따라서 그리고 하느님께서 부르심을 받았을 때의 처지대로 살아가십시오. …… 부르심을 받았을 때 이미 할례를 받은 사람이면, 그 흔적을 굳이 없애려 하지 마십시오. 그리고 부르심을 받았을 때 아직 할례를 받지 않은 사람이면 굳이 할례를 받으려고 하지 마십시오. 할례를 받았거나 안 받았거나 그것은 문제가 되지 않습니다. 오직 하느님의 계명을 지키는 것만이 중요합니다. 그러므

660) 베버를 아감벤 2008b: 43에서 재인용. Weber 2002[1992]: 55.

로 각 사람은 부르심을 받았을 때 - en te klêse he eklêthe, A. 메르크스가 나에게 언급한 바에 의하면, 이것은 명백한 헤브라이즘이다. 공인 라틴어 성서에서는 in qua vocatione vocatus est 라고 되어 있다. ……의 상태를 그대로 유지하십시오. 부르심을 받았을 때 노예였다고 하더라도 조금도 마음 쓸 것 없습니다.…… 20절에 대해서 루터는 오래된 독일어역을 답습하고 있으며, 1523년에도 이 장에 관한 그의 해석 속에서는 크레시스를 Ruf로 번역하고, '신분'으로 해석하고 있다. 사실, 크레시스라는 언어는 이 한 절에 있어서 — 그리고 이 한 절에 있어서만 — 라틴어의 Status나 우리들의 Stand (기혼의 신분, 노예의 신분 등)에 해당하는 것임에 틀림없지만 그것은 — L. 브렌타노가 …… 상정하고 있는 것처럼 — 오늘날의 직업을 의미하는 것이 아니라는 것 역시 틀림없는 사실이다."[661]

아감벤은 어원학적 문헌학적 독해를 거쳐서, 베버를 비판한다:

"크레시스는, 일체의 법적신분이나 현세적 상태가 메시아적 사건과의 관련하에 놓여 있게 된다는 사실로 인해 특별한 변용을 지시하고 있다. 다시 말해, 그것은 종말론적 무관심이 아니라 거의 모든 개별적인 현세적 상태에 그것이 '소명받음'으로써 발생되는 변화, 즉 매우 내면적인 위치이동과 같다. 에크레시아(ekklesia), 즉 메시아적 공동체란 바울로에게 있어서는 문자 그대로 크레시스, 즉 메시아적 소명의 총체이다. 하지만 메시아적 소명은 어떠한 특수한 내용을 지니는 것이 아니다. 그것은 소명 받은 시점이나 소명받은 상태와 같이 사실적이거나 법률적인 상태를 재개한 것일 뿐이다. 이러한 부동의 변증법이나 이러한 현장에서의 운동을 묘사한 것에 대해서, 크레시스는 사실적인 상태나 신분과 혼동될 수 있으며, 소명이나 직업을

661) Weber, Max. 2002. Weber 2002[1992]: 56-57. 아감벤 2008b: 43-44에서 재인용.

의미할 수가 있다."[662]

우리는 창조의 고독한 침묵의 세계가 있다는 것을 알고 있다. 우울증의 세계가 그것이다. 그런데 오늘날 정신의학에서 우울증을 질병의 하나로 파악하는 경향과는 다른 입장도 오래되었다. 문학과 예술에 관한 이론들에서 이런 입장이 역사적으로 흔히 보인다. 창작자가 기존의 모든 것에 만족하지 못하면서도 새로운 것을 아직 포착, 창작하지 못하는 그 절박한 순간에 우울증을 보인다. 그 어느 다른 사람에게도 의지할 수 없으므로, 그는 내면으로 침잠해 들어갈 뿐이다.

서양 중세에서는 오늘날 우울증으로 번역하는 멜랑콜리는 인간의 체질에서 네 가지 서로 다른 유형 가운데 하나였다.

그렇지만 멜랑콜리는 자본주의 정신의 발전 이래로 일상에서는 부정적으로 평가되어 왔다. 그것은 노동의 근면한 윤리를 부정하거나 위해하는 것으로 받아들여졌던 것이다. 막스 베버가 자본주의가 서구에서 기원한 이유를 밝히려고 한 자신의 역작『프로테스탄티즘의 윤리와 자본주의 정신』에 의하면, 자본주의 정신을 발전하게 하는 모형은 칼뱅주의였다. 칼뱅주의의 경건주의는 세속적 합리주의와 금욕주의로 구성되어 있었다. 그것은 신의 은총을 감정이나 느낌으로 확인하는 종류의 것과는 달랐다. 그것은 다음 두 가지로 개진된다. "하나는 항상 보다 고상한 법(Gesetz)으로써 심사할 수 있는 완전성과 확실성에 대한 개인 신앙생활의 조직적 발전이 구원받은 자의 표징(Zeichen)이라는 것"이고, 다른 하나는 "그와 같이 완전성을 얻게 된 자에게 작용하며, 대망의 인내와 조직적인 고려를 할 경우에 조언을 아끼지 않는 것은 신의 섭리라는 관념"이

662) 아감벤 2008b: 45-46.

다. 직업은 신의 소명으로서 철저하게 추구해야 할 노동의 세계이고, 그 금욕성은 감정에 빠지지 않는 냉정한 합리성의 세계이다. 이 세계에서 생산성의 성장을 위하여 무한한 경쟁마저 받아들이되, 결코 일 없는 내면의 세계로 빠져들 수는 없다. 우울은커녕 일중독이야말로 신의 선택된 은총을 확인하는 징표이다. 베버와는 다른 관점에서 자본주의를 이해하고자 했던 경제사이론가 베르너 좀바르트였다. 그는 소비, 특히 경건주의와 충돌할 수 있는 사치가 자본주의를 발전시키는 측면에 주목했다. 생산된 상품들이 소비되지 않으면 생산은 지속될 수 없는 것이 분명한 만큼이나 생산모델만큼이나 소비모델 역시 중요하다. 현실적 경제생활에서는 사치의 경제적 가치를 인정하는 논술들은 줄을 이어갔다. 윤리적이었던 흄(D. Hume)조차도 나쁜 사치와 구별되는 좋은 사치를 인정했고, 나쁜 사치조차도 태만보다는 더 좋다는 주장을 피력할 정도였다.

그런데 문학과 예술에서는 새로운 창작을 위해서라면 태만조차도 찬양되고 있었다. 그것은 우울증으로 표현되는 예가 많았다. 창작자 자신마저 완전히 "소비"하여 탕진하는 것을 주저 없이 예찬하는 분위기는 보들레르에서 거의 온전한 모습으로 등장했다. 그의 시 세계에서 창녀는 새로운 창조를 위한 우울증의 다른 원천이다.

멜랑콜리는 양면적이다. 그것은 병적 우울증으로 마침내 자살로 나아갈 수도 있지만,[663] 다른 한편으로는 기존의 것들을 초월하여 새로운 창조의 세계로 들어가게 하는 문일 수도 있다. 우리는 멜랑콜리의 양면성에 모두 균형있게 접근해야 한다. 자살로 나아가는 병적 우울증이 아니라 일

663) 한국의 자살률은 2012년 10만명 당 29.1명으로, 핀란드의 그것에 거의 2배에 해당한다. 경제협력개발기구(OECD) 회원국에서 최고 수준이다. 한국의 이 불명예스러운 최고 수치는 변함없다. 노인자살률 또한 최고 수준이고, 20~30대 청년 자살률도 증폭하고 있다.

단 냉정한 경쟁만 가득한 노동의 세계에서 물러나서, 촛불을 켜고 독서하면서 내면의 세계로 들어가 볼 것을 권유하거나 주장하는 논술이 등장한다.

10. 빌라도의 예수 재판과정

1) "예수를 사랑한 빌라도"

아감벤은 빌라도의 예수 재판과정을 섬세하게 분석하면서 자신의 핵심 명제를 논증하려 한다. 그런데 우리는 이 명제에 대해서 곧바로 논의하지 않고 우회의 길을 택한다. 구체적으로 말해서, 에릭 엠마뉴엘 슈미트의 『예수를 사랑한 빌라도』[664]에 끌어 들이고자 한다. 소설적 상상력을 살려 빌라도가 예수를 믿는 과정을 그려내고 있다.

빌라도는 아내 클라우디아가 예수를 구해줄 것을 요청하자, 묘책을 구상하고 실행한다. 군중의 성난 심리를 달래기 위해 예수에게 채찍질을 가하자는 방책이었다.[665]

> "내 군사들이 그를 앙토니아 요새 앞뜰에 데려다 놓고, 그의 살갗 위에 채찍을 휙휙 휘둘러 내리쳤다. 그런데 기이하게도 그 죄인은 소리치지도, 항거하지도 않았으며, 짧은 헐떡임으로 타격의 충격을 나타내 보이지도 않았다. / 그는 마치 그 장면으로부터 사라져 버린 것처럼 보였다. 초연한 그의

664) 에릭 엠마뉴엘 슈미트, 『예수를 사랑한 빌라도』, 이미경 역, 문화마당, 2002.[Eric Emmmanuel Schmitt, *L'Evangile selon Pilate*, 2002] 빌라도 복음이 원래의 제목이다.

665) 에릭 엠마뉴엘 슈미트 2002: 117. 그렇지만, 그 묘책은 통하지 않았다.

태도는 죄인의 태도도, 결백한 자의 그것과도 닮지 않았었다. 그는 원하지 않았지만 받아들였던 그 운명을, 자신을 다른 곳에 둠으로써 수행하고 있는 것이다. 그의 육신조차도 형벌 받은 자의 육신 역을 연기하지 않은 채 결코 한 마디의 신음도, 불평도 새어나오는 법 없이 살갗이 터지고 피가 흘렀다. / 예수는 자신의 재판관들과 형 집행관들을 모독하였고, 모든 정의를 한낱 정의의 모방으로, 형벌을 정의의 위조물로 여기도록 만들었다. 군중들은 실망했다. 군중들은 이제 그에 대해 격분하기 시작했다. 그들은 배우가 형편없음을 발견하고 그의 무관심에 대해 비난을 퍼부었다. 군중들은 구경거리를 원했고 멋진 끝 장면을 원했다. 군중들은 죽음을 요구했다. / 나는 요새의 어둠 속으로 클라우디아를 찾아갔다. 그녀에게 우리의 조작이 실패했음을 알려주고 싶었지만 그녀는 이미 그 광경을 모두 지켜보고 있었다. 그녀는 흐느끼며 내 품안에서 몸을 조그맣게 웅크렸다. '어떻게 좀 해보세요. 제발, 어떻게 좀 해보세요.' 예수가 최소한 클라우디아 눈물의 반의 반만이라도 흘렸었다면, 아마도 그는 군중들이 너그러움을 보이도록 부추겼을 것임을 나는 의심치 않는다."[666]

그 다음의 전략은 바라바와 예수 중에서 어느 한 사람을 사면할 것을 선택하게 하는 것이었다. 군중들은 바라바를 선택했다. 그 이유는 무엇일까? 슈미트에 의하면, 잘생긴 얼굴 덕분이었다. "돌아서 요새로 되돌아가지 전에 앞서 너는 두 죄수에게 마지막 눈길을 주었다. 바로 그 순간, 한 사람은 십자가로 다른 하나는 감옥 밖으로 몰아내면서, 그 두 사람의 운명을 바꾼 것이 무엇이었는지를 이해하였다. / 나는 내 실수를 깨달았다. 군중들이 보았던 것을, 그리고 나 역시 보았어야만 했던, 그러나 그 사실조차 깨닫지 못했던 한 가지를 본 것이다. 바라바는 잘생긴 얼굴이었고

666) 에릭 엠마뉴엘 슈미트 2002: 118.

예수는 못났다는 사실을."[667)]

슈미트는 이 결정적 순간이 군중의 심리가 어떤 종류의 것인지를 암시하고 있다.

"그리스 말로 물고기는 ICHTHYS 라고 하는데 그것은 예수는 그리스도(Iesous), 하느님의 아들(Christos Theou), 구원자(Yios Soter)의 머리글자에 해당한답니다. 우리는 이것을 집합 신호, 그리고 서로를 알아보기 위한 신호로서 이용하고 있답니다. / 나는 파비안을 생각했다. 모든 점성가들이 선언했던, 미래 세상의 왕은 물고기자리와 관계가 있다고 했다. 파비안이 이 비밀암호를 알았다면, 예수를 찾아가는 일을 그만두었을까?"[668)]

"물고기 표시들이 팔레스타인의 먼지 속에, 그리고 모래 속에 증가해 가고 있다. 순례자들은 그들의 지팡이 끝으로 퍼져가는 한 공동체의 비밀 열쇠로 그 표시들을 그린다. / 내 정보원들은 예수의 신봉자들이 명칭도 찾아냈다고 이제 막 전해왔다. …… 십자가! / 나는 이 괴상한 이야기를 전해 들었을 때 몸을 떨기까지 했다. 이 얼마나 끔찍한 생각인가? 교수대, 도끼, 칼은 왜 안 되고? 어떻게 그들은 가장 영광스럽지 못한 일화 주위로, 예수 역사의 가장 치욕스런 일화 주위로 신도들을 모으려 생각하는가?"[669)]

빌라도는 예수를 믿는 믿음에 미래가 없을 것이라 예측했다. 그 근거는 다음과 같았다.

"무엇보다도 우선 이 종교는 부적당한 장소에서 태어났다. 팔레스타인은

667) 에릭 엠마뉴엘 슈미트 2002: 326-327; 슈미트 2002:121.

668) 에릭 엠마뉴엘 슈미트 2002: 304.

669) 에릭 엠마뉴엘 슈미트 2002: 329.

오늘날 이 세상에서 아무런 중요성도 아무런 영향력도 갖지 않는 아주 작은 나라로 머물러 있다. 다음으로 예수는 오직 문맹자들에게만 가르침을 주었다. 그는 디베랴 호수의 거친 어부들을 제자들로 택하였다. 요한을 제외하면, 단지 아람 말만을 썼으며, 히브리어는 겨우, 그리스어는 아주 서툴렀다. / 마지막 증언들이 죽게 되면, 그의 이야기는 어떻게 되겠는가? 그는 아무것도 써 남기지 않았다. 모래 위 그리고 물 위에 적어 놓은 것 외에는. 그의 제자들 역시 마찬가지이다. / 마지막으로 그의 큰 약점은 너무 빨리 떠나버렸다는 것이다. 그에게는 충분한 사람들도, 유력한 사람들을 확신시킬 만한 시간이 없었다. 그는 왜 아테네나 로마로 가지 않았는가? 뿐만 아니라 왜 그는 세상을 떠나기로 선택했는가? 그가 정말 하느님의 아들이라면, 그가 주장하는 것처럼, 왜 영원히 우리 가운데 머무르지 않는 것일까? 그리하여 그것으로 우리를 확신시키고, 우리를 진실 속에 살아가도록 만들지 않는 것일까? 그가 영원히 땅 위에 남아 있다면, 어떤 사람도 더 이상 그의 메시지를 의심하지 않을 것이다."

작품의 후반부에서는, 예수 부활 사건을 음모로 간주하고 그 실체를 추적하려는 과정을 슈미트는 빌라도를 중심으로 전개해 나간다. 즉, 예수가 나의 입장에서 서술하는 형식을 취하는 전반부에서, 예수는 기적을 행하는 사건들에서 믿음을 강조한다. 믿음은 무엇인가?[670] 과학적 실증으로 증명해야 하는 것이 믿음이 아니라는 것을 슈미트는 이 소설에서 그려내고 있다.

670) 에릭 엠마뉴엘 슈미트 2002: 64-65.

2) 빌라도의 예수재판

(관저 안) 처음으로 빌라도와 예수가 만난다.

그리하여 빌라도는 다시 관저 안으로 들어가서 예수를 불러 물었다. "네가 유대인의 왕이냐?" 예수는 대답했다. "당신이 스스로 그 말을 생각해서 한 것이오? 아니면 다른 이들이 당신 앞에서 나를 그렇게 부른 것이오?" 빌라도는 대꾸했다. "내가 유대인인 줄 아느냐? 너의 종족과 고위 사제들이 너를 내 앞으로 끌고 오지 않았느냐? 너는 무슨 짓을 한 것이냐?"

여기서 "유대인의 왕(basileus ton Ioudaion)"이라는 표현(sintagma)이 처음으로 등장했다. 이 표현은 향후 재판 진행 과정에서 결정적인 의미를 갖게 된다. 예수의 대답에서 [우리가] 유추할 수 있는 것은 그가 질문을 제대로 이해하지 못했다는 사실이다. 그도 그럴 것이 로마 제국의 총독이 무엇 때문에 메시아에 대한 기대 같은 유대 민족 내부의 문제 따위에 신경을 쓰겠는가? 빌라도는 예수의 생각을 알아차린 듯 보인다. "내가 유대인인 줄 아느냐?"

이로써 제국과 진리에 관한 대화가 시작된다. 이 대화에 대해서는 [지금까지] 셀 수 없을 만큼 많은 글이 씌어져 왔다. 예수는 "무슨 짓을 한 것이냐"라는 질문 대신 그 앞의 질문에 대답한다.

> "나의 왕국은 이 세계의 것이 아니다(He basileia he eme ouk estin ek tou kosmou toutou). 내 왕국이 이 세계의 것이었다면, 내가 유대인들에게 붙잡혀 올 때 [백성들이] 나를 위해 싸우지 않았겠느냐? 그러나 나의 왕국은 이 세계에 있지 않다."

이 대답은 애매하다. 왜냐하면 왕권을 부정하는 동시에 주장하기 때문이다. 아우구스티누스와 크리소스토무스에서 토마스 아퀴나스에 이르는 고대인들은 이 애매성에 주목했다. 아우구스티누스에 따르면, 예수는 "이 세계 안에 있지 않다(non est in hoc mundo)"고 말한 것이 아니라 "이 세계에 의한 것이 아니다(de hoc mundo)"라고 말했다. 그리고 크리소스토무스는 이렇게 설명한다. "나의 왕국이 이 세계에 의한 것이 아니다"라는 말은 그것이 지상의 어떤 힘이나 인간들의 선택에 의해 세워진 것이 아니라, 어떤 다른 힘, 즉 아버지의 힘에 의해 세워진 것임을 뜻한다. 마지막으로 아퀴나스는 이렇게 결론 내린다. "예수께서 나의 왕국은 여기에 있지 않다고 말했을 때, 그분은 당신의 왕국이 이 세계에 근원을 두고 있지 않지만, 그럼에도 여기에 두고 있음을 뜻한 것이다. 왜냐하면 당신의 왕국은 모든 곳에 있기 때문이다(est tamen hic, quia ubique est)."

따라서 빌라도의 반문은 정당하다. "그러니까 어쨌든 네가 왕이란 말이로구나?" 이 말에 대답하면서 예수는 곧바로 대화 주제를 바꾼다. 즉 이제 제국이 아닌 진리에 대한 이야기가 시작되는 것이다.

> "당신 스스로 내가 왕이라고 말하였소. 나는 진리를 증언하기 위해(ina martyreso tei aletheiai) 태어났고, 그것을 위해 이 세상에 왔소. 누구든 진리에 속한 사람(ek tes aletheias)은 나의 목소리를 들을 것이오."

여기서 빌라도는 니체가 모든 역사를 통틀어 가장 세련된 말이라고 부른 질문을 던진다: "진리가 무엇이냐(ti estin aletheia)?"[671)]

---

671) 조르조 아감벤, 『빌라도와 예수』, 조효원 역, 꾸리에, 2015b. 아감벤 2015b: 34-37. 야콥 타우베스, 『바울의 정치신학』, 조효원 역, 그린비, 2012.

아감벤은 빌라도의 예수 재판과 관련해서 진리가 무엇인가라는 근본적 문제를 (정치)신학적 문제 틀에서 환기시키고 있다. 진리는 결코 예수가 말하는 그 왕국과는 별개로 이 편 세계의 진리로 환원될 수도 없다는 것이다.

아감벤이 해독하고 있는 예수 재판 텍스트들은[672] 독신화의 급진화

---

672) 성서에 포함된 텍스트들로 일치되어 있지 않다. 누가는 4대 복음서의 하나를 썼는데, 사도행전의 저자라는 추측도 있다. 누가에 관해 알려진 사실은 거의 없다. 사도 바울과 함께 여행했고 바울이 그를 '사랑받는 의사 누가'(골로새서 4:14)라고 말했다는 정도가 고작이다. 전하는 바에 따르면 그는 유대인이 아니라 개종자였다고 한다. 누가복음과 사도행전에서 유대 사원에 관한 관심이 큰 것으로 미루어보면, 누가는 아마 신을 경외하는 자, 즉 유대교의 관습을 따르는 개종자였을 것이다. 누가복음은 마태복음이나 마가복음과 비슷하지만, 다른 문헌에는 없는 몇 가지 이야기를 전하고 있다. 예를 들면 세례자 요한의 탄생에 얽힌 사건, 천사들이 양치기들 앞에 나타나 예수가 태어난 소식을 알리는 장면, 그리고 방탕한 아들과 선한 사마리아인 이야기 같은 몇 가지 유명한 비유가 있다. 누가복음에는 또한 체포된 예수가 헤롯 앞에 끌려가 비웃음을 받는 이야기, 예수가 부활한 뒤 승천하는 이야기도 있다. 누가는 사도행전의 저자라는 점에서 최초의 그리스도교 역사가로 간주된다. 누가는 바울을 따라 마케도니아에 갔는데, 이것은 유럽에 복음이 전해진 최초의 사건이다. 바울은 감옥에서 쓴 서신에서 누가가 충실한 동료였다고 말한다(디모데후서 4:11). 누가복음과 사도행전에서 누가는 데오빌로라는 사람에게 말하는 형식을 취한다. 그 이름은 '신을 사랑하는 자'라는 뜻이므로 그것이 실존하는 사람의 이름인지, 아니면 누가가 신을 사랑하는 사람 모두를 위해 책을 쓴 것인지는 확실하지 않다. 누가복음과 사도행전에서 누가는 로마인들의 미래를 상당히 낙관적으로 그리고 있다. 누가복음에는 (다른 세 복음서와 달리) 예수가 로마 병사들이 예수에게 가시면류관을 씌워주며 심한 조롱을 했다는 이야기가 없다. 로마 총독 빌라도도 누가복음에서 가장 선한 인물로 묘사된다. 아마 누가는 새로운 종교를 로마 지도자들에게까지 퍼뜨리려 했던 듯하다. 누가복음은 4대 복음서 중 유대적 색채가 가장 약하다. 한 예로 그는 랍비라는 말 대신 선생이나 스승이라는 말을 사용한다. 또 예수가 십자가에 처형된 장소를 현지 아람어인 골고다로 부르지 않고 크라니온이라고 부른다(두 명칭 모두 '해골'이라는 뜻은 같다). 누가는 예수 어머니의 초상화를 그린 화가였다고 한다. 그래서 그는 화가들의 수호성인이 되었으며, 성 누가 아카데미 같은 명칭을 가진 미술학교가 많이 설립되었다. 그중 가장 유명한 것은 로마의 미술학교다. 1800년대 초반 한 무리의 독일 화가들은 빈 수도원에 함께 살면서 작업했는데, 스스로는 성 누가 형제단이라고 불렀으나 다른 사람들은 그들을 나사렛파라고 불렀다. 영국 작가 테일러 콜드웰(Taylor Caldwell)은 누가에 관한 장편소설 『친절하고 훌륭한 의사 Dear and Glorious Physician』(1959)를 발표해 인기를 끌었다. 누가는 또한 소설과 영화로 제작된 『은배 The Silver Chalice』에서도 최후의 만찬에서 사용된 잔을 만든 중요 인물로 등장한다. 누가는 미술 작품에서 4대 복음서 저자로 등장하는데, 주로 화구를 든 모습을 취한다.

그가 황소와 함께 있는 모습으로 자주 묘사되는 이유는 누가복음이 성전에서 제사를 지낸 사가랴의 이야기로 시작하기 때문이다. 가톨릭과 정교회의 그리스도교도들은 10월 18일을 성 누가 축일로 기념한다. '성 누가의 여름'이라는 문구는 10월 18일경의 따뜻한 시기를 가리키는 말이다(같은 뜻으로 '인디언 서머'라는 말도 사용한다).[네이버 지식백과] 누가 [Luke] (『바이블 키워드』, 2007. 12. 24., 도서출판 들녘) / 마가는 신약성서에서 주요한 인물이 아니지만, 4대 복음서 중 하나(시기적으로 가장 이른 것)를 썼기 때문에 중요하다. 사도행전에서 그는 전도사인 바나바의 사촌으로 나온다. 마가는 바나바와 사도 바울을 따라 첫 전도 여행에 나섰다. 그러나 알 수 없는 이유로 바울의 심기를 건드려 두 번째 전도 여행에는 따라가지 못했다. 바나바와 마가는 바울과 별개로 키프로스 섬에 가서 전도 활동을 했다. 그러다가 바울이 로마에서 투옥되자 바울과 접촉해 다시 그의 신임을 얻었다(빌레몬서 24, 골로새서 4:10). 마가는 사도 바울만이 아니라 베드로와도 잘 알았다. 베드로는 그를 '내 아들 마가'(베드로전서 5:13)라고 불렀다. '내 아들'이라는 말은 물론 애정의 표현이겠지만, 베드로가 마가를 그리스도교로 개종시키고 영적인 '아들'로 여겼다는 것을 의미한다. 마가에 관해 알려진 사실은 이것이 전부다. 마가와 베드로의 관계는 매우 중요하다. 옛 전설에 따르면 마가는 베드로의 기억을 바탕으로 마가복음을 썼다고 한다. 베드로는 예수의 수제자였고 중대한 사건들을 직접 목격했기 때문에 마가는 베드로가 기억하는 예수를 충실하게 기록했을 것이다. 그 전설은 사실일 가능성이 높다. 마태와 누가는 마가복음의 틀을 따라 복음서를 썼는데, 마가의 이야기를 자구 그대로 옮겨 쓴 경우도 많다. 마가복음은 예수의 탄생으로 시작하지 않고 요한에게서 세례를 받는 장면으로 시작한다. 마태복음과 같은 방식으로 구약성서에서 인용하지 않는 것으로 미루어 아마 비유대인 그리스도교도를 겨냥했을 것이다. 다른 복음서들과 달리 마가복음은 예수의 가르침이나 비유를 기록하지 않고 사람들을 치유하고 기적을 일으키는 예수의 활동에 치중한다. 마가복음은 4대 복음서 중 가장 분량이 적을 뿐 아니라 수백 년 전에 끝부분이 없어져 더욱 안타깝다. 그래서 마가복음의 내용에 '그럴듯한' 마무리를 추가한 성서들이 많다. 부활한 예수가 사도들 앞에 나타나는 장면이 그런 예다. 마가복음은 예수가 체포되는 상황을 전하면서 한 가지 묘한 사실을 말한다. 흰 옷을 걸친 젊은이가 따라왔다가 경비병들이 예수를 체포하자 벌거벗은 채 도망친 일이다. 다른 복음서들은 이 사건을 언급하지 않는데, 그 젊은이가 바로 마가라는 추측이 있었다. 예수의 이야기와 관련은 없지만, 마가는 이 이야기를 통해 "예수가 체포되던 날 밤 나는 현장에 있었으므로 내 이야기를 믿어달라"고 말하고 싶은 것인지도 모른다. 마가에 관한 여러 가지 전설들 중에는 사실에 바탕을 둔 것도 있다. 그는 이집트 알렉산드리아 교회를 이끌었고 그곳에서 죽은 것으로 추측된다. 수백 년 뒤 베네치아의 상인들은 무슬림이 지배하는 알렉산드리아를 여행했다. 그들은 알렉산드리아에 있던 마가의 유해를 몰래 훔쳤다. 전하는 바에 따르면 이슬람교에서 꺼리는 돼지고기를 담은 상자 밑에 감췄다고 한다. 마가의 유해는 베네치아의 산마르코 대성당에 지금까지 보관되어 있다. 그래선지 베네치아의 가장 유명한 명소는 산마르코 광장이다.(마가의 이탈리아식 이름은 '마르코'다) 마가는 베네치아의 수호성인이다. 옛날에 마가의 상징이자 마가복음의 상징은 사자였는데, 도시의 상징 역시 사자다. 밀라노의 브레라 미술관에는 겐틸레 벨리니가 그린 〈알렉산드리아에서 설교하는 산마르코〉가 소장되어 있다. 베네치

과정 속에서 재판, 판단 속에는 얼마나 깊이 폭력성이 개입하는지에 대해서 재성찰하게 한다. 아감벤은 예수 재판 사례를 범례로 파악하는 것 같다:

> "그러나 예수 재판의 경우 '유죄인지 무죄인지 도무지 알 수 없다[아무것도 보이지 않는다](nulls appare)'. 그럼에도 판결 없는 재판이 끝난 후에는 선고 없는 사형이 집행되었다. 그러나 '인계[넘겨줌]'가 있었다. 텍스트는 인수자가 유대인들이었다고 명시하고 있지만, 사형을 집행한 이들은 적어도 〈마태복음〉에 따르면, 로마병사들이었던 것 같다('총독의 병사들', 〈마태복음〉 27장 27절) 그러나 그들은 그저 산헤드린에 의해 차출된 것이었을 수도 있다. 그러나 〈누가복음〉에는 병사들에 관한 언급이 전혀 나오지 않는다는 사실에 유념해 둘 필요가 있다. 외관상으로는 재판이 진행된 듯 보이듯이, 재판에 뒤이어 역시 적어도 외관상으로는 사형의 집행처럼 묘사된다. / 파스칼은 예수가 가장 치욕스러운 죽음을 원했기에 [법적] 정의의 형식에 따라 죽임당하기를 원했다고 주장했는데, 상당히 정곡을 찌른 이 주장 역시 이로써 틀린 것으로 드러난다. **판결 없는 재판에 의해 당한 죽음이 훨씬 더 치욕스러운 것이 아닌가. 그러고 그런 죽음이 예수가 선택한 죽음이었다.** 그것은 카프카 소설 『소송』 — 이 책은 복음서의 이야기들과 관련

아나 알렉산드리아와의 연관성이 아니더라도 마가는 4대 복음서 저자의 한 명으로서 자주 미술의 주제가 되었다. 보통 사자를 곁에 두고 두루마리에 글을 쓰는 모습으로 나온다. 마가는 영화에도 등장했다. 세실 B. 데밀의 1927년 영화 〈왕 중 왕〉에서 예수는 소년인 마가의 다리를 치료해준다. 마가는 예수의 신도가 되어 예수가 체포될 때도 등장한다. 하지만 글을 쓰고 있는 마태의 무릎 위에서 조는 역할이다. 그것은 두 복음서 저자, 즉 마가와 마태가 예수의 생애를 직접 목격했다는 것을 보여주기 위한 데밀의 노회한 전략이었다. 가톨릭교회와 동방정교회는 4월 25일을 마가의 축일로 기념한다. 마가는 로마식 이름이고(정식 이름은 마르쿠스) 유대식 이름은 요한이었다. 사도행전에는 두 가지 이름이 다 나오며, 때로는 그를 요한 마가라고 부르기도 한다. [네이버 지식백과] 마가 [Mark] (『바이블 키워드』, 2007. 12. 24. 도서출판 들녘)

이 없지 않은데 — 의 주인공에게 닥친 죽음처럼 치욕스러운 것이었다. 카프카의 이 소설에서도 유죄 선고 없는 사형이 집행되며, 그런 까닭에 집행자의 칼이 죠제프 K의 심장을 꿰뚫는 순간 '그의 치욕은 그보다 더 오래 살아남을 것처럼 보였다.'"[673]

3) 호모 사케르로서의 예수?

예수 재판을 호모 사케르의 또 하나의 사례로 아감벤은 읽으려 한다. 밀뱅크는 아감벤의 호모 사케르 모델을 비판하면서도 모델 그 자체의 역사성에 주목하지 않은 채, 호모 사케르(homo sacer)의 의미론을 아감벤과 다르게 이해하고, 예수의 경우에는, 아감벤과 다르게 해석한다:[674] 우리는 그리스도를 믿는다. 왜냐하면 호모 사케르로서의 그리스도는 인간의 원형을 정치적 이성의 인간이 그 절반이고 열정의 동물이 다른 절반으로 구성되는 폴리스의 안과 밖인 비오스 테오레티코스(bios theoretikos)가 아니라 피조물로서 그리고 있기 때문이다; 우리는 그리스도를 또한 믿는데 그 이유는 이러한 포기된 인간이 신이고, 그 속에 우리가 참여하고 그로부터 우리 모두가 우리의 생명을 얻기 때문이다; 우리의 새로운 정치적 삶 그리고 특별히 인간적인 삶은 초자연적인 하느님 모시기이기 때문이다[675]; 서양의 중세는 이와 같은 삶의 가능성을 통해서 사유하기 시작

---

673) 아감벤 2015b: 91-92. 강조는 인용자.

674) 그러므로 밀뱅크는 호모 사케르 모델 내에서 완전하게 벗어나지도 않는다.

675) John Milbank, *Being Reconciled Ontology and Pardon*, Routledge, London and New York, 2003.(Milbank 2003: 103) 밀뱅크에 의하면 그리스도의 몸은 진정한 보편성이다 – 부족들의 타부와 계몽의 보편성에 대항하는. 계몽의 어두운 고딕 비밀이 호모 사케르였다; 우리는 반 동물성에 대한 우리 자신의 잠재성의 포기를 받아들이면서도 반대해야 한다; 우리는 또한, 개인들이 국가로, 글로벌화로, 미래로, 윤리적 의무로, 이교도적 숙명으로 회귀되지 않고서 희생을 반대해야 한다. Milbank 2003: 104. "Without 'mutual forgiveness' and social peace, says Augustine, 'no-one will be to see God'. The pagans

했는데, 속죄를 범죄 수사적 독해의 방식으로 파악하고 단 하나의 몸짓에 주권론을 설정하는 자원론적 강령이 발전하면서, 단절되어 있었다.

밀뱅크는 아감벤이 파시즘의 철학자인 하이데거와 슈미트를 수용하는 것에 대해서 비판을 제기한다. 아감벤의 논리 속에서는 그리스도는 나생으로 환원된다. 아감벤은 주권성의 아포리아들로부터 탈출하려는 것을 이미지화하려고 논전을 벌린다. 휴머니티를 포위하고 있는 것 같은 이 구조를 벗어날 것을 그는 제시하려는 듯이 보이기도 하는데 실상은 그 대신에 포기의 추방된 입장과 동일시한다. 아감벤은 주권성의 아포리아적 헌정이 존재론적 층위에서 반향되고 있다고 믿는 것 같다: 존재는 주권성처럼, 그 자체가 존재들의 그 포용/내포를 통해서는 어떠한 것도 구원할 수 없고, 그것의 우연성을 대존재 그 자체로부터 배제해야만 한다. 대존재의 비밀스러운 특수적 존재는 탈은폐(disclose)를 가정할 수는 있으나 결코 탈은폐할 수는 없다. 그러므로 아감벤에게 있어서는 존재들은 하이데거를 수용하면서, 대존재에 의해 포기되는 것으로 이해된다. 이러한 의미에서 하이데거의 대존재는 아감벤의 호모 사케르의 조건과 다를 바 없다.[676] 밀뱅크는 지구상의 주권성을 피하기 위해서[677] 나생과 자신을 동일시하는 사유는 결국 우주적 참주의 손아귀에 떨어지게 하지 않았는가

---

were for Augustine unjust, because they did not give priority to peace and forgiveness." Milbank 2003: 414-415. 아감벤은 진화이론에서 보면 동물과 인간이 그 출발에서 본질적 차이가 없다고 생각하는 것 같다. 지라르처럼, 동물에서 인간으로 진화하면서 여전히 극복되지 못하는 동물적 폭력성이 항존하는 것으로 가정한다. 그리고 다른 한편으로 그것을 놀이의 공간의 설정으로 극복할 수 있는 양 비약한다. 이 점에서 그는 미학주의 사유에 속한다.

676) Milbank 2003: 97-98.

677) 밀뱅크에 의하면 제한 없는 주권은 보댕(Bodin)과 홉스(Hobbes) 의해서 개진된 모던한 강령(modern doctrine)이었다. 즉, 중세 로마의 통치자들은 patria potestas에 호소하고 있었지만, 관례와 상호협조적 제한들을 받고 있었다. 보댕과 홉스의 주권론에 대한 비판이 필요하다.

하고 회의적 물음을 던지고 있다.[678]

11. 법의 발생기원과 저주

법과 "저주" 사이의 의미론적 친화성을 아감벤은 어원학적으로 성실하게 짚어낸다.

> "그리스어 ara(와 이에 대응하는 동사 epeuchomai)는 어휘 용례집들에 따르면 기원(기원하다)과 저주(저주하다)라는 두 가지 뜻을 가지고 있다. 이러한 사정은 라틴어 imprecor[(천벌 따위를 내려달라고) 빌다, 저주, 악담하다, 기도, 기원하다]와 imprecatio의 경우에도 마찬가지인데, 이것들로 빌다와 저주하다는 뜻 모두에 대응한다(봉헌하다라는 뜻의 devoveo[(맹세하고) 바치다, 봉헌하다, 저주하다, 마법에 걸리게 하다. 호리다]의 경우도 마찬가지인데, 이 말도 저승의 신들에게 바쳐지는 devotio의 경우에는 기술적인 의미로 저주하다는 뜻에 해당한다)."[679]

또한 아감벤은 제르네를 불러내어 법의 기원에서 저주를 읽어낸다.

---

678) Milbank 2003: 98. 나는 밀뱅크의 신학론을 있는 그대로 수용하는 것은 아니다. 프로이트, 지라르 이래의 희생양 모델 그 자체가 정치의 시원을 설명해 주는 것이 아니라고 나는 생각한다. 이에 대해서는 나의 책, 『비판적 현대성의 정치적 이론』에 포함되어 있는 프로이트론을 참고하라. 신학적으로 예수를 어떻게 이해하는가 하는 물음에 대해서는 별도의 긴 연구가 필요해 보인다. 특히, 예수는 이웃 사랑을 실천하고 타자와 나에 대한 용서를 요청했는데, 이웃사랑과 용서에 대해 철학적으로 신학적으로 논의하는 과제도 별도의 긴 연구가 필요하다. 레비나스 연구 속에서 나는 이웃사랑에 대해서는 어느 정도 나의 입장을 밝힌 바 있다.

679) 아감벤, 『언어의 성사』, 정문영 역, 새물결, 2012[이탈리아 초판 2008]. 아감벤 2012: 76-77.

"법의 기원에 있어서는 저주의 역할이 중요했다. 5세기 테오스에서 출간된 공개적인 저주들의 편람에서 볼 수 있듯이 저주는 때때로 법을 공인하거나 법을 대신하는 것이었다. 테오스에서 저주는 국가 안보와 도시의 생존 자체와 직결된 모든 위반과 범죄를 막기 위해 안출된 것이었다. 따라서 저주의 사용이 무엇보다도 종교 생활과 성소의 관행에서 영속화된 것은 자연스러운 일이었지만, 여기에서 저주는 그저 지극히 뿌리 깊은 전통의 문제일 따름이었다. 저주는 종교적 힘들의 협력을 전제로 한다. 어떤 의미에서, 이 힘들(원리상 이것들은 개별적인 형태로 표상되지 않는다)은 구두 의식이 지닌 홀리는 힘으로 응축되어 죄를 범한 자의 모든 삶의 원천들을 말라붙게 함으로써 그와 주변에 있는 것들에 작용한다. 저주는 심지어 땅에까지, 땅에서 나고 땅에서 양분을 얻는 것에까지 치명적인 효과를 미친다. 그와 동시에 그리고 그것이 바로 devotio라는 사실 때문에 그것은 사회에 의해 구성된 종교 공동체로부터의 추방이기도 하다. 그것은 고유한 의미에서의 금지령(interdiction)을 통해 나타나며, 구체적인 적용에서 그것은 '법의 외부에 둠'인 것이다."[680]

아감벤은 시원의 문제들에서 인지적으로만, 인식론적으로만 접근하는 이론적 태도를 비판하려 한다.[681] 레비스트로스에 대한 비판은 그 예이다.[682]

"과학자들은 직업상 고질적인 편견 때문인지는 몰라도 인류발생을 항상

---

680) Gernet, pp.11-12를 아감벤 2012: 77-78에서 재인용.

681) 고소론도 그러한 예에 속한다. "고소는 아마 가장 법적인 '카데고리'이며(그리이스어 kategoria는 고소를 의미한다) 이것 없이는 법의 조직체계 전체가 무너질 것이다." 아감벤, 제3장 K, 『벌거벗음』, p.42.

682) 아감벤 2012: 140-141.

인지적 질서의 문제로만 여겨왔다. 인류가 인간으로 되는 것은 오로지 지능과 뇌의 크기 문제였지 '에토스' 문제는 아니었다는 것처럼, 지능과 언어는 무엇보다도 윤리적·정치적 질서 문제를 제기했고, 이성의 인간(homo sapiens)은 또한 바로 저러한 이유에서 '정의의 인간'(homo iustus)[법 인간]이기도 했지만 마치 이 모두를 그렇지 않다고 부정하는 것처럼 말이다."[683)]

"언어학자들은 흔히 인간의 언어와 동물의 언어 사이의 차이를 정의하기 위해 애써왔다. 그래서 방브니스트는 (내용이 단번에 완전히 정의되는 고정된 신호 체계인) 꿀벌의 언어를 (형태소와 음소들로 분해될 수 있어 그 조합들이 사실상 무한한 의사전달의 잠재력을 가지는) 인간의 언어와 대립시켰던 것이다(Benveniste [3], 62/54) 그러나 다시 한 번 말하지만, 동물의 언어에 대한 인간의 언어의 특별함은, 수단의 특이성에 있다고만은 할 수 없다. 이후의 분석들은 이런저런 동물의 언어에서도 그러한 특이성을 찾아냈고 그러한 발견은 사실 앞으로도 끊임없이 이어질 것이다. 그 특별함이란, 차라리 인류가 자신에게 주어진 여러 가지 능력들 가운데 하나로서 아무런 제약 없이 언어를 습득할 수 있다는 데 있는 것이 아니라, 그러한 능력을 자신의 특별한 잠재력으로 활용해 왔다는 사실에, 더도 아니고 덜도 아닌 바로 이러한 사실에 있다. 다시 말해, 인류는 언어에 자신의 본성을 걸었던 것이다. 인간은 푸코의 말대로, '정치에 생명체로서의 자기 실존을 건 동물'(Foucaut, 143)인 것만큼이나 언어에 자신의 목숨을 건 생명체인 것이다. 이 두 개의 정의는 사실상 떼려야 뗄 수 없으며 본질적으로 서로 기대어 있다."[684)]

683) 아감벤 2012: 141.

684) 아감벤 2012: 142.

12. 맹세, 기도, 약속

1) 맹세의 종교적 차원

독신화된 오늘날과는 달리 고대 그리스 시대에서 맹세는 신들의 차원에 있었다는 것을 아감벤은 기억한다:

> "아리스토텔레스의 권위 있는 증언이 있는데, 이에 따르면, '맨 처음으로 신들에 대해 사색했던' 초창기의 고대 철학자들은 오케아노스와 테티스와 함께, '신들의 맹세 역할을 하는, 스틱스라고 불리는 물'(『형이상학』, 983b32)을 우주의 제일원리 가운데 두었다. '가장 오래된 것이 가장 값진 것이며, 맹세야말로 가장 값진 것이라는 가정이 있었기 때문이다'(같은 책, 983b34-35). 이 증언에 따르면, 맹세는 가장 오래된 것, 신들만큼이나 오래된 것이며, 신들조차도 사실상 어떤 식으로든 그것에 따르지 않으면 안된다. 하지만 이는 맹세가 어떤 '성스러운 실체'와 같은 것으로 여겨져야 한다는 의미는 아니다. 반대로 이 구절의 문맥 — 『형이상학』 서두에서는 철학사를 간략히 개략하고 있는데, 이 철학사 안에서 탈레스의 사상을 재구성하고 있다 — 에서 보면 맹세는 소크라테스 이전 철학자들이 '제일원리'라고 한 것들 사이에 놓여야 한다. 우주의 기원과 그것을 이해하는 사유의 기원에는 마치 어떤 식으로든 맹세가 내포되어 있었던 것처럼 말이다."[685]

맹세는 더구나 지배자의 그것은 궁극적으로는 신학적 기원에서 발원함을 밝힌 것은 언어학자 방브니스트였는데 아감벤은 그를 불러내어 정치신학적 발상의 외연을 넓힌다:

---

685) 아감벤 2012: 44-45.

> "사회는 예배 밖에서 하느님의 이름이 불릴 경우에는 엄숙한 환경을 요구하는데, 그처럼 엄숙한 환경이 바로 맹세이다. 그러므로 맹세란 일종의 'sacramentum', 진실에 대한 지고의 증인인 하느님께 호소하는 것이며 거짓말이나 거짓맹세를 하는 경우에는 천벌을 내려달라는 기도이다. 맹세는 인간이 할 수 있는 가장 진지한 서약이자 그가 저지를 수 있는 가장 심각한 위반인 셈인데, 거짓맹세란 인간들의 정의와 관련되는 것이 아니라 신의 공인(divine santion)과 관련되기 때문이다. 이런 이유로 신의 이름은 반드시 맹세의 정형구문으로 나타내야 한다. 독신의 경우에도 반드시 하느님의 이름이 나타나는데, 독신도 맹세처럼 하느님을 증인으로 부르기 때문이다. 욕설도 일종의 맹세이지만 이는 분노의 맹세이다."[686]

신 앞에 맹세는, 사실 불변의 것, 항구적인 것 — 하늘, 강물, 바다, 바위, 등등 — 앞에 맹세와 그 논리성에서는 다른 것이 아니다. 이 경우 우리는 그것이 하나가 아니라 복수의 불변의 것들 혹은 항구적인 것들일 수 있다는 사실을 고고학이나 종교학적 연구들, 문화인류학적 연구들을 통해서 알고 있다.

우리는 이러한 맹세의 고백 맥락에서 장 자크 루소가 신에게 고백했던

---

686) Benveniste [4], 255-256; 아감벤 2012: 85-86에서 재인용. 로마인들은 corpus와 cadaver를 구별했다. 후자는, 무덤에 묻히는 것이 허용되지 않는 시체를 말한다. 최고로 religiosus한 것은, 시체(corpus)가 묻힌 장소인 무덤이다. 아감벤 2012: 54. 여기에서 religiosus란, religioso와 다른 의미를 가지고 있다: 즉, religiosus의 뜻은, 경외하는, 경건한, 종교적인; 신성한, 거룩한, 불길한, 성실한, 진실한, 꼼꼼하고 세심한 등이고, 다른 한편 religioso의 뜻은, 종교적인, 독실한이다. 그런데 맹세에 대한 키케로의 정의에서 religiosus라는 단어를 사용하고 있는데 이 말은 어떠한 의미인가. "res religiosa는 저승의 신들에게 봉헌하는 어떤 무엇이며, 이러한 의미에서 최고로 religiosus한 것은 시체가 묻힌 장소인 무덤이다."(아감벤 2012: 54). "res religiosa는 세속적인 용도와 상업에 이용되어서는 안 되고, 양도될 수도 없고 지역권의 부담이 지워질 수도 없고 용익권이나 저당으로 설정될 수도 없으며, 어떤 약관의 대상이 될 수도 없다." Thomas, 74; 아감벤 2012: 54.

아우구스티누스의 『참회록』과는 달리 자신의 『고백록』을 독자들 앞에서 고백하고 맹세한 사실을 사상사적으로 파악할 수 있다. 독자들이 없는 "책"은 존재의 가치가 인정될 수 없으며, 역사적으로 독자들은 "불변"하는 것이 아니라 항구적이고, 그런 한에서, 변동하는 불변이다. 이 역사적 전형 과정에 대하여 아감벤은 자신의 맹세론에서 탐색하지 않는다.

2) 욕설의 종교적 차원

신의 이름을 함축하고 있는 욕설과 섹슈얼리티를 걸고 있는 욕설 등은 모두 맹세의 종교적 신학적 기원에서 비롯하는 것이라 아감벤은 해석한다:

> "독신은 맹세의 일종이다. 다만 신의 이름이 선언이나 약속이라는 맥락에서 떨어져 나와 그 자체로, 부당하게, 의미론적인 내용과 무관하게 소리 내어 말해지는 맹세인 것이다. 맹세에서는 신의 이름이 말과 사물(사태) 사이의 연관을 표현하고 보증하면서 로고스의 진실함과 힘을 규정하는 것이었다면, 독신에서 신의 이름은 이러한 연관의 붕괴와 인간의 말의 덧없음을 표현한다. 맥락 없이 '부당하게' 불리는 하느님의 이름은 사물(사태)에서 말을 떨어뜨려 놓는 거짓맹세와 대칭을 이룬다. 맹세와 독신은, 그것들이 축복(덕담)과 저주(악담)인 한, 언어라는 사건 자체 속에 공기원적(co-originally) 내포되어 있는 것이다."[687]

독신의 언어들은 오히려 그 속에 숨어 있는 맹세의 언어들이 여전히

---

687) 아감벤 2012: 88-89.

묵시적으로 반복되고 있음을 알려주는 사례이다.[688]

13. 의미론에 대한 비판

1) 감탄사

아감벤은 의미론을 비판하려는 것이 분명하다. 그 예증으로서 그는 최초의 언어는 감탄사라고 판단한다. (루소의 경우도 그러한 측면을 갖는다.) 그는 다음과 같이 진술한다:

> "신의 이름도 (그것의 다른 얼굴인) 독신처럼 본질적으로 감탄사 형식을 갖는 듯하다. 〈창세기〉 2장 9절에서 아담은 동물들의 이름을 지어주는데, 이것도 마찬가지로 어떤 담화였기보다는 일련의 감탄사들에 불과했을 것이다. 언어학자들에 따르면 이름들과 담화 사이의 이중성이 인간 언어의 특징인데, 이 이중성에 비추어보면, 이름들은 시원적 지위에 있어서는 의미론적 요소라기보다는 차라리 기호학적인 요소이다. 이름들은 언어라는 강이 그것의 역사적 생성 안에서 낙오시킨 시원적 감탄사의 흔적인 것이다. / 독신은 본성상 의미론적인 것이 아니라 외침이나 절규 같은 것이기 때문에 모욕(이 역시 분석이 쉽지 않은 언어 현상이다)과의 인접성을 보여준다. 언어학자들은 모욕을 특수한 유형의 수행어로 규정한다. 이는 표면적인 유사성에도 불구하고, 통상적인 분류어들과는 모든 면에서 대립되는데, 분류

688) 한국어에서 욕들에 나타나 있는 종교적 언어들의 흔적이나 맹세에서 주술적 사유의 예는 각자 피를 내어 모든 피를 섞고서는 그것을 다시 나누어 마시는 의례에서도 확인할 수 있다. 그리고 세계 각 국가들에서 국가 최고 원수들의 맹세 의례들 역시 그 기원은 종교적인 것이다.

어들이 서술되는 것을 규정적인 범주로 기입한다는 점에서 그러하다. '너는 바보'라는 문구는 '너는 건축가'라는 문구와 서로 대칭적이다. 하지만 이러한 대칭은 '너는 건축가'라는 문구와는 달리, 어떤 주체를 인지적 분류로 기입하려는 것이 아니라 그것을 소리 내어 말함으로써 다만 특정한 실용적 효과를 산출하려는 것이기 때문이다(Miller, 295). 그렇다면, 모욕은 서술어들처럼 기능하기보다는 감탄문이나 고유명처럼 기능하는 것이며, 이 점에서 독신(그리스어 blasphêmia는 모욕과 독신 둘 다를 의미한다)과의 유사성을 보여준다. 그러므로 독신이, 아우구스티누스에서 이미 완성된 과정을 통해 하느님의 이름을 부당하게 입에 담는 것에서 모욕(mala dicere de Deo)의 형태, 즉 영탄조로 하느님의 이름을 부르는 데에 보태어진 무례한 말의 형태를 취하는 것으로 나아가는 것은 놀라운 것이 아니다. 모욕은 (비록 의미론적인 말로 보이지만 그저 표면적으로만 그럴 뿐) 독신의 '부당한' 특성을 한층 더 강화하며 이런 식으로 하느님의 이름을 이중적으로 부당하게 취해진다."[689]

아감벤과는 달리 내가 판단하기에는 감탄사 그 자체가 의미론 밖에 있는 것은 아니다. 감탄사는 일종의 논술이 아닌가. 논술의 전형으로 단어명명이 일어날 수 있다. 바보, 강, …… 그리고 두 단어의 조합, 개똥이, 닭대가리, …… 인디언의 사람이름은 논술적이다. 그런데 감탄사는, 언어의 인지적 기능을 넘어서는 표현이고, 그런 면에서, 언어는 기능성과 표현성을 모두 담고 있다는 점이 여기에서도 드러난다. 그것은 철저하게 의미론적이다. 급진의미론. 그런데, 아감벤은 그것이 의미론 밖에 있다고 규정한다. 그의 의미론규정이 잘못 되어 있다.

689) 아감벤 2012: 102-103.

2) 언어의 윤리성

레비스트로스가 모스에 대하여 논한 글에서 아감벤은 다음 진술을 인용한다.

> "우주 전체가 일순간 의미를 띠게 되었던 순간, 그렇다고 해서 그렇다는 것이 알려져 있었던 것은 아니다. 언어의 출현이 앎의 진전 속도를 앞당겼다는 것이 틀림없는 사실일지라도 말이다. 그래서 인간 정신의 역사에는 불연속이 특징인 상징과, 연속성이 특징인 앎 사이의 근본적인 대립이 있는 것이다. 그로부터 나오는 결론에 대해 생각해보자. 기표와 기의라는 두 범주가 상호 보완적인 단위들로서 동시에 또 상호의존적으로 구성되게 되었던 반면, 앎, 다시 말해 우리가 기표의 특정양상과 기의의 특정 양상을 파악할 수 있게 해주는 지적 과정은 (……) 아주 더디게 시작되었을 뿐이라는 결론이 나온다. (……) 우주는 우리가 그것이 의미하는 바를 알기 시작하기 훨씬 전에 이미 의미를 띠었던 것이다.(Levi-Strauss, xlvii/60-61)"[690]

한편, 아감벤에서 인간 언어의 특성은 윤리성에 있다.[691]

> "비할 데 없는 힘, 효력, 아름다움을 지닌 도구로서 언어가 향유해왔고, 지금도 계속해서 향유하고 있는 그 위세를 이제는 의심해보아야 할 때가 된 듯하다. 비록 그러한 위세가 대단하다 할지라도 그 자체로 보면, 언어는 새소리보다 더 아름다울 것도 없고 곤충들이 교환하는 신호보다 더 효과적인 것도 아니며 사자가 자기 영역을 주장하면서 내는 으르렁거림보다 더

690) 아감벤 2012: 139에서 재인용.

691) 아감벤에서 윤리성은 일반적 윤리학과는 다른 측면이 있다. 행복론과 연관되어 논의되어야 한다.

힘 있는 것도 아니다. 인간의 언어에 특이한 미덕을 부여하는 결정적인 요소는 그러한 도구 자체에 있는 것이 아니라 인간의 언어가 화자에게 비워주는 자리에 있다. 즉 인간의 언어는 자신의 속을 비워내어, 화자가 말하기 위해서는 언제나 떠맡아야만 하는 어떤 형식을 자신 안에 마련한다는 사실에, 다시 말해 화자와 그의 언어 사이에 설정된 윤리적 관계가 있는 것이다. 인간은 말하기 위해서는 반드시 '나'라고 말해야만 하고, '말을 붙잡고' 떠안아 자신의 것으로 만들어야만 하는 생명체이다. / 언어에 대한 서양의 사유가 언어의 형식적 장치들 속에서 언표화 기능, 다시 말해 화자로 하여금 구체적인 담화 행위 속에서 언어를 떠맡게 하는 수단인 ('나', '너', '여기', '지금' 등의) 지시사 또는 전환사(shifter)들의 총체를 따로 식별해내기까지는 무려 2천년이라는 세월이 걸렸다."[692]

아감벤은 의미가 정착되기 이전의 장대한 역사를 기억시키고 의미 이전의 소리, 곧 감탄사 같은 것에 주목한다.

14. 재판 공탁금의 신성성

법원 재판에서 공탁금의 역사를 추적하는 일종의 문헌학적 고고학적 연구에서 아감벤은 법원 재판에서 공탁금의 변질을 비판하려 한다. 그 시원에서 공탁금은 종교적인 신성한 것을 내포하고 있었다.

로마재판사에서, sacramentum는, 맹세에 의해 걸려 있는 금액이었는데, "권리"를 입증하지 못한 자는 그것을 잃었고 국고로 귀속되었다. 재판에서 sacramentum은 신성한 공탁금, 여기에서도 신성한, 봉헌된 이라는

692) 아감벤 2012: 146.

뜻을 담고 있는 sacrum을 그 어원학으로 하는 말이다.

재판에서 sacratio는 원래는 돈이 아니라 가축이었다. 그것은 homo sacer, sacer 하게 되는 자, 곧 살해될 수는 있지만 희생 제물로 바쳐질 수 없게 되는 자는 공개적으로 맹세를 행한 당사자였다는 가설은 이 때문에 생겨나게 되었다. 성스러움과 여기에서 돈은 연관된 것으로 파악되고 있었다. 봉헌된 것이라는 의미. sacramentum으로서의 돈은, 생명과 대등한 것이었다.[693]

693) 아감벤 2012: 135-136 참조. 그런데 오늘날에는 어떠한가? 공탁금에서 신에 대한 봉헌이라는 숭고한 뜻은 거의 완전히 사라지고, 그 대신에 법 기술적 술책으로 변질되어 작동하는 것은 아닌가.

VII

결어들

1. 루소

아감벤은 루소에 대해서 『왕국과 영광』에 포함되어 있는 「보론: 현대인들의 오이코노미아」(Appendix: The Economy of the Moderns)[694] 에서 언급하고 있다.

> "'일반의지', '개별 의지'라는 관념과 함께 섭리에 의한 통치 기계 전체가 신학적 영역으로부터 정치적 영역으로 이동하며, 그리하여 루소의 '공적 오이코노미아'의 몇몇 사항을 위태롭게 할 뿐만 아니라 그것에 주권과 통치의 관계, 법과 집행 권력[행정력]의 관계라는 기본적 구조를 부여한다는 것"[695]

루소의 주권론에 대해서 아감벤은 푸코의 1977-1978년 강의록 『안전,

694) Giorgio Agamben, *The Kingdom and the Glory: For a Theological Genealogy of Economy and Government* (Homo Sacer II, 2), Stanford University Press, 2011[이탈리아 초판 2007], pp.261-287.

695) 조르조 아감벤, 『왕국과 영광: 오이코노미아와 통치의 신학적 계보학을 향하여』, 박진우·정문영 역, 새물결, 2016, p.551.

영토, 인구』에 불과 몇 줄 안 되는 문장을 극히 밀도 높은 것으로 평가하며 푸코의 강의에 기댄다. 푸코는 주권개념 그 자체를 거부하려는 의도에서 강의록에서 다음과 같이 언급하고 있었다.

> "여기서[루소의 〈사회계약〉을 말한다] 문제가 되는 것은 '자연', '계약', '일반 의지' 같은 개념으로 어떻게 통치의 일반 원리를 제시할 수 있느냐 입니다. 주권이라는 법적 원리뿐만 아니라 통치술을 규정하고 특징지을 수 있게 해주는 요소들까지 모두 감안한 일반 원리를 말입니다. …… **주권 문제는 제거되지 않았습니다. 오히려 전례 없이 첨예해진 셈입니다.**"[696]

루소는 그의 논고 『정치경제학』에서 "주권과 통치의 구별과 분절화"를 주장한다.

> "나는 독자들 또한 내가 이 글에서 논하려고 하는, '정부'(government)라고 부를 공공 경제(public economy)를, 내가 '주권'이라고 부르는 지고의 권위(the supreme authority)와 주의 깊게 구분할 것을 촉구한다. — 이 구분은 전자가 입법 권리(legislative right)를 갖고, 그리고 경우들에 따라서는 국민정체(the body of the nation) 자체에 의무를 부과하는 데 비해, 후자는 집행력(executive power) 밖에 갖고 있지 않으며 단지 사적 개인들에게만 의무를 부과할 수 있는 데서 유래한다."[697]

---

696) Foucault, *Security, Territory, Population. Lectures at the College de France 1977-1978*, Translated by C. Burchell, New York: Picador, 2009, p.107/161)."(Giorgio Agamben, *The Kingdom and the Glory: For a Theological Genealogy of Economy and Government* (Homo Sacer II, 2), Stanford University Press, 2011[이탈리아 초판 2007]. 아감벤 2016: 553에서 재인용. 번역을 수정했다. 강조는 인용자.

697) Giorgio Agamben, *The Kingdom and the Glory: For a Theological Genealogy of Economy and Government* (Homo Sacer II, 2), Stanford University Press, 2011[이탈리아 초판 2007].Rousseau, p.142를 아감벤 2016: 553-554에서 재인용. 번역을 수정했다.

그리고 아감벤도 지적하고 있듯이 루소는 『사회계약론』에서 한편으로는 일반의지와 입법권을, 다른 한편으로는 통치와 집행권 사이의 분절화를 주장한다. 그런데 아감벤이 루소의 정치사상에서 일차적으로 주목하는 것은, 이러한 구별과 분절화가 아니라 주권의 개념 그 자체이다.

> "주권은 양도할 수 없는 것과 동일한 이유로 분할될 수 없다. 왜냐하면 의지란 전체적이거나 아니면 그렇지 않거나 하기 때문이다. 의지는 인민 전체의 의지이거나 아니면 단지 일부의 의지이다. 전자의 경우 표명된 의지는 주권 행위이고 이것이 법이 된다. 후자의 경우 이것은 하나의 개별적 의지이거나 행정 기관의 행위일 뿐이며 고작해야 일종의 시행령에 지나지 않는다. / 하지만 우리의 정치가들은 주권을 원리적으로 분할하지 못한다고 하면서 대상에 따라 분할하고 있다. 그들은 주권을 힘과 의지, 입법권과 행정권, 과세권과 사법권과 교전권, 국내 행정권과 외교권으로 분할한다. 때로는 이 모든 부분을 통합하기도 하고 또 분리하기도 한다. 그들은 주권자를 여기저기서 긁어모은 부품들로 조립된 가공상의 존재로 생각한다. 이것은 마치 여러 개의 몸체 – 어떤 것은 눈을, 다른 것은 팔을, 또 다른 것은 발을 가진 몸체들로 인간을 조립하는 것과 같으며 그것 이상의 아무것도 아니다. 소문으로는 일본의 약장수들은 관중이 보는 앞에서 어린아이를 토막 내 차례로 공중에 집어 던진 다음 떨어질 때는 다시 합쳐 살아 있는 아이로 만든다고 한다. / 우리의 정치가들이 피우는 재주도 이와 다를 것이 거의 없다. 이들을 장터에서 내보여도 좋을 능란한 솜씨로 사회단체를 토막 낸 다음 잘 알 수 없는 방법으로 이 토막들을 다시 모아 조립한다. / 이런 오류가 생긴 것은 주권에 대한 정확한 개념을 갖지 못한 데서 연유하며, 주권의 단순한 파생물에 불과한 것을 주권의 일부로 잘못 생각한 데서 기인한다."[698]

---

698) Rousseau, *The Social Contract*, in: *The Social Contract and the First and Second Discourse*, Edited by S. Dunn, New Haven, CT: Yale University Press, 2002, pp.37-38."

아감벤은 루소의 인민주권론이 유일신을 믿는 신학에 기초하고 있음을 확인하고 주권론 그 자체를 제거하려고 시도한다.

> "섭리 패러다임(the paradigm of providence)에서와 마찬가지로 일반 섭리(general providence)와 개별 섭리(special providence)는 상호 대조 관계에 있지도 않으며, 일자적 신적 의지(the one divine will) 내에서의 분할을 표상하는 것도 아니다. 그리고 말브랑슈(Malebranche)에서와 마찬가지로 기회원인들(occasional causes)은 신의 일반의지의 특수적 활재화(the particular actualization)에 불과하다. 마찬가지로 루소에게서 통치 또는 집행 권력은 법의 주권과 일치한다고 주장된다. 하지만 그럼에도 불구하고 이것은 주권이 특수하게 방사(particular emanation)되어 활재화된 것으로 간주되어 주권과 구분되었다."[699]

아감벤은 루소의 인민주권론은 섭리 패러다임과 관련되어 있다고 주장한다.

> "왕정적 주권과 인민민주주의적 주권이라는 두 주권은 완전히 다른 두 계보를 가리킨다. 신적 권리를 가진 왕정적 주권은 정치신학적 패러다임에서 유래한다. 이에 비해 인민민주주의적 주권은 신학적, 오이코노미아적, 섭리적 패러다임에서 유래한다."[700]

아감벤 2016: 554-555; Agamben 2011: 274에서 재인용. 영어본에 따라 번역을 수정했다.

699) Giorgio Agamben, *The Kingdom and the Glory: For a Theological Genealogy of Economy and Government* (Homo Sacer II, 2), Stanford University Press, 2011.[이탈리아 초판 2007], p.275; 아감벤 2016: 555의 번역을 영어본을 보고 수정했다. 강조는 인용자.

700) 아감벤 2016: 558-559.

그리고 루소가 사용한 용어 "방사"에 그는 응시한다. "방사"라는 용어는 신플라톤주의에서 말하는 그 유출이라는 것이다.

아감벤은 방사라는 용어를 사용했던 전통들을 확인한다. 그것은 두 가지이다. 하나는 카발라 전통의 유대 신학의 전통이고, 다른 하나는 그리스도교 신학의 그것이다. 그는 이 양자를 구별하면서, 루소는 후자의 전통에 속한다고 해석하고, 루소의 주권론의 정통성을 확인하려 한다.

> "그리스도교 신학에서 이 방사라는 용어는 무엇보다 삼위일체적 오이코노미아 속에서 위격들(persons)이 성령의 순차적 발현으로 행렬을 지어 나오는 것(procession)(17세기까지는 성령의 순차적 발현 행렬이 프랑스어 '방사'(émanation)이라는 용어의 유일한 의미였다)과 천지창조론과 섭리론의 패러다임에서의 원인론(the theory of causes)을 가리켰다. 이러한 맥락에서 이 용어는 다음과 같은 의미를 함축하고 있었다. 즉 신의 원리는 감소되지 않았으며 또한 신의 원리는 그것의 삼위일체적 절합화(articulation)나 세계의 창조 및 보존의 활동에 의해 분할되지 않았다는 것이다. 루소는 이러한 의미에서 그리고 야유를 섞어 자신이 '정치가들'(les politiques)이라고 부르는 사상가들과 반대로 주권은 모종의 방식으로 분할될 수 있다는 것을 배제하기 위해 이 용어를 사용했던 것이다. 하지만 삼위일체적 오이코노미아와 섭리 이론에서와 마찬가지로 분할되지 않는 것은 주권권력/정부, 일반의지/개별의지, 입법권력/집행권력이라는 구분에 따라 절합화된다. 이 구별은 자체 내에 루소가 공을 들여 최소화하려고 했던 일련의 분단들(caesurae)을 표시한다."[701]

701) Agamben 2011: 275; 아감벤 2016: 556-557. 영어본에 따라 번역을 수정했다. 위격은 신학의 용어이다. "하나님의 존재 양식을 나타내는 삼위일체 교리에서 신성의 복수성(複數性)을 언급하기 위해 사용된 표현이다. 이 단어는 원래 라틴어 '페르소나'(persona)에

아감벤은 루소가 중세의 신플라톤주의 신학적 사유 속에 갇혀 있다고 해석한다.

> "이들 구별들을 거쳐서 (질서ordinatio/집행excutio, 섭리/운명, 왕국/정부라는 쌍들을 가진) 오이코노미아적·섭리적 장치 전체가 모던 정치로, 전혀 문제가 없는 유산으로서 넘겨져 와 있다. 존재와 신적 조처(divine action)의 통일성을 확고히 하는 것이, 위격들(persons)의 삼위일체성과 본체(substance)의 통일성 그리고 특수적인 것들의 정부(통치)와 섭리의 보편성의 통일성을 유화시키면서 필요했었는데, 여기에서는 주권 및 법의 일반성을 공적 오이코노미아 및 개개인들에 대한 유효한 통치를 양립시킨다는 전략적 기능을 갖게 되었다. 정치적 정통화로 변장한 이러한 신학적 장치의 가장 불길한 귀결은, 그것이 민주주의 전통으로 하여금 통치(정부)와 통치(정부)의 오이코노미아를 사유할 수 없도록 만들어 놓는 데 있다(오늘날 경제와 그것의 통치(정부)라고 하지만 그러나 이 두 용어는 본체적으로는 동의어라고 사람들은 쓰고 있을 것이다)."[702]

근대 이전의 신학 강령에서 발전된 삼위일체론에서는 성부, 성자, 성령이라는 삼위가 있고 그것은 하나님의 본질적인 신격을 표현하는 것으로서 삼위일체를 이룬다. 각 위는 그 형태는 다를지라도 본질에서는 다르

서 유래한 것으로, 이는 배우의 역할 혹은 그에 따른 가면을 뜻했다. 이것이 발전하여 인간의 성품이나 역할을 의미하게 되었다. 이 용어를 신학적으로 처음 사용한 사람은 터툴리안(Tertullian, 150-220년경)이었는데, 그는 삼위일체 교리를 설명하기 위해 '하나님의 본질에 세 위격'이 있음을 고백하였다. 여기서 '위격'이라 함은, 신적 존재를 구별짓는 것 곧 신적 존재를 통합하고 있는 본질적인 것을 가리킨다. 이에 비해 어거스틴(Augustine)은 실제적이고 내재적이지만 서로 상관되어 있는 신적인 관계라고 보았고, 보에티우스(Boethius)는 합리적 본성의 개별적 존재라고 보았다." [네이버 지식백과] 위격 [位格, persons] (교회용어사전 : 교리 및 신앙, 2013. 9. 16., 생명의말씀사).

702) Agamben 2011: 276; 아감벤 2016: 557. 영어본에 따라 번역을 수정했다.

지 않다. 아감벤은 이 삼위일체적 신학 사상이 루소의 정치사상에 그대로 계승되어 나타나 있고, 그리하여 루소의 주권론적 정치사상에서는 통치와 통치의 경제를 통찰할 수 없다고 비판한다.

아감벤은 모던 민주주의의 문제가 무엇인지를 다음과 같이 지적한다.

> "한편으로는 루소는 통치를 본질적인 정치적 문제로 파악한다. 다른 한편으로는 그것의 본질과 토대 문제를 최소화해 그것을 주권적 권위의 집행 행위로 축소시킨다. 통치 문제를 일반의지와 법의 단순한 집행으로 제시함으로써 해결하는 듯이 보이는 모호함은 모던 민주주의 이론뿐만 아니라 모든 민주주의 역사를 무겁게 짓눌러왔다. 모던 민주주의의 역사란 입법권의 우위가 실체적으로는 진리가 아니라는 것이, 그 결과 통치라고 하는 것이 단순한 집행으로 축소될 수 없다는 것이 점점 더 분명하게 모습을 드러내온 과정에 다름 아니기 때문이다. 그리고 만약 오늘날 우리가 정부(통치)와 경제(오이코노미아)가, 모든 의미를 빼앗긴 인민주권을 압도적으로 지배하고 있음을 목도한다면, 그것은 아마 서양의 민주주의 국가들이 루소를 통해 부지불식간에 신학적 유산을 받아들인 데 따른 정치적 대가를 지불하고 있음을 의미할 수 있다."[703)]

아감벤은 흥미롭게도 여기에서 입법부의 우위가 아니라, 입법권의 우위가 진리가 아니라는 것을 지적하고 있다. 의회가 입법 활동을 민주주의 원칙에 걸맞게 수행하고 있지 못하다는 사실을 정치사회학적으로, 사회사적으로 밝히는 연구들은 축적되어 있다. 이른바 의회주의의 위기 속에서 정부는 입법부가 제정한 법들을 해석하여 집행하는 권한을 최대한으

---

703) Agamben 2011: 276; 아감벤 2016: 557-558. 영어본에 따라 번역을 수정했다.

로 확장하는 경향이 있다. 이와 더불어 사법부는 갈등이 발생하여 재판으로 해결하는 과정에서 입법부가 제정한 법들을 해석하는 권한을 역시 최대한으로 자신의 권력을 확장시키는 맥락에서 확장하고 심화시키는 판례들을 펼치고 있다. 현대 민주주의 국가가 법치국가인 한에서 입법의 정치를 통하여 일차적으로 전개하고 있는 것이지 정부의 통치가 입법의 우선을 무시하고서 수행되고 있는 것은 아니다. 아감벤은 입법권을 입법부가 독점하고 있지 않다는 사실을 지적해야 했었다. 이 사실에 행정부의 통치뿐만 아니라 사법부의 정치 역시 분석되어야 한다.

그리고 아감벤은 루소의 주권론과 민주주의론을 근본적으로 잘못 파악한다. 루소는 의회주의를 정치철학적으로 가능하게 하는 재현의 형이상학을 근본적으로 비판하고 있고, 그리고 바로 그러한 비판과 더불어 대의제 민주주의의 위험성을 경고하고 있다. 루소의 인민주권론은 주권이 의회나 정부나 사법부에 있는 것이 아니라 헌법을 헌정하는 인민에게 있음을 이론화하는 것이며, 여기에서 주권성은 최종적 결정의 권위를 가리키고 있다. 국가의 결정은 최종적으로 분할될 수 없고 양도될 수 없고, 그런 한에서 주권성은 살아 있다. 주권적 결정은 기계론적 메커니즘의 자연과학적 결과가 아닌 한에서, "기적"은 있을 수 있다. 이것이 루소가 기적에 대해 말하는 이론적 맥락이다. 흥미롭게도 아감벤 스스로 루소의 기적론을 불러들이는 대목인데 그것은 그가 루소를 비판하는 그 논거와 모순된다.

> "말브랑슈 사상과의 연관성은 또한 〈산으로부터의 편지〉의 셋째 편지에서도 기적에 대한 비판과 관련해 강력하게 나타난다. 루소는 기적을 예외(이것은 '신의 법칙들에 대한 실제의, 가시적 예외'이다)[704]와 긴밀하게 연결

---

704) Rousseau 2001, p.173[Rousseau, *Letters Written from the Mountain*, in: *The Collected Writings of Rousseau*, vol. IX, Translated by J.R.Bush and C. Kelly, Hanover, NH:

시키며 신앙과 계시를 위해 기적이 필요하다는 주장을 단호하게 비판한다. 여기서 문제가 되는 것은 하느님의 기적을 행하는 것이 '가능'한가 그렇지 않은가 라기보다는 — 아마 다시 의식적으로 절대적 잠재력과 질서를 유지하는 잠재력을 구별하는 입장으로 돌아감으로써 — 하느님은 기적을 완료시키길 '원하는'(앞의 책)가 그렇지 않은가이다. 루소가 기적의 필요성을 부정하면서도 그것을 완전하게 배제하는 것이 아니라 예외로 간주하는 것이 흥미롭다. 기적 속에서 예외 상태의 신학적 패러다임을 보는 슈미트의 이론[705]이 여기에서 그 확증을 발견하고 있다."[706]

아감벤은 슈미트의 예외상태론이 루소의 기적론과 근본적으로 다르지 않다고 하는 비약을 감행하고 있다. 루소의 그것은 어디까지나 인민이 받아들일 수 있는 성질의 것이다. 그의 주권론은 군주주권론이 아니라 인민주권론이다. 물론 이 결정에 신이 직접적으로는 물론 간접적으로 — 자연법과 자연철학에서 주장하듯이 — 명령하는 모든 가능성을 인정하고 있지 않다. 루소는 신의 존재를 주장하는 형이상학적 사유도 비판하지만 그렇다고 신의 없음을, 무(nothing)의 형이상학을 주장하는 것도 아니다.

2. 공론

아감벤은 『왕국과 영광』에서 영광의 신학적 계보학을 장대하게 탐색하는 아카데믹한 성실함을 보여준 다음에, 오늘날에 왕국의 영광은 어떻

University Press of New England]

705) Schmitt, *Political Theology: Four Chapters on the Concept of Sovereignty*, Translated and with an introduction by G.Schwab, Chicago: University of Chicago Press, 2005, p.49.

706) Agamben 2011: 277; 아감벤 2016: 559-560. 영어본에 따라 번역을 수정했다.

게 전형되었는지를 짚어내고자 시도한다. 이 시도에서도 그는 다시 슈미트의 정치철학을 불러들인다. 슈미트는 1928년에 그의 책『헌법론』에서 공적인 법에서 환호송의 헌정적 의미에 대해 논의한다.

> "'인민'은, 공론 영역에서만 현전하게(present) 되는 개념이다. 인민은 공중(the public)에서만 나타나고, 인민이 생겨나면서 비로소 그 인민이 공중을 생산한다. 인민과 공중은 함께 현존한다. 공중 없는 인민은 존재하지 않으며, 인민 없는 공중도 존재하지 않는다. 인민은 그야말로 **현전**에 의해 공중을 만들어낸다. 오직 현전하는, 실제로 집합한 인민만이 인민이며 이 인민이 공중을 만들어낸다. 인민은 대표될 수 없다는 루소의 유명한 명제 속에 암묵적으로 포함되어 있는 올바른 생각은 이 진리에 기반하고 있다. 인민은 대표될 수 없다. 인민은 **현전해야** 하기 때문이다. 현전하는 것이 아니라 오직 부재하는 어떤 것만이 대표될 수 있다. 인민은 순수 민주주의에서 실제로 집합하고 있는, 현전하는 인민으로 있을 법한 최고의 동일성을 갖고 존재한다. 이 인민은 그리스 민주주의에서는 광장의 집회(ekklésia) 속에, 로마 제국의 광장 속에, 집합한 부대나 군대로, 스위스의 주민 집회로 존재한다. …… 실제로 집합한 인민만이 인민이고, 실제로 집합한 인민만이 이 인민의 활동에 고유한 것을 할 수 있다. 이 인민은 **환호송을 보낼(acclaim)** 수 있다. 즉 간단한 외침만으로 찬성이나 반대를 표현한다. 만세를 부르거나 녹초가 되도록 외친다. 지도자나 어떤 제안에 대해 환희의 목소리를 높인다. 왕이나 그 밖의 다른 몇몇 사람에게 만세를 외친다. 아니면 침묵하거나 불평을 토로함으로써 환호송을 거부하는 경우도 있다. …… 인민이 실제로 집합하면 목적이 무엇이든 그것이 조직된 이해관심을 갖는 집단으로서만 나타나지 않는 한 예를 들어 길거리 시위나 공공 축제나 극장이나 경마장 또는 경기장에서 환호송을 보내는 이 인민은 현전하고, 적어도 잠재

적으로는 하나의 정치적 단위체(entity)이다."[707]

슈미트는 19세기, 대중이 정치의 장에 등장하여 선동적 전략과 전술에 조작당하는 경향을 확인하려는 엘리트주의나 반동적 대중심리학의 주장들을 반영하여, 인민이 정치의 주체가 될 수 없음을 확인하고 있다. 대중들은 광장의 집단심리학적 감정과 정서에 휩쓸려 합리적 결정을 내릴 수 있는 주체가 될 수 없다는 것이다. 슈미트는 인민의 집회에 기초한 민주주의의 정치는 위험하다고 판단한다. 민주적 시민들의 성숙된 정치적 참여가 아니라 쉽게 조작당하고 집단심리의 경향에 부유하는 대중들이 그의 이 헌법론에서 포착되고 있다. 그것은 슈미트 자신의 근본적 비합리주의적 진리론을 반영한다. 아감벤은 슈미트의 대중론을 따라 민주주의를 내파시키는 암묵적 전략을 취한다.

슈미트는 환호송과 공적 영역뿐만 아니라 환호송과 민주주의가 서로 분리되어 풀어질 수 없도록 연결되어 있다는 것을 확인하고 있으며 환호송이 현대민주주의 국가에서 전 근대 사회에서 현대에 이르기까지 계속 이어지고 있다는 것을 통찰하고 있다고 아감벤은 찬사를 보낸다. 그리고 슈미트가 확인하는 바, "현대 민주주의 국가에서 환호송은 여론의 영역에 살아남아 있다"는 것을, 역으로 말해서, "현전하는 인민의 집회와 환호송은 전적으로 불가능하게 되었다"[708]는 것을, 그는 재확인한다.

"여론은 모던한 유형의 환호송이다. 아마도 그것은 혼잡한 유형이며, 그리

707) Carl Schmitt, *Constitutional Theory*, translated and edited by J. A. Arkush, Princeton, Princeton University Press, 2008, p.254를 Agamben 2011: 254; 아감벤 2016: 517-518에서 재인용. 영어본에 따라 번역을 수정했다.

708) Schmitt 2008: 273을 아감벤 2016: 519에서 재인용.

고 그것의 문제는 사회학적으로도 공법에 의해서도 해결되지 않는다. 하지만 여론의 본질과 정치적 의미는 그것이 환호송으로 이해될 수 있다는 사실에 있다. 환호송 없는 국가는 존재할 수 없듯이 여론 없이는 민주주의도 국가도 존재할 수 없다."[709]

슈미트의 이 진술은 아감벤이 지적하듯이 그 자신이 여론 조작 가능성을 인식하고 있음을 보여주는데 슈미트에게서 정치적인 것의 핵심은 적과 친구(동지)의 구별에 있었고 그런 것은 일차적이지 않았다. 그런데 아감벤이 이러한 슈미트에게서 읽어내고 있는 것은 "영광의 영역이 모던 민주주의 국가에서 사라진 것이 아니라 그저 다른 영역으로, 즉 여론 영역으로 옮겨가고 있을 뿐이라는"[710] 확인이다.

아감벤은 슈미트의 정치신학에서 고중세와 현대성 사이의 연속성을 영광의 정치학으로 확인하면서 현대 민주주의 국가들에서는 이 영광의 정치가 오히려 더욱 확장되고 심화되고 있다고 주장한다. 이 주장에 그는 기 드보르의 "스펙터클 사회" 모델을 도입한다. 그는 이렇게 진술한다:

"드보르의 분석을 여론이 현대적 형식의 환호송이라는 슈미트의 명제와 연결시킨다면 사회생활의 모든 영역을 미디어가 스펙터클하게 지배하는 것과 관련된 현대의 문제 전체가 새로운 차원에서 모습을 드러낼 것이다. 문제가 되는 것은 정치 체계의 중심에서 영광의 기능이 새롭게 전대미문의 규모로 집중되고, 증가되고 흩뿌려지는 것이다. 이전에는 의식이나 식전의 영역에 갇혀 있던 것이 지금은 미디어 속에 집중되고, 이를 통해 사회의 모

---

709) Schmitt 2008: 275를 Agamben 2011: 255에서 재인용. 아감벤 2016: 519를 참조하여 번역했다.

710) 아감벤 2016: 520.

든 영역에 공적인 것과 사적인 것을 막론하고 매순간 확산되고 파고들어오고 있다. 현대민주주의는 전적으로 영광에 기반한 민주주의이다. 즉 모든 상상을 초월한 미디어에 의해 증가되고 흩뿌려지는 환호송의 효력에 기반한 민주주의이다(영광을 가리키는 그리스어-'doxa'-가 오늘날에는 여론을 가리키는 것과 같은 용어라는 사실은 이러한 관점으로부터 보면 무엇인가 단순한 우연의 일치 이상이다). 세속적 의식에 대해서도 또 교회 의식에 대해서도 항상 그랬던 것과 마찬가지로 '원초적인 민주주의적 현상'으로 간주되는 이것은 스펙터클한 권력이라는 형태로 그리고 스펙터클한 권력의 전략에 따라 다시 한 번 포착되고 방향이 정해지고 조작된다."[711]

아감벤이 지적하고 있듯이 현대사회에서는 이전의 사회보다 미디어들의 영향력이 확대되고 있다는 것은 분명한 사실이다. 그러나, 미디어 일반이 하나의 권력을 위해 기능주의적으로 작동하고 있는 것은 아니다. 아감벤은 현대 민주주의 사회에서 미디어의 다원성을 포착하지 못하고 있다. 미디어들 사이의 긴장과 갈등 있는 경쟁과 비판적 토의가 성숙하고 있다. 미디어 테크놀로지들 역시 발전하고 있어서 시민들은 의제들을 능동적으로 제기하여 여론의 구성에 적극 참여하는 길이 열려 있다. 물론 시민들은 하나의 왕을 위하여 환호송을 보내는 것이 아니라 다양한 집합적 주체들에게 지지의 환호를 보낸다.

아감벤은 『공론의 구조변동』(1961)의 하버마스를 불러들인다; 이 저서에서 하버마스는 인민 주권성은 인민이라는 실체적인 주체에서 완전히 해방되어 있으며, 그리고 주체 없는 커뮤니케이션 형식 속에서 전면적으로 해소되고 있다는 명제를 제시한 바 있다.[712]

---

711) 아감벤 2016: 520-521.

712) 아감벤 2016: 523.

아감벤의 주장은 영광의 폐기가 아니라 그 지속이다. 그는 "환호송을 보내는 인민의 직접적 현전에 기초한 전체론적 국가와 주체 없는 커뮤니케이션 형식으로 해소되는 중립화된 국가가 대립하는 것처럼 보이지만 그것은 오직 외견에서만 그렇게 보일 뿐"이라는 것이다.

> "양자는 단지 하나의 동일한 영광의 장치가 두 가지 형식을 취한 것에 불과하다. 환호송을 보내는 인민의 직접적, 주관적 영광과 사회적 커뮤니케이션의 미디어적, 객관적 영광이 그것이다. 오늘날 다음과 같은 것은 명백하다. 즉 국민으로서의 인민과 커뮤니케이션으로서의 인민은 행동이나 형상은 서로 다르지만 '영광'(doxa)의 두 측면이며, 그 자체가 현대 사회에서 끊임없이 서로 뒤얽히고 분리된다. 이러한 요소들이 서로 뒤엉키는 속에서 '민주주의적'이고 세속적인 커뮤니케이션 행위이론가들은 깨닫고 보면 슈미트나 페테르존 같은 보수적 환호송 사상가 바로 옆에 있을 위험이 있다. 하지만 그것이야말로 고고학적 예방 조치 없이도 이론을 정교화할 수 있다고 생각할 때마다 지불해야만 하는 대가이다."[713]

우리는 하버마스가 『사실성과 타당성』에서 『공론의 구조변동』의 한계를 스스로 넘어서고자 했던 것을 기억하고 있다. 공론영역은 미디어 영역에 국한되지 않는다. 다양한 대학들, 다원적인 시민사회단체들, 종교단체들, 등도 포함된다. 이러한 공론 영역들에서 내가 비판적 시민사회라 명명한 집합적 주체들의 연대와 그 비판력[714]을 아감벤은 간과하고 있다.

---

713) 아감벤 2016: 524-525.

714) 이와 관련해서는 서규환, 『더 많은 민주주의와 비판시민사회』, 다인아트, 2010 참고하라.

3. 시의 비작동성

1) 최후의 심판 이후

아감벤은 잠재성이 활재성으로 전환되는 과정에 대해 아리스토텔레스의 사상을 문헌학적으로 섬세하게 독해하면서 자신의 주장을 개진한다.[715] 그 과정은 자연에 대한 부정의 부정에 비유될 수 있다.

---

715) 아감벤은 이렇게 말한다: "헌정하는 권력과 헌정된 권력의 관계는 아리스토텔레스가 확립해 놓은 잠재성과 활재성, 즉 뒤나미스(dynamis)와 에네르게이아(energeia)의 관계만큼이나 복잡하며, 궁극적으로 이 관계는 (아마도 주권 문제에 대한 모든 엄밀한 이해와 마찬가지로) 우리가 잠재성의 존재 및 자율성을 어떻게 사유하느냐에 따라 달라질 것이다."(아감벤 2008 『호모 사케르』: 110; 영어본에 따라 번역을 수정했다.) 아감벤은 아리스토텔레스의 사상에서 주권론의 논리를 찾는다. "아리스토텔레스의 사유에서 잠재성은 한편으로는 활재성에 우선하면서 그것을 조건짓지만, 다른 한편으로 본질적으로는 활재성에 종속된 상태에 머물러 있는 것으로 보인다. 아리스토텔레스는 잠재성이란, 오직 실현 속에만 존재한다고 확신하는 메가라 학파(이들은 헌정하는 권력 전체를 헌정된 권력으로 환원하려는 오늘날의 정치인들과 다를 바 없다)를 반박하면서 항상 잠재성의 자율성을 강조하는 데 큰 관심을 쏟았다. 키타라 연주자는 연주하지 않을 때도 연주할 수 있는 능력(potenza)(잠재력)을 여전히 갖고 있으며, 건축가 역시 일하고 있지 않을 때도 집을 지을 수 있는 능력을 여전히 보존하고 있다는 것은 아리스토텔레스에게는 너무도 명백한 사실이었다. 다시 말해 아리스토텔레스가 『형이상학』 '테타'(Theta) 편에서 사유하려는 것은 단순한 논리적 가능성으로서의 잠재성이 아니라 오히려 잠재성의 실재적인 존재 양식이다. 때문에 잠재성이 실현됨으로써 매번 즉각 사라지는 것이 아니라 고유한 지속성을 가지려면 실현되지 않을 수도 있어야만 한다. 즉 잠재성은 구성상 (무엇을 행하지 혹은 무엇이지) 않을 잠재성(potenza di non)", 또는 아리스토텔레스의 표현대로 비잠재성(impotenza, adynamia)이어야만 한다. 아리스토텔레스는 다음과 같은 간략한 정식화로 이 원칙 — 이는 어떤 면에서는 그의 잠재성 이론 전체가 회전하는 중심축이라고 할 수 있다 — 을 결정적으로 표현하고 있다. 즉 '모든 잠재성은 잠재성 자체의, 혹은 잠재성 자체에 대한 비잠재성이다'라는 것이다(『형이상학』,1046a, 32)."(아감벤 2008: 110-111; 영어본에 따라 번역을 수정했다.) "또는 다음과 같은 좀더 분명한 표현을 찾아볼 수 있다." 아감벤은 아리스토텔레스의 『형이상학』 1050b, 10을 인용하고 해석한다. "잠재적인 것은 존재할 수도, 존재하지 않을 수도 있다. 곧 잠재적인 것 자체가 잠재적인 것일 수도 잠재적인 것이 아닐 수도 있다."(아리스토텔레스, 『형이상학』, 1050b, 10; 아감벤 2008: 111에서 재인용) 아리스토텔레스의 『형이상학』, 1050b, 10 영어본은 다음과 같다: "What is potential can both be and not

to be. For the same is potential as much with respect to being as to not being".즉, "잠재적인 바는, 존재할 수 있는 것과 그리고 존재할 수 없는 것 양자 모두이다. 왜냐하면 동일한 것이 비존재[존재하지 않는 것]과 관련하여 잠재적인 만큼이나 존재[존재하는 것]와 관련하여 잠재적이기 때문이다." 아감벤은 이 문장을 다음과 같이 해석한다:"현존하는 잠재성은, 정확히 말해, 활재성(actuality)으로 전이되어가지 않을 수 있는 잠재성이다." 잠재성은 자신을 완전하게 온전하게 철저하게 지금 현재 활재성으로 전이되어, 자신은 완전히 공허로 사멸되는 것이 아니다. 그 이유는 무엇인가? 인간 세계의 현재의 활재성은 그 자체로 완전한 것이 아니고, 끊임없이 변동하는 것이기 때문이고, 그런 가운데, 대문자 존재[=대존재]의 일부로 영원히 남아 있을 것이기 때문이다. "이러한 잠재성은 (잠재성) 자신의 중지/유예/정지(suspension)의 형식[자신을 현실화하지 않을 중지/유예/정지의 형식]으로 활재성과의 관계에서 자신을 유지하고(maintain itself) 있다; 잠재성은 그것[잠재성]을 실현하지 않는 속에서 행동[조처, act]을 **할 수 있고[할 수 있는 존재이고]**, 잠재성은, 잠재성 자신의 고유한 비-잠재성(im-potentiality)[무능력성]을 주권적으로 할 수 있다."(Agamben 1998: 45; 아감벤 2008: 111; 영어본을 참조하여 번역을 수정했다.) 아감벤은 여기에서 아리스토텔레스의 잠재성론에 기초하여 주권 문제 틀을 논의하는데, 주권론의 역사적 맥락을 무시하고 논리적으로 접근하고 있다. (1) 악기 연주자가 악기를 연주하지 않고 있을 때에 그 악기를 연주할 잠재력을 가지고 있다고 말할 수 있겠는데 악기 연주자가 그 악기를 연주하는 것을 실행해온 역사적 맥락이 있을 때 우리는 잠재성/잠재력을 말할 수 있다. (2) 어린 아이가 악기 연주의 잠재력을 갖고 있다고 말할 때, 아이가 성장하여 활재성으로 자신의 잠재성을 현실화할 때에야 비로소 그 아이가 잠재성이 있었다고 역으로 추론/확인/동일시하는 것이다. 아리스토텔레스의 사상을 검토하면서, 잠재성에서 활재성으로 이행하는 과정에 대한 논의에서, 아감벤이 도출해내려고 하는 것은, 잠재성은 활재성으로 완전하게 온전하게 철저하게 이행하여 아무 것도 남는 것이 아니라는 것이다. 항상, "남아 있는 시간"이 있다는 것이다. 아감벤은 아리스토텔레스의 『형이상학』, 1047a, 24-26을 인용하고 새로운 해석을 단행한다. "A thing is said to be potential if, when the act of which it is said to be potential is realized, there will be nothing im-potential(that is, there will be nothing able not to be)"(Agamben 1998: 45에서 재인용) 이 문장을 어떻게 해석해야 하는가? 이것이 쟁점이다. 어떤 무엇에 대해서 그것이 활재성으로 현실화되어 구체적으로 나타나게 되었을 때 우리는 그 무엇이 잠재적이었다고 사후에 말하는데, 만약 그렇다면 이제는 어떠한 것도 남아 있는 것은 없는가, 하는 의문을 그는 제기한다. "무엇이 잠재적이라는 말은 잠재성을 가졌다고 일컬어지는 것이 현실화되면, 존재하지 않을 수 있는 어떠한 것도 남아 있고자 하지 않을 것이다." 아감벤의 해석이자 주장은 다음이다: "잠재적인 것은 현실화되지 않을 수 있는 자신의 능력(자신의 비잠재성)을 유보(pass over)하는 순간에 활재성으로 나아갈 수 있다. 비잠재성의 유보란 잠재성의 파괴가 아니라 반대로 잠재성의 현실화, 잠재성이 자신의 비잠재성을 부여하기 위해 자신에게 되돌아가는 방식을 의미한다. 아마도 아리스토텔레스가 완전한 잠재성의 본성을 가장 완벽하게 기술하고 있다고 할 수 있을 『영혼론』(*De anima*)의 한 구절에서 (인간의 기술 그리고 재주와 관련해) 잠재성에서 활재성으로의 이행(이것은 또한 『형이상학』 '테타' 편의 핵제1자연에서 문명/문화/사회의 시원으로 전환되는 과정에서, 아감벤은 하이데거를 수용하고, 해석을 섬세하게 전개한다. 대문자 존재, 대존재(Sein, Being) 망각에 대해서 아감벤은 하이데거의 주장을 꼼꼼하게 파고든다: 존재망각은 존재 그 자체에 의해 일어난다; 존재자가 존재를 스스로 망각한 것이 아니라, 존재가 자신을 망각하게 하고서는 다른 한편으로는 존재를 기억하게 한다.

> "우리가 직면한 문제는 하이데거가 『철학에의 기여들』[철학논고들]의 '존재의 내버림'(Seinsverlassenheit)이라는 장에서 마주한 문제, 즉 존재에 의한 존재자의 내버림(Verlassenheit des Seienden durch das Sein)이

심적 내용이기도 하다)은 활재성 속에서의 잠재성의 질적 변화나 파괴가 아니라 잠재성의 보존 및 '자신에 대한 부여'로 기술된다."(Agamben 1998: 45-46; 아감벤 2008: 112-113; 영어본을 참조하려 번역을 수정했다.) 『영혼론』의 그 구절은 다음과 같다: "영향받음도 간단한 문제가 아니다. 한편으로 그것은 상반된 원리에 의한 일종의 소멸을, 다른 한편으로는 현실적인 것 혹은 그와 유사한 것에 의한 잠재적인 것의 보존(soteria)(구원)을 의미한다. (……) 왜냐하면 자신의 (잠재적인) 지식을 사용하려고 하는 것은 질적 변화가 아닐뿐더러 — 왜냐하면 그것은 그 자체로의 그리고 활재성[태]으로의 발전이기 때문이다. — 또 다른 종류의 질적 변화도 아니기 때문이다(『영혼론』, 417b, 2-16)."(아감벤 2008: 113; Agamben 1998: 46; 영어본을 참조하여 번역을 수정했다.) 아감벤은 아리스토텔레스의 잠재성론에서 슈미트와 벤야민의 예외상태론에 대한 논쟁을 가교시키려 한다. "아리스토텔레스는 잠재성의 가장 본래적인 본질을 이렇게 기술함으로써 사실상 주권의 패러다임을 서양 철학에 남겼다. 왜냐하면 무엇이지 않을 수도 있는 역량 그 자체를 통해 활재성과의 관계를 유지하는 잠재성의 이러한 구조는 자신을 [예외에] 적용시키지 않음으로써 자신을 예외에 적용시키는 주권적 추방령의 구조에 상응하는 것이기 때문이다. 잠재성이란 (무엇일 잠재성과 무엇이지 않을 잠재성 양 측면에서) 대문자 존재(Being)가 스스로(itself)를 주권적으로 정초하는 방식, 다시 말해 무엇이지 않을 고유한 잠재성 이외에는 그 무엇도 존재에 선행하거나 존재를 규정할 수 없는 방식이다. 그리고 무엇이지 않을 그 자신의 고유한 잠재성(its own potentiality not to be)을 단순하게 제거하고(simply taking away), 자신을 있도록 하게 하는(letting itself be), 자신을 자신에게 줌으로써(giving itself to itself) 실현되는 활재성을 주권이라고 할 수 있을 것이다." 아감벤 2008: 113-114; Agamben 1998: 46; 영어본을 참조하여 번역을 수정했다. 영어본에서 Being은 대문자로 표기되어 있는데, 이는 의미론적으로 신의 지평에 있는 존재를 말한다. 그런데 이렇게 대문자 단수로 아감벤은 표현하고 있는데 주목해야 한다.

라는 문제와 동일한데, 그것은 사실 형이상학이 완성되는 시기에 존재와 존재자간의 동일성과 차이의 문제에 다름 아니다. 이러한 내버림[방기](abandonment)에서 문제가 되는 것은 무언가(존재)가 다른 무엇(존재자)을 내버려두거나 내버리는 것이 아니다. 반대로 **존재란 여기에서 존재자의 존재 내버림[방기] 그리고 존재자 자기 자신에게로의 위탁에 다름 아니다(Being is nothing other than the being's being abandoned and remitted to itself). 즉 여기에서 존재란 존재자의 방기(ban)에 다름 아니다.**"[716]

하이데거는 『철학에의 기여』(*Beiträge zur Philosophie*)에서 존재에 의해서 존재 망각이 일어난다는 주장을 피력한 바 있다:

"무엇이 무엇에 의해 내버려지는가? 존재자가 존재자에 속하는 존재 및 오로지 그 존재자에만 속하는 존재에 의해서. 존재자란 그런 식으로 현상하며, 그것은 마치 존재가 존재하지 않았던 것처럼 대상이자, 눈 앞에 있는 존재로 등장한다(하이데거, 『철학에의 기여』, p.115). 따라서 존재가 존재자를 내버린다는 것의 의미, 존재가 존재자의 현현에 자신을 은폐한 것의 의미를 여기에서 알 수 있다. 또한 존재 자체는 본질적으로 자기로부터 벗어나는 은폐로 규정된다.(……) 존재의 내버림: 이것은 존재가 존재자를 내버리며, 존재는 자기 자신에게 양도되어 계산의 대상이 될 수 있다는 뜻이다. 이 모든 것은 단순한 '전략'이 아니라, 존재 자체의 제1의 역사이다(앞의 책, p.111.)."[717]

716) Agamben 1998: 59; 아감벤 2008: 138. 영어본에 따라 번역을 수정했다.

717) 아감벤 2008: 138-139.

존재 스스로 존재망각이 존재자에게 일어나게 하고, 자신을 은폐한다. 존재 망각 속에서, 존재는 존재자를 내버린 것이다. 그리고, 존재자에게 존재는 "계산"의 대상이 된다. 예컨대, "수학적 패러다임"(mathesis) 질서의 존재가 그렇게 해서 등장한다. 그리고, 주권성은 존재 망각에서 패러독스를 경험한다. 한편에서는 주권성의 궁극적 원천인 존재가 망각 속에서 방기된 채 있어서 주권성이 위협받게 되면서, 다른 한편으로는 주권성은 존재자의 가장 강력한 자에게 귀속된다는 것인가.

> "**방기의 관계**는 관계가 아니고, 그리고 **존재자와 존재의 함께 있음은 관계의 형식**을 가지고 있는 것이 아니다."[718]

관계란 무엇인가? A와 B가 관계를 맺고 있는 한에서, 권력, 지배, 권위, 영향력 등이 구성되는데, 그렇게 되는 까닭에는, 물적 조건들도 있다. 그런데 하이데거/아감벤에서는 존재자와 존재 사이의 관계는 물적 조건으로 만나는 그런 관계가 아니다. 서로 함께 (한 공간에) 있지만, 그것은 서로에게 그런 물적 조건이 부재하는 가운데 공존하는 관계 아닌 관계. 존재자와 존재 사이의 관계는, 존재자가 존재가 보내는 메시지를 자신의 언어 즉 산문의 언어로 번역하여 들을 수 있어야 한다. 그런데 그것은 오히려 강력한 관계에 속하지 않는가.

그리고, "역사의 종말" 과정에 대한 논의가 내재적으로 이어진다.

> "비작동성(desœvrement, [무위]의 테마 — 역사의 종말에서의 인간의 충만함(fullness of man)의 형상으로서의 비작동성(inoperativeness) —

718) Agamben 1998: 60. 강조는 인용자.

는 크노(Queneau)에 대한 코제브의 평론 속에 처음 등장했으며 블랑쇼(Blanchot)에 의해서 그리고 낭시(Nancy)에 의해서 다루어졌는데, 특히 낭시는 그것을 『비작동적 공동체』(*The Inoperatve Community*)라는 저서의 중심주제로 삼았다. 여기서 모든 것은 '비작동성'(inoperativeness)이라는 말이 의미하는 바에 달려 있다. 그것은 일(work)의 단순한 부재(simple absence)도 부정성의 주권적 그리고 사용 없는 형태도 아니다. 비작동성을 이해하기 위한 유일하게 일관된 방법은 아마도 그것을 '잠재성의 활재성(행동)으로의 전환'(transitus de potentia ad actum) 속에서, 소진되지 않는 잠재성의 발생적 양식(generic mode)으로 생각하는 것이다."[719]

잠재성의 두 양식을 아감벤은 구별하는데, 발생적 잠재성이란, 잠재성이 태어나서 아동기를 거쳐서 성인으로 발생해 가는 과정에서 활재성으로 전환되는 과정을 말한다. 성숙성의 한계를 설정하지 않는 것. 그런데, 역사의 종말 이후, 일하지 않는다는 것과 부정성의 사용 없는(useless) 형태, 부정성의 주권적 형태도 아니라는 것은 무엇을 말하고 있는가? 바타이유의 비작동성론을 아감벤은 수용하고 있는 듯이 보인다.[720]

"(코제브가 '크노적인 인간'이라고 경멸적으로 정의한) 무위도식하는 불량배와 자족적이며 자기의식적인 헤겔적 현인에 반대하면서, 바타이유는 **순간 속에서 완전히 소비/소모되는 주권성**의 형상을 대안으로 제시했는데 그러한 주권성 형상은, 인간이 자신에게 자신을 부과하는 형식들(the forms in which man gives himself to himself) — 웃음(laughter)[비웃음], 에로티시즘, 전투(struggle), 사치(luxury)와 일치하는(coincides) 것이다."[721]

---

719) Agamben 1998: 61-62; 아감벤 2008: 142-143. 영어본에 따라 번역을 수정했다.

720) 아감벤은 바타이유를 헤겔주의자가 아니라고 파악하는 것 같다.

721) Agamben 1998: 61; 아감벤 2008: 142. 영어본에 따라 번역을 수정했다. 강조는 인용자.

여기 비작동성에서 인간은 개인이다. 그리고, 바타이유에서 중요한 것은 "순간", 즉 절대적 불연속성이며, 그것은 타자에 대한 자율적인 고려 없이 즉물적으로 이루어지는 작동성이다. 바타이유의 비작동성은 이 경우 작동성 속에서 (in-operation) 일어나는데, 그러나 그 작동성은 즉물적이라는 점에서 인간 주체의 능동적 실천이 없는 종류의 것이고, 그런 한에서 비작동성이다. 그것은 즉물성의 다른 이름이다. 그런데 왜 타자를 비웃고, 에로티시즘을 수행하며(바타이유적 의미에서 에로티시즘), 타자와 전투를 하고, 사치하는 것일까? 인간은 본성상 바타이유에서는 여전히 고통공감적 존재에 속하지 않고, 어디까지나 자기보존의 충동에 따라 움직이는데, 이제 경쟁의 물적 조건이 부재하는 그곳에서, 이 충동은 유희로서 나타나게 된다.

바타이유/아감벤에서, 주권성은 순간 속에 일어나는 사건이다. 그렇다면 이 순간의 주권성은, 신과 어떠한 관계를 맺고 있는가? 그리고 그는 주권자가 아닌가. 모든 각자가 주권성을 행사하는 한에서, 아마도 그 상태는, 만인에 대한 만인의 투쟁일 것이다. 그렇지만, 경쟁의 조건이 부재한 곳에서, 비웃음, 에로티시즘, 전투, 사치 등은 누구를 향하는 것인가?

순간은, 순수한 순간이며, 절대적 순간이다. 그러므로, 그 순간에서는 인간의 자율성은 부재한다. 다시 말해서 인간 개인은 자신에게 자신을 부여하려는 자율성 의지가 부재하고, 그러한 형식들 자체가 이해할 수 없는 종류의 것이다.

『왕국과 영광』에서, 아감벤은 최후의 심판 이후의 천국에 대해 무위론으로 개진한다.

"영광을 비작동성(inoperarivity)과 연결시키는 특수한 관계는, 우리가 재구성하려고 시도해온 신학적 오이코노미아(economic theology)에서 반복되는 주제들 중 하나이다. 인간의 궁극적 목적들, 그리고 최후의 심판 이후의 조건을 열거하는 이상, 영광은 모든 활동성들과 모든 작업들의 중지(cessation)와 조응한다. 영광은 신적 오이코노미아(divine oikonomia) 기계가 완성되고 하느님을 시중드는 천사들의 위계가 완전히 비작동적인 것이 될 때 **남아 있는 것이다**. 지옥에서는 형정과 같은 것이 여전히 기능하지만 다른 한편으로 천국에는 통치가 없어진다. 뿐만 아니라 글쓰기가, 읽기가, 신학이, 심지어 의식적 축하조차 멈춘다. — 단지 영광을 찬양하는 찬가인 영광송 말고는 말이다. 영광은 최후의 심판 후의 비작동성의 자리를 차지한다. 영광은 영원한 **아멘(amen)**이며, 이 속에서 모든 작업들(works) 그리고 모든 신적인 그리고 인간적인 낱말들(words)이 해소된다(resolved)."[722)]

최후의 심판 이후의 영광은 아멘이라면, 그것은 어떠한 형식과 내용의 것인가?

아감벤은 아멘에 대하여 고고학적으로 문헌학적으로 탐색한다.

그 영광은 남아 있는 종류의 것이다. 즉 연대기적 시간과는 다르게 또한 역사철학적 시간과도 다르게, 또한 순환하는 시간과는 다르게, "남아 있는 시간"(time that remains)이다.

영광과 비작동성, 즉 무위는 어떻게 연결되는가? 아감벤은 비작동성은 유대교에서 말하는 일곱째 날의 안식에서 발견한다.

722) Agamben 2011: 239; 아감벤 2016: 488-489. 영어본에 따라 번역을 수정했다.

"유대교에서 하느님과 또 인간에게 가장 고유한 차원으로서의 비작동에는 안식일이라는 장대한 비유가 주어진다. 실제로 안식일은 특히 유대축제인데, 성스러운 것으로 간주되는 것은 세계 창조라는 일이 아니라 모든 일이 멈추는 일곱째 날이라는 사실에 신학적 토대를 갖고 있다.(창세기 2장 2-3절; 출애굽기 20장 11절). 이처럼 비작동성은 하느님께 가장 고유한 것을 가리키는 이름이다('무위anapauesthai는 신에게만 고유한 것이다.': 알렉산드리아의 필론, 『지천사에 대해』, § 90, p.89. '무위'(anapausis)를 의미하는 안식은 하느님의 것이다: 앞의 책, § 87, p.89.), 또한 세상의 종말에서 기다려지는 것이기도 하다('이들은 내 안식(inoperativity)에 들지 못하리라[eis tên katapausin mou]': 시편 95장 11절)."[723]

아감벤은 유대교의 무위사상은 신약성서에서도 나타난다고 확인한다. 바울의 〈히브리인들에게 보낸 편지〉가 그런 예라고 한다.[724]

2) 시

아감벤에게 무위, 비작동성의 언어는 시이다.

"사람이 하는 모든 일, 하느님이 하는 모든 일을 비작동적인 것으로 만드는 데 있는 이러한 작동(operation)의 모델은 시이다. 시는, 그야말로 언어활동을 비작동적인 것으로 만드는 언어적 작동이기 때문이다. — 혹은 스피노자의 용어를 빌리자면 소통이나 정보 전달 기능을 하지 않게 된 언어가 자체 내에서 휴식을 취하고 있는 지점이다. 여기에서 언어는 말할 수 있다

723) Agamben 2011: 239; 아감벤 2016: 489. 영어본에 따라 번역을 수정했다.

724) 아감벤 2016: 489ff.를 참조하라.

는 잠재력(potenza di dire)을 관조하고(contemplate), 이런 식으로 새로운, 있을 법한 용도에 자신을 연다. …… 그리고 시적 주체는, 시들을 쓴 개인이 아니라 언어가 비작동적인 것이 되게 만들게 되고, 그리고, 그렇기 때문에, 그 속에서 그리고 그를 위하여, 순수히 말할 수 있는 것이 되어온 점(point)에서 생산된 주체/신민(subject)이다. / 시가 말할 수 있는 힘(권력)(power)을 위해 수행하는 바, 정치와 철학은 행동할 수 있는 힘(권력)(power)을 위해 수행해야만 한다. 정치와 철학은 수많은 오이코노미아적, 생물학적 작동들을 비작동적이게 만듦으로써 인간의 몸(the human body)이 무엇을 할 수 있는지를 시위하고(demonstrate) 있다; 정치와 철학은 인간의 몸을 새로운, 가능한 사용에 대해 연다."[725]

산문이 아니라 시가 아감벤에서 대안이다; 시는 궁극적으로 언어활동이 작동되지 않도록 언어에 담아야 하고 담을 수 있는 매체이다. 언어활동의 비작동을 지향하고 있는 한에서, 인간들 사이의 대화는 그의 대안적 길이 아니다. 시가 언어의 비작동성을 담아야 한다는 요청을 받아들일 수 있다고 할지라도 언어가 담을 수 있는 매체인가에 대해서 우리는 깊게 물어보아야 한다. 생활세계에서 우리는 언어를 통해, 언어와 더불어 타자들과 소통하는데, 그 과정에서 우리가 주목해야 하는 것은 지배와 권위, 그리고 권력의 관계에 대한 문제이다. 그리고 우리는 언어적 표현에서 언어를 통해 개인적 표현의 독특성, 개성을 표현하려는 차원에 대해서도 주목해야 한다. 지배 없는, 억압적 권력이 없는 이상적 공간에서도 이 차원은 살아 있는 것은 아닌가. 그곳에서 자유를 실현하는 실천은 없는 것인가. 혹은 그곳에서 다시 벗어나게 되는 가능성은 없는 것인가. 혹시 질병 없는 그곳이 혹시 무균의 장소인가.

725) Agamben 2011: 251-252; 아감벤 2016: 513. 영어본에 따라 번역을 수정했다.

여기에서 우리는 아감벤이 20세기의 특수한 사례라고 말하는 릴케의 시 세계를 분석한 맥락을 살펴보고자 한다.[726)]

그는 릴케의 『두이노의 비가』를 연구한 예지(Furio Jesi)의 논고 『비가』를 끌어들이고, 시의 비작동성 주장을 전개한다.

> "예지는 『두이노의 비가』를 '말의 의미론적 중핵의' 순수한 '서언'(誓言)(asseveration)으로서, 말할 어떠한 것도 가지고 있지 않은 시로 규정하고 있는데, 예지의 이 규정은 실제로 찬가 일반(the hymn in general)에 대해 타당하다. 즉 이 규정은 모든 영광송의 가장 심오한 의도를 규정하고 있다. 영광과 완전히 일치하는 점에서 칭찬하는 내용이 없다. 칭찬은 '아멘'에서 정점에 달한다. '아멘'은 아무것도 말하지 않으며 단지 이미 말한 것에 동의하고 결론지을 뿐이다. 『두이노의 비가』가 탄식하고, 이와 동시에 (탄식은 오직 찬미의 영역에서만 일어날 수 있다는 원리에 따라) 찬미하는 것은 다름 아니라 찬가의 내용의 치유불가능적 부재(the incurable absence), 찬양화의 최고 형식으로서의 언어의 공허(void) 속으로 전향하는 것이다. 찬가란 의미 지시하는 언어의 급진적 비활동화(the radical deactivation of signifying language), 완전히 비작동적이게 만들어버린, 그럼에도 불구하고 그 자체로서는 의식(儀式)의 형식 속에 간직되는 말(word)이다."[727)]

아감벤은 실체적으로 의미론을 부정하고 있는 셈이다. 시는 찬가의 순수한 음성, 아니 동물들의 소리는 의미지시작용이 없는 탈의미론적 공간

---

726) 아감벤 2016: 482ff.

727) Agamben 2011: 236-237; 아감벤 2016: 484-485. 영어본에 따라 번역을 수정했다.

에 남아 있다고 하는데, 그 때의 다양한 소리들 사이의 차이는 어떻게 전달되는가. 릴케의 『두이노의 비가』를 예지나 아감벤과 다르게 읽는 지금의 독자들에게 릴케의 "비가"는 무엇이라 말하고 있는가.

4. 열린총체성

나의 열린 총체성 세계에서는, 언어는, 진리는, 사람들 사이의 대화와 더불어 수평적 "대체"의 관계와 수직적 대체(부분과 전체)의 관계 사이의 변증법적 상호관계에서 움직이고, 언어의 의미가 역사적으로 규정되어 간다. 총체성이 거부되고 시가 있는 것이 아니라 총체성은 열려 있고 열려 있는 틈들 사이로 시적 상상력이 나타날 수 있지만 산문으로 번역되지 않으면 소통될 수 없다. 시와 산문은 변증법적으로 상호적으로 발전한다.

참고문헌

그로티우스, 휴고. 2015.「전쟁과 평화의 법에 관한 세 권의 책」, 콘라트 파울 리스만 편저, 크리스티안 슈타들러,『전쟁』, 이재원 역, 이론과실천.

김모세, 2008.『르네 지라르. 욕망, 폭력, 구원의 인류학』, 살림.

김상운·양창렬, 2009.「간주곡」, 조르조 아감벤,『목적 없는 수단』, 김상운·양창렬 역, 난장.

김인환, 1990.「『장미 이야기 Le Roman de la Rose』에 나타난 사랑과 여성의 위치」, 이화여자대학교 한국문화연구원논총, Vol.57.

데리다, 자크. 2003.『불량배들-이성에 관한 두 편의 에세이』, 이경신 역, 휴머니스트.

__________. 2013.「법 앞에서」, 자크 데리다, 데릭 애트리지 엮음,『문학의 행위』, 정승훈·진주영 역, 문학과지성사.

들뢰즈, 질. & 가타리, 펠릭스. 2001.「0년: 얼굴성」,『천 개의 고원』, 김재인 역, 새물결.

로리스, 기욤. 1995.『장미와의 사랑이야기』, 김명복 역, 솔출판사.

루카치, 게오르그. 1993.『역사와 계급의식』, 조만영·박정호 역, 거름.

모스, 마르셀. 2002.『증여론』, 이상률 역, 한길사.

베버, 막스. 1972.『막스 웨버』(세계의 대사상 12), 해설 황산덕, 휘문출판사.

벤야민, 발터. 1992.「프란츠 카프카」,『발터 벤야민의 문예이론』, 반성완 역, 민음사.

__________. 2008a.『역사의 개념에 대하여·폭력비판을 위하여·초현실주의 외』(발터 벤야민 선집5), 최성만 역, 길.

__________. 2008b.『독일 비애극의 원천』, 조만영 역, 새물결.

블랑쇼, 모리스. 2012.『카오스의 글쓰기』, 박준상 역, 그린비.

서규환, 2009.『열리총체성의 해석과 정치』, 다인아트.

______, 2010.『더 많은 민주주의와 비판시민사회』, 다인아트.

______, 2011.『정치적 비판이론을 위하여』, 증보개정판, 다인아트.

______, 2012.『비판적 위기학의 정치와 정치적 이론』, 다인아트.

______, 2017.『정치적 모랄리아 1: 레비나스』, 다인아트.

슈미트, 에릭 엠마뉴엘. 2002.『예수를 사랑한 빌라도』, 이미경 역, 문화마당.

슈미트, 칼. 1982.「정치적 낭만」, 맥루한, 슈미트,『미디어의 이해, 정치적 낭만』, 삼성세계사상전집48.

________. 1992.『로마 가톨릭주의와 정치형태, 홉스 국가론에서의 리바이아턴』, 김효전 역, 교육과학사.

________. 1996.『독재론』, 김효전 역, 법원사.
________. 1998.『파르티잔』, 김효전 역, 문학과지성사.
________. 2010.『정치신학. 주권론에 관한 네 개의 장』, 김항 역, 그린비[원문 1934].
________. 2012.『정치신학』, 김항 역, 그린비.
아감벤, 조르조. 2008a.『호모 사케르』, 박진우 역, 새물결.
___________. 2008b.『남겨진 시간. 로마인들에게 보낸 편지에 관한 강의』, 강승훈 역, 코나투스.
___________. 2009a.『목적 없는 수단. 정치에 관한 11개의 노트』, 김상운·양창렬 역, 난장[이탈리아 원문 1996].
___________. 2009b.『예외상태』, 김항 역, 새물결.
___________. 2010.『세속화 예찬. 정치미학을 위한 10개의 노트』, 김상운 역, 난장[원문 2005].
___________. 2012.『언어의 성사』, 정문영 역, 새물결[이탈리아 초판 2008].
___________. 2014a.『벌거벗음』, 김영훈 역, 인간사랑.
___________. 2014b.『사물의 표시. 방법에 관하여』, 난장[이탈리아 초판 Signatura retum Sul metodo, 2008].
___________. 2015a.『행간』, 윤병언 역, 자음과모음.
___________. 2015b.『빌라도와 예수』, 조효원 역, 꾸리에.
___________. 2016.『왕국과 영광: 오이코노미아와 통치의 신학적 계보학을 향하여』, 박진우·정문영 역, 새물결.
아렌트, 한나. 2010.『어두운 시대의 사람들』, 홍원표 역, 인간사랑.
지라르, 르네. 1998.『희생양』, 김진식 역, 민음사.
__________. 2000.『폭력과 성스러움』, 박무호·김진식 역, 민음사.
__________. 2006.『문화의 기원』, 김진식 역, 기파랑.
최성수 편저, 2010.『신학은 어떤 의미에서 학문인가. 판넨베르크와 자우터의 학문이론 논쟁』, 한국학술정보.
카이유와, 로제. 1996.『인간과 성』, 권은미 역, 문학동네.
카프카, 프란츠. 1997.「법 앞에서」[Vor dem Gesetz],『변신: 단편선집』, 이주동 역, 솔출판사.
쿤데라, 밀란. 1994.『사유하는 존재의 아름다움』, 김병욱 역, 청년사.
타우베스, 야콥. 2012.『바울의 정치신학』, 조효원 역, 그린비.
Agamben, Giorgio. 1992. "Walter Benjamin und das Dämmonische Glück und

geschichtliche Erlösung im Denken Benjamins," in: Uwe Steiner(ed.), *Memoria 1992, Walter Benjamin 1892-1940,* Bern et.al, Peter Lang.

______________. 1993. "chapter 7 Marx or, The Universal Exposition," in: Giorgio Agamben, *Stanzas. Word and Phantasm in Western Culture*, trans. by Ronald L. Martinez, University of Minnesota Press: Mineapolia and London[이탈리아 초판 1977].

______________. 1993. *Stanzas: Word and Phantasm in Western Culture*, trans. by Ronald L. Martinez, University of Minnesta Press: Mineapolia and London[이탈리아 초판 1977].

______________. 1995. *Idea of Prose*, trans. by Michalel Sullivan and Sam Whitsitt, State University of New York Press[이탈리아 초판 1985].

______________. 1998. *Homo Sacer: Sovereign Power and Bare Life*, Stanford University Press[이탈리아 초판 1995].

______________. 1999. "Language and History: Linguistic and Historical Categories in Benjamin's Thought," in: Agamben, *Potentialities*, Stanford University Press.

______________. 1999. "Walter Benjamin and the Demonic: Happiness and Historial Redemption," in: Agamben, *Potentialities*, Stanford University Press.

______________. 1999. *Potentialities*, Stanford University Press.

______________. 1999. *The End of the Poem. Studies in Poetics*, Stanford University Press[이탈리아 초판 1996].

______________. 1999. *The Man without Content*, Stanford University Press[이탈리아 초판 1994].

______________. 2000. "The Face," in: Agamben, *Means without End. Notes on Politics*, trans. by Vincenzo Binetti and Cesare Casarino, University of Minnesota Press[이탈리아 초판 1996].

______________. 2000. *Means without End. Notes on Politics*. trans. by Vincenzo Binetti and Cesare Casarino, University of Minnesota Press[이탈리아 초판 1996].

______________. 2002. *Remnants of Auschwitz*, Zone Books.

______________. 2005. *State of Exception*, The University of Chicago Press.

________________. 2005. *The Time That Remains, A Commentary on the Letter to the Romans*, Stanford University Press.

________________. 2007. *Infancy and History. The Destruction of Experience*, trans. by Liz Heron, Verso: London/NY[이탈리아 초판 1978].

________________. 2007. *Profanations*, New York: Zone Books[이탈리아 초판 2005].

________________. 2007. *The Coming Community*, University of Minnesota Press, sixth printing[이탈리아 초판 1990, 영어본 초판 1993].

________________. 2010. *The Sacrament of Language: An Archaeology of the Oath*, Stanford University Press.

________________. 2011. *The Kingdom and the Glory: For a Theological Genealogy of Economy and Government*, Stanford University Press[이탈리아 초판 2007].

________________. 2013. *The Highest Poverty: Monastic Rules and Form-of-Life*, Stanford University Press.

________________. 2014. *Leviathans Rätsel*, herausgegeben von Friedrich Hermanni, Mohr Siebeck, Tübingen.

Bachofen, J.J. 1975. *Das Mutterrecht*, Ffm, Suhrkamp.

Benjamin, Walter. 1933. "Über das mimetische Vermögen," in: Walter Benjamin, *Gesammelte Schriften*, Bd.II-1, Ffm.

________________. 1974. "Ursprung des deutschen Trauerspiels," in: Walter Benjamin, *Gesammelte Schriften*, I.1, Ffm.

________________. 1974-89. "Thesis on the Philosophy of History," in: Walter Benjamin, *Gesammelte Schriften*, ed. Rolf Tiedemann and Zermann Schweppenhäuser, Frankfurt am Main: Suhrkamp, vol.I, pt.3.

________________. 1974-89. *Gesammelte Schriften*, ed. Rolf Tiedemann and Zermann Schweppenhäuser, Frankfurt am Main: Suhrkamp.

________________. 1980. *Briefe 2*, in: Briefe, 2 Bde, Frankfurt am Main, Suhrkamp.

________________. 1980. *Gesammelte Schriften*, Werkausgabe, Frankfurt am Main, Suhrkamp.

________________. 1992. "Notizen zu einer Arbeit über die Kategorie der Gerechtigkeit," in: *Frankfurter Adorno Blätter*, 4.

______________. 1999. *The Arcades Project*. ed. and intro. Hannah Arendt. trans. Howard Eiland and Kevin McLaughlin. Cambridge, Mass.: Harvard University Press.

______________. 2005. "May-June 1931," *Selected Writings*, vol.2, part 2, ed. M. W. Jennings, H. Eiland,d and G. Smith, Cambridge, MA: Harvard University Press.

Biddick, Katheleen. 2012. "Dead Neighbor Archives: Jews, Muslims, and the Enermy's Two Bodies," in: Grahan Hammill and Julia Reinhard Lupton(ed.), *Political Theology and Early Modernity*, The University of Chicago Press.

Blumenberg, Hans. 1981. *Wirklichkeiten in denen wir leben*, Philipp Reclam jun., Stuttgart.

Connolly, William E. 2007. "The Complexities of Sovereignty," in: M. Calarco and S. DeCaroli(ed.), *Giorgio Agamben: Sovereignty and Life*, Stanford University Press.

Crockett, Clayton. 2011. "Sovereignty and the Weakness of God," in: Clayton Crockett, *Radical Political Theology. Religion and Politics After Liberalism*, Columbia University Press.

______________. 2011. *Radical Political Theology*. Religion and Politics After Liberalism, Columbia University Press.

DeCoroli, Steven. 2007. "Boundary Stones. Giorgio Agamben and the Field of Sovereignty," in: Matthew Calarco and Steven DeCaroli(ed.), *Giorgio Agamben:* Sovereignty and Life, Stanford University Press.

Derrida, Jacques. 1989. *Of Spirit: Heidegger and the Question*, The University of Chicago Press.

Düttmann, Alexander G. 1995. "Integral Actuality," in: Giogio Agamben, *Idea of Prose*, trans. by Michalel Sullivan and Sam Whitsitt, State University of New York Press[이탈리아 초판 1985].

Eisenwerth. J. Adorf.(eds.). 1959. *Das Unvollendete als kunstlerische Form*, Bern: Francke.

Foucault, Michel. 2009. *Security, Territory, Population. Lectures at the College de France 1977-1978*, trans. by C. Burchell, New York: Picador.

Freud, Sigmund. 1927. "Fetischismus," in: *Internationale Zeitschrift für Psychoanalyse*, vol.13. See Description.

Gans, Eric. 1993. *Originary Thinking. Elements of Generative Anthropology*, Stanford University Press.

Gold, Joshua Robert. 2006. "The Dwarf in the Machine: A Theological Figure and Its Sources," in: *MLN* 121.

Gullì, Bruno. 2007. "The Ontology and Politics of Exception," in: Matthew Calarco and Steven DeCaroli(ed.), *Giorgio Agamben: Sovereignty and Life*, Stanford University Press.

Hammill, Grahan. and Reinhard Lupton, Julia.(ed.). 2012. *Political Theology and Early Modernity*, The University of Chicago Press.

Heidegger, Martin. 1992. *Parmenides*, Bloomington: Indiana University Press.

_______________. 1993. *Parmenides, Gesamtausgabe*, Ffm: Klostermann.

_______________. 2001. *The Fundamental Concepts of Metaphysics: World, Finitude, Solitude*, Indiana University Press.

Hermanni, Friedrich. 2014. "Ansprache bei der Verleihung des Dr. Leopold Lucas-Preises 2013," in: Giorgio Agamben, *Leviathans Rätsel, herausgegeben von Friedrich Hermanni*, Mohr Siebeck, Tübingen.

Hobbes, Thomas. 1918. "Lehre vom Bürger[De Cive]," in: Hobbes, *Grundzüge der Philosophie, Zweiter und dritter Teil: Lehre vom Menschen und Büger*, Leipzig.

_______________. 1996. *Leviathan*, Hamburg.

Jerome, Saint. 2001. *The Homilies of Saint Jerome*, vol.1, trans. by Marie Liguori Ewald, Washington/DC.

Kant, Immanuel. 1967. *Kritik der praktischen Vernunft*, Hamburg.

Kern, Andrea. / Menke, Christph.(Hrsg.). 2004. *Raymond Geuss. Glück und Politik*. Potsdamer Vorlesungen, BWV, Berliner Wissensschafts-Verlag.

Laclau, Ernesto. 2007. "Bare Life or Social Indeterminacy?," in: Matthew Calarco and Steven DeCaroli(ed.), *Giorgio Agamben. Sovereignty and Life*, Stanford University Press.

Lorris, Guillaume de. and Meung, Jean de. 1992. *Le Roman de la Rose*, ed. by F. Locoy, Paris: Livre de Poche[1970-1973].

Malcolm, Noel. 2004. *Aspects of Hobbes*, Oxford University Press.

Marx, Karl. 1957. *Marx/Engels Werke (MEW)*, Berlin-Ost.

Mauss, Marcel. 1950. "Esquisse d'une theorie generale de la magie,"(1902-03) in: *Sociologie et anthropologie*, Paris, PUF.

Menninghaus, Winfried. 1993. "Das Ausdrucklose: Walter Benjamins Kritik des Schönen durch das Erhabene," in: Uwe Steiner(Hg.), *Memoria 1992. Walter Benjamin 1892-1940*, Bern et.al, Peter Lang.

Meuli, Karl. 1975. *Gesammelte Schriften*, Schwabe, Basel-Stuttgart, 2 vol.

Milbank, John. 2003. *Being Reconciled Ontology and Pardon*, Routledge, London and New York.

____________. 2006. *Theology & Social Theory, Beyond secular reason*, Second Edition, Blackwell Publishing[초판 1990].

Mouffe, Chantal(ed.). 1999. *The Challenge of Carl Schmitt*, London/New York.

Negri, Antonio. 2007. "Giorgio Agamben. The Discreet Taste of the Dialectic," in: M. Calarco and S. DeCaroli(ed.), *Giorgio Agamben: Sovereignty and Life*, Stanford University Press.

Nippel, Wilfried.(hg.). 2000. *Virtuosen der Macht: Herrschaft und Charisma*, C.H.Beck, München.

Nissen, Adolph. 1877. *Das Justitium : eine Studie aus der roömischen Rechtsgeschichte* , Leipzig:[s.n.].

Rey, Bruno. and Stutzer, Alois. 2002. *Happiness and Economics*, Princeton.

Rose, Gillian. 1992. *The Broken Middle. Out of our Ancient Society*, Blackwell, Oxford UK & Cambridge USA.

Rosenzweig, Franz. 1921. *Der Stern der Erlösung*, Frankfurt am Main: J. Kauffmann.

Rousseau, Jean-Jacques. 2001. "Letters Written from the Mountain," in: *The Collected Writings of Rousseau*, vol. IX, trans. by J. R. Bush and C. Kelly, Hanover, NH: University Press of New England.

__________________. 2002. "The Social Contract," in: *The Social Contract and the First and Second Discourse*, ed. by S. Dunn, New Haven, CT: Yale University Press.

Santner, Eric. 2001. *On the Psychotheology of Everday Life: Reflection on Freud and Rosenzweig*, Chicago: University of Chicago Press.

Schmitt, Carl. 1934. *Politische Theologie*, Duncker & Humbolot Gmbh, Berlin.

___________. 1963. *Der Begriff des Politischen: Text von 1932 mit einem Vorwort und drei Corollarien*, Berlin, Duncker & Humblot.

___________. 1994. *Die Diktatur. Von den Anfängen des modernen Souveränitätsgedanken bis zum proletarischen Klassenkampf*, Berlin: Duncker & Humbolt, 6. Aufl.

___________. 1996. *The Concept of The Political*, Translation, Introduction, and Notes by George Swab with Leo Strauss's Notes on Schmitt's Essay, trans. by J. Harvey Lomax, Foreowrd by Tracy B. Strong, Chicago and London: The University of Chicago Press.

___________. 2005. *Political Theology: Four Chapters on the Concept of Sovereignty*, Translated and with an introduction by G. Schwab, Chicago: University of Chicago Press.

___________. 2008. *Constitutional Theory*, Translated and edited by J. A. Arkush, Princeton: Princeton University Press.

Staton Jr., Walter F. and Simeone, William.(eds.). 1964. *A Critical Edition of Sir Richard Fanshave's 1647 Translatio of Giovanni Battista Guarini's Pastor Fido*, Oxford.

Steiner, Uwe.(ed.). 1993. *Memoria 1992, Walter Benjamin 1892-1940*, Bern et.al, Peter Lang.

Wadley, G. et Martin, A. 1993. "The origin of agiculture: a biological perspective and a new hypothesis," in: *Australian Bilogist* 6, juin.

Weber, Max. 2002. *The Protestant Ethic and the Spirit of Capitalism*. ed., trans., and intro, Peter Bached as Die protestanstische Ethik: Eine Aufsatzsammlung, 8th ed. Johannes Winckelmann, Guetersloh: Guetersloher Verlaghaus.

Weber, Samuel. 1992. "Taking Exception to Decision: Theatrical-theological Politics, Walter Benjamin and Carl Schmitt," in: Uwe Steiner(ed.), *Memoria 1992*, Walter Benjamin 1892-1940, Bern et.al, Peter Lang.

____________. 1993. "Taking Exception to Decision: Walter Benjamin and Carl Schmitt," in: Harry Kunneman(ed.), *Enlightenments: encounters between critical theory and contemporary french thought*, Kok Pharos Pub. House.

Wind, Edgar. 1963. *Art and Anarchy*, London: Faber and Faber.

정치적 모랄리아 2: 슈미트와 벤야민 사이, 아감벤

초판1쇄 인쇄 / 2018년 11월 26일 ● 초판1쇄 발행 / 2018년 11월 28일 ● 지은이 / 서규환
펴낸곳 / 도서출판 다인아트 등록 1996년 3월 8일 제87호 인천광역시 중구 개항로14 3F
tel. 032+431+0268 / fax. 032+431+0269 / e-mail. dainartbook@naver.com ● 인쇄 / 장원인쇄 ● 제본 / 대한제책

ISBN 978-89-6750-063-4 (94340)
값 / 20,000원